CAMINHOS DA REVOLUÇÃO BRASILEIRA

CAMINHOS DA REVOLUÇÃO BRASILEIRA

LUIZ BERNARDO PERICÁS (ORG.)

Direção editorial
Ivana Jinkings

Edição
André Albert

Assistência editorial
Carolina Mercês

Preparação
Fábio Fujita

Revisão
Lucas Torrisi

Coordenação de produção
Livia Campos

Capa
Estúdio Collecta
No verso, operários em São Paulo durante a Greve de 1917,
publicada em *A Cigarra*, 26 jul. 2017.

Diagramação
Crayon Editorial

Equipe de apoio: Andréa Bruno, Clarissa Bongiovanni,
Débora Rodrigues, Dharla Soares, Elaine Ramos, Frederico Indiani, Heleni Andrade, Higor Alves,
Isabella Marcatti, Ivam Oliveira, Joanes Sales, Kim Doria, Luciana Capelli, Marina Valeriano,
Marlene Baptista, Maurício Barbosa, Raí Alves, Talita Lima, Tulio Candiotto

CIP-BRASIL. CATALOGAÇÃO NA PUBLICAÇÃO
SINDICATO NACIONAL DOS EDITORES DE LIVROS, RJ

C191

Caminhos da revolução brasileira / organização Luiz Bernardo
Pericás. - 1. ed. - São Paulo : Boitempo, 2019.

Inclui índice
ISBN 978-85-7559-721-7

1. Ciência política. 2. Revoluções - Brasil. I. Pericás, Luiz Bernardo.

19-58049 CDD: 322.42
CDU: 323.272(81)

Leandra Felix da Cruz - Bibliotecária - CRB-7/6135

1ª edição: agosto de 2019

BOITEMPO
Jinkings Editores Associados Ltda.
Rua Pereira Leite, 373
05442-000 São Paulo SP
Tel.: (11) 3875-7250 / 3872-7285
editor@boitempoeditorial.com.br | www.boitempoeditorial.com.br
www.blogdaboitempo.com.br | www.facebook.com/boitempo
www.twitter.com/editoraboitempo | www.youtube.com/tvboitempo

Agradecimentos

Graziela Forte, Patrícia Pericás, Angélica Lovatto, Emir Sader, Carlos Eduardo Martins, Felipe Marini, Nildo Ouriques, Fernando Correa Prado, Marina Machado Gouvêa, Marisa Brandão, Augusto Buonicore, João Quartim de Moraes, José Carlos Ruy, Anita Leocádia Prestes, Bárbara Ferreira, Miréia Sisson, Hersch Basbaum, João Prado, Maiá Prado, Caíque Prado, Susana Prado, Danda Prado, Minuca Prado, Roberta Prado, Cláudia Prado, Carla Prado, Vera Pedrosa, Isabel Pedrosa, Quito Pedrosa, Rogério Chaves, Dainis Karepovs, Heloísa Fernandes, Florestan Fernandes Júnior, Ricardo Gebrim, Edson Teixeira, Mário Magalhães, Carlos Augusto Marighella, Marly Vianna, Marcos Del Roio, José Luiz Del Roio, Instituto Astrojildo Pereira, Alberto Passos Guimarães Filho, Zulma Taveiros Guimarães, Milton Pinheiro, Olga Sodré, Alberto Mendes, Theotonio dos Santos, Ivana Jinkings, André Albert, Luiz Alberto Moniz Bandeira, Marcelo Ridenti, Bernardo Ricupero, Alexandre de Freitas Barbosa, Paulo Barsotti, Osvaldo Coggiola, Lincoln Secco, Antonio Carlos Mazzeo, João José Reis, Fernando Miguel Chaves, Paulo Sérgio Pinheiro, Lygia Fassina Franklin de Oliveira, Gilberto Rodrigues Franklin de Oliveira e Márcio Rodrigues Franklin de Oliveira.

Sumário

Introdução

Caminhos da revolução brasileira

Luiz Bernardo Pericás

A revolução brasileira, dependendo da abordagem e da interpretação de cada autor, pode ser vista, *em linhas gerais*, como: um processo histórico de longa duração (e, dentro dele, a construção gradual de um arcabouço político e ideológico), caracterizado pelas mudanças ocorridas na lenta transição de um país essencialmente rural para o urbano; um "projeto de modernização" das estruturas econômicas internas liderado por setores da burguesia, principalmente através da industrialização; a superação do passado colonial e a edificação e consolidação da "nação"; ou uma possível ruptura radical e estrutural com o imperialismo, com as relações de classe assimétricas e com a submissão, subordinação e dependência do país no campo internacional. Ou seja, por um lado, há a constatação da marcha paulatina (com impulsos ocasionais) do capitalismo no plano interno (e o vislumbre de saltos qualitativos dentro desse sistema), a partir do desenvolvimento das forças produtivas e diversificação econômica (dando maior autonomia decisória e margem de manobra ao Estado nacional na esfera externa); por outro, um empreendimento radical que romperia com o sistema implantado e consolidado em nosso território, desembocando, em última instância, no socialismo, ao alterar profundamente as prioridades sociais por meio da incorporação dos setores populares como protagonistas da nova etapa e da elevação, nesse ínterim, do nível material e cultural das massas.

Nesse sentido, algumas interpretações indicam como início do decurso da "revolução brasileira" o interregno entre o ano de 1808 (com a chegada da família real portuguesa e da corte ao Rio de Janeiro) e a independência formal em 1822; outros, por sua vez, sugerem como marco temporal 1850 (neste caso, a partir do fim do tráfico de escravos); há aqueles que veem na década de 1920 seu começo, com as revoltas tenentistas como elemento-chave que esboçaria as grandes mudanças que ocorreram em seguida; e ainda os que apontam como data simbólica desse fenômeno 1930, com o ascenso de Getúlio Vargas ao poder. Diversos analistas, utilizando-se desses diferentes cortes cronológicos, tentaram entender as especificidades de nossa história para discutir prioritariamente, portanto, o *desfecho* da "revolução brasileira", muitas vezes identificada como um processo encabeçado pela "burguesia".

Para Marcos Del Roio, por exemplo, a "revolução burguesa" no Brasil cobriria um período de meio século, transcorrendo do final dos anos 1920 até o último lustro da década de 1970; Florestan Fernandes discorreu sobre o assunto a partir de um recorte mais extenso, do derradeiro quartel do século XIX até os dias em que escrevia sobre o tema; Nelson Werneck Sodré afirmou que a "revolução brasileira" poderia ser situada como um "segundo tipo" de "revolução burguesa"; e José Antonio Segatto a associou a um sinônimo de "revolução burguesa democrática"[1]. Tratar-se-ia, assim, de uma "revolução" inconclusa, gradual e "pelo alto", um processo de modernização dentro de um quadro de capitalismo retardatário objetivado através da "via prussiana" (ou, segundo nossas particularidades, pela "via colonial"), no qual a grande propriedade rural teve papel decisivo, com um Estado com características bonapartistas no plano político e a permanente subordinação do país aos centros "avançados" da economia mundial, resultando na derrota (mesmo que provisória) ou cooptação dos setores populares aos desígnios dos grupos hegemônicos internos.

Jacob Gorender, por sua vez, chegou a comentar que "a revolução burguesa é uma categoria inaplicável à história do Brasil", ainda que, mais tarde, revisando sua posição, tenha dito que "a revolução abolicionista fez as vezes da revolução burguesa no Brasil. De maneira taxativa, cabe afirmar que a revolução abolicionista foi a

---

[1] Ver Marcos Del Roio, "A teoria da revolução brasileira: tentativa de particularização de uma revolução burguesa em processo", em João Quartim de Moraes e Marcos Del Roio (orgs.), *História do marxismo no Brasil: visões do Brasil* (Campinas, Editora Unicamp, 2007), v. 4, p. 74; Florestan Fernandes, "A 'revolução brasileira' e os intelectuais", *Revista Civilização Brasileira*, Rio de Janeiro, Civilização Brasileira, ano I, n. 2, maio 1965, p. 325-37; Nelson Werneck Sodré, *Introdução à revolução brasileira* (São Paulo, Livraria Editora Ciências Humanas, 1978), p. 245; e José Antonio Segatto, "A revolução brasileira", em Paulo Cunha e Fátima Cabral (orgs.), *Nelson Werneck Sodré: entre o sabre e a pena* (São Paulo, Editora Unesp, 2006), p. 271. Para Nelson Werneck Sodré, "as características principais desse tipo [de revolução burguesa] foram as seguintes: existência de massa camponesa numericamente preponderante e principal como produtora de bens econômicos; de numerosa pequena burguesia, com função política destacada; de proletariado pouco numeroso, mas crescente, com formas de organização em desenvolvimento, mas ainda fracas; de burguesia recente, ascensional, com amplas perspectivas nacionais e fracas perspectivas internacionais. Externamente, as condições são também muito diversas: surgiram no palco, de um lado, o imperialismo, etapa alcançada pelos países que haviam realizado a revolução burguesa do primeiro tipo, particularmente, em nossos dias, do imperialismo dos Estados Unidos; e, de outro lado, de um país, hoje de alguns países, onde se operou a revolução socialista ou onde se processa a construção do socialismo. E este é, precisamente, o caso típico do Brasil." Ver Nelson Werneck Sodré, *Introdução à revolução brasileira*, cit., p. 271.

revolução burguesa no Brasil"[2]. Um pesquisador contemporâneo, também de extração comunista (ainda que de partido diferente), Augusto Buonicore interpretou de forma distinta, ao indicar aquele processo como a passagem do predomínio de relações de produção "escravistas" ou "feudais" para a ascendência das propriamente capitalistas, momento em que houve modificação "no nível e na forma de desenvolvimento das forças produtivas", consolidação e nova configuração de classes no poder e constituição dos instrumentos de dominação ideológica, com a manutenção, depois de 1930, da "estrutura agrária arcaica" representada pelo latifúndio[3]. Por outro lado, para um conhecido estudioso do tema, Plínio de Arruda Sampaio Júnior, a teoria da revolução brasileira deveria ser "um programa de transformação das estruturas da sociedade com o objetivo de resolver os problemas fundamentais do conjunto da população. No Brasil, esses problemas são facilmente identificáveis: a extrema desigualdade social e regional que caracteriza a sociedade brasileira e a subordinação da vida nacional à lógica da acumulação do capital internacional. O grande desafio da teoria da revolução brasileira é desvendar as tendências efetivas da luta de classes, a fim de impulsioná-la no sentido da superação dos nós internos e externos responsáveis pelas mazelas do povo"[4].

Uma ala mais radical da intelectualidade, a seu turno (identificada com a "nova esquerda" na década de 1960), utilizava-se de análises conjunturais de política e economia (tanto no âmbito interno quanto no mundial) e de uma avaliação distinta de nosso processo para apresentar a "revolução brasileira" como um "vir a ser". Isso quer dizer que os episódios anteriores da história do país poderiam receber quaisquer outras designações, menos aquela que até então lhes era imputada. Muitos se recusariam, portanto, a considerar os eventos de 1930 por aquele título. A verdadeira "revolução brasileira", segundo esses intérpretes, ainda estaria por acontecer e deveria ter, unicamente, o caráter socialista, "proletário" ou popular.

De qualquer forma, as avaliações sobre o quadro nacional e suas consequências foram elaboradas, ao longo dos decênios, por uma grande quantidade de importantes intelectuais, com conclusões distintas entre si. No caso do marxismo, o tema poderia

---

[2] Ver Jacob Gorender, *A burguesia brasileira* (São Paulo, Brasiliense, 1982) e *A escravidão reabilitada* (São Paulo, Ática, 1990), citado em Augusto Buonicore, *Marxismo, história e revolução brasileira: encontros e desencontros* (São Paulo, Anita Garibaldi, 2009), p. 52. Para mais informações sobre a vida e o pensamento de Jacob Gorender, ver Mário Maestri, "Jacob Gorender", em Luiz Bernardo Pericás e Lincoln Secco (orgs.), *Intérpretes do Brasil: clássicos, rebeldes e renegados* (São Paulo, Boitempo, 2014), p. 253-73, e Carlos Fernando de Quadros, *Jacob Gorender, um militante comunista: estudo de uma trajetória política e intelectual no marxismo brasileiro (1923-1970)* (Dissertação de Mestrado em História Social, São Paulo, FFLCH/USP, 2015).

[3] Ver Augusto Buonicore, *Marxismo, história e revolução brasileira*, cit., p. 53-4.

[4] Ver Plínio de Arruda Sampaio Jr., "Sete notas sobre a teoria da revolução brasileira", em Caio Prado Júnior e Florestan Fernandes, *Clássicos sobre a revolução brasileira* (São Paulo, Expressão Popular, 2009), p. 125-6.

ser apresentado tanto como um curso que obrigatoriamente passaria por "etapas" definidas quanto como um fenômeno permanente, ininterrupto, seguindo diretamente para o socialismo (neste caso, as tarefas "democrático-burguesas" seriam cumpridas pela direção das massas trabalhadoras). Se alguns viam a necessidade de se eliminar os "restos feudais" no campo e promover o capitalismo no país, houve também aqueles que negavam o caráter "feudal" das relações no agro e reconheciam a dinâmica capitalista no território brasileiro (dentro da lógica do mercado mundial e da acumulação primitiva) desde o período colonial[5]. Na esquerda moderada, não marxista, por sua vez, muitos não vislumbravam sequer um *outcome* socialista, mas um desfecho que consolidasse um quadro de liberdades democráticas, melhor distribuição de renda, industrialização e maior autonomia econômica nacional. Esse é um painel, é claro, apresentado em *traços gerais*, pois alguns atores mudaram suas posições em face das circunstâncias ou mesmo incorporaram propostas mais ou menos radicais em seus programas, dependendo do momento político interno ou do contexto internacional.

Os caminhos para concluir a marcha da "revolução brasileira" também poderiam variar segundo o ângulo ou o posicionamento no painel ideológico: desde a luta armada (incluindo-se aí a guerrilha urbana ou rural) até a participação em pleitos eleitorais, legalização e fortalecimento de partidos políticos e constituição de sindicatos. No primeiro caso, por sinal, ainda se poderia diferenciar entre um projeto foquista e uma insurreição massiva que levasse a uma "guerra popular prolongada".

A questão das alianças seria, igualmente, fundamental. Nesse sentido, enquanto determinados grupos defendiam uma frente policlassista e multipartidária, outros apenas admitiam o proletariado como vanguarda. A existência ou não de uma "burguesia nacional progressista", anti-imperialista, e sua possível aproximação com a classe trabalhadora para lutas em comum contra os latifundiários e a "grande burguesia associada ao capital estrangeiro" também estiveram em pauta por vários lustros.

Todo esse debate ocorreu em espaços distintos e transitou entre organizações políticas tão heterogêneas quanto o PCB, a Polop, a ALN, a VPR, assim como no próprio ambiente acadêmico ou em instituições de governo. Além disso, diferentes

---

[5] Essa é, por sinal, uma discussão que ocorria em outras partes da América Latina. Ver, por exemplo, Sergio Bagú, *Economía de la sociedade colonial* (Buenos Aires, El Ateneo, 1949); Marcelo Segall, *El desarrollo del capitalismo en Chile: cinco ensayos dialécticos* (Santiago, Editorial del Pacífico, 1953); Milcíades Peña, *Antes de mayo: formas sociales del transplante español al Nuevo Mundo* (Buenos Aires, Fichas, 1973); na revista *Pensamiento Crítico*, n. 27, abr. 1969, os artigos de Luis Vitale, "España antes y después de la conquista de América", p. 3-28; Sergio Bagú, "La economia de la sociedade colonial", p. 30-65; e André Gunder Frank, "La inversión extranjera em el subdesarrollo latinoamericano", p. 67-99. Ver também Antonio Carlos Mazzeo, *Estado e burguesia no Brasil: origens da autocracia burguesa* (São Paulo, Boitempo, 2015); e Érico Sachs (utilizando o pseudônimo Ernesto Martins), *Caminho e caráter da revolução brasileira*, publicado originalmente em versão mimeografada pela Polop em 1970, disponível em: <www.marxists.org/portugues/sachs/1970/mes/caminho.htm#topp>, acesso em: 10 dez. 2018, e também neste volume, p. 293-358.

publicações foram um meio privilegiado para o embate e a promoção de ideias. Ambientes de intensa disputa entre distintas opiniões, periódicos como *Revista Brasiliense*, *Civilização Brasileira*, *Novos Tempos*, *Hoje*, *Estudos Sociais*, *Classe Operária*, *Movimento Socialista*, *Política Operária*, *Novos Rumos* e tantos outros foram determinantes como fóruns de discussão e ferramentas de reflexão sobre os sendeiros a serem escolhidos na pugna política contemporânea.

O fato é que a palavra "revolução" sempre foi usada de forma indiscriminada no Brasil para as mais diversas situações político-institucionais ou rebeliões populares, incluindo aquelas que assumiam apenas um caráter regional[6]. Eventos como os ocorridos em 1924, 1930 e 1932, portanto, foram caracterizados corriqueiramente como "revoluções"[7] (Elias Chaves Neto, por exemplo, intitulou seu pequeno livro *A revolta de 1924*, e Juarez Távora nomeou uma obra sobre o mesmo episódio como *À guisa de depoimento sobre a Revolução Brasileira de 1924*[8]). Não era incomum, portanto, que os setores mais à direita também se apropriassem do termo "revolução" (o golpe de 1964, por exemplo, foi assim caracterizado pelos militares). Seu referencial teórico e interpretativo, como é de esperar, sem dúvida diferia do empregado pelas forças progressistas.

Não custa recordar que os dois acontecimentos internacionais do século XX mais importantes para o desenvolvimento das esquerdas no Brasil e na América Latina (e que, por consequência, também exerceram enorme influência nos debates sobre a revolução brasileira) foram o triunfo dos bolcheviques na Rússia e a vitória

---

[6] Edgard Carone, por exemplo, "empregava o termo 'revolução' quase como destituído de significado elevado ou radical. Compreendia-o segundo a documentação de época, que qualificava todo levante 'ilegal' contra autoridades constituídas como uma revolução. Decerto, havia por trás disso a ideia-chave de que o Brasil não teve uma grande revolução, já que mesmo a Revolução de 1930, que assinala novo período no país, baseou-se em muitos compromissos com a velha ordem". Ver Marisa Midori Deaecto e Lincoln Secco, "Edgard Carone", em Luiz Bernardo Pericás e Lincoln Secco (orgs.), *Intérpretes do Brasil*, cit., p. 224.

[7] De acordo com Marcos Del Roio, "a revolução burguesa no Brasil seguiu um percurso análogo àquele que Gramsci chamou de 'revolução passiva': um processo no qual as forças sociais antagônicas à ordem vigente são insuficientes para alcançar a instauração de um novo poder, mas conseguem se constituir em elemento de pressão capaz de contribuir para que as velhas classes dominantes, num único movimento, façam algumas concessões às classes subalternas, atraiam seus intelectuais e incorporem novos setores sociais ao recomposto bloco histórico [...]. A revolução burguesa no Brasil, segundo esse entendimento, cobre um período de meio século, que transcorre do final dos anos 1920 até o final dos anos 1970. Em alguns momentos desse arco temporal, podem ser observadas algumas possibilidades de fortalecimento das classes subalternas e de avanço das forças democráticas, que redundaram em derrota e numa recomposição do bloco de poder". Ver Marcos Del Roio, "A teoria da revolução brasileira", cit., p. 73-4.

[8] Ver Elias Chaves Neto, *A revolta de 1924* (São Paulo, Olegario de Almeida Filho & Cia., 1924); e Juarez Távora, *À guisa de depoimento sobre a revolução brasileira de 1924* (São Paulo, O Combate, 1927). Em seu livro, contudo, Elias Chaves Neto usa indistintamente os termos "revolução", "revolta" e "movimento" para descrever aquele episódio.

dos barbudos liderados por Fidel Castro em Cuba. Esses fatos, agregados a todos os eventos transcendentes ocorridos no pós-guerra, como a Revolução Chinesa, a descolonização da África, o conflito no Vietnã, as campanhas pelos direitos civis nos Estados Unidos e a luta armada em nosso continente, certamente marcaram gerações de jovens militantes do período.

No painel ideológico daquele momento, ativistas de diferentes vertentes políticas debateram intensamente os caminhos da revolução no território nacional. Nesse sentido, é possível perceber claramente, nas discussões sobre o assunto ao longo das décadas, um amplo leque de influências sobre as distintas tendências e partidos, como o leninismo clássico, o stalinismo, o trotskismo, as políticas khruschovianas, o maoismo e as ideias de Fidel Castro e Che Guevara, assim como aquelas oriundas do arcabouço teórico cepalino, do nacionalismo de esquerda e da TMD.

De sua parte, a teoria marxista da revolução brasileira, como bem lembra Caio Prado Júnior, começou a ser formulada na década de 1920[9] e teve em Octávio Brandão seu primeiro e mais importante teórico. Vale lembrar que aquele decênio foi muito importante para o país: nele ocorreram a Semana de Arte Moderna em São Paulo, a fundação do PCB, os levantes tenentistas, a longa e épica marcha da Coluna Prestes e o ápice das atividades de Lampião e seus cangaceiros no sertão nordestino. O proletariado também passou a ser considerado um importante ator nas elaborações teóricas de reconhecidos intelectuais que escreviam naquele momento.

Nos estertores da República oligárquica, o país apresentava enormes índices de desigualdade social, analfabetismo e labor infantil; majoritariamente rural, tinha o café como principal produto de exportação, ainda que se verificasse a ampliação e modernização de seu parque industrial (por exemplo, nos setores têxtil e alimentício). Ademais, havia forte tendência à repressão de mobilizações e revoltas populares (a decretação do estado de sítio era prática comum no governo Artur Bernardes), desequilíbrio nas contas públicas federais, dependência externa, censura da imprensa, restrições ao direito de reunião, mobilidade social limitada, controle político pelas elites regionais ("coronelismo", voto de cabresto) e participação efetiva de reduzido percentual da população nas eleições (em geral, repletas de casos de fraude). Ao mesmo tempo, criavam-se organizações de trabalhadores, e o movimento operário nos centros urbanos crescia.

A insatisfação, tanto dos setores médios nas cidades quanto do proletariado, era enorme. E o desejo por mudanças também. Entre as reivindicações de então, estavam o voto secreto, a liberdade de imprensa, a independência do Judiciário, a ampliação do poder do Estado, a dissolução da predominância das oligarquias de Minas Gerais e São Paulo, a formação de um governo provisório e o estabelecimento de uma Assembleia Constituinte.

---

[9] Ver Caio Prado Júnior, *A revolução brasileira* (São Paulo, Brasiliense, 2004), p. 36.

A primeira obra a discutir a "revolução brasileira" no âmbito do marxismo foi o livro do dirigente comunista Octávio Brandão, *Agrarismo e industrialismo: ensaio marxista-leninista sobre a revolta de São Paulo e a guerra de classe no Brasil*[10], escrito em 1924, mas que veio à luz dois anos mais tarde, no Rio de Janeiro (para enganar as autoridades policiais, teve como autor o suposto oficial alemão "Fritz Mayer" e como local de publicação, Buenos Aires). Tentando produzir uma interpretação original e inovadora, Brandão escreveu um texto emblemático na época, ainda que posteriormente tenha sido bastante criticado por suas limitações e seus equívocos teóricos[11]. O escritor alagoano, formado pela Escola de Farmácia do Recife e oriundo do anarquismo, já publicara alguns opúsculos, como *Canais e lagoas*, *Despertar! Verbo de combate e energia*, *Veda do mundo novo*, *Mundos fragmentários* e *Rússia proletária*. Naquela década, fundou o jornal *A Classe Operária*, foi redator-chefe de *A Nação*, traduziu o *Manifesto Comunista* e ainda foi eleito intendente municipal (vereador), tornando-se, junto com o operário negro Minervino de Oliveira, um dos primeiros parlamentares comunistas do país[12]. Nos anos 1920, Brandão foi, sem dúvida, o mais influente teórico do partido. Em *Agrarismo e industrialismo*, seu trabalho de maior relevo, o jovem militante, numa linguagem direta e provocadora, em frases curtas e de efeito, tentou apresentar a dinâmica dos acontecimentos políticos de então e propor uma linha de atuação, tanto tática quanto estratégica, para as forças progressistas, especialmente sua própria agremiação. No texto, acusava o imperialismo britânico e seu *counterpart* norte-americano ascendente, elementos exógenos que intervinham no Brasil em conluio com seus aliados locais: de um lado, os chamados "agraristas" (latifundiários) e, de outro, os "industrialistas". Nesse quadro, era mister destruir o que identificava como "restos feudais ou semifeudais"

---

[10] Ver Octávio Brandão, *Agrarismo e industrialismo: ensaio marxista-leninista sobre a revolta de São Paulo e a guerra de classes no Brasil, 1924* (São Paulo, Anita Garibaldi, 2006); ver, neste volume, p. 93-109.

[11] Entre os críticos de Brandão, um dos mais conhecidos foi Leandro Konder. Para ele, o alagoano havia se disposto a ser o Lênin brasileiro, mas, desgraçadamente, foi um Lênin que não deu certo. Brandão teria aderido com entusiasmo à dialética sem tê-la entendido. Assim, comenta Konder, "para o autor de *Agrarismo e industrialismo*, a dialética se reduzia à tríade 'tese-antítese-síntese', uma fórmula simplificadora muito difícil de ser encontrada em Hegel, mas que Brandão aplicava, avidamente, a tudo. O esquema triádico era aplicado, por exemplo, à interpretação do levante de 1924 e resultava no seguinte: Artur Bernardes, presidente da República, representante do agrarismo feudal, era a tese; Isidoro Dias Lopes, o general sublevado, representante da pequena burguesia e do capital industrial, era a antítese; e a síntese, ainda por vir, era a revolução proletária, comunista". Ver Leandro Konder, *Intelectuais brasileiros e marxismo* (Belo Horizonte, Oficina de Livros, 1991), p. 23. Para mais informações sobre a formação política e os primeiros anos de atuação de Octávio Brandão no PCB, ver Felipe Castilho de Lacerda, *Octávio Brandão e as matrizes intelectuais do marxismo no Brasil* (Cotia, Ateliê, 2019).

[12] Ver Dainis Karepovs, *A classe operária vai ao Parlamento: o bloco operário e camponês do Brasil (1924-1930)* (São Paulo, Alameda, 2006).

nas relações no campo, com base na *aliança circunstancial* do proletariado urbano com a pequena e a grande burguesia industrial. Impressionado com o papel desempenhado pelo tenentismo (e pelas camadas médias urbanas) e reconhecendo o pouco peso dos "camponeses" na luta política imediata, partiu de um esquema etapista em que a fase inicial da "revolução brasileira" teria caráter "democrático-pequeno-burguês". O PCB, contudo, teria participação ativa nos eventos, liderando as massas trabalhadoras e impulsionando, no fim do processo, um desenlace socialista. Afinal, os modelos de Brandão eram V. I. Lênin e a Revolução de Outubro. Em 1928, foi publicado "O proletariado perante a revolução democrático-pequeno-burguesa", no número 6 da revista *Autocrítica*, considerado por um estudioso do tema "o primeiro esforço sintético de teorização da revolução brasileira do ponto de vista do marxismo no Brasil"[13].

Não podemos deixar de levar em conta, entretanto, o VI Congresso da Comintern em Moscou, em 1928, aquele que supostamente teria "descoberto" a América Latina. Com a presença de delegados de Argentina, Brasil, Chile, Colômbia, Cuba, Equador, México e Uruguai, teve a participação de várias personalidades importantes nas discussões, como Ricardo Paredes, Serguei Gussev e Jules Humbert-Droz. A delegação brasileira foi composta por Paulo de Lacerda (escolhido para chefiar o grupo), Leôncio Basbaum (também participante do Congresso da Internacional Juvenil Comunista) e José Lago Morales (que representou o PCB na reunião da Profintern). Heitor Ferreira Lima, que, tendo sido enviado pelo Partido para estudar na Escola Leninista em Moscou, já se encontrava na cidade, também esteve presente em algumas sessões.

No item 8 do programa apresentado eram descritas as etapas da revolução mundial, resultado de "processos e naturezas diversas" que se realizariam em períodos distintos (em outras palavras, as revoluções proletárias, as "coloniais", as de tipo democrático-burguês e as guerras de libertação nacional). Em nações de capitalismo "superior" (categoria em que estavam incluídos países como Estados Unidos, Inglaterra e Alemanha), descritas como aquelas em que as forças produtivas se encontravam em estágio mais avançado e possuíam um regime político democrático-burguês consolidado, "a passagem à ditadura do proletariado" seria "direta". Nestes casos, a expropriação da grande indústria, a coletivização das terras e a formatação do Estado *em moldes soviéticos* poderiam ser imediatas.

Em seguida, mencionavam-se os países de "nível médio" de desenvolvimento (eram citados Espanha, Portugal, Polônia e Hungria), nos quais permaneciam resquícios de relações "semifeudais" no campo, existiam menos "elementos materiais" para a transição ao socialismo, e não se havia completado o processo de câmbios democráticos. Segundo o documento da IC, alguns deles poderiam transitar

[13] Ver Marcos Del Roio, "A teoria da revolução brasileira", cit., p. 78.

da democracia burguesa para o socialismo com relativa rapidez, enquanto outros presenciariam um processo revolucionário "proletário" (porém com muitos objetivos "democrático-burgueses").

E, por fim, o último tipo, dos países "coloniais", "semicoloniais" e "dependentes", nos quais predominavam relações de modo de produção asiático (ou "feudo-medievais") tanto na economia quanto na superestrutura política, com os meios de produção concentrados nas mãos de grupos imperialistas. Neste gênero se encontrava o Brasil, de acordo com os elaboradores do projeto. Os objetivos principais, nesse caso, seriam a luta contra as formas "pré-capitalistas" de produção, uma postura anti-imperialista e a consolidação da independência e da autonomia nacional. Ou seja, um processo que teria de cumprir "etapas preparatórias" (uma necessária fase "democrático-burguesa") para só mais tarde transitar para o socialismo[14].

A delegação do PCB, na ocasião, estudou as "teses" do congresso para descobrir qual deveria ser o caráter da "revolução brasileira", qual seria a melhor atitude do movimento operário em relação à revolução democrático-burguesa, e se a implantação de "sovietes" e da ditadura do proletariado seria solução factível para o país. Paulo de Lacerda chegou a fazer um discurso em nome dos delegados da América do Sul. Além disso, os pecebistas aprovaram todos os pontos apresentados na

[14] Para mais informações, ver Tim Rees e Andrew Thorpe (orgs.), *International Communism and the Communist International, 1919-43* (Manchester/Nova York, Manchester University Press, 1999); Julius Braunthal, *History of the International, 1914-1943* (Bristol, Thomas Nelson and Sons, 1967); e Rudolph Schlesinger, *La Internacional Comunista y el problema colonial* (Cidade do México, Pasado y Presente/Siglo XXI, 1977). Não custa lembrar que Friedrich Engels, em carta a Karl Kautsky, anotou que, "segundo o meu parecer, as colônias propriamente ditas – isto é, os países ocupados por população europeia, Canadá, [Província do] Cabo, Austrália – tornar-se-ão todas autônomas; em contrapartida, os países simplesmente dominados, habitados por nativos – Índia, Argélia, possessões holandesas, portuguesas, espanholas – terão de ser provisoriamente tomados a cargo pelo proletariado e conduzidos tão rapidamente quanto possível à autonomia. Como esse processo se desenvolverá, é difícil dizer; a Índia talvez faça [uma] revolução, mesmo muito verossimilmente, e, como o proletariado a libertar-se não pode conduzir nenhuma guerra colonial, terá de se deixar isso acontecer, o que, naturalmente, não passará sem toda a espécie de destruições, mas isso é, precisamente, inseparável de todas as revoluções. O mesmo podia desenrolar-se também ainda noutro sítio, por exemplo na Argélia e no Egito, e *para nós* seria seguramente o melhor. Teremos suficientemente o que fazer no nosso país [*zu Hause*]. Uma vez reorganizadas a Europa e a América do Norte, isso dará um poder colossal e um exemplo tal que os países semicivilizados virão a reboque inteiramente por si próprios; as necessidades econômicas sozinhas já se ocuparão disso. Mas por que fases sociais e políticas esses países terão então de passar até chegar igualmente à organização socialista, acerca disso, creio eu, só podemos hoje adiantar hipóteses bastante ociosas. Só uma coisa é segura: o proletariado vitorioso não pode impor a nenhum povo estrangeiro uma felicidade [*Beglückung*] de qualquer espécie, sem minar com isso a sua própria vitória". Ver carta de Friedrich Engels a Karl Kautsky, Londres, 12 set. 1882, em Karl Marx e Friedrich Engels, *Obras escolhidas* (Lisboa/Moscou, Avante!/Progresso, 1985), v. 3, p. 539-40.

reunião, entre os quais uma condenação a Trótski e outro que apontava os sociais-democratas como o maior inimigo dos comunistas. Para completar, Astrojildo Pereira foi escolhido para integrar a Comissão Executiva (CE) da Comintern[15].

Com diretrizes delineadas de maneira rígida, portanto, configurou-se o período "obreirista", em que grassou a linha de "classe contra classe" (na esteira das expulsões de trotskistas e bukharinistas do Movimento Comunista Internacional). Nesse momento, a IC atacou duramente alguns dirigentes brasileiros, como o próprio Octávio Brandão, que foi expulso do Comitê Central após ter suas teses acusadas de "mencheviques" e "antileninistas", em boa medida por ele haver, aparentemente, negado a hegemonia do proletariado (e mesmo do campesinato) no processo insurrecional e, por outro lado, dado excessiva ênfase à atuação dos tenentes e dos pequeno-burgueses das cidades[16]. Antes de ser repreendido, por apresentar um relativo grau de independência teórica, contribuiu continuamente para o debate político de então. Em setembro de 1929, por exemplo, Brandão disse:

> Que caracteriza uma revolução? Uma nova classe no poder, um novo partido no poder e a instauração de uma nova política. Revolução é o rompimento completo, total, com o passado, a instalação de uma nova classe e de um novo partido no poder. É a destruição das velhas relações econômicas, políticas, sociais, jurídicas, fisiológicas, psicológicas etc. É a instauração de novas formas de vida, de modo a renovar tudo.
> Uma verdadeira revolução no Brasil terá de confiscar as terras e não pagar um real sequer da dívida interna ou externa.
> O fato de insurgir-se nada prova. O que é fundamental é saber: (1) qual a classe que se insurgiu; (2) qual o partido que dirige a insurreição; (3) qual a política desse partido e dessa classe.
> Uma insurreição chefiada pelos srs. Washington Luís e Júlio Prestes não pode ser uma revolução. Tem de ser uma contrarrevolução, uma insurreição reacionária. Uma insurreição chefiada pelos srs. Washington Luís e Júlio Prestes, na realidade, instalaria o fascismo no Brasil, com a proteção dos banqueiros de Londres. E uma

---

[15] Ver John W. Foster Dulles, *Anarquistas e comunistas no Brasil* (Rio de Janeiro, Nova Fronteira, 1977), p. 296.

[16] Ver, por exemplo, o artigo de Augusto Buonicore, "Agrarismo e industrialismo: o primeiro encontro do marxismo com o Brasil", *Grabois*, 23 mar. 2012. Disponível em: <www.grabois.org.br/cdm/artigos/141021/2012-03-23/agrarismo-e-industrialismo-o-primeiro-encontro-do-marxismo-com-o-brasil>. Acesso em: 10 dez. 2018. Segundo Buonicore, uma das resoluções do pleno que afastou o autor de *Canais e lagoas* da direção do PCB afirmava que "o Partido Comunista do Brasil deverá acrescentar sua atividade em sua luta política, estabelecendo sua própria fisionomia, tendendo a adquirir a todo preço a hegemonia do movimento revolucionário que se desenvolve no Brasil, cujas principais forças motrizes serão o proletariado, a massa de assalariados agrícolas e os camponeses pobres". Ver também Angelo José da Silva, "Tempo de fundadores", em João Quartim de Moraes e Marcos Del Roio (orgs.), *História do marxismo no Brasil*, cit., v. 4, p. 142-8.

> insurreição chefiada pelos srs. Getúlio Vargas e Antônio Carlos seria uma insurreição também reacionária, contrarrevolucionária, e instalaria também o fascismo no Brasil sob a proteção dos banqueiros de Nova York.[17]

Os acontecimentos se aceleravam. Em fevereiro de 1930, o Secretariado Político da Comintern, em Moscou, emitiu uma resolução sobre a situação brasileira, na qual afirmou que se desenvolviam no país as premissas de uma revolução de tipo "democrático-burguês", mas que o êxito dela dependeria da classe que a conquistasse. Se a pequena burguesia tomasse a dianteira, a revolução estaria condenada a uma derrota similar àquela ocorrida no México. Mas,

> se o proletariado tomar a hegemonia no curso da revolução, sob a direção do PC, e realizar resolutamente e sem hesitação a linha leninista da IC, esta revolução terá, então, grandes possibilidades de triunfo, principalmente se provocar movimentos revolucionários nas outras repúblicas da América Latina.[18]

Segundo o documento, a revolução brasileira, dirigida pela classe trabalhadora, resolveria questões prementes, como a situação agrária (ou seja, a "libertação" do "campesinato" e do operariado agrícola das formas "feudais" e coloniais de exploração, por meio do confisco, da nacionalização e da entrega de terras às massas rurais), o rompimento do Brasil com o imperialismo, a anulação da dívida externa e a instauração de uma república "soviética" de operários e camponeses[19].

No fim do mês seguinte, Luiz Carlos Prestes, já bastante influenciado pelos comunistas, consagrou sua ruptura com o tenentismo no famoso "Manifesto de maio", publicado pela imprensa paulista. Nele, reforçou sua nova posição política, denunciando a perseguição aos trabalhadores e propondo a constituição de um governo baseado nos conselhos de trabalhadores da cidade e do campo, soldados e marinheiros, ou seja, o estabelecimento de sovietes[20]. Prestes caracterizou a revolução necessária para o Brasil de então como "agrária" e "anti-imperialista", sustentada pelas grandes massas populares[21].

> A revolução brasileira não pode ser feita com o programa anódino da Aliança Liberal. Uma simples mudança de homens, um voto secreto, promessas de liberdade eleitoral, de honestidade administrativa, de respeito à Constituição e moeda estável e outras panaceias nada resolvem nem podem de maneira alguma

---

17 Ver Octávio Brandão, *Combates e batalhas: memórias* (São Paulo, Alfa Omega, 1978), p. 368-9.

18 Ver Secretariado Político da IC, "Resolução da IC sobre a questão brasileira", em Heitor Ferreira Lima, *Caminhos percorridos: memórias de militância* (São Paulo, Brasiliense, 1982), p. 109.

19 Ibidem, p. 109-10.

20 Ver Luiz Carlos Prestes, "Manifesto de maio de 1930", publicado originalmente em *Diário da Noite*, São Paulo, 29 maio 1930; ver, neste volume, p. 111-4.

21 Idem.

> interessar à grande maioria da nossa população, sem o apoio da qual qualquer revolução que se faça terá o caráter de uma simples luta entre as oligarquias dominantes [...] Contra as duas vigas-mestras que sustentam economicamente os atuais oligarcas, precisam, pois, ser dirigidos os nossos golpes – a grande propriedade territorial e o imperialismo anglo-americano. Essas [são] as duas causas fundamentais da opressão política em que vivemos e das crises econômicas sucessivas em que nos debatemos.[22]

O "Cavaleiro da Esperança" ingressou no PCB alguns anos depois e, ao longo da vida, teve constantemente papel de destaque como dirigente e participante dos principais debates sobre os rumos políticos do país.

Mais tarde, Octávio Brandão comentou que, em outubro de 1930, não teria ocorrido uma revolução, mas "golpes armados", apenas com um "deslocamento" de grupos dentro das mesmas classes exploradoras e opressoras (latifundiários e grandes burgueses). O sistema imperante, na prática, não teria cambiado. Já seus dirigentes foram descritos por ele como "reacionários mascarados de revolucionários"[23] (aliás, avaliação similar fez Astrojildo Pereira, que chamou o governo resultante do "golpe reacionário [de 1930] contra as massas operárias e camponesas" de "ditadura outubrista", uma "contrarrevolução preventiva" que utilizava o terror fascista "contra o proletariado revolucionário e sua vanguarda comunista"[24]). No balanço geral, porém, o autor de *Canais e lagoas* concordava que, como resultado, houve "modificações parciais" de alguma importância: de um lado, a população conseguiu livrar-se de um péssimo governo e, de outro, acumulou experiência[25]. Além disso, teria havido também algum desenvolvimento de aspectos capitalistas na economia...

Note-se que, no dia seguinte ao golpe que depôs Washington Luís e à tomada de poder por uma junta militar (que pouco depois o cedeu a Getúlio), o jornal *The New York Times* informou: "A notícia da vitória de ontem do partido revolucionário do Brasil foi acolhida com aprovação por Wall Street [...]"[26]. Uma avaliação sintomática, que só parecia confirmar as opiniões de Octávio Brandão expressas no ano anterior[27]...

Décadas mais tarde, Leôncio Basbaum também diria que "a Revolução de 1930 no Brasil nem mesmo chegou a ser reforma, pois o país continuou praticamente o mesmo em sua estrutura e não teve grandes consequências de caráter econômico,

---

[22] Idem (neste volume, p. 112-3).

[23] Octávio Brandão, *Combates e batalhas*, cit., p. 386-7.

[24] Ver Astrojildo Pereira, "Campo de batalha", em *URSS, Itália, Brasil* (São Paulo, Novos Rumos, 1985), p. 129.

[25] Octávio Brandão, *Combates e batalhas*, cit., p. 387.

[26] Ver *The New York Times*, 25 out. 1930, em Boris Koval, *História do proletariado brasileiro: 1857 a 1967* (São Paulo, Alfa Omega, 1982), p. 247.

[27] Ver Octávio Brandão, *Combates e batalhas*, cit., p. 368-9.

apesar do nome de Revolução que recebeu"[28]. Isso para não falar em Maurício Tragtenberg, para o qual aquele evento teria sido, como "todas as revoluções brasileiras", um "reajuste operado no setor da classe dominante, no seu interior, entre os segmentos industrial, bancário e latifundiário. A emergência dos tenentes, oriundos da pequena burguesia, colocou em xeque o antigo bloco histórico – aristocracia rural, burguesia industrial e setor financeiro –, ao mesmo tempo que o movimento operário, através de sua rede sindical e partidos políticos a eles vinculados (PCB, Federações Sindicais), colocava em xeque a legitimação burguesa do poder"[29]. Seria, portanto, "nessa crise de hegemonia que segmentos da pequena e alta burguesia procuram novas formas de legitimidade de poder"[30]...

Foi em outubro de 1930 que os trotskistas Mário Pedrosa e Lívio Xavier produziram a mais sofisticada interpretação marxista da realidade brasileira até então, "Esboço de uma análise da situação econômica e social do Brasil", artigo publicado no início de 1931. Esse texto pioneiro (assinado com os pseudônimos M. Camboa e L. Lyon), escrito em português (a primeira versão desapareceu, pois a edição da

---

[28] Ver Leôncio Basbaum, *Caminhos brasileiros do desenvolvimento: análise e perspectivas da situação brasileira* (São Paulo, Fulgor, 1960), p. 253. De acordo com o brasilianista e latino-americanista soviético Boris Koval, "a Revolução de 1930 foi uma das maiores reviravoltas que já houve na história do Brasil. Ela produziu mudanças substanciais na vida econômica e política do país. Sua principal conquista foi a liquidação da prepotência política e ideológica da oligarquia agrária e a realização de várias transformações nacionalistas burguesas. A originalidade do movimento de 1930 resumia-se em que a direção política foi exercida por elementos burgueses e pequeno-burgueses, que impediram a explosão de toda a gigantesca reserva de energia revolucionária das massas e a transformação da revolução burguesa em democrática. A classe operária e o campesinato participaram ativamente da luta contra a oligarquia, embora, na maioria dos casos, atuassem sob a bandeira da Aliança Liberal. Político astuto e flexível, Getúlio Vargas tentou, desde o início, demonstrar que o movimento de 1930 não era uma 'guerra regional habitual, iniciada pelos líderes gaúchos, apaixonados pelo poder. Não! Na realidade, é uma grande revolução liberal e nacional, que defende os interesses de todo o povo'. Necessitavam de semelhantes declarações unicamente para ganhar as massas. A ideia da revolução liberal visava, desde o início, dois objetivos: um deles refletia as aspirações do grupo latifundiário-burguês oposicionista em resolver as contradições no campo das classes exploradoras e fazer mudanças no governo a seu favor. Isso correspondia aos empenhos do imperialismo norte-americano em debilitar as posições do concorrente inglês no Brasil. Havia, porém, outro objetivo oculto: frear a energia revolucionária das massas e desviá-las para o estreito rumo do movimento 'antipaulista', evitar o conflito que se aproximava entre o povo e as classes exploradoras. Essa tarefa foi externada da forma mais exata pelo governador de Minas Gerais, Antônio Carlos de Andrada, um dos principais chefes da Aliança Liberal: 'Façamos a revolução antes que o povo a faça; impeçamos o povo de fazer sua revolução, que acabaria com nosso domínio'. Essa ideia foi paulatinamente tornando-se a principal". Ver Boris Koval, *História do proletariado brasileiro*, cit., p. 240-1.

[29] Ver Maurício Tragtenberg, "Educação e política: a proposta integralista", em *Educação e burocracia* (São Paulo, Editora Unesp, 2012), p. 164. Ver também Paulo Barsotti, "Maurício Tragtenberg", em Luiz Bernardo Pericás e Lincoln Secco (orgs.), *Intérpretes do Brasil*, cit., p. 357-6.

[30] Ver Maurício Tragtenberg, "Educação e política", cit.

revista que a publicou foi apreendida pela polícia varguista), traduzido para o francês e depois "revertido" para sua língua original por Fúlvio Abramo[31], apontava que o Brasil "nunca foi, desde a sua primeira colonização, mais que uma vasta exploração agrícola"[32]. Segundo os dois intelectuais, "seu caráter de exploração rural colonial precedeu historicamente sua organização como Estado"[33]. Sendo assim, concluíam que nunca houve em território nacional "terras livres", tampouco "colono livre, dono de seus meios de produção". O desenvolvimento de uma classe de pequenos proprietários não se pôde efetivar na formação econômica brasileira. Em um espaço que se caracterizou por uma "forma peculiar de feudalismo", o Estado se erigiu dentro de um "rígido esquematismo de classe" e de "passividade burocrática", com as elites locais (donas de grandes propriedades rurais) sustentando-se a partir da exploração da mão de obra escravizada e da ausência de uma agricultura organizada, com uma produção voltada para o mercado externo. A "burguesia" brasileira, assim, teria nascido no "campo", e não nos centros urbanos. A paulista (cafeeira) impôs o sistema republicano; como resultado do advento da República, aquele estado, por sua vez, estabeleceu sua hegemonia sobre a federação. A consolidação da cultura do café (que representaria tipicamente um desenvolvimento capitalista) teria ocorrido por todas as condições favoráveis para ela naquele momento.

> [Esse] tipo de exploração determinou, portanto, prosperidade favorável ao desenvolvimento do capitalismo sob todas as suas formas. Desse modo, o sistema de crédito, o crescimento da dívida hipotecária, o comércio nos portos de exportação, tudo ajudava a preparar uma base capitalista nacional. Os braços que faltavam foram importados. A imigração adquiriu, a partir daí, caráter de empresa industrial.[34]

Mas a penetração do imperialismo no país acelerou e agravou as contradições econômicas e de classe, alterando a estrutura dos países "coloniais" (ou das regiões submetidas à influência dele) e "impedindo" um desenvolvimento capitalista "normal". A burguesia "nacional", subordinada a esse *status quo*, demonstrou desde o início sua incapacidade política, seu reacionarismo e sua covardia. A "centralização", por sua vez, aumentou com o desenvolvimento industrial e a intervenção do capital

---

[31] De acordo com Fúlvio Abramo e Dainis Karepovs, "Apresentação", em *Na contracorrente da história: documentos da Liga Comunista Internacionalista, 1930-1933* (São Paulo, Brasiliense, 1987), p. 9. Para mais informações sobre a vida, as ideias e a participação política de Mário Pedrosa, ver Dainis Karepovs, *Pas de politique Mariô! Mario Pedrosa e a política* (Cotia/São Paulo, Ateliê/Fundação Perseu Abramo, 2017).

[32] Ver Mário Pedrosa e Lívio Xavier, "Esboço de uma análise da situação econômica e social do Brasil", em Fúlvio Abramo e Dainis Karepovs (orgs.), *Na contracorrente da história*, cit., p. 67-8 (ver, neste volume, p. 115-24).

[33] Ibidem, p. 68 (neste volume, p. 116).

[34] Ibidem, p. 71-2 (p. 118).

norte-americano, e fez com que a burguesia se identificasse cada vez mais com a máquina governamental, que acabou servindo aos interesses dos partidos dominantes (fossem de São Paulo, fossem, em seguida, de Minas Gerais ou Rio Grande do Sul), agremiações que, por sinal, eram expressão das oligarquias políticas que disputavam seu espaço de poder por meio do controle do Estado. Naquela luta das frações da burguesia, a unidade do Brasil seria "garantida na razão direta da exploração crescente das classes oprimidas e do achatamento sistemático das condições de vida do proletariado"[35]. Pedrosa e Xavier concluíam que

> no Brasil, nas condições atuais, a obra mais urgente do proletariado é a criação de um verdadeiro partido comunista de massas, capaz de conduzi-lo para sua tarefa histórica: a instauração da ditadura proletária e a salvaguarda da unidade nacional mediante a organização do Estado soviético.[36]

Os dois autores trotskistas propuseram também, naquela época, que o mote dos comunistas deveria ser a promoção de uma Assembleia Constituinte soberana no país[37].

Em 1933, o historiador paulista Caio Prado Júnior publicou *Evolução política do Brasil*[38], livro pioneiro que dialogava com as discussões sobre a "revolução brasileira" (mesmo que indiretamente), ao dar centralidade às massas populares (setores subalternos e escravizados) no processo de construção nacional, desde o período colonial ao fim do Império, apresentando-as como "agentes ativos" nas lutas sociais ao longo da história. O "povo", nas páginas daquele volume, é mostrado como elemento constantemente excluído nesse percurso (hegemonizado pelas elites locais), mas com protagonismo em diferentes instâncias, como na Cabanada (Cabanagem), na Balaiada e na Revolução Praieira. Esses intentos fracassados, contudo, indicavam claramente a necessidade de *organização*, de construção de projetos orgânicos e de preparo político e intelectual daqueles atores, assim como a unidade na ação direta e a capacidade de forjar alianças, elementos fundamentais para o triunfo das forças populares. Eram explícitas as limitações dos "rebeldes" (integrantes de movimentos que poderiam ser caracterizados como "desconexos" e "mal orientados") no sentido de empreender as mudanças estruturais necessárias.

---

[35] Ibidem, p. 81 (p. 124).

[36] Ibidem, p. 81-2 (p. 124).

[37] Ver José Castilho Marques Neto e Dainis Karepovs, "O trotskismo e os trotskistas: os anos 1920 e 1930", em Jorge Ferreira e Daniel Aarão Reis (orgs.), *A formação das tradições 1889-1945* (Rio de Janeiro, Civilização Brasileira, 2007), p. 399.

[38] Ver Caio Prado Júnior, *Evolução política do Brasil: ensaio de interpretação materialista da história brasileira* (São Paulo, Revista dos Tribunais, 1933). Mais tarde, o livro recebeu o título *Evolução política do Brasil: ensaio de interpretação dialética da história brasileira* e, depois, *Evolução política do Brasil e outros estudos*.

A questão agrária também foi um elemento importante dessa obra de Caio Prado Júnior, não só como tema analítico, mas como aspecto essencial na formação histórica nacional, que conformou a estrutura econômica do país e que deveria ser discutido na perspectiva da luta política mais ampla. Um texto que certamente marcou época[39].

Naquele mesmo ano, outro marxista, Leôncio Basbaum, fundador e primeiro secretário-geral da Juventude Comunista (criada oficialmente em 1º de agosto de 1927), escreveu *A caminho da revolução operária e camponesa*. Em seu primeiro livro, publicado pela Editorial Calvino sob o pseudônimo Augusto Machado (seu codinome no partido) já no final de 1933 (mas com data de 1934), ele contava "o que sabia da Revolução de 1932 em São Paulo, fazia algumas críticas ao Partido e levantava o problema da reforma agrária"[40]. Basbaum caracterizou o Brasil como uma "semicolônia" do imperialismo estrangeiro, dominada por uma "burguesia agrária" e "proprietários feudais". Sendo assim, o país encontrava-se controlado por um "bloco *feudal*-burguês", que deveria ser combatido por uma insurreição popular (uma aliança entre os operários urbanos e o "campesinato") que destruísse o sistema latifundiário, expulsasse os imperialistas do território brasileiro, anulasse as dívidas externas, nacionalizasse as empresas forâneas e implementasse a socialização dos meios de produção e transporte...

Pouco depois, foi a vez de o historiador Sérgio Buarque de Holanda discutir a "revolução brasileira". No capítulo 7 de *Raízes do Brasil* (1936), ele apontava o processo como

> uma revolução lenta, mas segura e concertada, a única que, rigorosamente, temos experimentado em toda a nossa vida nacional [...]. A grande revolução brasileira não é um fato que se registrasse em um instante preciso; é antes um processo demorado e que vem durando pelo menos [...] três quartos de século.[41]

Como disse uma estudiosa do tema, para o autor de *Monções* "o lento e gradual ritmo das transformações confunde-se com o passar do tempo. Não há rupturas, é

---

[39] Para mais informações sobre Caio Prado Júnior, ver Luiz Bernardo Pericás, *Caio Prado Júnior: uma biografia política* (São Paulo, Boitempo, 2016); Bernardo Ricupero, *Caio Prado Jr. e a nacionalização do marxismo no Brasil* (São Paulo, Editora 34, 2000); e Lincoln Secco, *Caio Prado Júnior: o sentido da revolução* (São Paulo, Boitempo, 2008).

[40] Ver Leôncio Basbaum, *Uma vida em seis tempos* (São Paulo, Alfa Omega, 1976), p. 151.

[41] Ver Sérgio Buarque de Holanda, *Raízes do Brasil* (Rio de Janeiro, José Olympio, 1987), p. 126-7. Diria o autor que "processa-se, é certo, sem o grande alarde de algumas convulsões de superfície, que os historiadores exageram frequentemente em seu zelo, minucioso e fácil, de compendiar as transformações exteriores da existência dos povos. Perto dessa revolução, a maioria de nossas agitações do período republicano, como as suas similares das nações da América Espanhola, parece simples desvios na trajetória da vida política legal do Estado, comparáveis a essas antigas 'revoluções palacianas', tão familiares aos conhecedores da história europeia". Ver ibidem, p. 126.

um 'desaparecimento progressivo das formas tradicionais', ou do predomínio agrário, que 'deixa aos poucos' de existir"[42]. Nesse sentido, como lembrou outro comentarista em momento distinto, "a grande revolução brasileira foi a passagem das castas rurais para a cidade e o resultante predomínio da cidade sobre a região agrária"[43]. Sendo assim, as supostas "raízes" da revolução brasileira poderiam ser encontradas no período após 1850, com o fim do tráfico negreiro, o aumento das aglomerações urbanas e das atividades financeiras, que, ao longo do tempo, passaram a exercer pressão sobre a realidade rural tradicional do país[44].

Em termos políticos, Sérgio Buarque, nas palavras do amigo Antonio Candido, se situava "numa posição democrática radical, criticando o liberalismo convencional das oligarquias, assim como o fascismo e o comunismo"[45]; já Roland Corbisier, na década de 1960, seria mais duro e diria que Sérgio poderia ser incluído entre os

---

[42] Ver Berenice Cavalcante, "História e modernismo: herança cultural e civilização nos trópicos", em Pedro Meira Monteiro e João Kennedy Eugênio (orgs.), *Sérgio Buarque de Holanda: perspectivas* (Campinas/Rio de Janeiro, Editora Unicamp/Eduerj, 2008), p. 151.

[43] Ver Brasil Pinheiro Machado, "*Raízes do Brasil:* uma releitura", em Pedro Meira Monteiro e João Kennedy Eugênio (orgs.), *Sérgio Buarque de Holanda*, cit., p. 171.

[44] Ver José Carlos Reis, *As identidades do Brasil: de Varnhagen a FHC* (Rio de Janeiro, FGV, 2007), p. 128. Para Reis, Sérgio Buarque "falará dos novos tempos do Brasil e da nossa revolução. Esse tempo novo, revolucionário, ele constata que o Brasil já vive. [...] não está propondo uma revolução a ser feita no futuro. É claro que ele espera uma aceleração do processo que já ocorre. De qualquer maneira, não está falando da revolução brasileira completamente incrustado no mundo tradicional, cercado pela tradição portuguesa. Ele se refere a ela dentro dela, em plena transição revolucionária. Está cercado pelo passado/velho e pelo futuro/novo. Ao escrever *Raízes do Brasil*, [...] pretendeu oferecer aos brasileiros a consciência da revolução que o Brasil vivia, revelando-lhes de que mundo eles vinham e a que mundo tendiam, esperando com isso levá-los à ação, à produção mais vertiginosa da mudança. Segundo ele, o Brasil vive uma lenta revolução: transita de uma sociedade rural, regida por privilégios, familiar, natural, para uma sociedade urbana, mais abstrata e regrada, artificial. Aparece gradualmente a possibilidade de rompimento com o estatuto colonial e seu modelo agroexportador e a realização do desenvolvimento independente apoiado na cidade e na indústria, que incorporaria novos contingentes da população à cidadania [...]. A nossa revolução liquida o passado, adota o ritmo urbano e propicia a emergência de camadas oprimidas da população, únicas capazes de revitalizar a sociedade e dar-lhe um novo sentido político [...]. Para ele, não haveria revolução social plena no Brasil enquanto não se liquidassem os fundamentos personalistas e aristocráticos, ibéricos e rurais, em que se assenta a nossa vida social. O processo revolucionário consiste na lenta dissolução das sobrevivências arcaicas da velha ordem colonial e patriarcal". Ver ibidem, p. 135-7.

[45] Ver Antonio Candido, "A visão política de Sérgio Buarque de Holanda", em Pedro Meira Monteiro e João Kennedy Eugênio (orgs.), *Sérgio Buarque de Holanda*, cit., p. 36. Para Candido, Sérgio Buarque "foi o primeiro historiador que aludiu à necessidade de despertar a iniciativa das massas, manifestando assim um radicalismo democrático raro naquela altura fora dos pequenos agrupamentos de esquerda"; ver ibidem, p. 34. Já José Carlos Reis descreverá Sérgio Buarque como um "democrata liberal" inspirado nas burguesias revolucionárias francesa e estadunidense, que acreditava nos valores da cidadania e do individualismo norte-americano (capitalista) e

autores "conservadores, sem compromissos com qualquer espécie de mudança ou reforma das estruturas econômicas e sociais do País. Indiferentes à transformação do real, podiam desinteressar-se da objetividade, entregando-se, sem riscos, aos devaneios da imaginação"[46]. Ao longo da vida, foi convidado a ser candidato a intendente (vereador) no Rio de Janeiro pelo Bloco Operário e Camponês (BOC), mas recusou a proposta; fez oposição ao Estado Novo; ajudou a constituir a Associação Brasileira de Escritores (ABDE); foi um dos criadores da Esquerda Democrática em 1945 (que se tornou o Partido Socialista Brasileiro dois anos depois); e, a partir de 1964, repreendeu abertamente a ditadura militar, atuando como vice-presidente do Centro Brasil Democrático (idealizado pelo arquiteto Oscar Niemeyer) e, mais tarde, como um dos fundadores do Partido dos Trabalhadores[47]. O "comunismo" no quadro nacional, contudo, era visto de forma crítica pelo acadêmico, já que, segundo ele, a doutrina atrairia

> [...] precisamente aqueles que parecem menos aptos a realizar os princípios da Terceira Internacional. Tudo quanto o marxismo lhes oferece de atraente, essa tensão incoercível para um futuro ideal e necessário, a rebelião contra a moral burguesa, a exploração capitalista e o imperialismo, combina-se antes com a "mentalidade anarquista" de nosso comunismo do que com a disciplina rígida que Moscou reclama dos seus partidários.[48]

Mais importante para o desenvolvimento e a tentativa de implementação (ou desfecho) da "revolução brasileira" naqueles anos foi o surgimento da Aliança Nacional Libertadora e seu rápido crescimento. Após lançar seu manifesto-programa em fevereiro de 1935, os membros da nova organização de massas (vários dos quais de origem militar) elegeram seu Diretório Nacional Provisório em 12 de março, e no dia 30 do mesmo mês fundaram a ANL em um grande comício no Teatro João Caetano (Rio de Janeiro), um evento que contou com a presença de aproximadamente 3 mil pessoas. O oficial da Marinha Hercolino Cascardo se tornou presidente da Aliança; o coronel do Exército Carlos Amoretty Osório, vice; Luiz Carlos Prestes,

---

queria para o Brasil uma Constituição que desse estabilidade às relações sociais. Ver José Carlos Reis, *As identidades do Brasil*, cit., p. 138.

46 Ver Roland Corbisier, *Reforma ou revolução?* (Rio de Janeiro, Civilização Brasileira, 1968), p. 25.

47 Ver Antonio Candido, "A visão política de Sérgio Buarque de Holanda", em Pedro Meira Monteiro e João Kennedy Eugênio (orgs.), *Sérgio Buarque de Holanda*, cit., p. 29-31.

48 Ver Sérgio Buarque de Holanda, *Raízes do Brasil*, cit., p. 141. Segundo Eduardo Henrique de Lima Guimarães, "a imensa dificuldade para conseguir o visto de entrada na União Soviética, várias vezes protelado, colocou-o em contato com uma rigidez burocrática e ideológica da qual discordava. Essa postura dos comunistas, com a qual já entrara em contato no Brasil, se confirmava como lógica do regime soviético". Ver Eduardo Henrique de Lima Guimarães, "A modernidade brasileira reconta as tradições paulistas", em Pedro Meira Monteiro e João Kennedy Eugênio (orgs.), *Sérgio Buarque de Holanda*, cit., p. 44.

líder da "Coluna Invicta", "presidente de honra"; e Roberto Henrique Faller Sisson (outro egresso da Armada), secretário-geral (este último, mais tarde, declarou ser "apenas um político militante da revolução nacional")[49].

Em seu programa, a ANL defendia o cancelamento da dívida externa, o direito à livre manifestação, a entrega dos latifúndios aos trabalhadores rurais, a libertação das "camadas camponesas" da exploração dos tributos "feudais" pagos pelo aforamento pelo arrendamento da terra, a anulação das dívidas agrícolas, o apoio às pequenas e médias propriedades contra a agiotagem e a execução hipotecária, a nacionalização das empresas imperialistas, um posicionamento contra o controle da economia brasileira pelas companhias ultramarinas, a diminuição de impostos, o aumento salarial e a defesa de um nacionalismo que combatesse os capitalistas estrangeiros. O repúdio ao fascismo e ao integralismo também teve destaque.

Os aliancistas anunciaram, no início, seu caráter não partidário e evitavam discutir a questão do poder. Após a carta de adesão de Prestes, endereçada a Cascardo, o PCB, que no começo se limitara a dar apoio, enfim passou a atuar ativamente naquela organização; seus dirigentes acreditavam que a Aliança se tornaria "um verdadeiro instrumento de tomada do poder" na necessária etapa "anti-imperialista" pela qual o país deveria passar[50]. A luta por um "governo popular

---

[49] Ver Roberto Sisson, *O gênio nacional da história do Brasil* (Rio de Janeiro, Unidade, 1966), p. 8.

[50] Ver Marly Vianna, "O PCB: 1929-43", em Jorge Ferreira e Daniel Aarão Reis (orgs.), *A formação das tradições, 1889-1945*, cit., p. 343-5. Um artigo publicado em *A Classe Operária*, órgão do PCB, logo após a primeira reunião da ANL no Teatro São Caetano, declarava que "o Partido não adere e nunca aderirá à ANL. O Partido está de acordo com as reivindicações constantes do programa da ANL e retirará seu apoio, desmascarará perante o proletariado e as massas populares o papel contrarrevolucionário ou fascista da ANL ou de qualquer outra organização semelhante se ela deixar de defender as reivindicações e os interesses das massas. O Partido retirará todo o seu apoio à ANL se esta se converter em partido político e visar à conquista do poder político como finalidade. É nessas condições que o Partido continua dando o seu apoio à ANL, esclarecendo sempre a distância que existe entre esta e a organização do Partido". Miranda (Antonio Maciel Bonfim), o primeiro-secretário do PCB, insistiu, em outro artigo, que não adeririam à Aliança, "pois somos um partido político que visa o poder político para uma classe, a proletária, e a instalação da ditadura do proletariado, do governo operário e camponês, na base de conselhos operários de operários, camponeses, soldados e marinheiros (sovietes); neste caso, a adesão à ANL seria limitar o nosso programa ou tirar a ANL do seu programa e fazer fusão programática e orgânica com ela, o que nunca faremos [...]. No seu programa, a ANL, que é uma vasta organização de massas, um amplo organismo de frente única e sem partido, se propõe a lutar pelas reivindicações fundamentais da revolução agrária e anti-imperialista no Brasil, e estamos nós de acordo com tais reivindicações. O nosso apoio se limita a essas condições e as acima citadas, já explicadas por nós publicamente. Mas nós não cedemos a ninguém, a nenhuma organização, o posto que nos cabe nessa luta contra os imperialistas que oprimem o Brasil, contra os senhores feudais e burgueses, pelas liberdades democráticas e interesses das massas populares do Brasil, contra o integralismo, a 'Lei Monstro', a opressão, a escravidão e a reação". Pouco tempo depois, essa postura mudaria bastante. Ver "A reunião da Aliança Nacional Libertadora no Teatro João Caetano", publicado

nacional revolucionário" resultante da ação do "povo em armas" deu o tom da agremiação frentista (o "Cavaleiro da Esperança", divergindo de Cascardo, acreditava que essa seria a primeira fase da revolução socialista no país)[51].

Em poucos meses, em torno de 1,5 mil núcleos foram organizados em todo o território nacional, e sedes do grupo, inauguradas na capital federal, na Bahia, no Maranhão, no Ceará e no Rio Grande do Sul, entre outros estados. Segundo relatos da época, o quadro social da ANL crescia numa média de 3 mil membros (inscritos e pagantes) por dia (ou 90 mil por mês)[52]. Além disso, nesse curto período, a Aliança produziu uma quantidade significativa de documentos, entre os quais circulares, manifestos, convites para comícios, panfletos, folhetos, atas de reuniões e discursos, alguns deles assinados por personalidades de relevo, como Roberto Sisson, Caio Prado Júnior, Otávio Falcão, Olívio de Souza, Hugo Silveira e Henrique Cunha. Muito material de propaganda também podia ser encontrado nos periódicos da Aliança, como *A Marcha*, *A Terceira República*, *O Libertador* e *Liberdade*, assim como em outros, como *A Manhã* e *A Platéa*.

O discurso de Prestes, divulgado no dia 5 de julho, contudo, ainda que defendesse os mesmos pontos aliancistas, tinha um tom mais radical e provocador. Acusava "a malabarista e nojenta dominação getuliana" e seus "cinco anos de manobras e traições, de contradanças de homens do poder", quando novas concessões haviam sido feitas ao capital financeiro imperialista (para o qual não bastava a cessão dos serviços públicos, dos portos, das estradas de ferro e das minas, exigindo também a concessão de extensões enormes do território pátrio a empresas estrangeiras). Em suas palavras, "a produção nacional, fruto do trabalho hercúleo das grandes massas trabalhadoras, é entregue ao fascismo hitlerista em troca de papéis sujos, isto é, de graça, para ajudar o massacre do proletariado alemão e para organizar nova guerra imperialista". Enquanto ocorria o influxo desmedido de produtos forâneos, a pequena indústria efetivamente nacional se via ameaçada de liquidação pelos tratados comerciais com países como Inglaterra, Estados Unidos e Japão. Prestes atacava a manipulação dos "regionalismos" pelas potências estrangeiras e pelo integralismo, acusando as classes dominantes de se prepararem para instituir abertamente uma ditadura fascista no país. E conclamava a população:

---

originalmente em *A Classe Operária*, Rio de Janeiro, ano X, n. 178, 10 abr. 1935, e reproduzido em Marly Vianna (org.), *Pão, terra e liberdade: memória do movimento comunista de 1935* (Rio de Janeiro/São Carlos, Arquivo Nacional/Universidade Federal de São Carlos, 1995), p. 34-5; e Miranda, "A luta pela revolução agrária e anti-imperialista e a posição do partido perante a Aliança Nacional Libertadora", publicado originalmente em *A Classe Operária*, Rio de Janeiro, ano X, n. 179, 23 abr. 1935, e reproduzido em Marly Vianna (org.), *Pão, terra e liberdade*, cit., p. 36-7.

[51] Ver Marly Vianna, *Política e rebelião nos anos 30* (São Paulo, Moderna, 1995), p. 33.

[52] Idem.

Aos aliancistas de todo o Brasil! 5 de julho de 1922 e 5 de julho de 1924. Troam os canhões de Copacabana. Tombam os heróis companheiros de Siqueira Campos! Levantam-se, com Joaquim Távora, os soldados de São Paulo e, durante vinte dias é a cidade operária barbaramente bombardeada pelos generais a serviço de Bernardes! Depois... a retirada. A luta heroica nos sertões do Paraná! Os levantes do Rio Grande do Sul! A marcha da coluna pelo interior de todo o país, despertando a população dos mais ínvios sertões, para a luta contra os tiranos, que vão vendendo o Brasil ao capital estrangeiro. [...]
Mas as lutas continuam, porque a vitória ainda não foi alcançada, e o lutador heroico é incapaz de ficar a meio do caminho, porque o objetivo a atingir é a libertação nacional do Brasil, a sua unificação nacional e o seu progresso e o bem-estar e a liberdade de seu povo, e o lutador persistente e heroico é esse mesmo povo, que do Amazonas ao Rio Grande do Sul, que do litoral às fronteiras da Bolívia está unificado mais pelo sofrimento, pela miséria e pela humilhação em que vegeta do que por uma unidade nacional impossível nas condições semicoloniais e semifeudal de hoje! [...]
Marchamos, assim, rapidamente, à implantação de um governo popular revolucionário, em todo Brasil, um governo do povo contra o imperialismo e o feudalismo e que demonstrará na prática, às grandes massas trabalhadoras do país, o que são a democracia e a liberdade. O governo popular, executando o programa da Aliança, unificará o Brasil e salvará a vida dos milhões de trabalhadores, ameaçados pela fome, perseguidos pelas doenças e brutalmente explorados pelo imperialismo e pelos grandes proprietários. A distribuição das terras dos grandes latifúndios aumentará a atividade do comércio interno e abrirá o caminho a uma mais rápida industrialização do país, independentemente de qualquer controle imperialista. O governo popular vai abrir para a juventude brasileira as perspectivas de uma nova vida garantindo-lhe trabalho, saúde e instrução. A força das massas, em que se apoiará um tal governo, será a melhor garantia para a defesa do país contra o imperialismo e a contrarrevolução. O exército do povo, o exército nacional revolucionário, será capaz de defender a integridade nacional contra a invasão imperialista, liquidando, ao mesmo tempo, todas as forças da contrarrevolução. [...]
Mas o poder só chegará nas mãos do povo através dos mais duros combates. O principal adversário da Aliança não é somente o governo podre de Vargas, são, fundamentalmente, os imperialistas aos quais ele serve e que tratarão de impedir por todos os meios a implantação de um governo popular revolucionário no Brasil. Os mais evidentes sinais da resistência que se prepara no campo da reação já nos são dados pelos latidos da imprensa venal vendida ao imperialismo. A situação é de guerra e cada um precisa ocupar o seu posto. Cabe à iniciativa das próprias massas organizar a defesa de suas reuniões, garantir a vida de seus chefes e preparar-se, ativamente, para o assalto.
"A ideia do assalto amadurece na consciência das grandes massas." Cabe aos seus chefes organizá-las e dirigi-las. [...]
Brasileiros! Todos vós que estais unidos pela ideia, pelo sofrimento e pela humilhação de todo Brasil! Organizai o vosso ódio contra os dominadores transformando-o na força irresistível e invencível da revolução brasileira! Vós que nada tendes para perder, e a riqueza imensa de todo o Brasil a ganhar! Arrancai o Brasil da guerra

> do imperialismo e dos seus lacaios! Todos à luta para a libertação nacional do Brasil! Abaixo o fascismo! Abaixo o governo odioso de Vargas! Por um governo popular nacional revolucionário.
> Todo o poder à Aliança Nacional Libertadora.[53]

Era disso que o governo Vargas precisava para colocar a organização na ilegalidade. De duração efêmera, a ANL foi proscrita; seus escritórios em todo o Brasil, fechados provisoriamente em julho daquele ano[54] (e em definitivo a partir de dezembro). Manifestações e greves de grandes proporções ocorreram em várias partes do país nos meses seguintes. Em novembro, enfim, foi deflagrado o "Levante Comunista", rapidamente sufocado. Muitos de seus participantes, assim como dirigentes aliancistas, acabaram na prisão[55]...

* * *

Nos anos 1940 (especialmente após o fim do Estado Novo) e 1950, as discussões sobre os caminhos da revolução brasileira prosseguiram. Na realidade, durante a Segunda Guerra, o lema "união nacional" (como sinal de apoio ao esforço de luta contra o nazifascismo) foi apoiado pelos comunistas e ganhou força nos setores progressistas, ainda que diferentes grupos defendessem posições bastante distintas em relação a ele. Mesmo que alguns, influenciados pelo browderismo, propusessem a dissolução do PCB e outros, integrantes dos "comitês de ação" (como Caio Prado Júnior, Heitor Ferreira Lima, Elias Chaves Neto e Tito Batini, em São Paulo), insistissem que a "união" deveria voltar-se contra o inimigo no exterior (mas dando continuidade à luta contra Vargas e o Estado Novo internamente), saiu vitoriosa dos debates a posição da chamada Comissão Nacional de Organização Provisória (CNOP). Reestruturado depois

---

[53] Ver Luiz Carlos Prestes, "Manifesto da Aliança Nacional Libertadora", escrito em 5 jul. 1935 e publicado originalmente em *A Platéa*, São Paulo, 6 jul. 1935.

[54] Para mais informações sobre a ANL, ver Marly Vianna, *Revolucionários de 1935: sonho e realidade* (São Paulo, Expressão Popular, 2011).

[55] Marcos Del Roio comenta que "a derrota da ANL serviu apenas para constatar – como diria Gramsci – a insuficiência das forças antagônicas, que não conseguiram dotar as classes subalternas de uma intelectualidade 'orgânica' e materializar uma hegemonia, embora seja perceptível a atração exercida pela organização de frente popular entre os intelectuais antifascistas, emersos de um ambiente cultural permeado pelo positivismo. A pressão operário-popular, no entanto, foi suficiente para obrigar as classes dirigentes a se reciclarem e a colocarem em andamento uma revolução passiva que iria culminar no Estado Novo. Nesse processo, foram praticamente incorporadas algumas reivindicações de cidadania e direitos sociais que vinham sendo expressas pelo movimento operário desde 1917, ainda que ao preço de extensa limitação de elementares direitos civis e políticos. A partir de 1937, os comunistas, ao reduzirem a noção de revolução burguesa à mera industrialização, passaram a entender a burguesia nacional como força motriz essencial da revolução brasileira, deixando na sombra a questão agrária". Ver Marcos Del Roio, "A teoria da revolução brasileira", cit., p. 89.

da Conferência da Mantiqueira, em 1943, o Partido apoiou não apenas o combate ao Eixo no plano internacional, mas também uma "unidade nacional" interna, ao dar suporte, nesse caso, ao governo constituído (ainda que com a ressalva de que seria fundamental pressionar pela revogação imediata das leis que impediam ou limitavam as liberdades populares, pela anistia dos presos políticos e pela implementação de medidas diversas para melhorar a vida da população).

Em setembro de 1945, o PCB solicitou seu registro no TSE, o qual foi homologado em dezembro, tornando o partido legal e apto a participar das eleições. Muitos comunistas foram eleitos, como Prestes, que se tornou senador, e Jorge Amado, João Amazonas, Carlos Marighella, Gregório Bezerra e Maurício Grabois, entre outros, deputados federais constituintes. Ainda assim, o recrudescimento da Guerra Fria e a mão pesada do governo Dutra levariam a uma perseguição implacável aos pecebistas: a ilegalidade da agremiação foi decretada em maio de 1947; suas sedes foram invadidas; células em todo o país, dissolvidas; e sua documentação, apreendida pelas autoridades policiais. No começo de 1948, os parlamentares comunistas perderam seus mandatos, muitos deles sendo presos na sequência...

Os debates sobre a revolução brasileira, contudo, continuaram. E os intelectuais ligados ao Partido assumiriam um papel de protagonismo naquele momento.

Caio Prado Júnior teve destaque. Em 1947, ele escreveu "Os fundamentos econômicos da revolução brasileira", publicado no Boletim de Discussão do órgão *A Classe Operária*. Foi sua contribuição para o IV Congresso do PCB, marcado para ser celebrado naquele ano, mas que foi adiado, tendo ocorrido apenas em 1954.

O historiador paulista vivia, então, um período fecundo de sua produção intelectual. Em 1942, lançara *Formação do Brasil contemporâneo* e, três anos depois, *História econômica do Brasil*. Eleito deputado estadual constituinte, teve intensa atuação na Assembleia Legislativa de São Paulo. Em 1948, contudo, após ter seu mandato cassado, ficou por quase três meses encarcerado com correligionários no quartel da I Companhia Independente da Força Pública paulista.

Enquanto ainda era parlamentar, produziu um artigo extremamente lúcido e objetivo com sua avaliação da realidade brasileira, retomando em grande medida as teses que já defendera em seus livros. E foi bastante crítico a seus camaradas. Para ele,

> a maior parte da obra de Marx e Engels, e, sobretudo, de Lênin, tem um conteúdo essencialmente prático e joga com elementos, circunstâncias e problemas que representavam a própria experiência histórica de que participavam. Reside nisso, aliás, o significado profundo do marxismo, que, unindo indissoluvelmente teoria e prática, apresenta uma elaboração teórica permanente da própria história em curso e em seu desenvolvimento dialético.[56]

[56] Ver Caio Prado Júnior, "Os fundamentos econômicos da revolução brasileira", *A Classe Operária*, Rio de Janeiro, 19 abr. 1947, p. 4-6; ver, neste volume, p. 127-35.

No entanto,

> esse caráter do marxismo não foi e não é sempre assimilado perfeitamente. Apegando-se estreitamente aos textos de Marx, Engels e Lênin, muitos comunistas não sabem interpretá-los à luz de circunstâncias históricas e de lugar diferentes daqueles que deram origem às conclusões dos mestres do marxismo, e procuram, artificialmente e à custa de graves deformações, encarar os fatos que têm sob as vistas dentro dos esquemas que encontram nas obras clássicas do marxismo dialético, esquecendo-se de que tais esquemas foram elaborados para fatos muito diferentes. Isso ocorre particularmente em países como o Brasil, de formação histórica muito diversa da dos países europeus que foram aqueles de que fundamentalmente se ocuparam os criadores do marxismo. A preocupação em se descobrir paralelos e semelhanças (quando têm identidades que não existem) leva então a deformações grosseiras e mesmo a deturpações completas.[57]

Por isso, atacou aqueles que acreditavam na necessidade de uma "revolução democrático-burguesa" e da destruição de um suposto "feudalismo" no campo brasileiro. Afinal,

> a economia brasileira, desde seu início (isto é, desde que se organizou a colonização no Brasil), foi essencialmente mercantil, isto é, fundada na produção para o mercado; o que é mais, para o mercado internacional. É esse traço que precisamente caracteriza a economia colonial brasileira. É o reverso, portanto, do que ocorre na economia feudal, cujas decadência e desintegração começam justamente quando nela se insinua o comércio, precursor do futuro capitalismo.[58]

Em outras palavras, o que caracterizaria o Brasil desde o início de sua formação é que nele

> se constituiu uma organização econômica destinada a abastecer com seus produtos o comércio internacional. É esse o caráter inicial e geral da economia brasileira que se perpetuaria com pequenas variantes até os nossos dias [...]. [Se vemos] a essência da nossa formação, veremos que, na realidade, nos constituímos para fornecer alguns gêneros alimentícios e matérias-primas aos mercados mundiais. Nada mais que isso. É com tal objetivo, objetivo exterior, voltado para fora do país e sem atenções a considerações que não sejam os interesses daqueles mercados, que se organizarão a sociedade e a economia brasileiras. Tudo se disporá naquele sentido: a estrutura social, bem como as atividades do país".[59]

Ou seja, uma economia de caráter "colonial", com grandes propriedades agrícolas monocultoras, construída a partir do trabalho escravo e voltada para o mercado externo.

---

[57] Idem (neste volume, p. 128).

[58] Idem (p. 129).

[59] Idem (p. 130).

Seria necessário considerar também a penetração posterior do capital financeiro internacional, o qual "colocaria a economia brasileira numa situação ainda maior de dependência que a anterior com relação a interesses estranhos"[60]. Se o imperialismo tendeu a agravar de forma acentuada os aspectos negativos do "colonialismo brasileiro" ao criar novos laços que perpetuaram as condições de subordinação e dependência da economia nacional, ele também contribuiu de forma incisiva

> para integrar o Brasil numa nova ordem econômica superior que é a do mundo moderno. Mas esse ajustamento se processou sem modificação substancial do caráter fundamental da economia colonial do país; isto é, a produção precípua de gêneros destinados ao comércio exterior.[61]

Fundamental, assim, constituir as bases para uma economia nacional, voltada para o mercado interno e para os interesses da grande massa da população, rompendo com o passado colonial com base em "medidas econômicas, políticas e administrativas de vulto que não podem ser uniformes para todo o país"[62] (considerando a variedade das relações de trabalho vigentes em seus distintos rincões), juntamente com o reaparelhamento e a reorganização dela, a fim de que atendesse as exigências de consumo de seus habitantes. Para o desenlace da "revolução brasileira", por outro lado, decerto não poderiam ser tomadas medidas de "fomento do capitalismo" ou incentivo à "revolução democrático-burguesa" que, ao destruir os supostos "resquícios feudais" (que não existiam no país), abririam caminho para o progresso do regime capitalista no Brasil.

Na realidade, segundo Caio Prado Júnior,

> o incipiente capitalismo brasileiro, de mãos dadas com o imperialismo, tem usufruído largamente e com grande proveito as condições vigentes no país. A prova é que existe no Brasil uma burguesia capitalista não só financeiramente forte, mas poderosa e politicamente dominante. E por isso não lhe interessavam em absoluto as reformas substanciais de que necessita o país ou, antes, a massa de sua população.[63]

No Brasil, a iniciativa privada, portanto, deveria ser regularizada e direcionada para os setores mais necessários ao desenvolvimento do país, tirando do capitalismo o que ele pudesse oferecer de útil, ainda que fosse preciso contê-lo (e mesmo suprimi-lo) naquelas ocasiões em que tentasse opor-se às reformas necessárias. Ao mesmo tempo, deveriam ser preparados "os elementos necessários para a futura construção do socialismo brasileiro"[64].

---

[60] Idem.

[61] Idem (p. 131).

[62] Idem (p. 133).

[63] Idem (p. 134).

[64] Idem.

Essa, porém, não era, por certo, a visão hegemônica em seu partido. Intelectuais como Nelson Werneck Sodré e Alberto Passos Guimarães discutiram a questão em termos bastante distintos. Mesmo Astrojildo Pereira, dirigente histórico e fundador do PCB, em artigo editado na revista *Fundamentos*, em 1948, retratou o Brasil como

> um país que se acha enquadrado no sistema capitalista mundial, e por isso mesmo sofre também os efeitos da crise geral do capitalismo. Mas nós não somos um país no qual predomina a economia de tipo capitalista, pois a verdade é que, no conjunto da nossa vida econômica e social, predominam ainda certas formas de produção e de relações sociais de tipo pré-capitalista, semifeudal, cuja persistência se explica pela própria persistência de sua base estrutural, que é constituída pela grande propriedade latifundiária. No monopólio da terra encontra-se, com efeito, a causa principal do nosso tremendo atraso em relação aos países capitalistas mais adiantados, e daí a nossa posição inferior de país dependente, com características semicoloniais iniludíveis.[65]

Para ele, países "atrasados" e "dependentes" precisam obrigatoriamente eliminar os resquícios de modos pré-capitalistas de produção. Seria necessário, assim, estabelecer "condições favoráveis" para o pleno avanço do capitalismo nacional, o que possibilitaria, consequentemente, a transição para o socialismo por meio do que descrevia como um processo vivo, dialético. O meio rural de então, de acordo com Astrojildo, era ocupado por milhões de "camponeses" (também designados por ele como "servos" dos grandes senhores de terra), os quais precisariam tornar-se "pequenos proprietários livres e prósperos". Para isso, as tarefas essenciais da "revolução brasileira" seriam, portanto, a reforma agrária e a luta contra o imperialismo, ainda que esse processo, para ter êxito, precisasse ocorrer em um regime verdadeiramente democrático[66].

Importante recordar que o PCB, após as perseguições que sofrera a partir do governo Dutra, radicalizou-se no primeiro lustro da década seguinte, expressando uma "guinada tática" à esquerda em seu "Manifesto de agosto de 1950" (linha já esboçada no "Manifesto de janeiro de 1948"), no qual abandonou o conceito de "união nacional" defendido durante a Segunda Guerra. O partido caracterizou aquela administração como de "traição nacional", a ser combatida por meio de uma revolução agrária e anti-imperialista (até mesmo com o recurso da luta armada, se necessário), coordenada por uma "frente democrática de libertação nacional" encabeçada pelos próprios comunistas. O principal inimigo: os monopólios anglo-americanos. Como afirmou Anita Leocádia Prestes, o partido

[65] Ver Astrojildo Pereira, "Crise do espírito?", *Fundamentos*, São Paulo, v. 1, n. 2, jul. 1948, p. 117-21; ver também, neste volume, "Saída para a situação brasileira", p. 137-8.

[66] Idem.

> se mantinha fiel à mesma estratégia partidária seguida desde os anos 1920. Permanecia a definição do caráter da primeira etapa da revolução brasileira como democrático-burguesa, ou seja, agrária e anti-imperialista, "revolução democrática em sua forma e burguesa pelo seu conteúdo econômico e social", que só poderia ser realizada "sob a direção do proletariado". Com o objetivo de alcançar o "poder popular nacional revolucionário" ou um "governo democrático popular", seria necessário construir um bloco revolucionário do qual estariam excluídos quaisquer setores burgueses.[67]

Osvaldo Peralva chegou a afirmar que, no começo de 1953, numa reunião do Comitê Central do partido, Diógenes de Arruda Câmara (que havia estado na URSS em outubro do ano anterior) alegara que as teses centrais do programa do PCB haviam sido elaboradas pelo próprio Stálin, sendo elas, entre outras: não preconizar a nacionalização da terra (que deveria ser tomada aos latifundiários e distribuída aos "camponeses"), anunciar o confisco de capitais e empresas somente dos grandes capitalistas aliados aos imperialistas norte-americanos e "apresentar a palavra de ordem de conquista de um Estado democrático-popular". Mais tarde, no entanto, o mesmo dirigente confessou que o interlocutor soviético que lhe passava "instruções" não era, na verdade, o "guia genial dos povos", mas Andrei Mikháilovitch Sivolóbov (que se tornou, segundo Peralva, "o supremo dirigente dos comunistas brasileiros"), um funcionário da seção estrangeira do CC do PCUS[68]... De qualquer forma, todas aquelas recomendações políticas teriam sido *supostamente* elaboradas em Moscou[69].

Mesmo depois de Vargas assumir novamente o poder, o PCB continuou a considerar o quadro geral do país de forma similar, ratificando aquelas premissas na resolução de seu IV Congresso, em 1954, ao classificar o mandato presidencial com os mesmos termos usados contra o anterior[70], sem avaliar corretamente, portanto, o novo painel político-social que se configurava, o caráter "democrático" da eleição do mandatário e sua enorme popularidade. Ainda assim, a suposta "burguesia nacional"

---

[67] Ver Anita Leocádia Prestes, *Luiz Carlos Prestes: um comunista brasileiro* (São Paulo, Boitempo, 2015), p. 287-8.

[68] Ver Osvaldo Peralva, *O retrato* (Belo Horizonte, Itatiaia, 1960), p. 43-5.

[69] De acordo com Osvaldo Peralva, "não houve um só documento considerado de importância, no PCB, que não tivesse sido submetido à apreciação de Sivolóbov e recebido seu *imprimatur* antes de ser divulgado. Começou com o famigerado 'Manifesto de agosto' (1950), concitava à criação da Frente Democrática de Libertação Nacional e do Exército Popular de Libertação Nacional, com vistas à instauração revolucionária de um governo democrático-popular – isso num momento em que o PCB se achava em plena retirada, sob os golpes das forças políticas dominantes". Ver ibidem, p. 47.

[70] Ver Jean Rodrigues Sales, *A luta armada contra a ditadura militar: a esquerda brasileira e a influência da revolução cubana* (São Paulo, Fundação Perseu Abramo, 2007), p. 15-6.

seria considerada um elemento que poderia participar, com os comunistas, da construção da "revolução agrária e anti-imperialista" proposta[71].

[71] Segundo Boris Koval, "o programa aprovado pelo IV Congresso salientava que o principal inimigo da nação é o imperialismo norte-americano: 'Os imperialistas norte-americanos penetram em todos os poros da vida econômica, política, social e cultural do país, humilhando nosso povo, minando a independência e a soberania da nação, com o objetivo de reduzir o Brasil à situação de colônia dos EUA'. O objetivo da revolução anti-imperialista, democrática, popular agrária, salientou Prestes no relatório do CC do PCB, é a luta 'pelo poder, que garanta a passagem do Brasil para a via não capitalista de desenvolvimento', pelo poder 'dos operários, camponeses, pequena burguesia e burguesia nacional, sob a direção da classe operária e seu Partido Comunista'. Em relação a uma série de formulações de princípios, o programa de 1954 dava novas resoluções: 1) em vez de nacionalização da terra, propunha-se a confiscação das propriedades dos latifundiários e a entrega da terra aos camponeses como propriedade privada; 2) empresas e capitais da burguesia nacional não estavam sujeitos à nacionalização; 3) definia-se com precisão a direção do golpe principal, o imperialismo norte-americano foi declarado inimigo fundamental. Na qualidade de principal tarefa imediata para a consecução dos objetivos colocados, foi apresentada a criação de 'ampla frente única das forças anti-imperialistas e antifeudais, da Frente Democrática de Libertação Nacional, cuja base é a união da classe operária com o campesinato'. Nessa frente, previa-se a participação de elementos burgueses nacionalistas, de todas as forças progressistas do país, que com esforços conjuntos assegurassem o 'estabelecimento de um regime democrático popular no Brasil'. Foi pormenorizadamente desenvolvida a tese de luta pela unidade da classe operária. Em particular, salientou-se que, para ter êxito na consecução da unidade dos sindicatos, 'cada comunista deve ingressar no sindicato de sua empresa, por mais reacionário que este seja. A luta pelas reivindicações imediatas dos trabalhadores deve estar sempre ligada ao movimento pela liberdade dos sindicatos, por eleições democráticas de seus órgãos dirigentes, contra a discriminação ideológica dentro dos sindicatos e também com a luta pela paz, democracia e soberania nacional' [...] O IV Congresso do PCB, nesse sentido, desempenhou um certo papel positivo. A aprovação do programa e dos estatutos do PCB foi um importante acontecimento". Ver Boris Koval, *História do proletariado brasileiro*, cit., p. 401-4. Caio Prado Júnior, por sua vez, tinha uma opinião distinta: "Os documentos oficiais do Partido Comunista do Brasil são a esse respeito, entre outros, altamente ilustrativos. Veja-se por exemplo o Programa de 1954, particularmente importante porque é o primeiro, na fase mais recente do pós-guerra, aprovado em congresso e revestindo-se assim da maior autenticidade e autoridade. As relações de emprego na agropecuária brasileira acham-se colocadas nesse programa em segundo e apagado plano. E trata-se aí de uma questão única: a do salário. Os autores do programa achavam-se, aliás, tão alheados da realidade brasileira que inscrevem no Ponto 40 uma reivindicação já na época, e havia muito, incorporada à legislação brasileira que, na Consolidação das Leis do Trabalho de 1943 (onze anos antes, portanto), assegurava ao trabalhador rural o salário mínimo. A questão, pois, não estava mais em legalizar o mínimo salarial, e sim torná-lo efetivo [...]. Que dizer então de outras questões relativas à extensão da legislação social-trabalhista no campo? Também disso não se cogita no Congresso e no Programa de 1954". Para ele, muitas questões eram deixadas de lado pelo programa porque não se enquadravam "nas premissas teóricas de sua imaginária revolução antifeudal. Com essa viseira de uma falsa teoria revolucionária posta em frente aos olhos, tornava-se impossível aos elaboradores do programa enxergarem o que se passava na realidade dos fatos que julgavam interpretar". Concluía: "Insistimos algo no Programa de 1954 porque se trata da primeira vez, nesta última fase posterior à guerra, em que a teoria da revolução brasileira se inscreveu num programa partidário regularmente discutido e aprovado em Congresso. Isso lhe concede autenticidade como expressão daquela teoria". Ver Caio Prado Júnior, *A revolução brasileira*, cit., p. 53-5.

Isso, contudo, iria mudar rapidamente. Afinal, aquele decênio foi marcado por dois eventos que afetaram sobremaneira os rumos seguidos pelo Partido. De um lado, o suicídio de Getúlio (que provocou uma imensa comoção popular) e, de outro, o XX Congresso do PCUS, em 1956, quando o primeiro-secretário Nikita Khruschov denunciou os crimes de Stálin e o culto à personalidade. Ambos os acontecimentos tiveram fortes consequências nas discussões internas entre os comunistas brasileiros, levando a agremiação a repensar profundamente sua forma de atuação política naquele momento. Os acirrados debates intrapartidários desembocaram, em relação à questão eleitoral, na aproximação ao PTB (exortando a uma aliança com os "trabalhistas") e no apoio à chapa composta por Juscelino Kubitschek e João Goulart para o pleito de outubro de 1955; e, no caso relativo aos acontecimentos na União Soviética, em expulsões (em geral, daqueles que criticavam com maior fervor as linhas adotadas pela organização e o próprio stalinismo, sugerindo mudanças de maior vulto na estrutura da agremiação), na saída voluntária de militantes e na destituição e substituição de membros graduados do Comitê Central (em teoria, os mais "dogmáticos", que mais tarde fundariam o PCdoB), assim como na consolidação da defesa incondicional da URSS e de sua política de "coexistência pacífica" em nível mundial[72]. O resultado desse processo, em última instância, foi a reorganização partidária e o início de fracionamentos e cisões na agremiação, que ocorreram alguns anos mais tarde.

Em pouco tempo, os dirigentes pecebistas elaboraram e divulgaram a "Declaração de março de 1958", que encarava o chamado capitalismo "nacional" como progressista,

---

[72] José Antonio Segatto descreve em seu *Reforma e revolução* os debates entre os diferentes grupos dentro do partido: a corrente "renovadora", articulada em torno de Agildo Barata e de um grupo de intelectuais ligados ao comitê de redação da imprensa comunista e a órgãos do CC (UJC e comissão de agitação e propaganda, por exemplo), que criticava o "dogmatismo", o "mandonismo", a análise política do PCB e o "internacionalismo proletário" do PCUS (o grupo seria "isolado" e muitos de seus integrantes depois abandonariam a agremiação); a corrente "conservadora" (ou "fechadista"), composta pelo núcleo dirigente (do qual faziam parte, entre outros, João Amazonas e Maurício Grabois), que tentava preservar o programa de 1954 e a rigidez dos princípios do marxismo-leninismo, e que foi alvo de acusações de dogmatismo e sectarismo (muitos de seus membros, após 1957, seriam substituídos no Secretariado e na CE do CC, e posteriormente, em 1960, não seriam reeleitos para o Comitê Central, lançando um documento em dezembro de 1961 criticando o PCB; seriam expulsos e fundariam em seguida o PCdoB); e o chamado "centro pragmático" (que tinha como integrantes dirigentes como Giocondo Dias, Mário Alves e Jacob Gorender), que adotou uma postura mais cautelosa e conciliatória, apoiando as críticas ao stalinismo e a abertura dos debates, incorporando Prestes e trazendo para seu lado alguns "renovadores", como Roberto Morena, Zuleika Alambert, Armênio Guedes e Horácio Macedo, assim como alguns "conservadores", como Carlos Marighella e Apolônio de Carvalho, tornando-se o grupo majoritário no partido. Segatto depois detalha a continuidade do processo e o desenvolvimento das discussões internas na agremiação. Ver José Antonio Segatto, *Reforma e revolução: as vicissitudes políticas do PCB (1954-1964)* (Rio de Janeiro, Civilização Brasileira, 1995), p. 63-72.

insistia na luta contra o imperialismo norte-americano e contra o latifúndio "feudal", ratificava suas posições "nacional-libertadoras" (a luta deveria ser levada a cabo por uma frente única nacionalista e democrática, numa aliança da classe operária, trabalhadores rurais e pequena burguesia urbana, com a "burguesia nacional", setores latifundiários que possuíssem contradições com o imperialismo ianque e mesmo grupos burgueses ligados a monopólios imperialistas rivais aos Estados Unidos) e mostrava a influência do "desenvolvimentismo" em voga na época[73]. O programa apresentado defendia uma política externa independente e de paz, o crescimento (autônomo) da capacidade da economia nacional, medidas voltadas para a reforma agrária em favor do "campesinato", a elevação do nível de vida da população e a consolidação e ampliação da "legalidade democrática"[74]. Os pressupostos da declaração foram ratificados dois anos depois, no V Congresso do Partido, e abriram espaço para novas críticas de militantes insatisfeitos com os rumos da agremiação. Estes, ulteriormente, acabariam expulsos, fundando, em 1962, o PCdoB, com uma linha favorável aos chineses[75].

Não custa recordar que, em abril de 1960, o PCB publicou as "teses para discussão" do V Congresso, o que levou o periódico *Novos Rumos* a incluir o suplemento "Tribuna de Debates", no qual militantes e intelectuais do Partido publicaram, durante quatro meses, artigos que defendiam diferentes posições a ser levadas em conta no encontro marcado para setembro. Aquele foi um espaço extremamente acalorado de troca de ideias sobre as "teses" (e também, consequentemente, sobre as diferentes concepções e os rumos da "revolução brasileira"), discussão que se estendeu para edições posteriores daquele semanário[76]. O tema, portanto, continuou

---

[73] Ibidem, p. 80. De acordo com Ivan Alves Filho, "em agosto de 1957, numa reunião do CC, Giocondo Dias é indicado para a Comissão Executiva do Comitê Central, composta por nove membros. Menos de um ano depois, o PCB lançava a 'Declaração de março', um documento central para a compreensão da evolução democrática do Partido na década de 1980. A Giocondo Dias incumbiria a tarefa de coordenar o grupo responsável pela redação do documento, integrado por Alberto Passos Guimarães, Mário Aires, Jacob Gorender, Armênio Guedes, Dinarco Reis e Orestes Timbaúba. Dias valeu-se aí do debate enriquecedor em curso no Partido desde 1956". Dinarco Reis, de sua parte, disse que "o Dias levou o documento a Prestes e o Prestes concordou com seu conteúdo. Veio a reunião do Secretariado e, quando foi apresentado o documento de abertura, o Prestes se levantou e disse que tinha um substitutivo. E este era a 'Declaração de março'. Houve a votação e prevaleceu a 'Declaração de março'. Eu não pertencia mais ao Secretariado, mas fui chamado para essa reunião. Poucos meses depois, o Dias era indicado para a Secretaria de Organização, o segundo posto do Partido". Ver Ivan Alves Filho, *Giocondo Dias: uma vida na clandestinidade* (Rio de Janeiro, Mauad, 1997), p. 87.

[74] Ver José Antonio Segatto, *Breve história do PCB* (Belo Horizonte, Oficina de Livros, 1989), p. 94.

[75] Ver, por exemplo, "João Amazonas, Grabois e Calil Chade expulsos das fileiras comunistas", *Novos Rumos*, n. 151, 29 dez. 1961-4 jan. 1962.

[76] Como, por exemplo, Francisco Julião, "Giocondo Dias, os comunistas e a revolução brasileira", *Novos Rumos*, n. 182, 10-16 ago. 1962; Giocondo Dias, "Etapas da revolução e frente única", *Novos*

a ser abordado pelos militantes mesmo após a conferência que confirmou os postulados da direção pecebista.

Participaram na ocasião Clóvis de Oliveira Neto, Calil Chade, Alberto Passos Guimarães, Souza Maia, Carlos R. Costa Neto, Carlos Marighella, Jover Telles, Silvio Gonzaga Aleixo, Annibal Benavides, Bernardo Boris, Manuel Paiva, Francisco Gomes, João Amazonas, Geraldo Paulino, Marco Antônio Coelho, Apolônio de Carvalho, V. A. Baruel, Nestor Vera[77], entre outros. O destaque ficou com os textos "A questão das etapas da revolução brasileira", de Alberto Passos Guimarães[78]; "Alguns aspectos do papel da burguesia na revolução brasileira" (em três partes)[79], de Horácio Macedo; "Duas concepções, duas orientações políticas" (em duas

---

Rumos, n. 183, 17-23 ago. 1962; idem, "Etapas da revolução e frente única", *Novos Rumos*, n. 186, 7-13 set. 1962; "Marcos Farias: o compromisso de nosso cinema deve ser com a revolução brasileira", *Novos Rumos*, n. 174, 15- 21 jun. 1962; Amaro Valentim, "Caminho pacífico e luta armada", *Novos Rumos*, n. 151, 29 dez. 1961; Marco Antônio Coelho, "Frente das esquerdas ou frente única nacionalista e democrática?", *Novos Rumos*, n. 156, 2-8 fev. 1962; e Amaro Valentim, "Vitória da revolução pelo caminho pacífico", *Novos Rumos*, n. 150, 22-28 dez. 1961.

[77] Ver Clovis de Oliveira Neto, "Sobre as contradições, o caminho da revolução e a necessidade de uma orientação política certa", *Novos Rumos*, n. 74, 29 jul.-4 ago. 1960; Calil Chade, "O caráter da revolução brasileira", *Novos Rumos*, n. 74, 29 jul.-4 ago. 1960; Alberto Passos Guimarães, "Uma falsificação e vários erros crassos na questão das etapas", *Novos Rumos*, n. 75, 5-11 ago. 1960; "As três frentes da luta de classes no campo brasileiro", *Novos Rumos*, n. 73, 22-28 jul. 1960; e "As três frentes da luta de classes no campo brasileiro", *Novos Rumos*, n. 74, 29 jul.-4 ago. 1960; Souza Maia, "Caminho pacífico", *Novos Rumos*, n. 75, 5-11 ago. 1960; Carlos R. Costa Neto, "Modesta contribuição para a elaboração de uma verdadeira teoria revolucionária", *Novos Rumos*, n. 75, 5-11 ago. 1960; Carlos Marighella, "Defendendo a linha atual", *Novos Rumos*, n. 73, 22-28 jul. 1960; Jover Telles, "Sobre algumas questões em debate", *Novos Rumos*, n. 73, 22-28 jul. 1960; Silvio Gonzaga Aleixo, "O caminho pacífico da revolução brasileira é uma possibilidade e não uma determinação", *Novos Rumos*, n. 73, 22-28 jul. 1960; Annibal Benavides, "Em busca do caminho pacífico ou do caminho revolucionário...", *Novos Rumos*, n. 73, 22-28 jul. 1960; Bernardo Boris, "O bonapartismo da burguesia brasileira", *Novos Rumos*, n. 71, 8-14 jul. 1960; Manuel Paiva, "Sobre as contradições fundamentais na sociedade brasileira", *Novos Rumos*, n. 71, 8-14 jul. 1960; Francisco Gomes, "Luta armada e formas pacíficas de luta pelo poder", *Novos Rumos*, n. 72, 15-21 jul. 1960; João Amazonas, "Aspectos inseparáveis da luta revolucionária", *Novos Rumos*, n. 72, 15-21 jul. 1960; Geraldo Paulino, "A frente única e o caminho da libertação nacional", *Novos Rumos*, n. 72, 15-21 jul. 1960; Marco Antônio Coelho, "A possibilidade do caminho pacífico da revolução brasileira", *Novos Rumos*, n. 70, 1-7 jul. 1960; e "A tática das soluções positivas", *Novos Rumos*, n. 74, 29 jul. 1960; Apolônio de Carvalho, "Sobre o papel do partido e os caminhos da revolução", *Novos Rumos*, n. 70, 1-7 jul. 1960; V. A. Baruel, "Perspectivas leninistas para a revolução brasileira", *Novos Rumos*, n. 70, 1-7 jul. 1960 e Nestor Veras, "O papel dos camponeses na revolução", *Novos Rumos*, n. 66, 3-9 jun. 1960.

[78] Ver Alberto Passos Guimarães, "A questão das etapas da revolução brasileira", *Novos Rumos*, n. 71, 8-14 jul. 1960; ver, neste volume, p. 149-60.

[79] Ver Horácio Macedo, "Alguns aspectos do papel da burguesia na revolução brasileira", *Novos Rumos*, n. 71, 8-14 jul. 1960 (parte 1); n. 72, 15-21 jul. 1960 (parte 2); e n. 73, 22-28 jul. 1960 (parte 3).

partes)[80], de Maurício Grabois; e "As teses e a revolução brasileira" (em sete partes), de Caio Prado Júnior[81].

A velha guarda pecebista praticamente não participou daquele fórum. Astrojildo Pereira, presença constante em *Novos Rumos*, limitou-se a colaborar com sua coluna regular na seção literária "Notas sobre livros". Octávio Brandão, por sua vez, não aparece em nenhuma das páginas do impresso ao longo do debate. Já Leôncio Basbaum tentou incluir no suplemento uma carta que enviara à redação na época, mas recebeu como resposta dos editores que o material infringia as normas estabelecidas para a discussão e não seria publicado, o que causou desconforto e desagradou o antigo dirigente[82].

O papel das mulheres também foi reduzido. Eram poucas as colaboradoras regulares do jornal: Ana Montenegro, Maria Gabriela, Eneida de Moraes, Eva Fernandes, Beatriz Bandeira e Zuleika Alambert. Entre as escassas debatedoras naquele momento, Isabel Fontoura reclamou que não davam a devida atenção

80 Ver Maurício Grabois, "Duas concepções, duas orientações políticas", *Novos Rumos*, n. 60, 22-28 abr. 1960; e idem, "Duas concepções, duas orientações políticas", *Novos Rumos*, n. 61, 29 abr.-5 maio 1960.

81 Ver, de Caio Prado Júnior, "As teses e a revolução brasileira", *Novos Rumos*, n. 67, 10-16 jun. 1960, Tribuna de Debates, p. 4 (parte 1); n. 68, 17-23 jun. 1960, Tribuna de Debates, p. 4 (parte 2); n. 69, 24-30 jun. 1960, Tribuna de Debates, p. 4 (parte 3); n. 70, 1-7 jul. 1960, Tribuna de Debates, p. 6 (parte 4); n. 71, 8-14 jul. 1960, Tribuna de Debates, p. 9 (parte 5); n. 72, 15-21 jul. 1960, Tribuna de Debates, p. 7 (parte 6); e n. 73, 22-28 jul. 1960, Tribuna de Debates, p. 5 (parte 7). Para um resumo dos argumentos apresentados nesse artigo em sete partes, ver Frederico José Falcão, *Os homens do passo certo: o PCB e a esquerda revolucionária no Brasil (1942-1961)* (São Paulo, Sundermann, 2012), p. 315-21.

82 Ver nota em *Novos Rumos*, n. 63, 13-19 maio 1960, Tribuna de Debates, p. 5. De acordo com Basbaum, "com a efervescência política que então renascia, comecei a ler a imprensa do Partido, agora limitada a um pequeno tabloide semanal, *Novos Rumos*, que fora antes uma revista da JC [Juventude Comunista]. Aí tomei conhecimento da preparação de um novo Congresso. O jornalzinho publicava algumas 'teses para discussão'. Agora, segundo se depreendia do jornal, o líder teórico era Jacob Gorender, e os antigos pequenos 'Stálins', Grabois, Amazonas, Pomar e outros, estavam na oposição. Haviam sido excluídos do *Presidium*, depois do CN [Congresso Nacional], mas ainda não haviam sido expulsos do Partido. Assim, também eles tinham o direito de discutir as teses. Li algumas delas. Irritou-me ver que o Gorender procurasse contestar as teses do Grabois, com as quais eu, aliás, não concordava, utilizando-se de presumíveis erros de português, de natureza gramatical. Isso, num partido operário, era o cúmulo da má-fé. De qualquer modo, resolvi dar 'minha contribuição', mandando-lhes um exemplar do meu livro *Caminhos brasileiros do desenvolvimento* e acusando ao mesmo tempo a direção do Partido de estar imbuída de uma ideologia pequeno-burguesa incurável e, desse modo, o que quer que pensasse ou fizesse, partiria de um erro de origem: nunca estaria do lado dos interesses do proletariado. A essa carta responderam pelas colunas do seu jornal, que minha carta não podia ser publicada por 'não estar de acordo com as condições exigidas pelo jornal'. Não me surpreendi, senão com o fato de me haverem respondido. Depois disso esqueci o assunto". Ver Leôncio Basbaum, *Uma vida em seis tempos*, cit., p. 258-9.

aos assuntos femininos. Ainda assim, alguns artigos foram editados, como os de Ana Montenegro, "As teses esqueceram o trabalho entre as mulheres"[83], Laura Austregésilo, "Caminho novo para a revolução brasileira"[84], e Teresa dos Santos, "Opinião da mulher sobre as teses"[85], todos com menor influência.

O V Congresso, como dito, confirmou a linha geral esboçada na "Declaração de março de 1958", ao indicar que a etapa da revolução brasileira naquele momento era anti-imperialista e antifeudal. A partir da construção de uma frente única "nacionalista" e "democrática", os comunistas levariam adiante o processo político pela "via pacífica", deixando para depois a luta pelo socialismo (pois, segundo eles, as condições históricas para tal não estavam dadas).

O grupo mais influente no PCB até o XX Congresso do PCUS (encabeçado por nomes como Maurício Grabois, João Amazonas, Ângelo Arroio, Diógenes de Arruda Câmara e Pedro Pomar), depois das denúncias contra Stálin e do início da era khruschoviana, perdeu paulatinamente seu espaço e sua hegemonia dentro da agremiação e tornou-se alvo de violentas críticas de outros dirigentes, tanto nos artigos publicados na "Tribuna de Debates" de *Novos Rumos* quanto durante e após os trabalhos do V Congresso partidário, que recomendou explicitamente um esforço para eliminar o sectarismo e o dogmatismo de dentro de suas fileiras. Com a mudança estatutária (retirando referências ao "marxismo-leninismo" e à "ditadura do proletariado" de seu programa) e da alteração de seu nome para Partido Comunista Brasileiro (a fim de dar um suposto caráter "nacional" à sigla), o setor dissidente, inconformado e derrotado internamente, lançou durante a Conferência de 1961 a "Carta dos cem", acusando as manobras recentes do Comitê Central, que teriam desviado o PCB do caminho revolucionário. Apontados como fracionistas, os autores da "missiva" foram expulsos e, em fevereiro de 1962, numa "conferência extraordinária", trocaram o acrônimo e elegeram um novo CC, elaborando um programa mais radical (similar ao aprovado no IV Congresso) e designando aquele procedimento de "reorganização partidária" (na prática, a fundação de uma nova agremiação, o PCdoB, que seguiu, a partir de então, a orientação chinesa)[86]. Seu projeto,

---

[83] Ver Ana Montenegro, "As teses esqueceram o trabalho entre as mulheres", *Novos Rumos*, n. 75, 5-11 ago. 1960; ver, neste volume, p. 161-4.

[84] Ver Laura Austregésilo, "Caminho novo para a revolução brasileira", *Novos Rumos*, n. 76, 12-18 ago. 1960, p. 6.

[85] Ver Teresa dos Santos, "Opinião da mulher sobre as teses", *Novos Rumos*, n. 75, 5- 11 ago. 1960.

[86] Ver, por exemplo, Jacob Gorender, *Combate nas trevas: a esquerda brasileira, das ilusões perdidas à luta armada* (São Paulo, Ática, 1987), p. 33-4. Para uma interpretação daqueles eventos a partir da análise do PCdoB, ver, por exemplo, Wladimir Pomar, *Pedro Pomar: uma vida em vermelho* (São Paulo, Xamã, 2003); Osvaldo Bertolino, *Testamento de luta: a vida de Carlos Danielli* (São Paulo, Anita Garibaldi, 2002); e idem, *Maurício Grabois: uma vida de combates* (São Paulo, Fundação Maurício Grabois/Anita Garibaldi, 2012). De acordo com Antonio Carlos Mazzeo, "a

influenciado pelo maoismo, indicava o estabelecimento de um "governo popular" anti-imperialista, antilatifundista e antimonopolista por meio da luta armada (nesse caso, a "guerra popular prolongada") e do uso da "violência revolucionária"[87].

* * *

De fato, entre a segunda metade dos anos 1950 e o início dos 1960, o debate sobre a revolução brasileira ganhou novo impulso, com a atuação firme de diversas editoras de esquerda, como Brasiliense, Fulgor, Laemmert e Civilização Brasileira, e com textos de intelectuais renomados, como Nelson Werneck Sodré, Luiz Alberto Moniz Bandeira, Caio Prado Júnior, Elias Chaves Neto e tantos outros, em livros ou artigos em revistas e jornais, espaços importantes para as discussões. Nesse sentido, teve destaque a fundação da *Revista Brasiliense* em 1955, a mais importante publicação teórica daquele período (com 51 números lançados), fechada em 1964 pela ditadura militar (a última edição, de número 52, foi apreendida e destruída pela polícia). Encabeçada por Caio Prado Júnior e Elias Chaves Neto (seu diretor editorial e principal colaborador), teve como articulistas nomes como Paulo Alves Pinto, Heitor Ferreira Lima, Astrojildo Pereira, Everardo Dias, Octávio Brandão, Jacob Bazarian, Rui Facó, Edgard Carone, Joaquim Câmara Ferreira, Moisés Vinhas, Jamil Almansur Haddad, José Chasin, Michael Löwy, Gianfrancesco Guarnieri, Jean-Claude Bernardet, Maurice Capovilla, Florestan Fernandes, Sérgio Milliet, Clóvis Moura, Álvaro de Faria e vários outros. Nas páginas do periódico bimestral foram discutidos assuntos bastante variados, como política brasileira, a Revolução Cubana, a URSS (e sua defesa da "coexistência pacífica"), a China, o imperialismo, a questão agrária, a democracia, a literatura e a cultura de forma geral. Alguns autores, por certo,

---

crítica realizada por Amazonas, Grabois e Pomar, futuros dirigentes históricos do que viria a se constituir no Partido Comunista do Brasil – o PCdoB em 1962 –, não consegue romper com os fundamentos teóricos que informavam as interpretações da realidade brasileira e tampouco com as influências das análises arquetípicas das formações sociais construídas pelo *Komintern,* e, consequentemente, não questionam também a consagrada teoria da 'revolução em etapas' e a questão do feudalismo no Brasil. O núcleo dirigente do PCdoB retoma as teses centrais do Manifesto de Agosto de 1950, assumindo as resoluções do IV Congresso, radicalizando, ainda, a crítica a Khruschov e à nova linha político-ideológica implementada por Moscou. Esse núcleo dirigente terá um papel central no movimento comunista brasileiro e latino-americano – refletindo a divisão que se processa no comunismo mundial –, já que será o introdutor da corrente comunista inspirada nas concepções do dirigente comunista chinês Mao Tsé-tung, constituindo-se no primeiro Partido Comunista maoista da América Latina". Ver Antonio Carlos Mazzeo, "O Partido Comunista na raiz da teoria da Via Colonial do desenvolvimento do capitalismo", em Antonio Carlos Mazzeo e Maria Izabel Lagoa (orgs.), *Corações vermelhos: os comunistas brasileiros no século XX* (São Paulo, Cortez, 2003), p. 161.

[87] Ver José Antonio Segatto, *Breve história do PCB*, cit., p. 104-5; e Jean Rodrigues Sales, *A luta armada contra a ditadura militar*, cit., p. 20-1.

sobressaíram nas discussões sobre os caminhos para tentar solucionar os problemas crônicos do Brasil (em particular aqueles associados à ideia de "nacionalismo" como etapa para se chegar ao socialismo no país)[88]. Entre eles, os ensaios "Nacionalismo e desenvolvimento"[89], de Caio Prado Júnior, "Os trabalhadores e a nação"[90], de Álvaro de Faria, e "O presidente Kubitschek e o Fundo Monetário Internacional", "Socialismo e emancipação política" e "Revolução democrática", de Elias Chaves Neto[91].

Para este último, o grande problema do país seria a "libertação econômica", problema que fora agravado pela chamada "revolução desenvolvimentista" do presidente Juscelino Kubitschek, "que abriu as portas para a penetração dos trustes internacionais em nossa terra", não só mantendo a tradicional dependência do estrangeiro, mas também subordinando a economia nacional aos trustes forâneos. O caráter da revolução brasileira deveria ser democrático (para "liquidar com a estrutura colonial de sua economia" e "criar a cultura que corresponda às novas exigências de um desenvolvimento industrial próprio"), antimonopolista, anti-imperialista, antilatifundista, contra os privilégios das classes dominantes e de construção de um governo verdadeiramente proletário e popular, que encamparia os monopólios estrangeiros para dirigi-los nos interesses das massas.

Na revista *Novos Tempos*, dirigida por Osvaldo Peralva, Luiz Alberto Moniz Bandeira publicou o artigo "O caráter socialista da revolução no Brasil", antecipando algumas das ideias elaboradas e defendidas poucos anos mais tarde pela Polop e em seu livro *O caminho da revolução brasileira*, de 1962. A aliança entre o proletariado e a burguesia foi de imediato rejeitada (o autor reprochava especificamente as confusões e os prejuízos resultantes dos colaboracionismos getulista e stalinista), assim como demandas por reivindicações "específicas" e *slogans* "nacionalistas". Sua opinião sobre o "nacionalismo" era clara: "A onda nacionalista é uma expressão deformada e pequeno-burguesa da revolta coletiva. O que é preciso, no entanto, é transformá-la num movimento geral de cunho e de objetivos socialistas [...] Não será pelo nacionalismo que o proletariado se libertará das correntes que o esmagam"[92]. A pugna (de caráter "classista") teria de ser empreendida contra os trustes e monopólios

---

[88] Ver Luiz Bernardo Pericás, "Revista Brasiliense", *Crítica y Emancipación: Revista Latinoamericana de Ciencias Sociales*, ano V, n. 9, primeiro semestre de 2013, p. 213-24; e Luiz Bernardo Pericás, *Caio Prado Júnior*, cit., p. 156-68.

[89] Ver Caio Prado Júnior, "Nacionalismo e desenvolvimento", *Revista Brasiliense*, n. 24, jul.-ago. 1959.

[90] Ver Álvaro de Faria, "Os trabalhadores e a nação", *Revista Brasiliense*, n. 17, maio-jun. 1958.

[91] Ver Elias Chaves Neto, "O presidente Kubitschek e o Fundo Monetário Internacional", *Revista Brasiliense*, n. 24, jul.-ago. 1959; "Socialismo e emancipação política", *Revista Brasiliense*, n. 12, jul.-ago. 1957; "Revolução democrática", *Revista Brasiliense*, n. 48, jul.-ago. 1963 – ver também, neste volume, p. 199-204.

[92] Ver Luiz Alberto Moniz Bandeira, "O caráter socialista da revolução no Brasil", *Novos Tempos*, Rio de Janeiro, n. 2, out.-nov. 1957, p. 28-30; ver, neste volume, p. 139-43.

internacionais, ou seja, para combater o sistema geral de exploração capitalista. O Estado de então (pela própria impotência da burguesia) era convocado a desempenhar um papel decisivo, "intervencionista", na economia e no desenvolvimento nacional, mediante empreendimentos diretos nas atividades industriais ou incentivo e orientação a iniciativas privadas, com subsídios e financiamentos. Já a tarefa dos trabalhadores seria a de elaborar um projeto de transição ao socialismo, assim como tomar e destruir o poder da classe então dirigente. Além disso,

> uma revolução, aqui, não só poderia arrastar todo o continente sul-americano para o socialismo como, também, produziria profundos reflexos no seio da classe operária norte-americana [...]. O Brasil, por exemplo, está entrelaçado com os Estados Unidos de tal sorte que, no caso de uma revolução aqui vitoriosa, esta, certamente, provocaria a ruptura do equilíbrio nas relações políticas internacionais, mesmo se fosse esmagada pela intervenção militar. A existência, todavia, de vários países no caminho do socialismo não só dificultaria a repressão armada do estrangeiro como, também, evitaria a degenerescência da revolução pelo isolamento e pelo cerco imperialista.[93]

E continuava:

> O proletariado poderá chegar ao poder no Brasil, embora a edificação ulterior do socialismo dependa da revolução nos outros países, particularmente na América do Sul. É de se prever, todavia, que a insurreição, deflagrada no momento oportuno, seria vitoriosa no Brasil, rompendo as relações de forças entre as diversas potências e abalando, profundamente, os alicerces do sistema capitalista internacional.[94]

Já Nelson Werneck Sodré, "o teórico marxista mais importante"[95] dos anos 1950, lançou, no final daquele decênio, *Introdução à revolução brasileira*, trabalho emblemático de sua fase isebiana, que tratava de um tema recorrente em sua obra. Autor de mais de cinquenta livros (que discutiam cultura, literatura, história militar e da imprensa, imperialismo, Coluna Prestes, memorialística, independência, colonialismo, fascismo, neoliberalismo, ditadura militar e materialismo histórico, entre outros assuntos), foi alvo de muitas críticas por sua interpretação da formação histórica do país e por sua avaliação sobre a existência de traços feudais na economia rural brasileira (e mesmo pelo uso de categorias como a de "regressão feudal"). Além disso, esteve envolvido, ao longo da vida, em acirradas polêmicas com diversos intelectuais conhecidos, tanto de seu partido como do meio acadêmico[96]. Apesar

---

[93] Idem (neste volume, p. 141).

[94] Idem.

[95] De acordo com José Carlos Reis, *As identidades do Brasil*, cit., p. 147.

[96] Ver, por exemplo, Nelson Werneck Sodré, *História e materialismo histórico no Brasil* (São Paulo, Global, 1985).

dos ataques de seus "oponentes", alguns estudiosos apontam para as sutilezas em seus câmbios teóricos, suas leituras diversificadas e pioneiras (ele foi um dos primeiros no país a incorporar à sua obra autores como Mariátegui e Lukács) e o desenvolvimento de sua interpretação sobre a história do Brasil, do período colonial até a época em que produzia seus trabalhos[97].

O nacionalismo era um aspecto fundamental no pensamento de Sodré, que dava grande importância ao papel de setores da burguesia na democracia e na luta contra o imperialismo. O caráter anticolonial e antilatifundista do processo, por sua vez, também era ressaltado por ele, ao avaliar a necessidade de implementar uma ampla reforma agrária, nacionalizar setores estratégicos, impor o monopólio estatal sobre eles, estabelecer o controle de remessas de lucros para o exterior e eliminar os privilégios aos investimentos estrangeiros[98]. A realização e o desfecho da revolução brasileira, nesse caso, ocorreriam por meio de uma aliança supraclassista que incluiria a burguesia nacional, a pequena burguesia urbana, o proletariado e o campesinato[99]. Nesse sentido, Sodré afirmava:

---

[97] Ver, por exemplo, Paulo Ribeiro da Cunha, *Um olhar à esquerda: a utopia tenentista na construção do pensamento marxista de Nelson Werneck Sodré* (Rio de Janeiro/São Paulo, Revan/Fapesp, 2002); e Jorge Grespan, "O conceito de 'modo de produção' em Nelson Werneck Sodré", em Paulo Cunha e Fátima Cabral (orgs.), *Nelson Werneck Sodré*, cit., p. 135-50.

[98] Ver Virgílio Roma de Oliveira Filho, "A participação de Werneck Sodré no debate nacionalista da década de 1950", em Paulo Cunha e Fátima Cabral (orgs.), *Nelson Werneck Sodré*, cit., p. 259.

[99] Ibidem, p. 261. Nas palavras de Marcos Del Roio, "Nelson Werneck Sodré vê a 'revolução brasileira' como sendo inequivocamente uma revolução burguesa. É esse um processo de múltiplas e sobrepostas dimensões, que está ainda – no momento em que escreve – em andamento. Num sentido mais amplo e geral, para Sodré, a revolução brasileira é constituída pelo desenvolvimento das relações capitalistas que permitiram a elevação da burguesia ao papel de classe dirigente e dominante. De maneira incerta e tortuosa as relações capitalistas começaram a se desenvolver desde a metade do século XIX, ligadas principalmente ao capital comercial, meio de inserção do Brasil no mercado mundial. Esse desenvolvimento capitalista apenas embrionário foi suficiente para mostrar a inviabilidade da manutenção do escravismo. A abolição e a mudança para o regime político republicano alteraram a forma da dominação da 'classe senhorial', e enquanto uma grande parcela da força de trabalho sobrevivia em condições servis não institucionalizadas, outra parte começava a constituir um mercado de trabalho assalariado. O predomínio da grande propriedade territorial e o investimento massivo do capital estrangeiro em transportes e serviços públicos, que beneficiavam o capital comercial, dificultaram a formação de uma burguesia nacional, que teve seu esboço delineado somente na década de 1920. É precisamente nos anos 1920 deste século que tem início o período que Sodré denomina de 'estruturação da economia nacional' com a incorporação de novas técnicas produtivas e a gestação de um mercado interno". Ver Marcos Del Roio, "A teoria da revolução brasileira", cit., p. 95-6. Para Nelson Werneck Sodré, ainda que o começo do processo designado por "revolução brasileira" possa ser localizado, em termos políticos, a partir de 1930, somente nos anos 1950 o quadro econômico e social do país estaria maduro para possibilitar, de fato, o desencadeamento de um processo de "renovação" que se poderia chamar de "revolução brasileira". Ver ibidem, p. 96. Ou seja, a revolução brasileira seria

> A caracterização como democrática e nacional do tipo a que pertence a revolução brasileira significa que se trata de enfrentar o imperialismo, para a libertação econômica e política, de enfrentar o latifúndio, para libertar as forças produtivas e possibilitar a ampliação da área democrática. E significa, pois, que se trata não de introduzir alterações socialistas, mas de ampliar relações capitalistas onde elas são ainda desconhecidas ou repelidas...
> A constatação de que o caráter da revolução brasileira é democrático e nacional tem, pois, interesse. Não se trata de simples questão formal. Porque, como consequência, permite concluir que se trata do acabamento da revolução burguesa, em nosso país, de processo em que a burguesia tem papel a desempenhar. É claro que, no referido caráter, interessa mais à burguesia o conteúdo nacional, enquanto às outras forças interessa mais o conteúdo democrático; eles são, porém, tão estreitamente vinculados que parece impossível separá-los, admitindo que, com a vitória, permaneça o nacional e desapareça o democrático. Que papel poderá ter a burguesia no desenvolvimento da revolução brasileira é problema do próprio processo. E, aqui, cabe prevenir os menos avisados de que as classes não podem ser julgadas pelos indivíduos que as compõem nem como indivíduos, porque não se comportam como indivíduos. Constata-se, presentemente, e de algum tempo a esta parte, que a burguesia, no Brasil, que é o caso que nos interessa, divide-se em duas frações: a que se associa ao imperialismo e a que resiste ao imperialismo; é evidente que a primeira não pretende nenhuma participação na revolução brasileira; a segunda se convencionou conhecer como *burguesia nacional*. A existência desta é que é negada por alguns estudiosos, geralmente radicais, desejosos de queimar etapas e apaixonados por reformas socialistas que exigiriam, se possível naturalmente, a exclusão da burguesia de qualquer papel no processo da revolução brasileira. É raciocínio falso, mas coerente: se a transformação é de conteúdo socialista, não há que englobar a burguesia entre as forças nela interessadas; é mais simples suprimi-la, negar-lhe a existência. Não são argumentos, nem pesquisas, nem dados colhidos na realidade; são desejos. Cada um é livre para ter os desejos que pode; falso é erigir esses desejos em ciência.[100]

Um novo elemento, que abalou as estruturas políticas e capturou a imaginação das forças progressistas do continente, entrou em cena naquele momento. A Revolução Cubana, que triunfou em 1º de janeiro de 1959, iria marcar toda uma geração de militantes de esquerda latino-americanos – inclusive os brasileiros. A possibilidade de empreender uma guerra de guerrilhas no campo combinada a movimentações populares nas cidades; a implementação de uma profunda reforma agrária; a nacionalização de empresas estrangeiras; a luta contra o imperialismo; o internacionalismo proletário e a transição acelerada ao socialismo, num país pequeno, atrasado em termos de desenvolvimento industrial e vizinho dos Estados

---

"uma revolução burguesa que se realiza na fase imperialista do capitalismo num país de economia colonial ou dependente". Ver ibidem, p. 97.

[100] Ver Nelson Werneck Sodré, *Introdução à revolução brasileira*, cit., p. 246-8.

Unidos, entusiasmou grande parte da juventude do continente. E mudou o eixo das antigas concepções etapistas e eleitoreiras defendidas por determinados setores progressistas, que viam na "via pacífica" e no desenvolvimento do capitalismo dentro do território brasileiro o caminho correto e seguro para se chegar, em última instância, ao socialismo.

Os cubanos também mostrariam uma forma distinta de encarar a "questão nacional", ao associar Marx e Lênin a fontes históricas de seu processo revolucionário, como José Martí e Julio Antonio Mella. Não custa lembrar que este último escreveu, em 1925, que

> existem o nacionalismo burguês e o nacionalismo revolucionário; o primeiro deseja uma nação para que sua casta viva parasitariamente do resto da sociedade e das migalhas do capital saxão; o último deseja uma nação livre para acabar com os parasitas internos e os invasores imperialistas, reconhecendo que o principal cidadão em toda sociedade é aquele que contribui a elevar com seu trabalho diário, sem explorar a seus semelhantes.[101]

Dirigentes como Fidel Castro e Che Guevara inspirariam jovens de todo o hemisfério a tomar o caminho das armas, na crença de que poderiam, de alguma forma, replicar o modelo cubano. O processo que se desenvolvia na ilha caribenha, nesse sentido, foi amplamente divulgado e apoiado no Brasil por uma série de revistas, jornais, livros, organizações e personalidades políticas. Em janeiro de 1959, Armando Gimenez, repórter dos *Diários Associados*, foi a Cuba para participar da Operação Verdade e do Fórum de Debates sobre a Reforma Agrária. Depois de retornar, publicou no mesmo ano *Sierra Maestra: a revolução de Fidel Castro*, pelas Edições Zumbi, o primeiro livro de um brasileiro sobre o tema. O dirigente comunista Pedro Pomar, por sua vez, viajou a Havana em novembro, ficando por quarenta dias no país. Muitos intelectuais participaram de comitivas de visitas à ilha naqueles anos, como Luiz Alberto Moniz Bandeira, Elias Chaves Neto, Caio Prado Júnior e tantos outros. Nesse período, também foram editadas diversas obras sobre aquela experiência, como *Revolução Cubana e revolução brasileira*, de Jamil Almansur Haddad; *Vais bem, Fidel*, de Jurema Finamour; *Cuba: a revolução na América*, de Almir Matos; e *Cuba, vanguarda e farol da América*, de Nery Machado, só para citar algumas[102]. Isso para não falar na constituição de vários comitês de apoio a Cuba em diferentes cidades brasileiras e na

---

[101] Ver Julio Antonio Mella, "Imperialismo, tirania, soviet", publicado originalmente em *Venezuela Libre*, Havana, 1º jun. 1925, e reproduzido em Instituto de Historia del Movimiento Comunista y la Revolución Socialista de Cuba (org.), *J. A. Mella: documentos y artículos* (Havana, Editorial Ciencias Sociales/Instituto Cubano del Libro, 1975), p. 190.

[102] Ver Luiz Bernardo Pericás, "Che Guevara, a Revolução Cubana e o Brasil: uma visão panorâmica política e editorial", *Perseu: História, Memória e Política*, ano VII, n. 12, ago. 2016, p. 236-7.

divulgação de notícias sobre a república caribenha na grande imprensa e nos órgãos de agremiações progressistas do país.

De qualquer forma, proliferaram naquela época obras que discutiam a "revolução brasileira". O antropólogo norte-americano Charles Wagley abordou a questão como um processo de modificações substantivas a partir do início do século XX, ganhando impulso com os acontecimentos de 1930 e se tendo desenrolado, em sua opinião, sem plano ou ideologia, salvo quando diferentes administrações tentaram resolver problemas circunstanciais. De acordo com ele,

> essa "revolução" consiste em uma série de transformações entrelaçadas na sociedade brasileira. Esta, que era essencialmente agrária, semifeudal e patriarcal, encontra-se agora em processo de mudança para uma sociedade industrial, moderna, capitalista, orientada para a cidade. Em outras palavras, pode-se afirmar que o Brasil está em meio a um processo de transformação de uma forma "tradicional" de sociedade do século XIX para uma "nova" sociedade do futuro. O processo é penoso e, muitas vezes, oneroso.[103]

Em 1960, Leôncio Basbaum produziu seu *Caminhos brasileiros do desenvolvimento: análise e perspectivas da situação brasileira*[104], pela editora Fulgor, obra que teve vendas expressivas naquele ano. Em sua avaliação, o Brasil era, em termos econômicos, um país tipicamente subdesenvolvido (ou, segundo diferentes acepções, "periférico" ou integrante do grupo de "nações proletárias") e, no âmbito político, "semicolonial", com uma estrutura na qual coexistiam "diferentes modos de produção", como "escravismo" (disfarçado e encoberto por leis formais sem nenhum valor prático), relações "feudais" (quase puras) ou "semifeudais" e o regime assalariado do proletariado moderno, com alto nível das forças produtivas capitalistas. Essa seria nossa "contradição fundamental". Tal estrutura, portanto, deveria ser rompida. Basbaum acreditava que, depois de 1888, o capitalismo havia entrado em forte ritmo de crescimento, mas no meio rural as mudanças não ocorreram da mesma forma, e os escravos libertos se transformaram em "servos feudais". A partir de 1922, esse desenvolvimento capitalista se viu diante de um mercado "estagnado" e "inelástico", à beira do colapso. Esse quadro contraditório, levado ao extremo, possibilitou os acontecimentos de 1930 – para ele uma "revolução inacabada", pois não atingiu seus supostos "objetivos naturais", entre os quais a liquidação do feudalismo. O Brasil também se caracterizava pela ausência (ou pela debilidade numérica) das classes intermediárias, algo importante, porque se traduziria em melhor "distributismo" e ausência de contrastes chocantes. Já a industrialização do país se teria tornado, na prática, um processo de "colonização", baseando-se numa política

---

[103] Ver Charles Wagley, *A revolução brasileira: uma análise da mudança social desde 1930* (Salvador, Progresso, s.d.), p. 15.

[104] Ver Leôncio Basbaum, *Caminhos brasileiros do desenvolvimento*, cit.

que respondia apenas aos interesses de investidores estrangeiros cujo único objetivo era tirar proveito para eles mesmos e para as nações exportadoras de capitais, as quais dominavam os setores industriais mais importantes e lucrativos na época em que escrevia. O resultado se expressava no "desaparecimento gradual" da "burguesia brasileira", que se "desnacionalizava" e se tornava alheia aos interesses nacionais, ao se associar a investidores de fora e se enriquecer com os benefícios por eles proporcionados (em seu lugar apareceria uma casta constituída de gerentes e altos funcionários de empresas que apoiariam de forma desmedida os interesses das multinacionais).

O autor de *História e consciência social* também foi crítico da Operação Nordeste apresentada por Celso Furtado – um plano demagógico, segundo ele, com nítidos objetivos eleitorais, que não tocava no latifúndio (e no problema da terra de maneira geral, com relações de caráter "semifeudal" e semiescravista"), sendo extremamente insuficiente em termos de industrialização local. Para Basbaum, a criação da Openo e da Sudene enriquecia o dicionário, mas não o Nordeste. A contradição entre capitalismo e feudalismo, assim, não era resolvida. Os elaboradores do Plano de Metas (que não possuía "perspectivas políticas"), por sua vez, não convidaram a massa popular a colaborar com suas diretrizes (crítica compartilhada por outros intelectuais, como Werneck Sodré, que teceu comentários ainda mais duros sobre aquele conjunto de medidas que os feitos por Basbaum)[105]. Portanto, tratava-se de um projeto que não interessaria ao povo.

O objetivo central de uma política de desenvolvimento deveria ser elevar o padrão de vida da população, garantindo emprego, residências decentes, assistência médica e social e oportunidade de se instruir de todo tipo de conhecimento técnico ou teórico. E "construir uma nação". Tudo isso com planejamento para o longo prazo (em torno de vinte anos para o país atingir o grau de desenvolvimento

---

[105] Para Nelson Werneck Sodré, "o fundamental, no Plano de Metas, era a utilização do aparelho de Estado para a execução de empreendimentos cujo vulto estava em contraste com a escala anterior, colocando-se tal aparelho como distribuidor, e agora com uma amplitude considerável, de favores e privilégios. O rumo que tomaram esses favores e privilégios foi o de favorecer a penetração dos capitais estrangeiros, em cujas virtudes os técnicos que assistiam Kubitschek acreditavam – e eram os mesmos que se haviam apossado dos órgãos manipuladores da economia e das finanças nacionais. O Plano de Metas foi, assim, a forma pela qual o Estado, no Brasil, se prestou a servir ao imperialismo, agora em escala descomedida. Nele, não é o interesse nacional que constitui a base, mas o interesse externo, levando a ostensivas e claras deformações do processo de industrialização, porque estávamos na fase em que o imperialismo se associaria ao processo industrial, como meio adequado de participar da renda auferida no mercado interno, agora principal". Ver Nelson Werneck Sodré, *História da burguesia brasileira* (Rio de Janeiro, Civilização Brasileira, 1964), p. 345. Roland Corbisier, por sua vez, diria que "o programa de metas agravou as contradições, os desequilíbrios internos, porque [...] não era um plano integrado e global de desenvolvimento econômico, mas um conjunto de programas setoriais". Ver Roland Corbisier, *Reforma ou revolução?*, cit., p. 64.

industrial *per capita* dos Estados Unidos), transformação estrutural (que libertasse as forças de expansão capitalista, incentivando que se produzissem mais bens de produção que bens de consumo e ampliando e distribuindo melhor a renda nacional), participação popular na elaboração da planificação, a ser dividida em "nacional", "regional" e "total" (esta, uma combinação entre o planejamento programado pelo Estado e a iniciativa privada), e promoção da independência política e da democracia interna. As experiências de vários países no pós-guerra teriam aberto novas possibilidades para os povos que desejavam romper as cadeias do subdesenvolvimento, animados por uma ideologia "nacionalista" e "progressista" (ao mesmo tempo de "libertação" e "desenvolvimento", com a unidade do povo por cima das classes).

Os caminhos brasileiros para o desenvolvimento, segundo Basbaum, poderiam ser vistos, por um lado, apenas como "reformas" (na opinião dos "radicais", "ultraesquerdistas" e "demagogos") ou, por outro, até mesmo como uma "revolução comunista" (neste caso, pelos "reacionários" e "conservadores" das classes dirigentes). Para o autor, contudo, deveriam ser denominadas "reformas revolucionárias" ou "revolução pacífica". Entre as medidas, ele defendia o "nacionalismo" (que seria a ideologia da independência e do desenvolvimento, da preservação da unidade nacional, da continuidade de um passado histórico, da consolidação e da unificação de fatores que constituem a nação e o espírito de luta de autoconquista para se transformar em nação), o "estatismo" (tornando o Estado o principal investidor de capitais e financiador do desenvolvimento, para que, nesse ínterim, uma burguesia nacional independente se reconstitua), a ampliação dos mercados externo e interno, a diversificação na pauta de exportações, a diminuição gradual do percentual de *commodities* agrominerais vendidas no mercado internacional (aumentando a participação dos produtos manufaturados), o monopólio do comércio exterior, a transformação básica do desenvolvimento industrial, uma política de austeridade que impusesse sacrifícios às classes abastadas, uma reforma bancária, a criação de mecanismos para impedir a evasão de divisas, a nacionalização de empresas e fortes investimentos em diversos ramos da educação.

Fundamental, também, a implementação de uma reforma agrária. Ela não deveria ser confundida com uma revolução, tampouco com a simples divisão dos latifúndios ou com leis protetoras do "camponês". Nesse sentido, ele admoestava as propostas do Iseb sobre o tema, as de Ignácio Rangel em específico. Como bases para que isso ocorresse, ele propunha: a nacionalização dos latifúndios improdutivos e das propriedades arrendadas (com ou sem indenização); posse da terra aos posseiros estabelecidos há mais de três anos em terras devolutas; cancelamento de dívidas por hipoteca ou por atraso no pagamento de rendas aos proprietários de terra e de impostos devidos ao governo por pequenos proprietários; crédito especial a juros baixos aos lavradores para aquisição de bens de consumo, maquinaria e ferramentas agrícolas; cursos de alfabetização e formação técnica nos municípios rurais; construção de estradas e centros de saúde nos mesmos locais; manutenção das grandes propriedades agrícolas industrializadas, que funcionariam com base em salários (dentro das leis de proteção ao trabalhador rural equiparado ao urbano); extinção do regime do colonato; leis federais trabalhistas especiais para o trabalhador rural assalariado equiparado ao urbano; proibição de intermediários ou atacadistas de produtos agrícolas de subsistência; ajuda técnica e créditos especiais a cooperativas agrícolas de "utilidade pública"; proibição da posse de terras por usinas de açúcar, fábricas de processamento de cacau ou fibras industriais; e respeito às grandes estâncias ou fazendas de criação de gado, desde que não houvesse excesso de terras em relação às reses, com garantia aos trabalhadores de salário em dinheiro e aplicação das leis laborais[106].

As mudanças no Brasil, portanto, resultariam de um conjunto de "reformas" (segundo ele, de caráter "revolucionário"). Não haveria nenhuma hipótese de luta armada no país naquele momento, ou seja, ocorreria um processo pacífico para concluir a revolução democrático-burguesa (em um mundo ainda dominado pelo capitalismo), que, se fosse liderada pelo proletariado, poderia transitar mais rapidamente para o socialismo (ele parecia bastante entusiasmado, por sinal, pelo modelo iugoslavo)[107]. Para levar adiante um projeto socialista, contudo, Basbaum acreditava na importância da tomada do poder pelas forças "progressistas", "socializantes" e "revolucionárias" (o que não implicava o uso de armas). Além disso, a ditadura do proletariado não poderia ser encarada como uma "forma obrigatória" na transição do capitalismo para o socialismo: ele apontava que, no Brasil, com apenas 3% da população ativa constituindo o proletariado, essa premissa estaria afastada. Aqui, o mando deveria ser partilhado por uma "coalizão", num governo "popular" do qual participassem diferentes classes e camadas sociais dispostas a colaborar[108]. Sendo assim, o caminho brasileiro ao socialismo se daria pela via do "capitalismo de Estado", o instrumento de desenvolvimento que em determinado ponto se tornaria a ferramenta para o avanço do novo sistema no país[109].

Note-se que o debate entre os pecebistas e a "nova esquerda" que surgia mostrou claramente as diferenças de opiniões entre os militantes progressistas do país. Em 1960, Astrojildo Pereira, por exemplo, disse:

> O movimento nacionalista brasileiro é uma aliança de classes – proletariado, campesinato, burguesia, pequena burguesia, lavradores ricos e pobres e até

---

[106] Ver Leôncio Basbaum, *Caminhos brasileiros do desenvolvimento*, cit., p. 169-91.

[107] Por sinal, Basbaum visitou a Iugoslávia a convite do governo daquele país e depois escreveu um livro sobre sua viagem. Ver Leôncio Basbaum, *No estranho país dos iugoslavos* (São Paulo, Edaglit, 1962).

[108] Ver idem, *Caminhos brasileiros do desenvolvimento*, cit., p. 282-3.

[109] Ibidem, p. 286-8.

certos setores de latifundiários – e essa aliança é imposta pela necessidade tática de enfrentar e combater o inimigo comum, que é o imperialismo, especialmente o imperialismo norte-americano e seus agentes internos, que chamamos de entreguistas.[110]

Uma posição que, por certo, era totalmente diversa da linha adotada pelos grupos mais radicais que apareceram na época. Nesse sentido, a fundação da Organização Revolucionária Marxista – Política Operária (ORM-Polop ou apenas Polop), no Congresso de Jundiaí, no início de 1961, foi emblemática como a "primeira expressão no Brasil da esquerda revolucionária que emergia em toda a América Latina"[111] (o primeiro "comitê central" ou "secretariado nacional" da sigla, contudo, só surgiria depois do golpe de 1964). No grupo, formado por antigos integrantes da LSI, da Juventude Socialista do PSB e alguns egressos da UJC e da Mocidade Trabalhista, assim como por ativistas independentes[112], participaram intelectuais que tiveram grande destaque nos anos posteriores, como Luiz Alberto Moniz Bandeira, Theotonio dos Santos, Vânia Bambirra, Érico Sachs (também conhecido pelo nome de guerra "Ernesto Martins"), os irmãos Eder e Emir Sader, Michael Löwy e Ruy Mauro Marini. Entre as fontes teóricas mais importantes para seus primeiros membros incluíam-se personagens bastante díspares, como Leon Trótski, Rosa Luxemburgo e Nikolai Bukhárin, assim como August Thalheimer e Heinrich Brandler[113]. Por outro lado, as ideias de Manuel Agustín Aguirre, Silvio Frondizi e André Gunder Frank parecem ser igualmente próximas às de seus aderentes naqueles primeiros anos. Além disso, também ficava claro o prestígio exercido pela Revolução Cubana entre os jovens militantes da sigla. Até o golpe militar, a "Política Operária" (segundo Moniz Bandeira, ao mesmo tempo "antistalinista" e refratária às diretrizes "dogmáticas" da Quarta Internacional, ainda que aceitasse a teoria da revolução permanente)[114] não teve estatuto oficial.

A Polop desaprovava as posturas da URSS, do PCB[115] e do Iseb, mas, segundo Jacob Gorender, "ficou restrita ao meio intelectual e à produção teórica, sem

---

[110] Ver Astrojildo Pereira, *Crítica impura* (Rio de Janeiro, Civilização Brasileira, 1963), p. 159.

[111] Ver Ruy Mauro Marini, "Memória", em Roberta Traspadini e João Pedro Stédile (orgs.), *Ruy Mauro Marini: vida e obra* (São Paulo, Expressão Popular, 2005), p. 63.

[112] Para mais informações sobre os diferentes grupos e programas que mais tarde se uniram e formaram a Polop, ver Frederico José Falcão, *Os homens do passo certo*, cit., p. 286-301.

[113] De acordo com Moniz Bandeira, entretanto, estes dois últimos não teriam exercido nenhuma influência teórica na Polop, ao menos antes da cisão de 1967.

[114] Ver Luiz Alberto Moniz Bandeira, "Farrapos de memória: notas sobre a Polop", versão reservada, 15 mar. 2014, texto enviado a Luiz Bernardo Pericás na mesma época.

[115] De acordo com Moniz Bandeira: "A teoria sobre o caráter socialista no Brasil, que defendi em artigo na revista *Novos Tempos* em 1957, não era nova, muito menos original da Polop. Era a essência da doutrina de todas as tendências trotskistas que surgiram e se organizaram no Brasil

conseguir penetração nos movimentos de massa"[116]. Para o mesmo autor, o grupo se especializou "na crítica ao reformismo e ao nacionalismo, porém se mostrou incapaz de elaborar uma alternativa tática viável"[117].

De qualquer forma, para a Polop era preciso combater o "nacionalismo", a aliança de setores da esquerda com uma suposta "burguesia nacional" e o imperialismo. A revolução deveria ser socialista, liderada por um verdadeiro partido proletário e levada a cabo a partir de uma insurreição popular[118]. De acordo com Ruy Mauro Marini:

> Nossa concepção estratégica geral era a de que a revolução seria violenta, com a tomada do poder concretizada por uma insurreição proletária urbana. A base do poder

---

quando a dissidência do PCB, ocorrida entre 1928 e 1930, constituiu-se, em 1931, como Liga Comunista Internacionalista, com a participação de Mário Pedrosa, Rodolfo Coutinho, Lívio Xavier, Benjamin Péret (poeta surrealista francês então no Brasil), Aristides Lobo, entre outros, e ligada diretamente à Oposição de Esquerda. Não é absolutamente certo afirmar que 'fomos (Polop) os primeiros e por muito tempo os únicos no país que se deram ao trabalho de uma fundamentação teórica e que procuraram tirar as consequências práticas da situação' ('Caminho e caráter da revolução brasileira' – Érico Sachs). A verdade é que Érico Sachs não introduziu, no Brasil, nenhuma nova linha dentro do pensamento marxista nem formulou estratégia revolucionária distinta das existentes. Ele tão somente endossava a teoria sobre o caráter socialista da revolução no Brasil e, no artigo 'Caminho e caráter da revolução brasileira', datado de 1970, ressaltou que a Polop, 'desde a sua fundação (pode-se dizer que foi essa uma das razões de sua fundação), defendeu a tese da revolução socialista como única solução possível dos problemas sociais no continente e especificamente no Brasil'. A fundamentação do caráter socialista da revolução no Brasil, com base em levantamento econômico e dados estatísticos do início dos anos 1960, foi de fato feita por mim, em *O caminho da revolução brasileira*, livro publicado em 1962 pela Editora Melso. Aí desenvolvi a tese que sustentei no artigo 'O caráter socialista da revolução no Brasil', publicado no número 2 da revista *Novos Tempos*, em 1957, demonstrando que o Brasil deixara de ser um país semicolonial e agrário, conforme a teoria do PCB, e já apresentava o perfil de uma economia capitalista madura. O valor da produção industrial, inclusive com um setor bastante adiantado de máquinas e equipamentos, superava o valor da produção agrícola, acelerando a concentração tanto do capital quanto da força de trabalho (cerca de 4 milhões de operários), ao mesmo tempo que o rápido processo de urbanização, intensificado por inaudito êxodo rural, acentuava o predomínio da cidade sobre o campo". Em Luiz Alberto Moniz Bandeira, "Farrapos de memória: notas sobre a Polop", cit.

[116] Ver Jacob Gorender, *Combate nas trevas*, cit., p. 36.

[117] Idem. Gorender continua: "A luta democrática pela reforma agrária era condenada porque do seu triunfo teria origem inevitável um campesinato conservador e antissocialista. A luta pelo socialismo também se desvinculava da luta *nacional* anti-imperialista, cuja inspiração se atribuía à burguesia. Segundo os teóricos da Polop, as diferenças nacionais entre os países integrados no sistema capitalista mundial se tornavam secundárias diante do amadurecimento geral do sistema para a transição direta ao socialismo. Quanto mais se expandia a influência do PCB entre as massas, mais este amálgama de ideias trotskistas e luxemburguesas [*sic*] parecia valorizar-se para os polopistas, apesar da insignificante repercussão na ação concreta".

[118] Ver Jean Rodrigues Sales, *A luta armada contra a ditadura militar*, cit., p. 32-3.

armado seria constituída pelas camadas inferiores das Forças Armadas burguesas, fracionadas horizontalmente no quadro de aguçamento da crise institucional.[119]

Alguns anos mais tarde foi constituído o Partido Operário Comunista (POC)[120] e, depois, a OCML-PO[121], que estava, no entanto, distante em diversos aspectos das características da sigla original[122]. Vários membros da "Política Operária" ajudaram, depois, a formar outras organizações da luta armada, como a VPR[123] e o Colina[124], por exemplo.

O ideário do grupo seria explicitado em congressos (1961, 1963, 1964 e 1967), periódicos (*Política Operária*), documentos (como o "Programa socialista para o Brasil")[125] e livros. Em 1962, por exemplo, Moniz Bandeira lançou *O caminho da*

---

[119] Ver Ruy Mauro Marini citado em Jean Rodrigues Sales, *A luta armada contra a ditadura militar*, cit., p. 32.

[120] Para mais informações sobre o ideário do POC, ver a resolução do Comitê Nacional da organização, de junho de 1968, reproduzido em Daniel Aarão Reis Filho e Jair Ferreira de Sá (orgs.), *Imagens da revolução: documentos políticos das organizações clandestinas de esquerda dos anos 1961-1971* (São Paulo, Expressão Popular, 2006), p. 232-7. De acordo com Gorender, "apesar da sigla, a nova organização era pouco operária e muito estudantil e intelectual. Retomou posições estritamente obreiristas, sem concretizar o projeto de atuação efetiva entre os trabalhadores". Ver Jacob Gorender, *Combate nas trevas*, cit., p. 129.

[121] Organização também registrada na literatura especializada sobre o tema como OCML-Polop. Para mais informações sobre o ideário da organização, ver o documento inaugural da OCML-PO, a declaração política de abril de 1970, reproduzida em Daniel Aarão Reis Filho e Jair Ferreira de Sá (orgs.), *Imagens da revolução*, cit., p. 364-9.

[122] Para uma análise panorâmica da trajetória da Polop, ver Marcelo Badaró Mattos, "Em busca da revolução socialista: a trajetória da Polop (1961-1967)", em Marcelo Ridenti e Daniel Aarão Reis (orgs.), *História do marxismo no Brasil: partidos e organizações dos anos 1920 aos 1960* (Campinas, Editora Unicamp, 2007), v. 5, p. 197-225.

[123] Para mais informações sobre o ideário da VPR, ver o documento da organização, de junho de 1969, reproduzido no livro de Daniel Aarão Reis Filho e Jair Ferreira de Sá (orgs.), *Imagens da revolução*, cit, p. 284-314, e Jacob Gorender, *Combate nas trevas*, cit., p. 131-9.

[124] Também registrado na literatura especializada como Comandos de Libertação Nacional, ou seja, "os" Colina. Para mais informações sobre a concepção de luta revolucionária do Colina, ver o documento da organização, de abril de 1968, reproduzido em Daniel Aarão Reis Filho e Jair Ferreira de Sá (orgs.), *Imagens da revolução*, cit, p. 172-203, e Jacob Gorender, *Combate nas trevas*, cit., p. 129-31.

[125] O "Programa para o Brasil", produzido no Congresso da Polop de 1967, diria: "As bases para a formação desse proletariado revolucionário devem ser os próprios locais de trabalho. O movimento sindical de cúpula serve aos desígnios do reformismo e da burguesia. Uma pequena fração burocratizada fala pela classe e amortece os conflitos de classe. Os pelegos falam pela classe enquanto ela não fala por si mesma, enquanto a voz dos operários nas fábricas não intervém na luta política. Organizar os operários em *Comitês de Empresa* é, assim, mobilizar a classe independentemente das instituições ministeriais [de] que a burguesia procura revesti-la e controlá-la. O nível de luta dos Comitês de Empresa refletirá naturalmente o nível atingido

revolução brasileira[126], que iria expressar as teses centrais da Polop e serviria quase como um manifesto informal do grupo. Utilizando-se do materialismo histórico, Moniz discorreu sobre o quadro geral da economia brasileira, a impotência das classes dominantes para solucionar os problemas prementes do país e também sobre a pobreza e a desigualdade da população como resultado da centralização e concentração de riquezas nas mãos de poucos.

> Todos sentem que, no Brasil, como em toda a América Latina, a revolução bate às portas [...]. A existência de Cuba socialista, aos olhos do imperialismo, é como um lembrete vivo e permanente de que seus dias estão contados, de que seu fim se aproxima [...]. A criação de uma vanguarda consciente da classe operária é a tarefa primordial do momento. Cumpre-nos reorganizar, unificar as forças de esquerda, formar o partido da revolução. Mas, como dizia Lênin, sem teoria revolucionária não há prática revolucionária. Daí a necessidade de que se defina, claramente, o caminho da revolução brasileira, a direção que toma e a etapa que percorre, para que as forças de vanguarda possam conduzi-la e acelerá-la.[127]

pela classe em cada local; mas não há dúvida de que a sua constituição contribuirá para fazer avançar essa mobilização. Livres e ligados diretamente à classe, tais comitês são o instrumento básico para sustentarmos a luta econômica e política da classe operária. Também na organização sindical se fará sentir essa política de base; travaremos a luta sindical na perspectiva de libertação dos sindicatos do controle do Estado burguês". Além disso, "o movimento estudantil, que tem uma grande tradição de luta na América Latina, pode servir grandemente à revolução dos trabalhadores na medida em que faz de sua luta pela liberdade de organização uma luta intransigente contra o regime, sem conciliação e integrado na frente dos trabalhadores". Continuava: "Os soldados, cabos e marinheiros, originados das camadas pobres da população, podem ser ganhos para a Frente dos Trabalhadores. A ascensão política do povo brasileiro, nos anos anteriores ao golpe, mostrou como esses setores podem ser ganhos para a luta de classes, juntando-se aos operários e cindindo horizontalmente o aparelho de repressão das classes dominantes. Exatamente por trabalharem sob a disciplina dos guardiões armados do regime, a propaganda revolucionária entre soldados e marinheiros tem a grande importância de minar as bases dos instrumentos materiais da opressão política". E então, quanto à insurreição operária e o foco guerrilheiro, afirmaria: "A guerrilha preenche esse papel quando desencadeada em uma fase e em condições em que a sua ação acelera o surgimento de uma situação revolucionária, isto é, uma situação em que a luta de classes atinge o auge, colocando na ordem do dia a tomada do poder pelas classes oprimidas. [...] Realizando, desde o início, em miniatura, a frente dos trabalhadores da cidade e do campo, a guerrilha potencializará a voz da vanguarda clandestina em todo o país, preparando o reagrupamento das forças das classes revolucionárias para a luta final". Ver "Programa socialista para o Brasil", citado em Marcelo Badaró Mattos, "Em busca da revolução socialista", cit., p. 204-6; 208; 216.

[126] Segundo o autor, em afirmação polêmica, Caio Prado Júnior teria possivelmente lido e sido influenciado por aquele trabalho para escrever sua própria obra sobre o tema, poucos anos depois. Em depoimento de Luiz Alberto Moniz Bandeira a Luiz Bernardo Pericás e Paulo Barsotti, 2015.

[127] Ver Luiz Alberto Moniz Bandeira, *O caminho da revolução brasileira* (Rio de Janeiro, Melso, 1962), p. 9.

Afinal, "isso só se conseguirá por meio de amplo debate, à luz do marxismo--leninismo, numa luta implacável contra a acomodação reformista, o direitismo da decrepitude, e contra o aventureirismo de esquerda, a doença infantil"[128].

Mas nem todos pensavam assim. Em janeiro daquele ano, o economista paraibano Celso Furtado, na palestra "Reflexões sobre a pré-revolução brasileira", proferida em São Paulo, seguiu uma linha bastante distinta. Segundo Rosa Freire D'Aguiar, ele afirmara que,

> no estágio político e econômico em que o Brasil já se encontrava, não havia, ao contrário do que propugnavam vozes mais radicais, por que defender uma revolução no país, sob pena de pôr em risco o que se havia conseguido. A solução, caso se desejasse manter a democracia, eram as reformas estruturais que sugeria.[129]

O autor de *A fantasia organizada* comentou mais tarde: "No meu pensamento político, entre reforma e revolução não existe uma diferença qualitativa. Contudo, considero que só a reforma seja uma forma eficaz de alcançar transformações sociais de fundo em uma sociedade aberta"[130]. Para o sociólogo Marcelo Ridenti, Furtado defendia, na prática, um projeto de modernização da sociedade "pelo viés do capitalismo de massas"[131]. Apesar disso, ele foi muito atacado na ocasião pelos setores conservadores e pela grande imprensa, que o acusaram de "comunista" e "leninista"[132]. Por outro lado, na mesma época e nos anos seguintes, pecebistas e intelectuais radicais (inclusive estrangeiros) rejeitaram suas ideias, por motivos opostos[133] (não custa

---

[128] Ibidem, p. 10. Segundo o mesmo autor, ele teria sido o responsável por traçar as diretrizes internacionalistas da ORM-Polop, em seu artigo "O internacionalismo proletário e a revolução latino-americana", publicado em *Política Operária*, ano III, n. 7, 1963. Em Luiz Alberto Moniz Bandeira, "Farrapos de memória", cit.

[129] Ver Rosa Freire D'Aguiar, "Apresentação", em *Essencial Celso Furtado* (São Paulo, Penguin Companhia, 2013), p. 14.

[130] Idem.

[131] Ver Marcelo Ridenti, *O fantasma da revolução brasileira* (São Paulo, Editora Unesp, 2010), p. 290.

[132] Ver Rosa Freire D'Aguiar, "Apresentação", cit., p. 14. Segundo Fábio Sá Earp e Luiz Carlos Delorme Prado, foi na época em que se mudou para Paris, onde se preparou, no Instituto de Ciência Política, para um diploma de estudos superiores em economia, que Furtado, pela primeira vez, estudou a obra de Marx a fundo, cotejando suas ideias com as de Sartre. Para os comentadores, "nesse momento se definiu seu afastamento em relação ao marxismo, que persistiu até o fim de sua vida". Ver Fábio Sá Earp e Luiz Carlos Delorme Prado, "Celso Furtado", em Jorge Ferreira e Daniel Aarão Reis (orgs.), *Nacionalismo e reformismo radical: 1945-1964* (Rio de Janeiro, Civilização Brasileira, 2007), p. 385.

[133] De acordo com José Antonio Segatto, o PCB acusaria o Plano Trienal de ser recessivo, jogando nas costas da população o ônus da resolução da crise e mantendo assegurados os interesses e privilégios do capital estrangeiro, dos latifundiários e da burguesia. Ver José Antonio Segatto, *Reforma e revolução*, cit., p. 157. Ver também Jacob Gorender, "A alternativa conciliadora do Plano Trienal", *Novos Rumos*, 8-14 fev. 1963.

lembrar que o economista cepalino afirmou, depois do fim do socialismo real, de forma melancólica, que "o futuro radiante dos revolucionários marxistas está enterrado, e em seu lugar existe apenas um buraco negro"[134]). Ainda assim, uma obra de Furtado, *Subdesenvolvimento e estagnação na América Latina* (de 1966), teria influenciado, em termos teóricos, diferentes organizações revolucionárias do país[135]...

De qualquer forma, em agosto de 1962, Furtado lançou, pela Editora Fundo de Cultura, seu *A pré-revolução brasileira*[136], obra curta, composta de uma introdução e nove ensaios. O livro teve enorme sucesso de público: a primeira edição saiu com uma tiragem de 8 mil cópias, esgotando-se em menos de quatro meses; a segunda, que veio à luz em dezembro do mesmo ano, foi de 10 mil exemplares. Esse trabalho teve ainda versões em espanhol, francês e inglês.

Com uma trajetória exitosa em diversos organismos nacionais e estrangeiros, como a Cepal, o BNDE e a Sudene, tendo sido ministro de Estado e professor na Sorbonne, "o grande economista da corrente desenvolvimentista de tendência nacionalista"[137] do país, "estruturalista" e "keynesiano"[138], produziu, ao longo das décadas, uma diversidade de obras emblemáticas com foco na compreensão da realidade brasileira e de sua estrutura econômica, para em seguida propor as possibilidades de progresso nacional com base em análises técnicas, históricas e políticas. Entre outros, livros como *A economia brasileira* (1954), *Uma economia dependente* (1956), *Perspectivas da economia brasileira* (1957), *A Operação Nordeste* (1960), *Desenvolvimento e subdesenvolvimento* (1961), *Dialética do desenvolvimento* (1964), *Teoria política e desenvolvimento* (1967) e *Um projeto para o Brasil* (1968), além, claro, de seu "clássico", *Formação econômica do Brasil* (1959).

Para Ricardo Bielschowsky, Furtado se tornou o economista mais representativo entre os desenvolvimentistas nacionalistas brasileiros por diferentes motivos. Entre eles, porque sua obra apresentava características singulares em relação aos demais trabalhos daquela corrente. Ou seja:

> Em primeiro lugar, contém uma defesa da liderança do Estado na promoção do desenvolvimento, através de investimentos em setores estratégicos e, sobretudo, de planejamento econômico. Furtado, assim como os demais economistas de sua

---

[134] Ver Celso Furtado, *Os ares do mundo* (Rio de Janeiro, Paz e Terra, 1991), p. 172.

[135] Ver Marcelo Ridenti, *O fantasma da revolução brasileira*, cit., p. 36. Em *Subdesenvolvimento e estagnação na América Latina*, ele usou como fontes teóricas autores distintos, como Max Weber, Karl Polanyi, Charles Kindleberger, John Kenneth Galbraith e Albert Hirschman. Ver Fábio Sá Earp e Luiz Carlos Delorme Prado, "Celso Furtado", cit., p. 396-7.

[136] Ver Celso Furtado, *A pré-revolução brasileira* (Rio de Janeiro, Fundo de Cultura, 1962).

[137] Ver Ricardo Bielschowsky, *Pensamento econômico brasileiro: o ciclo ideológico do desenvolvimentismo* (Rio de Janeiro, Ipea/Inpes, 1988), p. 157.

[138] Ibidem, p. 160.

linha de pensamento, não dispensava a contribuição do capital estrangeiro, desde que limitada a setores não estratégicos e submetida a controles. Sua conceituação da questão é originada em torno da ideia de que só através da coordenação estatal é possível internalizar os centros de decisão sobre os destinos da economia brasileira e romper com as relações de submissão ao comando tradicional dos países desenvolvidos, ou seja, só através de decidida ação estatal seria possível a emancipação econômica nacional. Em segundo lugar, a obra de Furtado contém a defesa estruturalista da submissão da política monetária e cambial à política de desenvolvimento, base da argumentação nacionalista em oposição aos programas de estabilização preconizados pelo FMI. Finalmente, sua obra revela um compromisso com reformas de cunho social. A preocupação com essas reformas ganha espaço crescente em seus textos, iniciando-se pela defesa de tributação progressiva, passando ao projeto de desconcentração regional da renda (Sudene) e atingindo o apoio à reforma agrária.[139]

O ano de 1962 se notabilizou pela quantidade significativa de trabalhos sobre a "revolução brasileira". Afinal, foram editados, além dos textos supracitados, *Perspectiva da revolução brasileira*[140], de Marcos Peri (pseudônimo), e *Quem pode fazer a revolução no Brasil?*[141], de Bolívar Costa, pela coleção Cadernos do Povo

[139] Ibidem, p. 159. Ver também Alexandre de Freitas Barbosa, *O Brasil desenvolvimentista (1946--1964) e a trajetória de Rômulo Almeida: ensaio de interpretação histórica* (Tese de Livre-Docência, IEB/USP, 2017).

[140] Ver Marcos Peri, *Perspectiva da revolução brasileira* (s. l., Autores Reunidos, 1962).

[141] Ver Bolívar Costa, *Quem pode fazer a revolução no Brasil?* (Rio de Janeiro, Civilização Brasileira, 1962). Na obra, o autor tenta mostrar o papel da direita, do "centro" e da esquerda na revolução brasileira, que, segundo ele, já estava em marcha e constituiria o tema central da vida do país. Os maiores inimigos do povo eram, a seu ver, o imperialismo internacional e o latifúndio. Para lutar contra ambos, a liderança do movimento de transformação social caberia ao operariado urbano. Os outros grupos que participariam da pugna, contudo, seriam o proletariado rural (os assalariados do campo, com uma luta de natureza idêntica ao primeiro grupo mencionado), os "camponeses" pobres (uma força revolucionária tão importante quanto os assalariados agrícolas), setores da classe média (pequenos comerciantes e empresários industriais, "camponeses" médios, intelectuais pobres, comerciários e pequenos funcionários públicos) e a "burguesia nacional" (que aspira à destruição do imperialismo para, em seguida, implantar no Brasil um regime no qual somente ela possa explorar o povo trabalhador). Um dos grandes inimigos do povo brasileiro seria o reformismo, "a arma por excelência da contrarrevolução mundial" e "a expressão mais sutil do neocolonialismo". O "desenvolvimentismo", por sua vez, foi apreciado pelo imperialismo durante o governo JK, pois lhe rendeu excelentes dividendos. As reformas seriam obstáculos à revolução brasileira, erguidos pelas classes dominantes de maneira "aceitável", para dificultar seu andamento e até mesmo ocupar o lugar das vanguardas populares em sua pregação das mudanças de estrutura. Para ele, alguns países, como Argentina, Colômbia e Brasil, conservavam plena viabilidade revolucionária (as forças de esquerda deste último, mais que as de qualquer outro país da América Latina, se encontravam na primeira linha da luta anti-imperialista no plano continental). Influenciado pela Revolução Cubana, Bolívar Costa afirmou que "a revolução brasileira é, na etapa atual, a viga mestra do sistema de transformação social da América

Brasileiro[142]. Também em 1962, Franklin de Oliveira lançou *Revolução e contrarrevolução no Brasil*, livro dedicado a Leonel Brizola, "o bravo comandante da resistência gaúcha, que impediu a implantação de uma ditadura fascista no Brasil"[143]. Sua discussão do tema partia da avaliação realizada por intelectuais de perfis heterogêneos, como Abguar Bastos, Antônio Franca, Charles Wagley, Nelson Werneck Sodré, Aluísio Sampaio, Plínio de Abreu Ramos e Guerreiro Ramos[144]. Mas a solução proposta seguiria um caminho bem mais radical. Em *Revolução e contrarrevolução no Brasil*, que continha três ensaios principais ("Deposição consentida", "Eles também fizeram uma revolução" e "A guerra civil oculta"), o escritor fez uma defesa incontestável da experiência cubana e de sua relação com a América Latina, assim como discorreu sobre o exemplo da China, outro caso admirado por ele. Além disso, criticou duramente o "reformismo" (pois "os fins que as reformas se propõem a alcançar, na realidade só podem ser atingidos pela revolução, isto é, pela modificação nas relações de produção") e o presidente Juscelino Kubitschek, "líder da Revolução Capitalista no Brasil"[145], que teria assumido uma "posição reacionária e oportunista"[146] no governo. Também indicou a existência simultânea de um "colonialismo interno" e de uma penetração estrangeira caracterizada como "colonialismo externo" (fenômenos que, segundo ele, estariam dilacerando e desfigurando a nação). A resolução dessa situação seria uma "revolução democrático-nacional", antifeudal e anticolonialista, que, entretanto, não poderia ter seu desfecho no capitalismo, mas somente

---

subdesenvolvida. E o Brasil é o campo em que se deverá travar a batalha decisiva com a contrarrevolução no hemisfério, o que confere às forças de esquerda de nosso país situação verdadeiramente singular no contexto do processo revolucionário do continente". Ver ibidem, p. 60. Ele completou: "As vanguardas do povo não devem esquecer que, para a solução dos problemas das massas, só há o caminho revolucionário". Ver ibidem, p. 91.

[142] Para mais informações sobre os Cadernos do Povo Brasileiro, ver Angélica Lovatto, *Os Cadernos do Povo Brasileiro e o debate nacionalista nos anos 1960: um projeto de revolução brasileira* (Tese de Doutorado em Ciências Sociais, São Paulo, PUC-SP, 2012).

[143] Ver Franklin de Oliveira, *Revolução e contrarrevolução no Brasil* (Rio de Janeiro, Civilização Brasileira, 1962), p. 9.

[144] Para Franklin de Oliveira, "a revolução brasileira, tomada a palavra *revolução* como sinônimo de transformação operada no seio da sociedade, recebeu forte impulso a partir de 1930, data em que as oligarquias rurais e a burguesia comercial principiaram a perder o controle do poder, no qual foram substituídas pela classe ascendente. A partir dessa data, quando até então a questão social era considerada 'caso de polícia', a economia do país começa a sofrer alterações que impulsionam o ritmo de urbanização, como efeito de um forte incremento comunicado à industrialização. Em consequência, a composição da sociedade começa a sofrer modificações, os interesses das classes e dos estratos sociais, a se acentuarem no seu antagonismo, donde entrarem em conflito mais pronunciado. As contradições vão se fazendo mais inconciliáveis. A matéria social, tornando-se mais espessa". Ver ibidem, p. 35-6.

[145] Ibidem, p. 135.

[146] Idem.

no sistema socialista. Além disso, Oliveira não rejeitava o conceito de parlamentarismo. Não obstante, utilizou como fontes teóricas de sua defesa da modalidade, paradoxalmente conhecidos burocratas e *apparatchiki* ligados à Acus, como o "filósofo" F. V. Konstantínov e Otto Wille Kuusinen (chamados por ele de "teóricos modernos do marxismo"), responsáveis por produzir, aliás, manuais soviéticos oficiais citados favoravelmente por ele[147]. O parlamento poderia ser um instrumento para promover a mudança revolucionária da estrutura social, desde que superasse a etapa "populista" ("uma ideologia pequeno-burguesa destinada a provocar o entorpecimento dos movimentos de transformação social radical"[148]). Ao mesmo tempo, fazia-se mister que fosse imposta a unidade das forças interessadas na radicalização da luta política interna para a construção do Estado socialista, o único capaz de pôr em prática todas as ações necessárias para solucionar os problemas do Brasil (para ele, uma nação "híbrida", de formação problemática, na qual conviveria a mescla trágica de "sobrevivências feudais" com as "distorções sociais inerentes ao regime capitalista") e promover o rápido desenvolvimento do país.

Em 1963, o mesmo autor publicou *Que é a revolução brasileira?*[149]. Nele, indicou os primórdios da "revolução brasileira" em 5 de julho de 1922 (nas areias de Copacabana, com a epopeia dos Dezoito do Forte). Em 1924, e depois com a "Coluna Prestes", ela teria conhecido momentos de expansão nacional. Já os acontecimentos de 1930, segundo Oliveira, não deveriam ser chamados de revolução, mas de "movimento reformista de classe média" (para ele, "uma categoria social hesitante, vacilante, inconsequente"), que não promoveu nenhuma ruptura profunda da ordem social dominante. Em outras palavras, "*uma verdadeira revolução, uma revolução social, só é feita pelas classes que estão no polo da exploração*, e não pela classe que se situa nas zonas intermediárias da sociedade"[150]. O processo político geral denominado "revolução brasileira", assim, nunca chegou a ser mais que uma revolução malograda, pois se baseou, essencialmente, em movimentos insurrecionais de classe média. Foi frustrado em 1922, 1924 e 1930, uma marcha interrompida que resultou, em 1937, no Estado Novo, "o primeiro surto de fascismo no Brasil"[151].

O "campesinato", em sua opinião, vivia uma situação pré-revolucionária (atuando dentro de uma estrutura agrária de "nítido caráter semifeudal"), enquanto o proletariado tinha tendências reformistas, lutando sobretudo por reivindicações salariais. Sendo assim, "é nosso dever superar tal contradição, despertando no

[147] Ibidem, p. 137-8.

[148] Ibidem, p. 138.

[149] Ver Franklin de Oliveira, *Que é a revolução brasileira?* (Rio de Janeiro, Civilização Brasileira, 1963); ver, neste volume, p. 177-98, o texto "A revolução brasileira", que integra a obra.

[150] Idem (neste volume, p. 178).

[151] Idem (p. 179).

proletariado a consciência da urgente necessidade de sua aliança com o campesinato, a juventude estudantil e as camadas mais avançadas da classe média, para a construção de uma força que seja a vanguarda revolucionária brasileira"[152].

A tomada do poder político – ou seja, o acesso das forças populares ao comando do Estado – seria a questão central para esse admirador das experiências chinesa e cubana, crítico do desenvolvimentismo (e de personagens como Hélio Jaguaribe e Juscelino Kubitschek). Mudanças na superestrutura legal, portanto, não seriam tão importantes, e sim um câmbio radical *prévio* na infraestrutura econômica e social. Nesse sentido, ele considerava inócuas as reformas de base então propostas. As elites dirigentes não teriam a capacidade de formular e implementar as soluções de que o país necessitava. Para ele,

> no Brasil, procura-se ainda impingir ao povo a ideia de que o capitalismo monopolista de Estado significa a transformação do Estado burguês em órgão de arbitragem, espécie de força acima das classes, quando ele não é mais do que união da força dos monopólios com a força do Estado num só mecanismo que predetermina e comanda todos os aspectos da vida nacional, submetendo-os aos interesses da oligarquia financeira.[153]

A intervenção do Estado, na prática, sempre favoreceu o capital monopolista nacional e estrangeiro, fortalecendo também os latifundiários, aliados à grande burguesia urbana. A solução, para Oliveira, seria uma revolução democrático-nacional, ao mesmo tempo antifeudal e anticolonial, não de caráter burguês, mas que, pelo contrário, fosse necessariamente socialista. Afinal, "o socialismo ensina que o desenvolvimento econômico é tarefa essencial, mas desde que os seus benefícios sejam partilhados pelo povo, e não concentrados nas mãos de grupos econômicos"[154].

Em contrapartida, o sociólogo baiano Alberto Guerreiro Ramos lançou *Mito e verdade da revolução brasileira*, livro consagrado "ao saudoso presidente Vargas, mestre do realismo político, fundador do trabalhismo brasileiro"[155], de quem foi assessor em seu segundo governo[156]. Membro do diretório nacional do PTB, Ramos proclamou a não validade do marxismo-leninismo (e sua aversão àquela doutrina), criticando duramente a URSS, Lênin (diria que a concepção leninista de partido e ditadura do proletariado seria antimarxista e produto da ideologia burguesa, ainda

---

[152] Idem.

[153] Idem (p. 183).

[154] Idem (p. 195).

[155] Ver Guerreiro Ramos, *Mito e verdade da revolução brasileira* (Rio de Janeiro, Zahar, 1963), p. 5.

[156] Ele não seria o único a fazer isso; Gondin da Fonseca também dedicou uma obra ao antigo governante no mesmo período. Ver Gondin da Fonseca, *Os gorilas, o povo e a reforma agrária* (São Paulo, Fulgor, 1963).

que reconhecesse no líder bolchevique uma importância e contribuições originais[157]) e os militantes de esquerda brasileiros que defendiam suas ideias na época. Ainda assim, esteve na União Soviética, onde proferiu conferências.

Em *Mito e verdade da revolução brasileira*, apesar do título, discorreu pouco sobre a "revolução brasileira" em si; utilizou a maior parte do texto para descrever a "revolução" de forma geral, em termos teóricos e históricos, aproveitando também para atacar muitos de seus desafetos e fazer comentários circunstanciais sobre a política do Brasil ao longo da história e em sua época. Suas opiniões ácidas em relação aos comunistas e setores da esquerda, contudo, causaram ressentimentos e o tornaram alvo de várias acusações, inclusive do PCB – a seu ver, "uma organização alienada"[158]. Para ele,

> A revolução brasileira, *entendida como reorganização institucional, tendo em vista reajustar o Estado, não só tornando-o reflexo da correlação de classes dominantes hoje na sociedade, por força do seu desenvolvimento nas últimas décadas, como também para habilitá-lo às novas funções que exige o avançado estágio material que o País vem de atingir*, está ameaçada pela imaturidade da liderança do movimento emancipador.[159]

Sendo assim,

> A revolução no Brasil corre o perigo de transformar-se em metafísica. Esta deficiência de nosso movimento emancipador tem de ser corrigida, não só pela crítica revolucionária, como simultaneamente pela diligência de homens de vanguarda, mobilizados em trabalho político adequado realisticamente às circunstâncias objetivas e concretas do processo brasileiro. A anarquia é um estado social fecundo, do ponto de vista revolucionário. Mas na ausência de capaz e idônea organização revolucionária, a anarquia reinante hoje no Brasil pode conduzi-lo à modalidade de colapso econômico, social e político, de que a Argentina é hoje a imagem viva.[160]

O intelectual (que teve passagens pelo BNDE, pelo Dasp e pela Escola de Administração Pública da FGV) deixou o Brasil três anos mais tarde para lecionar na Universidade do Sul da Califórnia (USC), em Los Angeles, Estados Unidos. Suas

---

[157] Guerreiro Ramos, *Mito e verdade da revolução brasileira*, cit., p. 38.

[158] Ibidem, p. 10. De acordo com Guerreiro Ramos: "Empolgada largamente por fetiches verbais, a liderança de nosso movimento emancipador tem perdido várias oportunidades para o desempenho adulto. Um quadro que não vive concreta e rigorosamente, com todos os seus ônus vitais, a radicalidade, não pode fazer uma revolução radical. É impossível impingir ao nosso processo a radicalidade dos manuais e de outros países. O desempenho revolucionário não se compadece com a conduta literária. Há no Brasil de hoje poucos homens de esquerda, porém, muitos esquerdeiros. Estes últimos vivem da gesticulação revolucionária e de ficções verbais". Ver ibidem, p. 184-5.

[159] Grifo nosso. Ver ibidem, p. 182-3.

[160] Ibidem, p. 188.

polêmicas com setores dos meios político e acadêmico ficaram conhecidas, em especial os debates acalorados travados com personalidades tão díspares quanto Jacob Gorender, Luiz de Aguiar Costa Pinto e Florestan Fernandes.

A obra de Guerreiro Ramos seria por vezes avaliada de forma desfavorável e acusada por seus detratores de eclética, "nacionalista" e pouco sistemática, um apêndice da ideologia isebiana, sem o rigor e a sofisticação dos estudos realizados por seus *counterparts* paulistas. Alguns contemporâneos dele, apesar disso, reconheceram seu lugar de destaque como intelectual inovador, enquanto pesquisadores recentes têm apresentado uma visão distinta e mais matizada da obra do sociólogo, atribuindo-lhe, com base em um novo esforço analítico, a devida relevância nas ciências sociais do país. Professor do Iseb, coordenador do Instituto Nacional do Negro (um departamento do TEN, criado por Abdias Nascimento), colaborador de diversos jornais e delegado junto à Comissão de Assuntos Econômicos da ONU, assumiu a cadeira de deputado federal em 1963 (mesmo ano do lançamento de *Mito e verdade da revolução brasileira*), mas teve seus direitos políticos cassados pela ditadura militar no ano seguinte. Foi um defensor ferrenho do monopólio estatal do petróleo, da nacionalização do setor farmacêutico e do intervencionismo econômico, assim como das reformas agrária (a partir de experiências cooperativistas), eleitoral, bancária e constitucional.

Já o comunista Moisés Vinhas colocou nas livrarias *Operários e camponeses na revolução brasileira*[161], em que apresentou os resultados de seus estudos, principalmente sobre o papel das classes e camadas sociais "paulistas" (na cidade e no meio rural) tanto naquele momento quanto dentro de uma suposta frente única e, ulteriormente, na revolução brasileira. Vinhas, "um marxista-leninista consequente"[162], de acordo com Mário Schenberg, estaria acompanhando, então, os debates em nível mundial sobre a estrutura de classes e empreendendo um esforço para avaliar de maneira correta as contradições de uma sociedade como a brasileira, "em que se processa rapidamente um desenvolvimento capitalista deformado pela sobrevivência de relações pré-capitalistas e pela espoliação imperialista, na época da transição do capitalismo para o socialismo"[163]. Com isso, reforçava a ideia tradicional de que os operários urbanos e os "camponeses" hegemonizariam a luta por profundas mudanças sociais e representariam a vanguarda da revolução brasileira. Faltaria no texto, contudo (nas palavras do mesmo Schenberg), "um estudo profundo da burguesia paulista e de suas relações com o imperialismo"[164].

---

[161] Ver Moisés Vinhas, *Operários e camponeses na revolução brasileira* (São Paulo, Fulgor, 1963).

[162] Ver Mário Schenberg, "Prefácio", em Moisés Vinhas, *Operários e camponeses na revolução brasileira*, cit., p. 9.

[163] Ver idem.

[164] Ver ibidem, p. 10.

* * *

O golpe de 1964 acirrou as contradições internas e estimulou diferentes intelectuais e organizações políticas de esquerda a produzir mais trabalhos sobre a revolução brasileira, assim como a discutir as formas de combater a ditadura militar. O apoio à Revolução Cubana e a estratégia da luta guerrilheira, nesse caso, ganharam proeminência.

É bem verdade que, mesmo antes da tomada do poder pelos generais, algumas obras já discutiam a preparação para a luta armada. E grupos, como as Ligas Camponesas, também. Afinal, em 1961 fora publicado no Brasil pelas Edições Futuro o livro *A guerra de guerrilhas*[165], de Che Guevara, traduzido pelo comunista Maurício Grabois, que vendeu mais de 10 mil exemplares em poucos meses após o lançamento[166]. A revolução deveria ser pensada em termos "continentais" e, desde o início, teria um caráter socialista. Já o foco guerrilheiro desempenharia um papel proeminente como catalisador e impulsionador daquele processo. A influência do ministro de Indústrias de Cuba seria enorme entre estudantes e organizações de esquerda brasileiros durante mais de uma década. As duas primeiras experiências desse tipo de ação depois do golpe militar, as guerrilhas do Caparaó, organizada pelo MNR, e de Angra dos Reis, pelo MAR, foram muito breves, destruídas rapidamente e não transcenderam a localização geográfica onde se iniciaram; também não deram nenhuma contribuição teórica importante sobre a realidade nacional e a própria discussão sobre o tema da revolução brasileira. Mais tarde, vários outros grupos se inspiraram nas ideias de Guevara, como o MR-8 e o Colina.

Dois anos depois da publicação da obra do Che, foi lançado *Guerra de guerrilhas*, de Gondin da Fonseca. O escritor, admirador de Getúlio Vargas e crítico ácido de Carlos Lacerda e Juscelino Kubitschek (entre muitos outros), acreditava que o imperialismo norte-americano sempre quis roubar o território brasileiro e, por isso, seria necessário criar "grupos guerrilheiros" e "organizações milicianas" dentro das Forças Armadas, que estariam mais aptas a combater as "potências estrangeiras" que porventura quisessem invadir o país. Citando Mao Tsé-tung, exaltando o Exército brasileiro e fazendo uma leitura pouco realista do painel político de então, louvava as táticas guerrilheiras ao longo da história em vários países (inclusive na URSS e na China) para afirmar que a reforma agrária deveria ser realizada *com o apoio dos militares*, e não contra eles (o autor achava que guerrilhas de "camponeses" contra o Exército não se justificavam no Brasil). E completava essa obra "eclética" dizendo:

---

[165] Ver Che Guevara, *A guerra de guerrilhas* (Rio de Janeiro, Edições Futuro, 1961).

[166] Ver Luiz Bernardo Pericás, "Che Guevara, a Revolução Cubana e o Brasil", cit., p. 239; e Augusto Buonicore, "Che, Cuba e a reorganização do PCdoB", *Vermelho*, São Paulo, 25 set. 2007. Disponível em: <www.vermelho.org.br/coluna.php?id_coluna_texto=1071&id_coluna=10>. Acesso em: 10 dez. 2018.

> Felizmente, não possuímos um Exército de gorilas, uma Aviação de capangas, uma triste Marinha de Guerra como a dos nossos vizinhos do Sul. Não. Os soldados do Brasil merecem o respeito dos brasileiros. Se há forças armadas populares, são as nossas. Que elas se integrem na tática de guerrilha e matem sem dó qualquer estrangeiro que ouse pisar de armas na mão a terra sagrada da pátria.[167]

Carlos Marighella, por seu lado, escreve em junho de 1967 sua "Crítica às teses do Comitê Central"[168] e, em agosto, envia de Havana (quando participava da Conferência da Olas)[169] carta ao PCB comunicando seu afastamento definitivo do partido (ele já se havia demitido da executiva da agremiação em dezembro do ano anterior)[170]. Em 1968, publicou no *Jornal do Brasil* "Algumas questões sobre a guerrilha no Brasil", um artigo relativamente longo (para os padrões de um periódico como aquele) dedicado a homenagear a memória "do comandante Che Guevara, cujo exemplo de Guerrilheiro Heroico perdurará pelos tempos e frutificará em toda a América Latina". Nele, apontava a luta armada como "*o caminho fundamental*, e mesmo único, para expulsar o imperialismo e destruir as oligarquias, levando as massas ao poder"[171]. Escrito em Cuba, em outubro de 1967, o texto era

---

[167] Ver Gondin da Fonseca, *Guerra de guerrilhas* (São Paulo, Fulgor, 1963), p. 79. Para uma análise da relação entre militares e a militância política de esquerda, ver Paulo Ribeiro da Cunha, *Militares e militância: uma relação dialeticamente conflituosa* (São Paulo, Editora Unesp, 2014). A tese do caráter democrático das Forças Armadas também foi defendida por Nelson Werneck Sodré e mesmo Luiz Carlos Prestes. Ver Nelson Werneck Sodré, *História militar do Brasil* (Rio de Janeiro, Civilização Brasileira, 1965); e Jacob Gorender, *Combate nas trevas*, cit., p. 53.

[168] Ver Carlos Marighella, "Crítica às teses do Comitê Central", em *Escritos de Carlos Marighella* (São Paulo, Livramento, 1979), p. 99-111.

[169] A declaração final da Olas afirmava que fazer a revolução constituía um direito e um dever dos povos da América Latina; que a revolução no continente possuía suas mais profundas raízes históricas no movimento de libertação contra o colonialismo europeu do século XIX e do imperialismo no século XX, e que as lutas nas décadas anteriores eram uma inspiração para o movimento revolucionário latino-americano; que o caráter da revolução era o da luta pela independência nacional, pela emancipação em relação às oligarquias e pelo caminho socialista para o pleno desenvolvimento econômico e social; que o movimento revolucionário do continente era orientado pelo marxismo-leninismo; que a luta armada constituía a linha fundamental da revolução na América Latina; e que a guerrilha constituiria o método mais eficaz para iniciar e desenvolver a luta revolucionária na maioria dos países da região. Ver "A declaração da Olas", em Michael Löwy (org.), *O marxismo na América Latina: uma antologia de 1909 aos dias atuais* (São Paulo, Perseu Abramo, 2012), p. 325-36.

[170] Ver Muniz Ferreira, "Carlos Marighella: revolução e antinomias", em Cristiane Nova e Jorge Nóvoa (orgs.), *Carlos Marighella: o homem por trás do mito* (São Paulo, Editora Unesp, 1999), p. 229. Ver também Carlos Marighella, "Carta à Executiva", em *Escritos de Carlos Marighella*, cit., p. 89-97. Em dezembro de 1967, no VI Congresso do PCB, Marighella foi oficialmente expulso do partido. A resolução foi publicada em janeiro do ano seguinte. Ver Jacob Gorender, *Combate nas trevas*, cit., p. 92.

[171] Ver Carlos Marighella, "Algumas questões sobre a guerrilha no Brasil", *Jornal do Brasil*, Rio de Janeiro, 5 set. 1968, e reproduzido em Carlos Marighella, *Escritos de Carlos Marighella*, cit., p. 117.

ao mesmo tempo uma provocação (tanto àqueles das esquerdas que propunham uma via política pacífica e eleitoral quanto aos militares no poder) e um discurso detalhado de como empreender um processo revolucionário no Brasil. Esse trabalho marcou, sem dúvida, uma nova fase de elaboração intelectual de Marighella, que daí em diante se dedicou bastante a compreender e a colocar em prática a dinâmica da luta armada.

Após fundar a ALN, ele continuou a desenvolver suas ideias até produzir, em junho de 1969, o *Minimanual do guerrilheiro urbano*, opúsculo sintomático daquela época, possivelmente seu trabalho mais conhecido em âmbito internacional e que teve enorme influência sobre grupos de outras partes do planeta, em particular aqueles de nações desenvolvidas, com maior atividade política e econômica nas grandes cidades (caso dos Panteras Negras nos Estados Unidos, das Brigadas Vermelhas na Itália, do Baader-Meinhof na Alemanha e do JRA no Japão).

No mesmo ano, ainda foi publicado pela Laemmert *As táticas de guerra dos cangaceiros*, de Christina Matta Machado, obra que, mesmo não tratando diretamente da situação política daquele momento, foi lida e discutida por grupos guerrilheiros, que, em teoria, poderiam aprender com as experiências e as técnicas de combate de Lampião e de outros bandoleiros nordestinos no confronto com as autoridades[172]. É só lembrar que, em 18 de setembro de 1970, Joaquim Câmara Ferreira, graduado dirigente da ALN, recomendou aos membros de seu grupo que lessem dois livros fundamentais para sua formação, *Os sertões*, de Euclides da Cunha, e o trabalho da jovem pesquisadora paulista[173]. E que o editor daquele volume, Moniz Bandeira, teve de responder em interrogatório, quando estava detido no Cenimar, a algumas perguntas sobre o mencionado texto[174].

Todas essas obras, assim, marcaram aquele momento. Mais tarde, Darcy Ribeiro, fazendo um balanço geral da produção bibliográfica da época sobre o tema, disse que

> três livros teóricos refletem a importância da Revolução Cubana, contestando a tese ortodoxa que caracterizava a revolução latino-americana como simplesmente anti-imperialista e antifeudal: *Perspectiva da revolução brasileira*, de Marcos Peri; *O caminho da revolução brasileira*, de Moniz Bandeira; e *Reforma ou revolução*, de Wanderley Guilherme [dos Santos].[175]

---

[172] Ver Christina Matta Machado, *As táticas de guerra dos cangaceiros* (Rio de Janeiro, Laemmert, 1969).

[173] Ver Mário Magalhães, *Marighella: o guerrilheiro que incendiou o mundo* (São Paulo, Companhia das Letras, 2012), p. 396.

[174] Em depoimento de Luiz Alberto Moniz Bandeira a Luiz Bernardo Pericás, 2010.

[175] Ver Darcy Ribeiro, *Aos trancos e barrancos: como o Brasil deu no que deu* (Rio de Janeiro, Guanabara Dois, 1985). O título correto da obra de Wanderley Guilherme dos Santos é *Reforma contra reforma*.

Na esfera política, as Ligas Camponesas, surgidas em Pernambuco em meados dos anos 1950 (e que até o fim daquela década defendiam oficialmente uma reforma agrária dentro da legalidade), radicalizaram-se a partir de 1960, quando seus dirigentes mais conhecidos, o advogado e membro do PSB Francisco Julião e o pecebista Clodomir Santos de Morais, retornaram de viagem a Cuba e ajudaram a constituir o primeiro comitê de solidariedade à ilha no país[176]. Clodomir foi expulso do PCB por divergências e se tornou, mais tarde, um dos líderes (com grande autonomia de ação) do dispositivo militar das Ligas, que começaram a montar campos de treinamento para a guerrilha (os quais, contudo, foram logo desmantelados)[177] e a enviar militantes para a *mayor de las Antillas*, com o intuito de se preparar para a luta armada (em artigo de 1962, Fragmon Carlos Borges estimaria em 50 mil o número de associados das Ligas no Nordeste do país[178]).

Julião (também contista e romancista, tendo como poetas favoritos Pablo Neruda, Mao Tsé-tung e Nicolás Guillén)[179] criou o jornal *A Liga*, produziu documentos como "Teses para debate: unificar as forças revolucionárias em torno de um programa radical" e fundou o Movimento Tiradentes, de curta duração[180]. Chegou até a produzir um opúsculo para a coleção Cadernos do Povo Brasileiro[181].

---

[176] Segundo Cláudio Aguiar, a guerrilha tinha tendência ao foquismo. Ver Cláudio Aguiar, *Francisco Julião: uma biografia* (Rio de Janeiro, Civilização Brasileira, 2014). Julião disse: "Somente um país do continente americano edifica uma nova sociedade, a sociedade socialista, tendo como base a dignidade e a justiça que os demais, inclusive os Estados Unidos, ainda não conhecem. Refiro-me a Cuba. Por isso, defendo a gloriosa revolução de Fidel Castro e te recomendo, companheiro e compatriota, que leias e sigas os ensinamentos da II Declaração de Havana, proclamada a 4 de fevereiro deste ano, naquela cidade livre, perante 1,5 milhão de pessoas. Essa Declaração é alta como os Andes, corajosa como Tiradentes, pura como a face da liberdade e generosa como um seio materno. É a Constituição dos povos latino-americanos para esta fase de sua história e de suas lutas pela emancipação econômica". Ver Francisco Julião citado em Gondin da Fonseca, *Assim falou Julião...* (São Paulo, Fulgor, 1962), p. 79. Para Gondin da Fonseca, Julião seria "um santo dos nossos dias, um apóstolo de Jesus Cristo", "um coração magnânimo, um espírito eleito" e "uma inteligência poderosa", um homem que deveria "ser exaltado como o herói máximo da extinção do feudalismo agrário no Brasil". Ver ibidem, p. 101, 104 e 108.

[177] Ver Cláudio Aguiar, *Francisco Julião*, cit., p. 393.

[178] Ver Fragmon Carlos Borges, "O movimento camponês no Nordeste", *Estudos Sociais*, n. 15, dez. 1962, p. 256.

[179] Ver Lêda Barreto, *Julião, Nordeste, revolução* (Rio de Janeiro, Civilização Brasileira, 1963), p. 69.

[180] Ver Carlos Alberto Barão, "A influência da Revolução Cubana sobre a esquerda brasileira nos anos 1960", em João Quartim de Moraes e Daniel Aarão Reis (orgs.), *História do marxismo no Brasil: o impacto das revoluções* (Campinas, Editora Unicamp, 2007), v. 1, p. 253, e Cláudio Aguiar, *Francisco Julião*, cit., p. 440-2.

[181] Ver Francisco Julião, *Que são as Ligas Camponesas?* (Rio de Janeiro, Civilização Brasileira, 1962).

Ele acreditava (como muitos de sua época) que o país ainda possuía resquícios feudais no campo, mas achava que a revolução no Brasil (que caminhava "a passos largos para uma luta de libertação nacional") poderia queimar etapas e "saltar a fase capitalista". Além disso, insistiu que o responsável por desencadear a revolução seria o "campesinato", com trabalhadores rurais e operários "armados" combatendo juntos[182]. O estágio "nacional" e "democrático", assim, deveria ser superado: insistiria, portanto, que aquele era o momento da revolução socialista. O apoio a Cuba e os nomes de Fidel Castro e Che Guevara apareciam recorrentemente em suas entrevistas e discursos. Apesar disso tudo, ele não esteve diretamente envolvido na organização de acampamentos de treinamento para a guerrilha[183]...

A esquerda da JUC (que produziu o documento "Algumas diretrizes de um ideal histórico cristão para o povo brasileiro"), a UNE e a Ação Popular também deram grande suporte à experiência cubana e igualmente defenderam a luta pela "revolução brasileira". No caso da AP, a ideia de construir um socialismo diferente do Sorex soviético (muitos de seus membros, mais tarde, aderiram ao maoismo) era patente. O grupo, que no começo tinha um caráter "democrático-reformista", aos poucos transitou para um "socialismo humanista" e para o "marxismo-leninismo", constituindo em 1971 a APML. A maior parte de seus militantes acabou por se incorporar oficialmente, dois anos depois, ao PCdoB[184]. Este, por sua vez, passou por rachas que deram origem a agremiações como o PCR e a Ala Vermelha; esta última também sofreria a dissidência de militantes, que criaram o MRT e o MRM. A Ação Popular se propunha a formar militantes que pudessem "participar de uma transformação radical da estrutura da sociedade brasileira em sua passagem do capitalismo para o socialismo"[185] por meio da "ditadura do proletariado", estando aberta à utilização da violência revolucionária, caso fosse necessária[186].

---

[182] Ver Lêda Barreto, *Julião, Nordeste, revolução*, cit., p. 132.

[183] Ver Jean Rodrigues Sales, *A luta armada contra a ditadura militar*, cit., p. 51.

[184] Para mais informações sobre o ideário da APML, ver o "Programa básico", de março de 1971, reproduzido em Daniel Aarão Reis Filho e Jair Ferreira de Sá (orgs.), *Imagens da revolução*, cit., p. 371-86, e Jacob Gorender, *Combate nas trevas*, cit., p. 116-7. Segundo Haroldo Lima e Aldo Arantes, "em 17 de maio de 1973, o *bureau* político do Comitê Central da Ação Popular divulgou sua última circular, indicando o procedimento acertado entre as duas direções para o ingresso no PCdoB". Ver Haroldo Lima e Aldo Arantes, *História da Ação Popular: da JUC ao PCdoB* (São Paulo, Alfa Omega, 1984). Uma fração minoritária continuou utilizando a sigla, que se dissolveu no início da década seguinte.

[185] Ibidem, p. 28.

[186] Para mais informações sobre a AP, ver Haroldo Lima e Aldo Arantes, *História da Ação Popular: da JUC ao PCdoB* (São Paulo, Alfa Omega, 1984). De acordo com Jean Rodrigues Sales, "em seu Documento-Base, a AP, ao analisar as experiências socialistas até então existentes, destacava a Revolução Cubana como um exemplo da complexidade do 'mundo socialista em gestação' que, não se confundindo com o bloco 'político-militar soviético', pôde comportar experiências e

Depois do golpe militar de 1º de abril de 1964, as disputas internas no PCB resultaram na criação de novos grupos, entre os quais alguns que depois seguiram pelo caminho das armas na resistência ao regime. A chamada Dissidência da Guanabara formou o MR-8, inspirado em grande medida no modelo cubano[187]. Já a Corrente foi responsável pela criação do PCBR, adepto da "guerra de guerrilhas" e da GPP[188]. A eles se seguiram o Agrupamento Comunista e a ALN, de Marighella, que tentou elaborar uma interpretação da realidade nacional que incluísse análises conjunturais sobre o papel desempenhado pelas elites, pelos militares golpistas, pelo imperialismo e pelo latifúndio, assim como desenvolver uma técnica de combate misturando diferentes experiências de lutas revolucionárias no mundo.

O dirigente baiano elaborou e utilizou conceitos como "democracia racionada" (equivalente à democracia burguesa, "restrita", em voga no país, apresentada superficialmente a partir de seus aspectos formais, mas, na prática, ainda monopolizada pelas elites) e "fascismo militar" (menos ligado aos aspectos estritamente formais do que seria o fascismo e mais como um equivalente à tirania e ao autoritarismo do governo golpista; na realidade, uma reelaboração do conteúdo do conceito original para as condições locais e temporais)[189]. Ele considerou a "violência" o

---

orientações ideológicas distintas. Nesse sentido, não passa despercebido à AP que 'a Revolução Cubana teve um princípio empírico e não ideológico. O caráter marxista-leninista da revolução seria firmado *a posteriori*, apenas em 1961, diante da conjuntura internacional'. É perfeitamente possível imaginar que, na medida em que a AP ressaltava o caráter original da revolução feita pelos cubanos, ela estava, ao mesmo tempo, justificando sua proposta de socialismo, que se pretendia independente tanto da tradição da esquerda brasileira como de correntes comunistas internacionais". Ver Jean Rodrigues Sales, *A luta armada contra a ditadura militar*, cit. Para uma discussão sobre o Documento-Base, ver Haroldo Lima e Aldo Arantes, *História da Ação Popular*, cit., p. 36-40. Ver também Jacob Gorender, *Combate nas trevas*, cit., p. 36-7. Para informações gerais sobre a AP, ver Otto Filgueiras, *Revolucionários sem rosto: uma história da Ação Popular* (São Paulo, ICP, 2014).

[187] Para mais informações sobre o ideário do MR-8, ver documento da organização reproduzido em Daniel Aarão Reis Filho e Jair Ferreira de Sá (orgs.), *Imagens da revolução*, cit, p. 429-48.

[188] Para mais informações sobre o ideário do PCBR, ver o documento da organização, de abril de 1968, reproduzido em ibidem, p. 206-29; Jacob Gorender, *Combate nas trevas*, cit., p. 101-6; e Apolonio de Carvalho, *Vale a pena sonhar* (Rio de Janeiro, Rocco, 1998), p. 200-15.

[189] De acordo com Marighella, "o fascismo militar brasileiro, entretanto, não se confunde com o nazismo ou com o fascismo do Estado Novo. Ele é fruto também das condições dos dias de hoje. Suas bases atuais estão no sistema de propriedade brasileiro e nos fatores circunstanciais que informam a situação internacional, no sentido desesperado de uma reação contra o avanço da luta pela paz e pela libertação dos povos [...]. O fascismo militar brasileiro – pelas suas origens e evolução – não podia deixar de seguir os ditames da política dos EUA, em face da agressividade da concorrência econômica e do aumento da concentração monopolista, bem como em consequência da competição entre os dois sistemas sociais mundiais opostos – o do imperialismo e o do socialismo. Do ponto de vista econômico, o fascismo militar brasileiro, correspondendo aos setores mais retrógrados do país e defendendo os interesses da burguesia

único caminho para destituir do poder a ditadura instalada no Brasil[190], a partir de uma luta "popular democrática e nacional, mas, na essência, socialista"[191].

Em termos analíticos e interpretativos, talvez seu texto mais importante da segunda metade dos anos 1960 tenha sido "A crise brasileira"[192], escrito em 1966, no qual ele aprofunda as discussões de seu trabalho anterior, *Por que resisti à prisão*. Ainda que também visse no campo "resquícios feudais" e utilizasse a obra de Nelson Werneck Sodré como referência, Marighella discordava do PCB na tática contra a ditadura e na subordinação do proletariado a qualquer agenda da burguesia. Sua visão de revolução continha, ao mesmo tempo, elementos de anti-imperialismo, democratismo popular, internacionalismo proletário, socialismo e guerrilhas urbanas e rurais.

Depois da ruptura com o PCB, desenvolveu ideias em torno de como organizar, em termos políticos e militares, um grupo que, embora distinto de um formato partidário tradicional, pudesse ser eficiente na luta contra a ditadura: em seu projeto, havia os chamados GTA e GTE, responsáveis por dar encaminhamento às atividades armadas e por elaborar as linhas organizacionais e logísticas para a preparação da guerrilha no campo. A ALN dava prioridade à "ação", a partir de uma estrutura mais fluida e flexível, que se construiria ao longo do tempo, por meio da experiência e de suas atividades (sequestros e roubos a bancos, por exemplo). O fato de ter como focos simultâneos a "libertação nacional" e a "revolução socialista" mostra o ecletismo e a heterogeneidade de suas influências, que iam do processo argelino encabeçado pela FLN e da Revolução Chinesa até a Guerra do Vietnã e o modelo cubano. O regime ditatorial, contudo, recrudescia e pressionava intensamente as diferentes organizações armadas brasileiras da época, principalmente depois da decretação do AI-5, em dezembro de 1968. Marighella acabou assassinado, em novembro de 1969, pelos órgãos de repressão[193].

---

entreguista e do latifúndio, não pretende levar adiante as reformas de base necessárias ao progresso e desenvolvimento do país [...]. O fascismo militar brasileiro é o núcleo de um poder ditatorial que subverte a ordem constitucional e todos os preceitos de ordem humana e do direito privado e internacional. Mas, por isso mesmo, em consequência de sua brutal ilegalidade, levará o país ao caos, como já está levando, e obrigará ao aparecimento inevitável de focos de resistência de massas, cujo destino será o progressivo crescimento, engrossado pela simpatia maciça do povo brasileiro". Ver Carlos Marighella, "Por que resisti à prisão", em *Escritos de Carlos Marighella*, cit., p. 20-3.

[190] Ver Cristiane Nova e Jorge Nóvoa, "Genealogias, transversalidades e rupturas de Carlos Marighella", em *Carlos Marighella*, cit., p. 117.

[191] Ibidem, p. 118.

[192] Ver, neste volume, p. 237-72.

[193] Para mais informações sobre as ideias de Carlos Marighella no PCB, ver Milton Pinheiro e Muniz Ferreira (orgs.), *Escritos de Marighella no PCB* (São Paulo/Rio de Janeiro, ICP/FDR, 2013). Para mais informações sobre a vida e a obra de Marighella, ver Emiliano José, *Carlos Marighella:*

* * *

Como se pode perceber, os debates intelectuais continuaram acalorados dentro da esquerda nacional. Editoras, periódicos e livros serviram como elementos fundamentais também naquele período, que lentamente se tornava cada vez mais opressivo e de censura rígida à expressão do pensamento. Como espaço de discussão privilegiado, teve destaque a *Revista Civilização Brasileira*, editada por Ênio Silveira. Publicação bimestral mais ágil e esteticamente mais moderna que a *Brasiliense*, a *RCB* durou apenas quatro anos, 22 números e três volumes "especiais", avulsos e temáticos, sobre a "Revolução Russa", o "teatro e a realidade brasileira" e a "Primavera de Praga". Podendo ser considerada um caso de grande êxito comercial, mantinha a profundidade e a sofisticação teórica da antecessora nos textos que publicava, dando ênfase à cultura e à política[194], além de uma postura firme contra a ditadura militar. A publicação fez tanto sucesso que seu primeiro número, com uma tiragem inicial de 10 mil exemplares, esgotou em apenas 25 dias.

Ao longo dos anos, o tema da revolução brasileira foi constante e esteve presente (mesmo que indiretamente) em vários de seus números, que contaram com a colaboração de um grupo eclético e numeroso de intelectuais, como Nelson Werneck Sodré, Roland Corbisier, Osny Duarte Pereira, Leandro Konder, Ferreira Gullar, Carlos Nelson Coutinho, Dias Gomes, Marco Antônio Coelho, Octavio Ianni, Celso Furtado, Caio Prado Júnior, Fernando Henrique Cardoso, Antonio Houaiss, Theotonio dos Santos, Maria Yedda Linhares, Paul Singer, José Arthur Giannotti, Franklin de Oliveira, Wanderley Guilherme dos Santos, Paula Beigelman, Mário Pedrosa, José Honório Rodrigues, Roberto Schwarz e João Quartim de Moraes. Isso para não falar nos autores estrangeiros, como György Lukács, Theodor Adorno, Herbert Marcuse, Walter Benjamin, Louis Althusser, Antonio Gramsci, Jean-Paul Sartre, Adam Schaff, Roger Garaudy, Erich Fromm, Eric Hobsbawm, John Gerassi,

---

o inimigo número um da ditadura militar (São Paulo, Sol e Chuva, 1997); Edson Teixeira da Silva Junior, *Carlos, a face oculta de Marighella* (São Paulo, Expressão Popular, 2009); e Mário Magalhães, *Marighella*, cit.

[194] Para referências sobre a história das publicações de esquerda no país, ver Flamarion Maués, *Livros contra a ditadura: editoras de oposição no Brasil, 1974-1984* (São Paulo, Publisher Brasil, 2013); Lincoln Secco e Marisa Midori Deaecto (orgs.), *Edgard Carone: leituras marxistas e outros escritos* (São Paulo, Xamã, 2004); e Lincoln Secco, *A batalha dos livros* (Cotia, Ateliê, 2017). Para mais informações sobre a trajetória da *Revista Civilização Brasileira*, ver Luiz Eduardo Motta, *A época de ouro dos intelectuais vermelhos: uma análise comparativa das revistas Tempo Brasileiro e Civilização Brasileira, 1962-1968* (Dissertação de Mestrado em Sociologia, Rio de Janeiro, Instituto de Filosofia e Ciências Sociais/UFRJ, 1994) e "*Revista Civilização Brasileira* (1965-1968): o espaço da resistência intelectual ao Estado autoritário", *Crítica y Emancipación: Revista Latinoamericana de Ciencias Sociales*, ano III, n. 5, 2011, p. 169-84.

Lucien Goldmann, Leo Huberman, Leszek Kołakowsky e Bertold Brecht, só para citar alguns[195].

Nesse sentido, textos importantes de Luciano Martins e Florestan Fernandes vieram à luz já em 1965, ano da fundação da *RCB* e pouco tempo depois da tomada do poder pelos generais (ambos os artigos saíram no número 2 da revista). Martins, em "Aspectos políticos da revolução brasileira"[196] (que, escrito em 1963, ganhou um adendo após o golpe), afirmou que

> a revolução brasileira deve ser compreendida, pois, como a fase histórica que se caracteriza pela reorientação dos recursos nacionais e a adaptação das estruturas do país às novas formas de produção, de tecnologia e de progresso de nosso século, tendo em vista a satisfação de determinadas necessidades e aspirações sociais internas e tendo em vista a melhoria da posição relativa do país no conjunto da economia e das decisões mundiais.[197]

Também declarou que o país ainda estaria vivendo uma das etapas dessa revolução. Além disso, para ele, "o conceito clássico de 'revolução democrático-burguesa', principalmente no caso brasileiro, perde substancialmente seu poder de explicação".

Utilizando Celso Furtado como referencial teórico (especialmente *A economia brasileira*), o autor discute os aspectos políticos do processo a partir do sistema social de transição no qual "brotaram" os movimentos tenentistas da década de 1920 e a Coluna Prestes, todos

> reivindicando os ideais liberais democráticos (reforma eleitoral, liquidação da política dos governadores, liberdade de imprensa, regulamentação do estado de sítio etc.) através dos quais as classes médias formulavam as suas aspirações de participação ativa na vida nacional e de modernização das estruturas administrativas e políticas.[198]

A questão fundamental, contudo, "continuava a ser a da relação de forças no seio das classes dominantes entre os elementos propulsores da industrialização e aqueles outros empenhados em manter o predomínio do complexo produtor-exportador cafeeiro".

Apesar das disputas anteriores entre Getúlio Vargas e Júlio Prestes, com discursos aparentemente antagônicos em termos de interesses e projetos, depois da revolução de 1930 a "correlação objetiva de forças então vigorante e a lógica do

---

[195] Ver ibidem, p. 177.

[196] Ver Luciano Martins, "Aspectos políticos da revolução brasileira", *Revista Civilização Brasileira*, ano I, n. 2, maio 1965, p. 15-34; ver também, neste volume, p. 205-24.

[197] Idem (neste volume, p. 205).

[198] Idem (p. 212).

sistema de defesa do café [...] continuou a mesma. Já em 1931, aliás, acumulavam-se estoques no valor de 1 milhão de contos". Segundo Martins:

> A Revolução de 1930 representa, do ponto de vista que aqui focalizamos, a quebra do monopólio das oligarquias ligadas ao café, e uma melhoria, em termos de poder, da posição dos setores industriais – mas não trouxe a hegemonia deles sobre o processo. Houve, por assim dizer, uma divisão mais proporcional à "divisão dos ganhos".
> Quando se tornou necessária uma opção, exigida pela própria tensão do processo econômico exposto às contradições do sistema em que se sustentava, e pelo aparecimento de novas forças em ascensão, o que se viu foi não o prevalecimento dos interesses de um setor social sobre o outro, mas a decisão se processar por cima de todos, sob a forma bonapartista do Estado Novo.
> Nesse sentido, o Estado Novo representou a acomodação do binômio *socialização das perdas-divisão dos ganhos* aos novos termos das realidades sociais emergentes no país e, simultaneamente, a institucionalização dele.[199]

Após a Segunda Guerra Mundial, o Brasil se inseriu no quadro de disputas ideológicas no campo internacional, ao mesmo tempo que, internamente, a importância do café para a economia nacional diminuiu, o desenvolvimento industrial ganhou novas dimensões (e a participação da burguesia associada a esse setor também), as massas de trabalhadores urbanos e rurais começaram a desempenhar um novo papel e a inflação passou a ter relevância decisiva. Crises políticas se sucederam. O painel mais amplo seria, assim, o de

> um *processo* e [...] cada nova acomodação se faz em outro plano e em outros termos. O padrão, entretanto, é o mesmo e reflete ainda aquela realidade mais profunda que é a da coexistência no país de estruturas sociais diferentes se desenvolvendo em ritmos também diferentes. É essa realidade que de fato continua ainda a alimentar todas as assincronias desta fase do processo brasileiro.[200]

As proposições do Iseb, a postura do PCB, a ação dos sindicatos, o populismo, a dinâmica do Estado, os partidos e a questão da hegemonia na condução da revolução brasileira foram aspectos apresentados em seu trabalho. "O problema da incorporação das massas ao processo político da nação é uma das questões decisivas no plano das nações de modelo capitalista em fase de desenvolvimento", comentou. Diferentes forças, porém, muitas vezes antagônicas, atuavam ao mesmo tempo, com interesses distintos que se acirravam. Estava aberta, naquele momento, uma crise de poder no país. E que resultou, em última instância, no golpe.

---

[199] Idem (p. 213-4).

[200] Idem (p. 218).

Já Florestan Fernandes, "o maior cientista social brasileiro"[201], autor de uma obra imensa, traduzida em diferentes países, publicou, na mesma edição, "A 'revolução brasileira' e os intelectuais"[202], seu discurso de paraninfo da turma de 1964 da Faculdade de Filosofia, Ciências e Letras da USP, proferido em 23 de março de 1965. Escritor extremamente comprometido com as causas sociais e homem que sempre se levantou contra injustiças e arbitrariedades, Florestan pode ser visto como uma das melhores sínteses entre o intelectual acadêmico e o militante político, entre o pesquisador rigoroso e o denunciador das desigualdades, entre o *scholar* respeitado internacionalmente e o ativista sempre do lado dos oprimidos. O "fundador da sociologia crítica no Brasil"[203] foi autor de *A função social da guerra na sociedade tupinambá* (1952), *O negro no mundo dos brancos* (1972), *Mudanças sociais no Brasil: aspectos do desenvolvimento da sociedade brasileira* (1974) e *Significado do protesto negro* (1989), entre outros títulos. Isso para não falar dos trabalhos que discutiam temas como a "revolução", a "América Latina" e a "experiência cubana", como *Poder e contrapoder na América Latina* (1981), *Capitalismo dependente e classes sociais na América Latina* (1973), *A revolução burguesa no Brasil: ensaio de interpretação sociológica* (1975), *O que é revolução* (1981) e *Da guerrilha ao socialismo: a Revolução Cubana* (1979).

Em seu artigo para a *RCB*, Fernandes concordava que uma revolução social estava em curso no país. Mas fazia ressalvas quanto a sua cronologia e seu significado. Discordava, portanto, daqueles que viam nos acontecimentos de 1930 a "revolução brasileira". Ainda assim, para ele,

> a insurreição provocada pela Aliança Liberal aparece como um dos elos fundamentais da nossa revolução. Não porque indique o seu nascimento e a sua localização; porém, porque testemunha a primeira grande transformação qualitativa que se operou no seio das forças histórico-sociais, que já haviam gerado aquela revolução. Em linguagem figurada, diria que a *Revolução de 1930* traduz a superação da fase do impasse histórico, como se a sociedade brasileira entrasse, finalmente, no limiar de sua maturidade para a concretização do pacto revolucionário.[204]

O marco histórico dos antecedentes do tema em questão, segundo Florestan, seria o último quartel do século XIX, em que "se evidenciam os efeitos estruturais

---

[201] De acordo com José Paulo Netto, "Nota prévia a esta edição", em Florestan Fernandes, *Marx, Engels, Lênin: a história em processo* (São Paulo, Expressão Popular, 2012), p. 9.

[202] Ver "Discurso de paraninfo da turma de 1964 da Faculdade de Filosofia, Ciências e Letras da USP (23/3/1965)" reproduzido em Florestan Fernandes, "A 'revolução brasileira' e os intelectuais", cit., p. 325-37; ver também, neste volume, p. 225-36.

[203] De acordo com Octavio Ianni, "Sociologia crítica", em Maria Angela D'Incao (org.), *O saber militante: ensaios sobre Florestan Fernandes* (Rio de Janeiro/São Paulo, Paz e Terra/Editora Unesp, 1987), p. 39.

[204] Florestan Fernandes, "A 'revolução brasileira' e os intelectuais", cit. (neste volume, p. 227).

da cessação do *tráfico negreiro* e o repúdio moral à ordem escravista, os dois grandes fermentos iniciais da revolução burguesa"[205]. A revolução brasileira deveria ser vista como um processo social lento, irregular, sem homogeneidade, essencialmente nas áreas urbanas e com diversas fases. Ela teria evoluído como o equivalente brasileiro das *revoluções burguesas* nos Estados Unidos e na Europa. Mesmo sendo frágil, contudo, ela constituiria

> o único processo dinâmico e irreversível que abre algumas alternativas históricas. Não só representa a única saída que encontramos para a modernização sociocultural. Contém em si novas dimensões de organização da economia, do Estado e da sociedade, que poderão engendrar a diferenciação das estruturas sociais, a difusão e o fortalecimento de técnicas democráticas de organização do poder e da vida social, novas bases da integração da sociedade nacional etc. Sem que nos identifiquemos ideologicamente com essa revolução e nos tornemos seus adeptos ou apologistas, é fácil reconhecer que ela possui um sentido histórico criador. Além disso, a sua concretização final permitirá a superação do dilema social que nos mantêm presos a uma herança sociocultural indesejável. Enquanto não rompermos definitivamente com as cadeias invisíveis do passado, não conquistaremos o mínimo de autonomia, que é necessária, para governarmos o nosso *destino nacional* nos moldes da civilização moderna.[206]

Nesse processo de modernização, contudo, economias dependentes como a brasileira, caracterizadas por uma assimetria significativa do regime de classes e da correlação de forças entre elas, e produto de um desenvolvimento capitalista atrasado e vinculado aos polos avançados da economia internacional, não podem contar com a burguesia endógena como ator ativo e autônomo para superar a subordinação às potências hegemônicas. Essa classe não teria, portanto, condições de concluir a revolução nacional nem de levar ao limite as tarefas democráticas, pois enfatizou seus próprios interesses de classe em detrimento do bem-estar dos brasileiros como um todo. A maior parte da população permaneceria marginalizada, enquanto a burguesia reproduziria mecanismos para se preservar, mantendo sua ligação de dependência com o imperialismo, estruturas sociais anacrônicas e formas autocráticas para a consolidação no poder. Em suma, uma "revolução burguesa" antidemocrática, contra a nação e contra os trabalhadores. Como resposta, Florestan via a importância da luta das classes populares por reformas imprescindíveis ainda "dentro da ordem", uma revolução "democrática" (inclusiva e cidadã, com reformas agrária, urbana e educacional, políticas redistributivas de renda e de pleno emprego, por exemplo), mas considerava que o processo deveria conduzir a um salto qualitativo, uma revolução "contra a ordem", levada a cabo pelos *trabalhadores* e de caráter anti-imperialista e socialista.

---

[205] Idem (p. 228).

[206] Idem (p. 230).

Talvez o mais importante livro sobre aquela discussão publicado depois da instauração da ditadura militar tenha sido *A revolução brasileira*[207], de Caio Prado Júnior. A obra marcou época e lhe rendeu, no começo de 1967, o Troféu Juca Pato de "intelectual do ano" de 1966, prêmio outorgado pela UBE e pelo jornal *Folha de S.Paulo* aos autores que se destacavam pela relevância de seu trabalho na literatura e nas ciências sociais. Um texto que, contudo, foi alvo de muitas polêmicas e duras críticas, tanto de adversários quanto de camaradas.

Para Caio, seria fundamental diferenciar os conceitos de "insurreição" e "revolução" (este, uma movimentação social que provoca mudanças estruturais profundas num período breve, ou seja, um momento de "aceleração histórica"). A revolução brasileira, por sua vez, teria um caráter "processual" e não poderia ser definida com base em conceitos preestabelecidos, mas a partir de uma avaliação correta do contexto político-econômico da época. Segundo o autor, ela se

> constitui do complexo de transformações em curso ou potenciais, que dizem respeito à estrutura econômica, social e política do país, e que, contidas e reprimidas pela inércia natural a toda situação estabelecida, se desenrolam de maneira excessivamente lenta e não logram chegar a termo. Nem por isso deixam de estar presentes, e se revelam e fazem sentir através de perturbações que agitam a vida do país: desequilíbrios econômicos, desajustamentos e tensões sociais, conflitos políticos de maior ou menor gravidade e repercussão. Cabe precisamente à ação política revolucionária estimular e ativar aquelas transformações implícitas no processo histórico em curso e de que tais perturbações constituem o sintoma aparente e mais diretamente sensível. É a programação das medidas necessárias ou favoráveis a esse fim que forma a teoria revolucionária.[208]

O socialismo, por certo, era o fim almejado, mas seu triunfo não só *não seria imediato* como *não poderia ser previsto*. Além disso, o projeto socialista não deveria ser pautado pelo sectarismo nem excluiria de sua agenda demandas conjunturais dos trabalhadores.

O autor de *Notas introdutórias à lógica dialética* achava que os programas encampados pela esquerda do país eram, em grande medida, "especulativos" e "abstratos". O PCB, por sua vez, teria apoiado governos "demagógicos" e "incompetentes" e levado adiante uma política baseada em análise e estratégia equivocadas. O "reboquismo" do partido foi um dos traços atacados pelo intelectual, assim como a ideia do "etapismo" e o modelo interpretativo importado da Comintern (e depois da URSS, de modo geral). Em suas palavras, os comunistas possuíam um "magro arsenal teórico e de diretrizes práticas" em relação à questão do imperialismo[209] e

---

[207] Ver Caio Prado Júnior, *A revolução brasileira*, cit.

[208] Ver idem, *A revolução brasileira*, cit., p. 133.

[209] Ibidem, p. 69.

haviam realizado uma leitura insuficiente e errônea de nossa história e estrutura agrária. Afinal, como o próprio Prado Júnior formulou em outra ocasião,

> o que caracteriza as relações feudais, e as contrasta com transações mercantis, é que nelas intervém o estatuto pessoal das partes, peculiar a cada qual delas. E é na base desse estatuto pessoal, ou pelo menos com ponderável interferência dele, que as relações se estabeleceram. Ora isso não ocorre nas relações de trabalho da agropecuária brasileira. Como aliás nas suas relações de produção em geral, que se estruturam em base puramente mercantil. A agropecuária brasileira constitui um empreendimento essencialmente comercial – e temos insistido nesse ponto, que é da máxima importância – em que os indivíduos nela engajados participam em pé de igualdade jurídica, isto é, com estatutos pessoais idênticos.[210]

As origens históricas das relações agrárias no país, portanto, poderiam ser relacionadas a resquícios "escravistas" e "semiescravistas", e não "feudais" ou "semifeudais". No território brasileiro, a "parceria", por exemplo, não teria nenhuma conexão com a chamada parceria "clássica" (*métayage*, na França, ou *mezzaria*, na Itália), mas se caracterizava simplesmente por uma relação empregatícia (com remuneração *in natura* do labor). O "barracão" e o "cambão", igualmente, não teriam nenhuma ligação com modalidades feudais ou semifeudais (o segundo caso seria um resíduo da escravidão). A agricultura brasileira, portanto, era "capitalista", e as relações no campo, de regime assalariado. Ou seja, caracterizava-se majoritariamente pela "prestação de serviços" e pelo "emprego".

Num longo processo histórico iniciado com a independência política (lançada em 1808 e consolidada em 1822), o país transitou para um novo momento após a eliminação do tráfico de africanos escravizados (1850) e, mais tarde, com o estímulo à imigração europeia (que seria responsável por trazer consigo qualidade técnica laboral e elevação da produtividade e da cultura dos obreiros) e a abolição formal da escravidão em 1888, o que, em teoria, teria dado início à integração da massa trabalhadora endógena à "sociedade" brasileira. O período republicano veio em seguida e, com ele, a construção tanto de um "Estado" quanto de um "arcabouço jurídico", encabeçada pela burguesia. Essas seriam as características da "evolução histórica" nacional e das "etapas decisivas" da revolução brasileira[211].

No momento em que escrevia *A revolução brasileira*, Caio Prado Júnior não considerava factível o estabelecimento imediato do socialismo, mas defendia, como elemento precípuo de um processo de transição, o controle da *livre*-iniciativa privada. Esta deveria, portanto, ser orientada pelo Estado, o principal responsável pela

---

[210] Ver idem, "Contribuição para a análise da questão agrária no Brasil", *Revista Brasiliense*, n. 28, mar.-abr. 1960, incluído em *A questão agrária no Brasil* (São Paulo, Brasiliense, 1979), p. 67.

[211] Ver Caio Prado Júnior, *A revolução brasileira*, cit., p. 82-3.

planificação e pelo incentivo à produção de artigos essenciais para a grande massa da população do país.

O Brasil seria constituído por um aglomerado humano heterogêneo e inorgânico, sem estruturação econômica adequada e no qual "atividades produtivas de grande significação e expressão não se acham devidamente entrosadas com as necessidades próprias da massa da população"[212]. Isso se refletiria em baixo nível de vida da maioria dos habitantes e um mercado consumidor restrito. Essas deficiências, entre outras, precisavam ser superadas a partir de uma "verdadeira reorganização e reorientação da nossa economia"[213]. A direção das atividades econômicas pelo governo teria papel determinante nesse sentido.

A revolução brasileira significaria a desconexão e o rompimento com o capitalismo monopolista em sua periferia. Apesar de suas características próprias e específicas, ela se assemelha às revoluções de outros países dependentes em relação ao imperialismo (como os africanos e os asiáticos), sendo que a "nossa originalidade consiste na maneira e nas circunstâncias particulares em que essa subordinação se efetiva e pelas quais é condicionada"[214]. Afinal, as diferenças com outros povos eram, muitas vezes, consideráveis. Para ele:

> A especificidade da revolução brasileira é dada em particular pelas circunstâncias internas, isto é, pelas relações que constituem e caracterizam a organização econômica e a estrutura social do país. A natureza dessas relações, contudo, vai marcar e definir a nossa posição no sistema internacional do capitalismo. E assim ambas essas ordens de circunstâncias, as internas e as externas, se conjugam e se complementam de tal maneira que a eliminação de umas implica necessariamente a das outras. Não nos podemos libertar da subordinação com respeito ao sistema internacional do capitalismo, sem a eliminação paralela e simultânea daqueles elementos de nossa organização interna, econômica e social, que herdamos de nossa formação colonial. E a recíproca é igualmente verdadeira: a eliminação das formas coloniais remanescentes em nossa organização econômica e social é condicionada pela libertação das contingências em que nos coloca o sistema internacional do capitalismo no qual nos entrosamos como parte periférica e dependente.[215]

O intelectual paulista, ainda que mencionasse favoravelmente a experiência cubana[216], não vislumbrava a luta armada e a guerra de guerrilhas no Brasil.

---

212 Ibidem, p. 158.

213 Ibidem, p. 159.

214 Ibidem, p. 187.

215 Idem.

216 O autor descreve os acontecimentos em Cuba no início do livro e mostra a lógica do desenvolvimento do processo revolucionário liderado por Fidel Castro, desde a guerrilha até a proclamação de seu caráter socialista. Depois, discute o sistema agrário no país. Ver ibidem, p. 20-1 e 144. Segundo Caio Prado Júnior, "foi tentada em Cuba, depois da instituição do novo

Tampouco acreditava na existência de uma "burguesia nacional anti-imperialista" que pudesse ser vista como um agente confiável no processo de modernização e desenvolvimento interno. Sua proposta, de maneira geral, era a ampliação da democracia, a *organização* e a participação política efetiva e independente das forças populares que projetam o Brasil para o futuro e do proletariado urbano e rural (por exemplo, em sindicatos e outras organizações de caráter legal) em ações reivindicatórias de massa e modificações profundas na legislação trabalhista[217].

* * *

No fim dos anos 1960 e ao longo dos 1970, os debates continuaram, mas sem a mesma força. Com o recrudescimento do regime, vários dirigentes de organizações de esquerda na clandestinidade foram presos, torturados e assassinados, militantes tiveram de se exilar, grupos guerrilheiros viram suas estruturas desmontadas, a censura imperou, e as perseguições se tornaram cada vez mais implacáveis. Ainda assim, intelectuais conhecidos, como Roland Corbisier, Ruy Mauro Marini e Érico Sachs, continuaram a elaborar textos emblemáticos, que tentavam fazer uma avaliação geral da época e dos caminhos a seguir.

Em 1968, Corbisier publica *Reforma ou revolução?*[218]. O livro, escrito no segundo semestre de 1964 (com exceção dos capítulos 5 e 9, preparados posteriormente), foi finalizado, com prefácio, em julho de 1967 e lançado no ano seguinte. E também pode ser inserido como mais uma contribuição importante nos debates sobre a revolução brasileira.

Na década de 1950, Corbisier participara do "Grupo Itatiaia" (que, em seguida, se estruturou formalmente como Ibesp), tornando-se, após sua transferência para o Rio de Janeiro, secretário da Assistência Técnica de Educação e Cultura do MEC

---

regime, e por inspiração de concepções muito próximas das falseadas teorias que vimos considerando, e que também em Cuba não se aplicavam – foi tentada a reorganização das grandes unidades produtoras da lavoura canavieira (em tudo semelhantes às nossas usinas), sob a forma de cooperativas, fazendo-se pela reforma agrária uma distribuição nominal da terra, mas conservando-se a unidade da grande exploração pela reunião em cooperativas dos trabalhadores que a reforma intitulara de proprietários. Da divisão efetiva das propriedades e do desmembramento das grandes explorações nem se cogitou, apesar dos mandamentos da teoria, pois isso se reconheceu desde logo irrealizável. O sistema, como se sabe, fracassou, e as nominais cooperativas, que de fato nunca chegaram a funcionar como tais, se transformaram em fazendas do Estado (*Haciendas del Pueblo*), o que constitui sem dúvida o sentido natural para que tende a grande exploração, tanto no Brasil quanto em Cuba e em outros lugares de semelhante estrutura agrária". Ver ibidem, p. 144.

[217] Ibidem, p. 174-84.

[218] Ver Roland Corbisier, *Reforma ou revolução?* cit.

e diretor-executivo do Iseb[219]. Poucos anos mais tarde, ele se filiaria ao PTB, sendo eleito deputado à Assembleia Constituinte da Guanabara e, na sequência, primeiro suplente de deputado federal, assumindo o posto na Câmara em agosto de 1963, época em que deu apoio às reformas de base propostas pelo governo do presidente João Goulart. Além disso, também foi secretário editorial da *Revista Civilização Brasileira*. O autor de *Consciência e nação* (1950), *Formação e problema da cultura brasileira* (1958) e *Brasília e o desenvolvimento nacional* (1960), seria incluído na primeira lista de cassados do AI-1, logo depois do golpe[220]. Em *Reforma ou revolução?*, ele afirmou:

> Ao longo deste trabalho, referimo-nos, várias vezes, à revolução brasileira ou à revolução nacional brasileira. Quando empregamos a expressão, que queremos dizer exatamente? Estaremos aludindo à revolução democrático-burguesa ou à revolução socialista? A indagação se impõe, não só porque a expressão comporta os dois significados, mas por ser frequentemente empregada, tanto em um quanto em outro sentido.
> Usando a expressão "revolução nacional brasileira" queremos significar não só o processo de industrialização que promoverá o ingresso do País na era tecnológica, mas também a luta pela justa distribuição da renda, o processo histórico que levará o povo brasileiro a promover o desenvolvimento nacional e conquistar a emancipação econômica e o bem-estar social.
> Desse ponto de vista, a revolução brasileira não se iniciaria propriamente na data em que as forças populares tomassem o poder e instaurassem no País um governo socialista. Tal acontecimento seria, sem dúvida, decisivo, e assinalaria o início de uma nova fase da nossa história, em relação à qual as fases anteriores seriam, de certo modo, pré-história. Não seria, no entanto, algo de improvisado, que eclodisse de repente, como os aerólitos caem no deserto. Em relação ao passado, seria um desfecho, um *aboutissement*, como dizem os franceses, que, por isso mesmo, pressupõe esse passado.[221]

---

219 De acordo com o *Dicionário histórico-biográfico brasileiro pós-1930*, reproduzido pelo CPDOC/FGV, "em julho de 1955, foi criado, no lugar do Ibesp, o Instituto Superior de Estudos Brasileiros (Iseb), órgão do MEC dotado de autonomia administrativa e de liberdade de pesquisa, de opinião e de cátedra, destinado ao estudo, ao ensino e à divulgação das ciências sociais. Corbisier foi escolhido para o cargo de diretor-executivo. Iniciando suas atividades no momento em que Juscelino Kubitschek assumia a presidência da República (1956-1961), o Iseb elaborou uma ideologia 'nacional-desenvolvimentista' em cuja divulgação Corbisier teve papel destacado. Em 1958, uma crise interna dividiu o instituto. O grupo liderado por Hélio Jaguaribe opôs-se à corrente da qual faziam parte Corbisier e Alberto Guerreiro Ramos, favorável a uma ação menos acadêmica e mais engajada, e acabou deixando o instituto". Ver "Roland Corbisier", em CPDOC/FGV, disponível em: <https://cpdoc.fgv.br/producao/dossies/AEraVargas2/biografias/roland_corbisier>. Acesso em: 10 dez. 2018.

220 Ibidem.

221 Ver Roland Corbisier, *Reforma ou revolução?*, cit., p. 234-5.

Corbisier diferencia o nacionalismo dos países subdesenvolvidos do nacionalismo das potências europeias. E defende, no Brasil, uma posição nacionalista ("a plataforma do desenvolvimento e política de emancipação do País")[222] que, contudo, não deveria ser confundida com o comunismo. Para ele, a contradição principal do país é aquela entre os interesses da "burguesia nacional" (que estaria empenhada em conquistar o mercado interno) e o "capital estrangeiro competitivo"[223]. O autor de *Responsabilidade das elites* também diferencia o reformismo conservador do reformismo progressista[224]. E claramente apoia esta segunda vertente, propugnando uma série de reformas, que deveriam ser propostas numa determinada ordem e "conquistadas pela luta do povo consciente, organizado e unido"[225].

A primeira seria a reforma eleitoral (a que considerava prioritária), democratizando os pleitos e os próprios partidos políticos (criando mecanismos para que funcionassem de baixo para cima, da base para as cúpulas), ampliando o eleitorado e tentando anular ou reduzir a influência do poder econômico[226]. Em seguida, a reforma administrativa, para atacar a burocracia e o Estado cartorial, modificando a máquina administrativa, simplificando e racionalizando a sua organização[227]. Depois, a reforma tributária, corrigindo o aparelho arrecadador e fiscal, ampliando a renda do Estado, sobrecarregando as classes ricas e aliviando as mais pobres[228]. A reforma agrária seria a próxima e deveria ser feita urgentemente,

> não só porque constitui uma exigência do capitalismo brasileiro, interessado na expansão do mercado interno, nem tampouco porque é preciso diversificar a

[222] Ibidem, p. 62.

[223] Ibidem, p. 59-60.

[224] Corbisier afirma: "O reformismo progressista [...] é dialético, e não exclui a possibilidade de, levado pelo próprio movimento, abrir caminho à mudança qualitativa das estruturas econômicas e sociais. O progressivo alargamento das franquias e dos direitos das classes trabalhadoras não só representa para essas classes um benefício imediato, como lhes propicia a oportunidade do esclarecimento ideológico e a experiência da organização e da luta na reivindicação de seus direitos. Desse ponto de vista, e para exemplificar, toda a legislação trabalhista, de amparo e proteção à classe obreira, se inscreve na perspectiva do que chamamos de reformismo progressista, pois, embora mantenha o que constitui o fundamento do regime capitalista, contribui para criar condições que tornam possível uma participação crescente dessa classe na formação do poder político e na distribuição da renda nacional [...]. O reformismo progressista é uma atitude espontânea da classe operária, ao reivindicar direitos, pleitear melhores salários e maior participação na renda nacional. Mesmo convencida de que a solução definitiva de seu problema consistiria na mudança do regime, mesmo assim, não deixa de lutar pela conquista de objetivos próximos que representam a solução de problemas urgentes e imediatos". Ver ibidem, p. 98-9.

[225] Ibidem, p. 132.

[226] Ibidem, p. 106-8.

[227] Ibidem, p. 108-11.

[228] Ibidem, p. 111-2.

> cultura, para atender às necessidades de abastecimento dos grandes centros urbanos, mas porque não é tolerável que milhões de seres humanos continuem a viver como párias, na miséria, na ignorância, na doença, na fome, privados de tudo o que consideramos indispensável à nossa própria vida.[229]

Nesse caso, não seria apenas a revisão do estatuto da terra, mas a tentativa de acabar com o monopólio no agro (ou seja, o latifúndio), dando acesso à propriedade rural a todos, com distribuição de terras para os "camponeses". Seu projeto ainda incluía assistência sanitária, higiene das casas, ensino primário, apoio tecnológico e educação técnica, construção de armazéns, silos, ferrovias e estradas, crédito fácil e barato e garantias de preços mínimos para os produtos agrícolas[230]. A reforma urbana também teria destaque. A propriedade do imóvel residencial deveria tornar-se acessível a todos, acabando com o monopólio, limitando o número de imóveis urbanos em mãos privadas e desapropriando o excedente; desapropriação compulsória por interesse social de imóveis residenciais desocupados além de certo prazo; venda dos imóveis desapropriados feita a prazo e por juros módicos, por parte dos "organismos oficiais de crédito", para as classes menos privilegiadas, e construção de grandes conjuntos habitacionais pelo Estado, para serem vendidos aos trabalhadores sem objetivo de lucro[231]. No caso da reforma bancária, ele propunha a nacionalização total dos bancos estrangeiros de depósitos, a democratização e seletividade do crédito e a participação de representantes dos trabalhadores na direção dos estabelecimentos de crédito, tanto os públicos como os privados[232]. Corbisier também sugeria uma reforma cambial, com a adoção de um plano nacional de desenvolvimento econômico, com uma política externa independente, "defesa dos preços dos produtos de base, conquista de novos mercados, relações comerciais com todos os países, diversificação das exportações, facilidades na importação de máquinas e produtos acabados"[233]. O monopólio do câmbio, neste caso, representaria uma consequência do monopólio do comércio exterior. O Estado defenderia o valor da moeda nacional e controlaria o orçamento cambial, impediria a importação de artigos de luxo ou supérfluos, aplicando o saldo das moedas fortes na importação dos itens necessários para a consecução das "metas prioritárias do desenvolvimento e da emancipação econômica do País"[234]. Finalmente, a reforma universitária, com uma educação para o desenvolvimento, difusão da cultura junto à população e "participação dos estudantes na direção das escolas, faculdades e institutos, a fim

[229] Ibidem, p. 115.

[230] Ibidem, p. 115-6.

[231] Ibidem, p. 116-8.

[232] Ibidem, p. 118-21.

[233] Ibidem, p. 124.

[234] Idem.

de que o comando dos órgãos do ensino superior não seja monopolizado pelo corpo docente, frequentemente reacionário e acumpliciado com os interesses das classes dominantes"[235]. Corbisier então conclui:

> O nacionalismo é a plataforma da revolução do desenvolvimento, o ideário da frente ampla que, com a participação da burguesia independente e progressista, deve liderar o movimento de emancipação econômica e social do País.
> A participação, na frente ampla, das classes trabalhadoras, das classes médias, dos estudantes, dos intelectuais, do clero, e a luta comum pela plataforma democrática e nacionalista, não exclui o compromisso que essas classes e forças de vanguarda tenham ou possam ter com a ideologia revolucionária, quer dizer o socialismo.
> O problema dos caminhos da revolução não pode ser resolvido *a priori*, dogmaticamente, de acordo com fórmulas ou soluções importadas, sejam quais forem, mas de acordo com as circunstâncias de tempo e lugar, e em função da análise da realidade, do estudo das condições, internas e externas, objetivas e subjetivas, e da avaliação justa da correlação de forças, tanto no plano internacional quanto no plano nacional, que caracterizam determinada conjuntura histórica.[236]

Marini, por sua vez, escreveu *Subdesarrollo y revolución* [Subdesenvolvimento e revolução][237], livro sofisticado, com razoável penetração na esquerda latino-americana (uma de suas partes foi publicada separadamente como artigo, com o título de "El carácter de la revolución brasileña", na revista cubana *Pensamiento Crítico*, um ano mais tarde[238]), mas que foi pouco divulgado em seu país de origem. O autor, criticando os setores "nacionalistas", as análises pecebistas e aqueles que defendiam a existência de uma "dualidade estrutural" na economia nacional, começa seu trabalho mostrando qual seria o entendimento corrente do tema abordado:

> A revolução brasileira é entendida, primeiramente, como o processo de modernização das estruturas econômicas do país, principalmente através da industrialização, processo esse que é acompanhado por uma tendência crescente à participação das massas na vida política. Identificada assim como o próprio desenvolvimento econômico, a revolução brasileira se iniciaria no movimento de 1930, tendo se estendido sem interrupção até o golpe de abril de 1964. Paralelamente, e na medida em que os fatores primários do subdesenvolvimento brasileiro são a vinculação ao imperialismo e a estrutura agrária – que muitos consideram semifeudal –, o conteúdo da revolução brasileira seria anti-imperialista e antifeudal.

---

[235] Ibidem, p. 129.

[236] Ibidem, p. 274.

[237] Ver Ruy Mauro Marini, *Subdesarrollo y revolución* (Cidade do México, Siglo XXI, 1969) [ed. bras.: *Subdesenvolvimento e revolução*, Florianópolis, Insular, 2012].

[238] Ver idem, "El carácter de la revolución brasileña", *Pensamiento Crítico*, Havana, n. 37, fev. 1970, p. 136-57; ver, em português, "O caráter da revolução brasileira", neste volume, p. 273-92.

> Essas duas direções conduzem, assim, a um só resultado – a caracterização da revolução brasileira como uma revolução democrático-burguesa – e descansam sobre duas premissas básicas: a primeira consiste em situar o antagonismo nação-imperialismo como a contradição principal do processo brasileiro; a segunda, em admitir um dualismo estrutural nessa mesma sociedade, que oporia o setor pré-capitalista ao setor propriamente capitalista. Sua implicação mais importante é a ideia de uma frente única formada pelas classes interessadas no desenvolvimento, basicamente a burguesia e o proletariado, contra o imperialismo e o latifúndio. Seu aspecto mais curioso é a união de uma noção antidialética, como a do dualismo estrutural, a uma noção paradialética, como seria a noção de uma revolução burguesa permanente, da qual os acontecimentos políticos brasileiros nos últimos quarenta anos não teriam sido mais que episódios.
> Nessa perspectiva, o regime militar implantado em 1964 aparece simultaneamente como uma consequência e uma interrupção. É assim que, interpretada como um governo imposto desde fora pelo imperialismo estadunidense, a ditadura militar também é considerada como uma interrupção e mesmo como um retrocesso no processo de desenvolvimento, o que se expressaria na depressão à qual a economia brasileira foi levada. O espinhoso problema colocado pela adesão da burguesia à ditadura é solucionado quando se admite que, temerosa da radicalização ocorrida no movimento de massas nos últimos dias do governo Goulart, essa classe, do mesmo modo que a pequena burguesia, apoiou o golpe de Estado articulado pelo imperialismo e pela reação interna, passando em seguida a ser vítima de sua própria política, em virtude da orientação antidesenvolvimentista e desnacionalizante adotada pelo governo militar.[239]

Para ele, a "revolução burguesa" no Brasil teria ocorrido entre 1930 e 1937, e não poderia ser confundida (tampouco ser vista como equivalente) com a "revolução brasileira"[240]. Marini mostra a dinâmica do período-chave do desenvolvimento da indústria do país, entre 1930 e 1950 (beneficiado pela crise internacional do capitalismo), a atuação do imperialismo e o papel das burguesias (pequena, média e grande) no país.

A ditadura militar, por seu lado, pode ser interpretada como uma ratificação do compromisso de 1937 (ou seja, um reforço à antiga coalizão das classes dominantes, a burguesia e a oligarquia agrário-mercantil) e uma "consequência inevitável" do desenvolvimento do capitalismo endógeno, neste caso como forma de abrir a este "novas perspectivas", quando se ressaltariam aspectos de contenção e repressão a qualquer oposição popular ou sindical (via censura, prisões e assassinatos de

---

[239] Ver, neste volume, p. 273-4.

[240] Segundo Marini, "o Estado Novo não significa apenas a consolidação da burguesia no poder: representa também a renúncia dessa classe a qualquer iniciativa revolucionária, sua aliança com as velhas classes dominantes contra as alas radicais da pequena burguesia – bem como das massas proletárias e camponesas – e a canalização do desenvolvimento capitalista nacional pela via traçada pelos interesses da coalizão dominante que [esse desenvolvimento] expressa". Ibidem, p. 277.

dirigentes). As diversas medidas impostas pelos generais só iriam consolidar o atrelamento e a "integração acelerada" da indústria brasileira à norte-americana e aos investidores estrangeiros – em outras palavras, ao imperialismo, num formato que conduziria o país inevitavelmente à política "subimperialista" da grande burguesia[241]. Ele continuava:

> É nessa perspectiva que se há de determinar o verdadeiro caráter da revolução brasileira. Evidentemente, referimo-nos aqui a um processo vindouro, já que falar dele como de algo existente, na fase contrarrevolucionária que o país atravessa, não tem sentido. Identificar essa revolução ao desenvolvimento capitalista é uma falácia, similar àquela da imagem de uma burguesia anti-imperialista e antifeudal. O desenvolvimento industrial capitalista foi, na realidade, o que prolongou a vida do velho sistema semicolonial de exportação no Brasil. Seu desenrolar, no lugar de libertar o país do imperialismo, vinculou-o ainda mais estreitamente a esse sistema e acabou por conduzi-lo à presente etapa subimperialista, que corresponde à impossibilidade definitiva de um desenvolvimento capitalista autônomo no Brasil.

A busca por "soluções intermediárias" (baseadas nos interesses dos setores burgueses mais fracos) seria impraticável. A organização da produção que permitisse

---

[241] Para esse autor: "Na prática, isso se traduz, em primeiro lugar, no impulso da economia brasileira em direção ao exterior, no afã de compensar sua incapacidade de ampliar o mercado interno através da conquista de mercados já formados, principalmente na América Latina. Essa forma de imperialismo conduz, no entanto, a um subimperialismo. Efetivamente, não é possível para a burguesia brasileira competir em mercados já repartidos pelos monopólios estadunidenses, e o fracasso da política externa independente de Jânio Quadros e João Goulart demonstra esse fato. Por outro lado, essa burguesia depende, para o desenvolvimento de sua indústria, de uma tecnologia cuja criação é privativa de tais monopólios. Não lhe resta, portanto, outra alternativa a não ser oferecer a estes uma sociedade no próprio processo de produção no Brasil, usando como argumento as extraordinárias possibilidades de lucros que a contenção coercitiva do nível salarial da classe operária contribui para criar. O capitalismo brasileiro se orientou, assim, rumo a um desenvolvimento monstruoso, posto que chega à etapa imperialista antes de ter conquistado a transformação global da economia nacional e em uma situação de dependência crescente frente ao imperialismo internacional. A consequência mais importante desse fato é que, ao contrário do que ocorre com as economias capitalistas centrais, o subimperialismo brasileiro não pode converter a espoliação que pretende realizar no exterior em um fator de elevação do nível de vida interno, capaz de amortecer o ímpeto da luta de classes. Em vez disso, devido a sua necessidade de proporcionar um sobrelucro a seu sócio maior estadunidense, tem de agravar violentamente a exploração do trabalho nos marcos da economia nacional, no esforço para reduzir seus custos de produção. Trata-se, enfim, de um sistema que já não é capaz de atender às aspirações de progresso material e liberdade política que mobilizam hoje as massas brasileiras. Inversamente, o sistema tende a destacar seus aspectos mais irracionais, canalizando quantidades crescentes do excedente econômico para o setor improdutivo da indústria bélica e aumentando, devido à necessidade de absorver parte da mão da obra desempregada, seu efetivo militar. Tal sistema não cria, dessa maneira, tão somente as premissas para sua expansão rumo ao exterior: reforça também, internamente, o militarismo, destinado a afiançar a ditadura aberta de classe que a burguesia viu-se na contingência de implantar". Ver ibidem, p. 289.

"o pleno aproveitamento do excedente criado, ou, vale dizer, que aumentasse a capacidade de emprego e produção dentro do sistema, elevando os níveis de salário e de consumo" não poderia ser atingida dentro do capitalismo. Só restaria à massa trabalhadora, portanto, recorrer a uma "política operária" na luta pela implantação do sistema socialista no Brasil[242]. E uma que não implicasse compromissos com alguns "estratos" da burguesia. O resultado dessa luta deveria ir além da "redemocratização" e da "renacionalização". O conteúdo desse processo, em última instância, seria uma "nova" democracia e uma "nova" economia, ambas suscetíveis à participação plena e efetiva do proletariado brasileiro e direcionadas a satisfazer suas necessidades.

Já Sachs produziu "Caminho e caráter da revolução brasileira"[243], talvez seu trabalho mais importante do período. Nele, fez um balanço e acerto de contas com as experiências russa, chinesa e cubana (os casos boliviano, argentino, chileno e mexicano também são indicados por ele), além de retomar discussões colocadas por Marx, Engels, Lênin e Trótski, e de analisar o pensamento e a ação de Che Guevara, Mao Tsé-tung e Carlos Marighella. Concordava com o "guerrilheiro heroico" que a revolução na América Latina seria "socialista", "anti-imperialista" e parte de um processo "continental", mas recordava que não se poderia transpor experiências de caráter distinto, especialmente de sociedades agrárias para nações industrializadas, tampouco táticas análogas aos modelos apresentados. Além disso, os problemas e as tarefas não realizadas que a sociedade burguesa não solucionou seriam postos em andamento pelas forças populares.

Ele discute, igualmente, a questão de um governo de transição (um "governo revolucionário dos trabalhadores" formado por uma "frente" de obreiros da cidade e do campo, imposto pela intervenção ativa e violenta das massas populares, com duração limitada e que abriria caminho para a ditadura do proletariado). Lembrava os debates dentro da Polop, comentava sobre a avaliação do passado histórico da

---

[242] Ele insistia: "Aos que negam que a classe operária do Brasil tenha a maturidade necessária para isso, a análise da dialética do desenvolvimento capitalista no país oferece rotunda resposta. Foram, efetivamente, as massas trabalhadoras que, com seu movimento próprio e independente das bandeiras reformistas que recebiam de suas direções, fizeram estalar as articulações do sistema e determinaram seus limites. Levando adiante suas reivindicações econômicas, que repercutiram nos custos de produção industrial, e atraindo a solidariedade das classes exploradas em um vasto movimento político, o proletariado acirrou a contradição surgida entre a burguesia e a oligarquia latifundiário-mercantil e impediu que a primeira recorresse aos investimentos estrangeiros, forçando-a a buscar o caminho do desenvolvimento autônomo. Se ao final a política burguesa não conduziu senão à capitulação e, mais que isso, à reação, é porque na realidade já não existe para a burguesia a possibilidade de conduzir a sociedade brasileira rumo a formas superiores de organização e de progresso material". Ver ibidem, p. 291.

[243] Ver Érico Sachs (utilizando o pseudônimo Ernesto Martins), "Caminho e caráter da revolução brasileira", cit.; ver também, neste volume, p. 293-358.

região[244] e mostrava o papel do Exército como instituição e sua relação com a burguesia. Para completar, ainda discorria sobre os eventos desde o governo Vargas até a ditadura militar (assim como a atuação do PCB e do movimento operário; depois, ainda criticou as táticas tanto do PCdoB quanto daqueles que defendiam o "foquismo"), fazendo ataques ao "populismo" e ao "stalinismo", e enfatizando, em última instância, a formação e a mobilização do proletariado.

Outros exemplos de tentativas, nos anos seguintes, de levantar questões para esse debate podem ser encontrados em textos de Márcio Moreira Alves[245] ou mesmo

---

[244] Sachs comentava: "A América Latina não conheceu o feudalismo como ordem social própria, apesar das tentativas espontâneas dos descobridores e conquistadores de transportar para o Novo Mundo os valores reinantes ainda em suas pátrias. O continente foi conquistado, povoado e desenvolvido (isto é, subdesenvolvido) em função do capitalismo mundial, no início principalmente pelo capitalismo mercantil, e formado pelas necessidades deste. Participou passivamente desse sistema capitalista desde o início, fonte de acumulação primitiva para as metrópoles e reserva para futuras expansões do sistema. Quando se libertou do estado colonial direto, continuou como fornecedor de matérias-primas, mercado e domínio das metrópoles capitalistas até ser absorvido e integrado ao imperialismo, que englobou essas regiões em um sistema mundial sem necessitar destruir e decompor velhas relações feudais, como na Ásia por exemplo. A miséria latino-americana, tal como a conhecemos através de sua história, já é miséria da própria sociedade capitalista. O problema da transformação social, que encontramos na América Latina, se desenrolou dentro do quadro de uma sociedade capitalista. Trata-se do deslocamento do peso da burguesia do campo para a cidade, fenômeno que foi acompanhado pela destruição dos chamados governos oligárquicos, como no Brasil em 1930. A 'revolução burguesa', na medida em que se deu, não foi tanto uma luta contra o feudalismo, mas sim uma luta entre a burguesia industrial nascente contra a antiga estrutura mercantil e rural. A sociedade 'pré-revolucionária' era formada por um capitalismo primitivo e primário, mas que, apesar de tudo, já era capitalismo na sua essência. A 'revolução burguesa' no Brasil acabou em compromissos com a bênção do imperialismo, e é característico que o movimento 'revolucionário' não chegou a tocar no campo. A facção rural da classe dominante ganhou tempo para se transformar em industrial e para adaptar o primitivo capitalismo rural às novas necessidades. Isso quer dizer que a revolução burguesa no Brasil (e em geral na América Latina), em termos de transformação social, não se deu como 'negação' de uma sociedade pré-capitalista, mas sim 'como transformação de quantidade em qualidade' na base da ordem social existente. Dentro do compromisso das classes dominantes, a hegemonia da burguesia da cidade foi assegurada pelo crescimento de seu poder econômico". Ver, neste volume, p. 301-2.

[245] De acordo com Márcio Moreira Alves: "A revolução brasileira só se pode desenvolver se ampliar enormemente sua base política e social. De início é preciso convencer a maioria dos militantes do Partido Comunista ortodoxo – todavia o setor mais bem organizado das forças socialistas no país – da necessidade de marchar pelo único caminho que o regime deixou aberto: a luta armada. É igualmente importante a incorporação à luta de jovens militantes católicos, com seus hábitos de disciplina, seu apoio logístico e seus contatos de massa. Depois será necessário mobilizar alguns setores que hoje tendem, por medo ou oportunismo, a apoiar o regime. São setores da pequena classe média, pequenos comerciantes, pequenos agricultores, funcionários públicos, profissionais e intermediários, inclusive alguns dos traficantes de influência do interior subdesenvolvido. Eles não têm maior interesse no atual sistema de concentração de riquezas, nem conflito fundamental com um programa socialista. E todo esse esforço deve ser dirigido à formação de um partido

em documentos elaborados por organizações de esquerda, como o MEP, além da contínua atuação de pensadores de matizes diversos, como aqueles outrora ligados à Polop (entre os quais Vânia Bambirra e Theotonio dos Santos), que desenvolveram a teoria marxista da dependência e escreveram sobre a luta política no continente. É só lembrar de Ruy Mauro Marini e seus "O reascenso das massas e as tarefas dos revolucionários"[246] e "Três tarefas da esquerda: socialismo, unidade e luta armada"[247].

* * *

Finalmente, na década de 1980 houve menos contribuições sobre o assunto. Aquele foi o período em que se encerrou a ditadura militar, época da transição democrática e do fim do socialismo real na maior parte dos países em que vigorava. Os temas de interesse dos envolvidos com a política institucional e com a abertura seriam outros. No fim dos anos 1970 e início dos 1980, muitos militantes retornaram do exílio, várias greves operárias espocaram (em especial no ABC, em São Paulo), o PT, a CUT e o MST foram criados, e os debates sobre a construção do socialismo perderam intensidade. A campanha das Diretas Já e a participação popular em eleições presidenciais estavam na ordem do dia. Por outro lado, havia a sensação

---

revolucionário de massas que se encarregará da condução da fase armada da luta. Os revolucionários devem ter táticas flexíveis e posições políticas desradicalizadas para conseguir formar uma frente política. Necessitam aprender a detectar e aproveitar as contradições mais dolorosamente sentidas entre o regime e o povo. Os planos têm de ser adaptados ao nível de compreensão política do povo, que só pode ser aperfeiçoado gradualmente e por ele mesmo, na medida em que descobre novas lutas. O respeito pelas massas deve ser o guia permanente da ação, não um mero recurso de retórica. A frente revolucionária deve integrar uma pluralidade de opiniões com direito a expressar-se e a influir na discussão e adoção da política geral. O processo de tomada de decisões tem de ser democrático, ainda que centralizado, para que todos os aspectos da luta possam ser conduzidos de maneira correta. A consulta democrática a células de militantes não pode ser reduzida ao exercício formal que tão frequentemente ocorre em partidos burocratizados. A opinião dos militantes tem de ser na realidade tomada em consideração, e o programa da frente deve ser a expressão de uma política de base, ao redor da qual se chegue ao mais amplo consenso possível. O programa de uma frente de libertação só galvanizará as energias de cada um de seus militantes se nele reconhecem todos o resultado de seu trabalho e de seu pensamento, a expressão de suas esperanças e de sua visão do mundo que há de ser construído. Se não é mais que a elaboração intelectual de um grupo, imposta aos demais pela direção, não conseguirá desencadear a dedicação e a generosidade que são o alicerce das revoluções". Ver Márcio Moreira Alves, *Un grano de mostaza: el despertar de la revolución brasileña* (Buenos Aires, Cepe, 1973), p. 282-3.

[246] Ver Ruy Mauro Marini, "O reascenso das massas e as tarefas dos revolucionários", publicado originalmente em *Correo de la Resistencia*, n. 20, nov.-dez. 1978, e reproduzido em Roberta Traspadini e João Pedro Stédile (orgs.), *Ruy Mauro Marini*, cit., p. 237-42.

[247] Ver idem, "Três tarefas da esquerda: socialismo, unidade e luta armada", publicado originalmente em *Correo de la Resistencia*, n. 21, fev.-abr. 1979, e reproduzido em Roberta Traspadini e João Pedro Stédile (orgs.), *Ruy Mauro Marini*, cit., p. 243-50.

de "burocratização" da revolução e do socialismo. Os tempos heroicos inspirados pelas ideias de homens como Che Guevara pareciam ter ficado no passado, embora a revolução sandinista na Nicarágua houvesse triunfado e desse a impressão de ser um resquício (ou um último suspiro) de um período recente e traumático.

Na União Soviética e na Europa Oriental, a situação não parecia animadora. Governos de "democracias populares", liderados por personalidades como Erich Honecker, Károly Grósz, Gustáv Husák, Nicolae Ceauşescu, Todor Jívkov e Wojciech Jaruzelski, certamente não entusiasmavam as novas gerações nem eram vistos como modelos de construção do socialismo.

Por outro lado, o avanço do neoliberalismo, defendido por figuras nefastas como Margaret Thatcher e Ronald Reagan, a pregação conservadora, anticomunista e refratária à Teologia da Libertação do papa João Paulo II e as políticas da *glásnost* e da *perestroika* promovidas por Mikhail Gorbatchov representaram um estímulo aos ataques da direita contra os setores progressistas em várias partes do planeta. Ainda assim, alguns estudiosos continuaram a escrever sobre a revolução brasileira e a tentar compreender a nova situação política em que o país se encontrava, como Florestan Fernandes, em *O que é revolução*[248], e Theotonio dos Santos com *O caminho brasileiro para o socialismo*[249], só para citar dois nomes conhecidos...

A situação do Brasil, na atualidade, é dramática. O país vive uma de suas piores crises em décadas. É possível verificar nitidamente a intensificação de um processo de "regressão colonial", caracterizado por desnacionalização de empresas locais, reprimarização da economia, aumento dos assassinatos no campo e nas cidades, desmonte do Estado, ondas de privatizações, cortes nos direitos trabalhistas, avanço do agronegócio e das igrejas neopentecostais ultraconservadoras, monopólio permanente da grande mídia corporativa, ingerência cada vez maior dos militares na política, arbitrariedades, abusos e desmandos recorrentes do Ministério Público e da Polícia Federal, desprezo pelas leis e pela Constituição no STF, desmatamento desenfreado, ataques constantes a comunidades quilombolas e indígenas, desemprego massivo, reconcentração da estrutura fundiária, ampliação da atuação de oligopólios e transnacionais, ingerência do mercado financeiro e atuação dos bancos no país. A situação de dependência e subordinação da nação ao imperialismo, portanto, permanece como antes. O pior do passado distante continua, assim, presente.

As elites se unificam, mudam suas táticas, utilizam-se de discursos moralizantes, agressivos e de ódio contra as minorias e as diferenças, e arregimentam enormes fatias da população para dar suporte a seu projeto de permanecer a qualquer custo

[248] Ver Florestan Fernandes, *O que é revolução* (São Paulo, Brasiliense, 1981, col. Primeiros Passos).

[249] Ver Theotonio dos Santos, *O caminho brasileiro para o socialismo* (Petrópolis, Vozes, 1985); ver, neste volume, p. 359-64, o texto "Socialismo e soberania nacional", que integra essa obra.

em sua posição de classe dominante, de modo a manter intocados seus privilégios. Os perigos do autoritarismo contra a frágil democracia brasileira estão cada vez mais próximos.

Por isso, é fundamental conhecer e avaliar corretamente a história e as diferentes interpretações da realidade nacional, assim como as diversas teorias elaboradas ao longo do tempo sobre a "revolução brasileira". Somente com a ruptura da autocracia burguesa e da ordem vigente, por meio das lutas de massas coordenadas, poderemos realizar as mudanças estruturais profundas, tão necessárias para o pleno desenvolvimento econômico, tecnológico e cultural do país, assim como para construir um projeto que esteja voltado a satisfazer efetivamente os interesses da maioria da população. E isso só poderá ocorrer quando os trabalhadores tomarem e mantiverem o poder, por todos os meios necessários.

Soldados montam guarda em barricada durante a revolta tenentista de 1924, em São Paulo.

Agrarismo e industrialismo*

Octávio Brandão

1. As origens da revolta de 1924

Com a retirada de São Paulo, foi transposta a primeira etapa da segunda batalha que a pequena burguesia nacional travou contra os fazendeiros de café, senhores da nação. Assim compreendemos a significação do movimento de 5 a 28 de julho de 1924, em São Paulo.

Enquanto a batalha se prolonga pelo interior, por meio de guerrilhas, procuremos fazer a análise dessas lutas sob o ponto de vista do marxismo leninista.

O governo promove juramentos solenes de que nunca mais haverá dessas revoltas no Brasil, "que nos mancham aos olhos do estrangeiro" etc. Nós, porém, não confundimos os nossos desejos com a realidade e rimo-nos dessas ilusões. Assim é que, mesmo vencida definitivamente a segunda revolta, a terceira há de vir como uma necessidade fatal, porque as causas que têm originado esses movimentos persistem e persistirão ainda por bastante tempo.

Essas causas, apesar de a *Gazeta de Notícias* do Rio de Janeiro de 16 de agosto de 1924 dizer que são "desconhecidas e ignoradas ficarão", são de ordem econômica, política e psicológica.

---

* Ver Octávio Brandão, *Agrarismo e industrialismo: ensaio marxista-leninista sobre a revolta de São Paulo e a guerra de classes no Brasil, 1924* (São Paulo, Anita Garibaldi, 2006), p. 25-53. Esta versão foi retirada da segunda edição publicada pela editora Anita Garibaldi, preparada por Augusto Buonicore, João Quartim de Moraes e José Carlos Ruy. No livro lançado pela Anita Garibaldi, estão incluídas notas explicativas elaboradas por José Carlos Ruy. (N. O.)

(A) Causas econômicas

Os déficits. As emissões. Os empréstimos desde 1824 e os juros correspondentes. As moratórias. Os *fundings* federais, estaduais, municipais. O desequilíbrio mundial produzido pela guerra. A luta entre o capitalismo inglês e o capitalismo norte-americano, que disputam a supremacia no mercado brasileiro. Os quase 6 milhões de contos devorados pela goela de Epitácio Pessoa, esse inimigo implacável dos trabalhadores. Os empréstimos epitacianos – de 9 milhões de esterlinas para a valorização do café, de 25 milhões para a eletrificação da Central, de 50 milhões de dólares para as secas do Nordeste –, tudo desperdício. As firmas e os bancos falidos. O câmbio a 5, e até menos, quando, em 1851, subiu a 31, e, em 1894, desceu ao mínimo de 9. A carestia de vida – os preços de 1914, quadruplicados. A rivalidade entre os grandes industriais e os grandes fazendeiros de café. As restrições aos interesses dos grandes comerciantes, dos grandes usineiros e exportadores de açúcar, que não se resignam a ver seus lucros diminuírem. A exploração desenfreada do país pelos grandes fazendeiros de café. A concentração capitalista e o seu corolário – o empobrecimento sistemático dos pequenos comerciantes, industriais e funcionários nestes últimos dez anos, isto é, a proletarização da pequena burguesia. Os novos impostos. A miséria cada vez maior dos operários e dos trabalhadores dos campos. As greves – efeito da desordem econômica do capitalismo e causa de uma desorganização cada vez maior. A bancarrota progressiva do Estado, assoberbado pelas dívidas interiores e, principalmente, exteriores. As contradições numerosas como a que existe entre a bancarrota financeira do Estado e o progresso industrial e comercial da grande burguesia. A falência econômica, portanto política também, do Estado, a organização mais poderosa, o aparelho compressor por excelência. A formação de uma oligarquia financeira, portanto política também, chefiada pelo Banco do Brasil. Para isso, o Banco do Brasil preparou o terreno, comprando os grandes jornais, como *O Imparcial* e o *Jornal do Commercio*, ou pesando politicamente neles, como n'*O País*, na *Gazeta de Notícias*, n'*A Pátria*, n'*A Notícia*, no *Rio Jornal*.

(B) Causas políticas

A situação revolucionária internacional. A vontade de dominação dos grandes industriais, cujos interesses muitas vezes são desprezados pelos grandes fazendeiros de café. A rivalidade crescente entre ambos, rivalidade política resultante da rivalidade econômica – comparar a produção manufatureira do estado de São Paulo com a sua exportação cafeeira para ver que aquela, proporcionalmente, tem progredido mais que esta e caminha para nivelar-se-lhe e, posteriormente, ultrapassá-la.

Os direitos eleitorais da pequena burguesia pisados pela política atual. O despertar desses elementos e o dos operários. A concentração de massas oprimidas em quatro cidades do litoral e, especialmente, no trecho centro-oriental. O reforço da velha oligarquia de politiqueiros paulistas e mineiros. Um Congresso de bonzos que lambem as patas do Buda fazendeiro de café. O enfraquecimento da força coletiva do governo, a desagregação da força política do Estado, força coercitiva, pelos empréstimos e valorizações, desagregação provocada pelo grande agrário (fazendeiro de café), em proveito egoísta, individual, com o fim de multiplicar seus lucros, embora o Estado e o povo sejam sacrificados. Por outras palavras, o próprio grande agrário é quem mais enfraquece politicamente o seu Estado, o Estado agrário do Brasil...

(C) Causas psicológicas

O espírito de revolta. O abalo mundial produzido pela guerra e pela Revolução Russa. A luta entre o liberalismo de uma parte do Exército e o espírito tacanho, feudal, dos governantes. O mal-estar moral e mental. A repulsa por todos esses processos em que a "justiça" se coloca ao lado do governo. O desejo de uma transformação. A desilusão da pequena burguesia de obter melhorias pelos "canais competentes", isto é, pela via legal, jurídica, pacífica, reformista. A incapacidade dos velhos e novos sistemas religiosos e filosóficos para resolver o problema social. A impressão penosa deixada num povo faminto pela festa do colar e pelas recepções a parasitas estrangeiros...

Se juntarmos a todas essas razões a dureza da repressão dessa segunda tentativa de aniquilamento dos elementos feudais do país, repressão que será um dos maiores auxiliares dos revoltosos, compreenderemos integralmente a fatalidade da terceira tentativa, que poderá ser vitoriosa se os combatentes souberem aproveitar as lições das derrotas.

2. A situação internacional

Se a isolarmos do cenário mundial, a Revolta de 1924, em São Paulo, perderá uma de suas significações fundamentais. Nossa escala, nosso padrão de análise, é um padrão universal. Baseia-se no internacionalismo leninista.

A presente situação internacional é de franca efervescência. A vaga revolucionária que, em 1917-1919, ameaçara despedaçar a amurada do capitalismo e recuara em 1920-1923, começa a avançar novamente.

A burguesia [que] recorreu aos processos mais astutos com Lloyd George, na Inglaterra, mais ilusionistas com Wilson, nos Estados Unidos, mais violentos com Harthy* e Mussolini, na Itália, a fim de amansar o proletariado recua em disfarçada bancarrota. O deputado Farinneri**, "líder" do fascismo racista, isto é, ultraviolento, na sessão de 4 de agosto do Conselho Nacional Fascista, já reconhece a necessidade de renunciar à violência – estranha linguagem na boca de um fascista, só compreensível como prova da insanidade. O punhal fascista é importante contra a revolução mundial.

* Provavelmente Miklos Hórthy, almirante conservador que se tornou regente da Hungria em 1920, após ter liderado a derrubada da República Soviética Húngara. (N. E.)

** Provavelmente Roberto Farinacci, liderança do Partido Nacional Fascista italiano. (N. E.)

Atualmente, a burguesia muda de tática na frente internacional de batalha. Dispara os últimos cartuchos, como Ebert-Marx, na Alemanha, os penúltimos, como MacDonald, na Inglaterra, os antepenúltimos, como Herriot. Em balde... Sua função social está condenada pelo desenrolar dos fatos. A tática fascista deu em nada. Sucederá o mesmo com a política "democrática" dos últimos abencerragens do reformismo.

Acentua-se a decadência do regime burguês. Provas? É só examinar os sintomas da gangrena mundial que corrói o corpo da burguesia.

Na França: os reacionários Poincaré e Millerand enxotados pela campanha dos comunistas, conforme a própria declaração de François Marsal, presidente do Conselho. A ascensão da esquerda burguesa. O desequilíbrio econômico. A inauguração da estátua de Zola. A glorificação de Jaurès. A burguesia dividida. Os socialoides, tipo Léon Blum, cavando o túmulo de Herriot.

Na Alemanha: a vitória eleitoral dos comunistas, como na França. O Partido Comunista alemão crescendo em qualidade e quantidade. As massas desiludindo-se da social-democracia.

Na Itália: o martírio de Matteotti. Os piores facínoras a ocupar os mais altos cargos. As lutas armadas entre fascistas e proletários. A desmoralização da política sindical de Mussolini. O acirramento da guerra de classes dentro dos próprios sindicatos fascistas, apesar de Mussolini negar a existência das classes.

Na Espanha: as crises interiores. A cisão do Exército. O progresso do movimento proletário na Catalunha. As derrotas em Marrocos.

Nos Bálcãs: a fogueira da guerra de classes.

Na Turquia: a luta dos burgueses contra os feudais. A abolição do califado. O confisco dos bens do califa, o papa muçulmano – golpe antirreligioso.

Na Inglaterra: o trabalhista MacDonald a trair todas as suas promessas anteriores – impostos sobre a propriedade rural, nacionalização das minas e estradas de ferro, independência do Egito, autonomia da Índia. Thomas a declarar que o mundo financista britânico, após a subida de MacDonald, "prosseguiu em sua atividade como se nada tivesse havido". Snowden a confirmar que "os membros do Partido Trabalhista, em importante proporção, são burgueses".

Nos Estados Unidos: a crise da produção. A burguesia dividida na luta presidencial.

No Japão: a perda da supremacia do Pacífico.

Na Rússia: o reforço do Partido Comunista. A reorganização econômica do país. A eletrificação em marcha. Duzentos milhões de arrobas de carvão do Donets e outras tantas de trigo para exportar.

No México, na América Central e do Sul: a exasperação da guerra de classes. O crescimento dos partidos comunistas. A rivalidade imperialista anglo-americana.

Na Ásia, na África do Norte e do Sul, na Austrália, na Insulíndia: o despertar das massas imensas.

Tal a situação internacional no momento em que rebentou a revolta de São Paulo. Trata-se, pois, de um episódio, uma escaramuça doméstica de uma grande batalha internacional: a guerra internacional das classes.

No Brasil, a pequena burguesia luta contra o fazendeiro de café. Nos países "civilizados", o proletariado luta contra a burguesia. Eis a diferença, o que mostra o nosso atraso de pobres bugres da América do Sul.

No Brasil, os pequeno-burgueses lutam contra os agrários feudais como na Alemanha em 1848. No Egito de Zaglul Pacha, na Turquia de Mustafa Kemal, no Afeganistão de Amanullah, na Pérsia de Reza Khan, na Síria e na Mesopotâmia do Partido Nacional árabe, os burgueses em geral lutam contra os agrários feudais e, ao mesmo tempo, pela independência nacional.

Episódio da luta de classes no setor brasileiro de uma batalha internacional: aí está a nossa interpretação da Revolta de 5 de julho de 1924.

No entanto, qual é a interpretação legalista? "Um motim de oficiais reformados, inimigos da pátria e da república." E a interpretação dos revoltosos militares? Uma luta de patriotas contra as "satrapias", contra o "nepotismo", a "advocacia administrativa". E a interpretação de muitos pequeno-burgueses, espectadores simpatizantes da revolta? Uma luta entre Isidoro e Bernardes.

Nada disso! A realidade é outra. E só a compreenderão aqueles que, como nós, procuram ver, por trás dos bastidores, quem move o "arame" que faz dançar os bonecos no palco nacional e internacional.

3. A situação nacional

A Revolta de 1924, em São Paulo, não pode ser bem compreendida sem uma análise das condições complexas em que se encontra o país. É o que procuraremos fazer.

Lançando um golpe de vista sobre a situação brasileira, vemos apenas o tumulto. Babel. Aprofundando, porém, o olhar, encontraremos, apesar do caos aparente ou real, uma situação mais ou menos definida.

(A) A situação fisiográfica

Território amplo.

Cinquenta e oito por cento da superfície está coberta de matas, quando essa proporção é reduzida em países industriais, como a Alemanha e os Estados Unidos, a 26% e a 25%, respectivamente. Deduz-se daí que o homem ainda não conhece a terra, mal desbravada. Trata-se de um país ainda selvagem, no qual a barbárie da mata é mais poderosa que o esforço civilizador do homem.

A terra ainda está em formação. Largos territórios, como as baixadas fluminense e amazonense, ainda estão em elaboração, sujeitos a retificações contínuas.

(B) A situação etnológica

O homem, como a terra, ainda está em formação. Não há o brasileiro – um tipo definido. Há uma mistura desordenada de raças e sub-raças.

O duplo caos da terra e do homem projeta-se sobre numerosos aspectos da vida nacional.

(C) A situação econômica

De um ponto de vista geral: a economia é instável, baseada num produto secundário, o café, sujeito a todas as flutuações do mercado, precisando do óleo canforado dos empréstimos e valorizações. Economia agrária, economia feudal, como a de Espanha, Pérsia, Síria, Mesopotâmia, Japão.

A indústria é incipiente, reduzida ao litoral e adjacências.

Há uma numerosa pequena burguesia – rural, comercial, industrial, burocrática – procurando sempre conciliar, nos campos, o interesse dos colonos-servos com o dos fazendeiros; nas cidades, o interesse dos operários com o dos grandes burgueses industriais.

Existem 13 mil estabelecimentos industriais. Nos Estados Unidos, seu número se eleva a mais de 290 mil. Há 275 mil trabalhadores fabris, isto é, reduzido número de elementos de progresso real. Já nos Estados Unidos, só a International General Electric Company Inc. tem mais de 80 mil; a United States Steel Corporation, 215 mil; e, em todo o país, há 13 milhões. A Alemanha possui 15 milhões. Existem 14 mil metalúrgicos – número revelador da pobreza da metalurgia, a verdadeira base industrial de um país. Na América do Norte, só as duas usinas de The Baldwin Locomotive Works possuem mais de 21 mil.

Há uns 9 milhões de trabalhadores rurais, isto é, a dispersão, a descentralização, o analfabetismo, a inconsciência de classe, a servidão medieval. Já nos Estados Unidos, só existem 10,9 milhões numa população de 105 milhões.

Surgem as grandes distâncias e a relativa pobreza das vias de comunicação.

Milhares de estrangeiros não pretendem instalar-se aqui, e sim amealhar capitais e, depois, partir. Existem muitos novos-ricos formados na Guerra de 1914-1918. Milhares de brasileiros cujo ideal é a burocracia. Uma quantidade enorme de intermediários: econômicos, como os quitandeiros e lojistas; políticos, como os reformistas ou "socialistas"; religiosos, como os espíritas e teósofos; indivíduos que, geralmente, não possuem as qualidades dos extremos, tendo os defeitos de ambos. Um colonialismo econômico disfarçado, sob a tutela da Grã-Bretanha. A luta mortal anglo-americana pela posse do mercado. Eis o quadro geral da situação.

De um ponto de vista mais estatístico: o Brasil possuía, em 1920, 13 mil estabelecimentos industriais, para 648 mil estabelecimentos rurais. Os primeiros valiam 1.815.000 contos; e os segundos, 10.568.000 contos. Os trabalhadores fabris montavam a 275 mil. Os trabalhadores rurais, a cerca de 9 milhões. Portanto, economicamente, o Brasil é um país agrário, dominado pelo agrarismo, e não pelo industrialismo, como a Alemanha.

A pequena propriedade rural não alcança sequer a décima parte do território: 9%. Portanto, o agrarismo nacional é o da grande propriedade, do latifúndio.

Há quatro séculos que domina a grande propriedade. Há um século apenas que se forma lentamente a pequena propriedade. Portanto, a grande propriedade tem raízes profundas na história do Brasil.

Existem 461 estabelecimentos rurais com uma média de 59 mil hectares, e 1.207 com uma média de 15 mil. Portanto, a grande propriedade é formada por 1.668 estabelecimentos. Portanto, em 648 mil estabelecimentos, os que pesam são apenas 1.668 – a minoria a dominar a grande maioria.

O número de estabelecimentos rurais com uma média de 19 hectares é de 317 mil, e com uma média de 66 hectares, de 146 mil. Portanto, a pequena propriedade é formada por 463 mil estabelecimentos – dominados economicamente pelos 1.668 acima, cujos donos são os senhores da nação.

Acompanhando mais longe a centralização rural, econômica, vemos que esses 1.668 ainda podem ser reduzidos, ficando assim a nação subjugada pelos 73 grandes estabelecimentos rurais de São Paulo e pelos 133 de Minas. Quer dizer, são 32 milhões a trabalhar, estéril ou produtivamente, 10 milhões de proletários e camponeses a morrer de fome, para que esses 206 proprietários tenham indigestões. E não há questão social no Brasil, diz Epitácio Pessoa. E a questão social é uma simples questão policial, diz Washington Luís...

Também o diretor-proprietário de uma fábrica de Moscou disse a Jules Huret, em 1882: “Não há questão social aqui”. E 25 anos depois rebentava a revolução proletária!

(D) A situação política

De um ponto de vista geral: a política é fatalmente agrária, política de fazendeiros de café, instalados no Palácio do Catete. Existe uma oposição burguesa desorganizada, caótica. Dois únicos partidos organizados – o Comunista, ainda fraco, pobre, fundado há pouco mais de dois anos, e o Republicano, dos grandes fazendeiros de café, partido forte, rico, partido do governo –, quer dizer, os dois extremos, a extrema esquerda e a extrema direita[1]. Uma burguesia industrial e comercial politicamente nula, desorganizada...

---

[1] Este livro [*Agrarismo e industrialismo: ensaio marxista-leninista sobre a revolta de São Paulo e a guerra de classes no Brasil*] foi escrito, em grande parte, em agosto de 1924. Posteriormente, em maio de 1925, fundou-se o Partido Socialista, partido da pequena burguesia liberal, expressão política da revolta militar de Isidoro. E apareceram outros agrupamentos com tendências partidárias: a Legião Cruzeiro do Sul e o Partido da Mocidade – fascistas declarados ou disfarçados.

O atraso político é tamanho que a burguesia industrial ainda não formou o seu partido, enquanto o proletariado já conseguiu forjar o seu desde 1922.

Toda a política nacional gira em torno da valorização do café. Para guardá-lo, o Estado constrói armazéns gerais. Para valorizá-lo, contrai empréstimos vultosos e emite 910 mil contos, como ultimamente.

Dominado por esse agrarismo econômico, bem centralizado, o Brasil tinha de ser dominado pelo agrarismo político, consequência direta daquele. O agrarismo político é a dominação política do grande proprietário. O grande no Brasil é o fazendeiro de café, de São Paulo e Minas. O fazendeiro de café, no Sul, como o senhor de engenho, no Norte, é o senhor feudal. O senhor feudal implica a existência do servo. O servo é o colono sulista das fazendas de café, é o trabalhador de enxada dos engenhos nortistas. A organização social proveniente daí é o feudalismo na cumeeira e a servidão nos alicerces. Idade Média. A consequência religiosa é o catolicismo. A religião que predominou na Idade Média, "tão justamente chamada de a idade cristã", segundo o clerical Mathieu, no seu curso de história universal, abençoado pelo papa Pio IX. E a consequência psicológica: no alto, a mentalidade aristocrática, feudal; embaixo, a humildade.

Como tudo isso se combina! A economia é a base, a camada sobre a qual se superpõem a política, a sociologia, a moral, a religião, a arte, a filosofia, a história, a antropologia. A economia é em sociologia o que o granito é em geologia.

Os estados politicamente mais importantes são: São Paulo e Minas, terras do fazendeiro do café. Esses estados ocupam respectivamente o primeiro e o terceiro lugares sob o ponto de vista do valor dos estabelecimentos rurais, o terceiro e o segundo lugares no número dos estabelecimentos rurais. Depois vem a Bahia, terra do fazendeiro de cacau e do plantador de fumo. Estado do Rio, em que o produto principal da receita foi ultimamente o café. Pernambuco, escravizado pelos usineiros. Rio Grande do Sul, o primeiro estado em número de estabelecimentos rurais, o segundo no valor deles, o terceiro na área. Estados agrários, estados feudais ou semifeudais.

São Paulo e Minas são os senhores da nação. Mas São Paulo é o senhor de Minas. Por quê? Porque, enquanto os estabelecimentos rurais de Minas valem 1.961.000 contos, os de São Paulo valem 2.887.000 contos. A economia esclarece a política.

Em 1921, o Brasil exportou produtos no valor de 1.709.000 contos. Pois, nesse total, somente o café rendeu 1.019.000 contos. Em 1922, numa exportação de 2.332.000 contos, coube ao café a importância de 1.504.000 contos. Em 1923, numa exportação de 3.297.000 contos, tocou ao café a importância de 2.124.000 contos. Por conseguinte: a economia nacional é dominada pelo café. Corolariamente: a política, a psicologia e a hierarquia social reinantes são cafeeiras. Quem manda na política nacional são os fazendeiros de café. A política tem de girar fatalmente em torno dos dois estados mais produtores de café – São Paulo e Minas. A miséria econômica e política da nação provém, em primeiro lugar, dos fazendeiros de café de São Paulo e Minas. Tudo é para eles. As leis são aprovadas ou repelidas conforme seu desejo. Os impostos caem implacavelmente sobre a burguesia industrial e comercial, mas não sobre eles. Vide, por exemplo, o imposto sobre a renda. A lavoura e a propriedade imobiliária estão isentas dele.

Todo o país está envenenado pelo agrarismo católico, feudal e reacionário. Aurelino Leal, advogado, ex-chefe de polícia, representante do Ministério Público, professor da Faculdade de Direito do Rio de Janeiro, pulgão constitucionalista, membro da Comissão de Estatutos do Instituto Histórico, interventor bernardista ilegal no estado do Rio, era um vulgar perseguidor de operários e um vulgaríssimo fazendeiro de cacau no Espírito Santo. Representava o Sindicato dos Agricultores de Cacau da Bahia na Federação das Associações Comerciais do Brasil.

Ataliba Leonel, senador estadual, organizador de "batalhões patrióticos", membro do diretório do Partido Republicano Paulista, coronel, é um rico fazendeiro de Piraju.

Fidelis Reis, deputado mineiro, apologista de Bernardes, publicou um livro cujo título já revela tudo: *A política da gleba*.

Firmiano Pinto, prefeito de São Paulo, legalista, era proprietário, em 1914, dos 260 mil cafeeiros da Fazenda Serra, em São Carlos.

Camboim, deputado, é um grande proprietário rural feudal em Alagoas.

Sampaio Vidal, ministro, era proprietário, em 1914, dos 130 mil cafeeiros da Fazenda São João.

Suassuna, presidente da Paraíba, e filho de uma família agroaristocrática, "amigo dos campos", como ele próprio se intitula, é dono da Fazenda Malhada da Onça.

Maciel, presidente de Minas, mora na Fazenda Barreiros, perto de Belo Horizonte.

Alfredo Ellis, senador, era, em 1914, dono dos 11 mil cafeeiros da Fazenda Embargo, dos 260 mil de Sant'Anna e do milhão de cafeeiros da Fazenda Santa Eudóxia, todas em São Carlos.

O senador Góes foi proprietário do Engenho Vila Flor.

Afrânio Peixoto, futuro deputado, professor substituto da Faculdade de Direito, membro da Comissão de Arqueologia e Etnografia do Instituto Histórico, professor de higiene na Faculdade de Medicina, membro do conselho da universidade, presidente da Academia de Letras, membro da Academia Nacional de Medicina e do Conselho Nacional do Trabalho, é um vulgaríssimo fazendeiro de cacau da região do rio Doce.

Dentre os velhos e novos politiqueiros de Alagoas verificamos: Sinimbu era proprietário em São Miguel; Jacinto de Mendonça, senhor dos engenhos Jussara e Oriente. O barão de Traipu, proprietário da Fazenda Sobrado; Ulysses Luna e Luiz Torres são fazendeiros em Água Branca. Os Malta, proprietários rurais (feudais) em Cajueiro e Paulo Afonso. Rocha Cavalcanti, senhor de engenho em União;

Batista Accioly, dono de coqueirais em Maragogi; Fernandes Lima, senhor de engenhos em Camaragibe.

O perseguidor de rebeldes palmarinos, Bernardo Vieira de Mello, era proprietário da Fazenda Pindoba. Em 1638, os Rego Barros, os Cavalcanti, os Paes Barreto, os Vaz Pinto já eram proprietários rurais e escravistas em Pernambuco. Em 1612, faleceu em Olinda um Pessoa, senhor de engenho em Sirinhaém, casado com uma das filhas do primeiro senhor de engenho que houve em Pernambuco. Este último era um Albuquerque.

Hoje, os descendentes de todos esses escravistas barões feudais são os senhores da nação. Ide ao Congresso, revolvei as repartições públicas, e só encontrareis isto: agrários ou descendentes de agrários. São eles os legisladores e executores; são eles os sanguessugas; são eles os juízes e os carrascos. Sobretudo, os carrascos...

Um Vieira de Mello (Alfredo Pinto) celebrizou-se pelas deportações de trabalhadores. Os Rego Barros, os Paes Barreto são esteio do Estado. Um Cavalcanti de Albuquerque é ministro do Supremo. Um Albuquerque Cavalcanti é príncipe da Igreja. Um Pires e Albuquerque é procurador da República. Um Sá e Albuquerque é juiz da 1ª Vara. Um Albuquerque Coimbra (Estácio), vice-presidente da República. Um Vaz Pinto é juiz substituto. Um Pessoa é comandante da Polícia Militar. Outro é ministro togado do Supremo Tribunal Militar. E um terceiro, Epitácio, é o pior reacionário do Brasil depois de Bernardes e (esplêndida ironia) membro da Corte Permanente de Justiça Internacional, o que prova tal corte não valer um caracol.

São eles os bispos, abades, priores, deões, reverendos, desembargadores, corregedores, ouvidores, alcaides, meirinhos, súditos d'El Rei Nosso Senhor, o Agrarismo, e do Senhor Cardeal Inquisidor-mor, que Deus guarde. Sobretudo, agrários e inquisidores. Tais as camarilhas governantes.

Essa oligarquia agrária vive entrançada com a oligarquia financeira. Provas:

De um ponto de vista geral: além de 45 agentes, o Banco do Brasil, órgão financeiro do fazendeiro de café, possui 1.404 correspondentes derramados pelo país. Quer dizer, são 1.449 agentes da política financeira do Banco do Brasil, agentes do fazendeiro de café, instalados no Catete. Pois no montante desses 1.404, o primeiro lugar cabe a Minas Gerais; o segundo, à Bahia; e o terceiro, ao Rio Grande do Sul, berço de Araújo Porto Alegre, construtor do Banco do Brasil.

De um ponto de vista particular: Vital Soares, presidente do Banco Econômico da Bahia, apoia o agrário Góes Calmon.

Rui Barbosa, ligado à política do fazendeiro de café, foi ministro da Fazenda no governo provisório. Conforme testamento, a maior parte da sua fortuna estava depositada em bancos. Seu neto, Raul Airosa, é funcionário do Banco do Comércio e Indústria de Minas. Rui Barbosa, baiano, isto é, agrário, adorava a Inglaterra, isto é, o país da burguesia financeira. Seu sucessor político é o agrário Miguel Calmon.

Geraldo Rocha, aliado de Bernardes e financista, é fazendeiro de gado, dono de mais de 3 mil cabeças em Vassouras.

Antonio Carlos, líder da maioria, expoente político do fazendeiro de café, é presidente da Comissão de Finanças da Câmara e já foi secretário da Fazenda, em Minas, e ministro da Fazenda.

José Maria Whitaker, exportador de café em Santos, fundou o Banco Comercial de São Paulo e já foi presidente do Banco do Brasil.

Félix Pacheco, ministro de um governo agrário, é devedor do Banco do Brasil, que facilitou os capitais para a compra do *Jornal do Commercio*.

Sampaio Vidal, ministro da Fazenda, fazendeiro de café e criador de gado, fundou os primeiros armazéns gerais (*warrants*), nos quais se combinam a finança e o café. Organizou em Santos a Bolsa do Café, foi autor do projeto do Banco de Emissão e do Instituto de Defesa Permanente do Café.

Francisco Sá, nascido numa fazenda, já foi secretário da Agricultura, em Minas, e membro da Comissão de Finanças da Câmara.

Plácido de Mello, panegirista do agrário Calmon, panegirista do agrário Bernardes, no comício legalista de 24 de julho, filisteu, conformista, ex-presidente do Banco Popular, de um lado ganha, no Rio, no Ministério da Agricultura, os vencimentos de ajudante de inspetor agrícola em Mato Grosso e, do outro, funda caixas rurais com as diárias pagas pelo mesmo ministério e as torna satélites do Banco do Distrito Federal, de que é presidente.

A Sociedade Mineira de Agricultura e o Banco Hipotecário e Agrícola de Minas aliam-se numa só pessoa para manifestar seu pesar junto ao túmulo do agrário Raul Soares, presidente do agrário estado de Minas.

O conselheiro Antonio Prado, fazendeiro, monarquista e católico, irmão do fazendeiro, monarquista e católico Eduardo Prado, é presidente do Banco do Comércio e Indústria de São Paulo.

O atual vice-presidente da República já foi ministro da Agricultura e presidente da Comissão de Finanças da Câmara.

Andrade Bezerra, ex-deputado *rerum novarum*, e representante do Banco Nacional Agrícola de Lisboa, é presidente do Conselho Consultivo do Banco Católico do Brasil.

O Estado agrário de Minas, o governo agrário de Minas, intervém no Banco de Crédito Real e Hipotecário e no Banco Hipotecário e Agrícola, com o fim de emprestar dinheiro aos agrários de Minas.

Entre os componentes da Missão Inglesa, quatro são financistas e um, lorde Lovat, é grande proprietário rural. Ofereceu 20 mil contos por uma fazenda com 4 milhões de cafeeiros em Araraquara.

Fora do Brasil, o torpe chanceler Metternich baseou sua política feudal e clerical nos agrários e financistas. Maurício Rothschild, financista, ocupa-se de agricultura na Câmara francesa. Como o agrário se dá com o financista, e vice-versa!

As companhias de seguros, irmãs dos bancos, fornecem aliados preciosos ao agrário político. Assim é que Whitaker, agrário e financista, fundou a Companhia Americana de Seguros e a Companhia Nacional de Seguros de Vida.

Afonso Carlos, bernardista, foi diretor da Companhia de Seguros A Equitativa.

Antonio Carlos, deputado, é diretor da Sul América.

Henrique Lage, bernardista, é presidente de duas grandes companhias de seguros, a Lloyd Sul-Americano e a Lloyd Industrial Sul-Americano.

Góes Calmon, agrário político, inaugurador de caixas Raiffeisen. Plácido de Mello, baiano, isto é, agrário, governador agrário do estado da Bahia, e acionista da Companhia Alliança, que, em 1923, duplicou o capital, deu um dividendo de 20% e um lucro líquido de 4.551 contos.

Afrânio de Mello Franco, politiqueiro agrário, é presidente do Conselho Jurídico da Companhia de Seguros Previsora Rio-Grandense.

Nos Estados Unidos, o bisavô do atual banqueiro Morgan enriqueceu com empresas agrícolas e especulações sobre seguros.

O agrarismo político manifesta-se na luta política das classes pela reação. Reação agrária, feudal.

Para compreender os laços que existem entre o agrário, a política e a reação, é só olhar para algumas figuras influentes na política, na religião etc. Artur Bernardes, presidente da República, presidente de estados de sítio, o chefe do Estado... de sítio, Metternich provinciano, apoiando-se, como este, na finança e nos proprietários rurais feudais, é mineiro.

O ministro da "Justiça", João Luiz Alves, nascido numa fazenda, neto de um senador e ministro do Império escravista, filho espiritual do barão de Santa Helena, ex-secretário das Finanças em Minas, filhote do caudilho gaúcho Pinheiro Machado: mineiro. Tendo ido à Academia de Letras substituir o mineiro Pedro Lessa, foi saudado pelo mineiro Augusto de Lima.

O deputado bernardista Efigênio Salles, organizador de um "batalhão patriótico" em Minas: mineiro.

O deputado bernardista Joaquim Salles: mineiro.

O deputado bernardista Afonso Pena Júnior, filho de um monarquista, estudante do clerical Colégio do Caraça, bacharel por Minas, deputado por Minas: mineiro.

O ministro da Viação, Francisco Sá: mineiro.

O líder da maioria, Antonio Carlos, descendente do retrógrado burguês comercial português, adversário financeiro de Bernardes e colaborador político dele, portanto, ventoinha política como o outro Antonio Carlos, que foi revoltoso em 1817 e reacionário em 1832: mineiro.

O chefe da delegação brasileira junto à Liga das Nações, Afrânio de Mello Franco: mineiro, ex-secretário da Fazenda em Minas, ex-líder da bancada mineira.

O presidente de Minas, Raul Soares: mineiro.

O deputado que faz parte da Legião Marechal Fontoura, Augusto de Lima, pai do auditor encarregado do inquérito sobre a Revolta de 1924: mineiro. Augusto de Lima Júnior, que vai em caminho de ser um Cruz e Silva – inquisidor dos Inconfidentes –: mineiro.

O reacionário católico-monarquista Afonso Celso, o filho do mais antirrepublicano dos ministros do Segundo Império escravista, o homem que teve a coragem inaudita de traduzir em verso a *Imitação de Cristo**: mineiro, ex-deputado por Minas em quatro legislaturas da monarquia.

O militante clerical João Gualberto: mineiro. O diretor da E. F. São Paulo-Rio Grande, funcionário ultralegalista: mineiro.

Ora, quem diz político mineiro, diz agrário, católico-feudal, super-reacionário. Tal a camarilha.

O ministro das Relações Exteriores, Félix Pacheco, ex-funcionário da polícia, clerical, "bispo do exterior", como o chamou a mediocridade lantejoulada do agro-banqueiro Plácido de Mello, é filho do Piauí. Em 1920, o Piauí tinha somente 55 estabelecimentos industriais ao lado de 9.511 estabelecimentos rurais, o que revela seu atraso profundo.

O ministro da Agricultura, Calmon: baiano, clerical, fazendeiro de cacau, ex-presidente da Sociedade Nacional de Agricultura, agrário retinto, amigo de Rui, o agrofinancista.

O governador da Bahia, Góes Calmon: baiano, agrofinancista, esmagador político da revolta de Sergipe.

O ministro da Fazenda, Sampaio Vidal, homem de altos negócios: paulista, fazendeiro de café.

O presidente da Câmara, Arnolfo: paulista, fazendeiro de café, chefe político do interior, autor de um projeto de lei celerada.

Um dos membros principais da Comissão de "Justiça" do Senado, Adolfo Gordo: paulista, autor de duas leis celeradas.

O ministro da Marinha, Alexandrino: gaúcho.

O ministro da Guerra, Setembrino, militar profissional, filhote do Tesouro há meio século: gaúcho.

O vice-presidente da República: usineiro, agrário de Pernambuco.

E o cardeal Arcoverde, pernambucano.

Examinemos este último com atenção. Seu antepassado havia mais de seis séculos e meio era gibelino, isto é, partidário do imperador da Alemanha. Casou-se com a filha de um chefe gibelino. Por conseguinte: Arcoverde, como cardeal, é guelfo, partidário do papa. E, como Cavalcanti, é duplamente gibelino, partidário

* Ver Tomás de Kempis, *Da imitação de Cristo* (trad. Afonso Celso, Belo Horizonte, Itatiaia, 2004). (N. E.)

do imperador. Alia, portanto, o papado ao imperialismo da época. Por outras palavras, alia o imperialismo romano-papal ao imperialismo germânico. Ainda mais: seu antepassado no século XV, Giovanni Cavalcanti, foi amigo e embaixador dos banqueiros Médici – sempre a finança. Um outro, Bartolomeu, foi secretário de um cardeal. E um outro, Felippo, que chegou a Pernambuco em 1558, possuiu vários engenhos, quer dizer, foi grande proprietário rural escravista. O cardeal brasileiro pertence, pois, a uma família imperialista há mais de seis séculos e meio, e agrário-aristocrática feudal há mais de três séculos e meio.

Por essas e outras, não há de se estranhar as leis excepcionais, as prisões, os chibateamentos e as deportações, contra nós, trabalhadores. As prisões, o fechamento de jornais e as intervenções anticonstitucionais contra os pequeno-burgueses revoltosos.

O burguês industrial não é tão reacionário. Enquanto Bernardes era contra a anistia aos revoltosos de 1923, Carlos de Campos era favorável. No mesmo dia em que *O País* (de 7 de setembro) defende, em artigo de fundo, a necessidade de "leis excepcionais e julgadores inexoráveis", publica um telegrama sobre o indulto de Carlos de Campos aos soldados revoltosos, considerados desertores.

São dois mundos que se chocam: o feudalismo e o industrialismo. O industrialismo despedaçará o feudalismo. E o socialismo despedaçará o industrialismo burguês.

(E) A situação psicológica

Observamos, tanto nacional como internacionalmente: no pequeno-burguês, o romantismo, o sentimentalismo, o patriotismo, o empenho em reconciliar as classes, o desejo de prosperar, de enriquecer rapidamente, pelo jogo do bicho ou pela loteria.

No grande burguês industrial, a iniciativa, o espírito progressista, a preocupação do método, a sede de renovação técnica, o desdém pelo operário, o desprezo pelo pequeno-burguês, o liberalismo, a compreensão da irreconciliação das classes, o internacionalismo burguês.

No proletariado industrial, o espírito de classe, a revolta, o internacionalismo revolucionário.

No fazendeiro de café, a mentalidade reacionária do barão feudal, a falta de escrúpulos, a rotina, a arrogância do *junker* e do boiardo, o mesmo apego a sua propriedade. No funcionário, o servilismo.

No trabalhador de enxada, a humildade, a paciência, a resignação. No vaqueiro, a audácia.

No cangaceiro do Norte e no caudilho do Sul, a crueldade.

Vê-se, aí, como a economia modifica a psicologia.

(F) A situação social

Na sociedade brasileira predominam quatro elementos: o "coronel" – fazendeiro, senhor de engenho, grande proprietário. O seu primeiro filho, o padre – vigário, bispo, arcebispo. O segundo filho, o oficial do Exército – futuro marechal. O terceiro, o bacharel – católico, financista ou agrário. Paulista, como Sampaio Vidal. Mineiro, como Bernardes. Baiano, como Rui. Homem dos textos. Charlatão da panaceia-lei, verbalista, discursador, como Rui. Super-reacionário como Bernardes. Cruel como Geminiano França, politiqueiro, falsamente liberal, como Rui. Filho da Faculdade de Direito de São Paulo, como Rui, Afonso Celso, Antonio Carlos, Whitaker, Afrânio de Mello Franco, Régis de Oliveira, João Luiz Alves, Augusto de Lima, Assis Brasil, Bernardes, Raul Soares...

O coronel, o novo barão feudal, manda educar seus filhos. O primeiro vai ser o esteio do clero feudal, o esteio religioso do regime feudal. O segundo vai ser cavaleiro, o esteio militar do regime. O terceiro começa a ser o esteio político do regime desde que penetra na Faculdade de Direito, essa mistura medieval da universidade jurídica de Bolonha com a universidade teológica de Paris. Os outros ficam no eito ou no terreiro de secar café.

O "coronel" e seus filhos: tal é a sociedade brasileira, atacada de medievalite crônica – social, econômica, política, psicológica.

(G) A situação medieval

Para acentuarmos ainda mais a Medievalite Nacional, vamos citar outras manifestações. Assim, não restará dúvida de que o Brasil ainda é, no conjunto, um país medieval, atrasado, sob esse ponto de vista, cinco séculos no mínimo.

Manifestações econômicas: a miséria do povo. A Igreja católica livre de impostos.

Manifestações políticas: o autoritarismo paterno sobre a família. Os padres, livres do serviço militar. Os bispos como intermediários nas lutas políticas – ver as atitudes do cardeal Sebastião Leme na presidência de Epitácio e as do arcebispo de São Paulo durante a revolta. A tendência, em Afonso Celso, à monarquia aliada à Igreja. A tendência, em Jackson de Figueiredo, filho espiritual dos absolutistas como José de Maistre, na França, e Pobedonostsiev, na Rússia, à autoridade de direito divino e à teocracia.

Manifestações psicológicas: a moralina*. A veia poética para o amor e o misticismo – ver os *minnesingers*, cantores místicos do amor. A vida contemplativa, sedentária, de milhares de brasileiros. A tendência para a rotina. O gosto pelas cores berrantes, predileção característica de povo bárbaro.

* Neologismo criado por Friedrich Nietzsche para designar o maniqueísmo característico da tradição platônico-cristã que separa a virtude das paixões. (N. E.)

Manifestações religiosas: o terror diante das forças naturais. O terror de Deus. O terror de Satã. A escolástica nos seminários e nas faculdades de direito. O tradicionalismo. A superstição. A espada de Dâmocles do além-túmulo. O culto da Virgem. A ilusão religiosa como consolação para os sofrimentos de origem econômica. A conciliação entre o paganismo (milagres produzidos pelas nascentes) e o cristianismo (dedicação dessas nascentes a algum santo). A conciliação entre o fetichismo e o catolicismo – ver o xangô, a macumba etc. A conquista religiosa dos maridos por intermédio das mulheres. A festa de São João, antiga festa pagã do sol. As ordens religiosas. A organização clerical, copiada literalmente da Idade Média (paróquias, dioceses e metrópoles). Os mosteiros. As relíquias. As peregrinações. Os heréticos, como Antônio Conselheiro e o padre Cícero. A ogiva gótica e a flecha românica, em numerosas igrejas, 1.516 contos para meter o boneco de Cristo no Corcovado.

Manifestações sociais: o artesão, o tamanqueiro. O caudilho, forma moderna do barão de presa ou rapina. O cangaceiro, revoltado, ao mesmo tempo, degenerescência do cavaleiro mercenário. O trabalhador rural negro, proveniente do escravo, exatamente como o vilão-servo da Idade Média. O rendeiro ou arrendatário, novo vilão-franco. A mulher a fiar na roca. A caça e a pesca – daí, a vida errante. A cabana do caboclo, isolada (daí o individualismo), sem chaminé, feita de palha de palmeira (de colmo, na Idade Média), construída à beira de rios ou riachos, o chão batido, a cumeeira dividida em quatro lanços. A porta de palha trançada (de ramos trançados, entre os germanos). A bebida feita com água e mel ou aguardente e mel, o cachimbo, recordação do hidromel. O fausto bizantino entre os ricos das grandes cidades. A tortura nas prisões.

Esses rebotalhos da Idade Média estão condenados pela história. O industrialismo, que nos invade a largas passadas, destruirá parte deles. A revolução proletária completará a obra do industrialismo.

(H) O confusionismo

Depois desses elementos, mais ou menos definidos, vejamos algumas amostras da embrulhada incrível, da tremenda confusão de classes e ideologias. Isso é natural porque a sociedade brasileira atravessa ainda a primeira fase da luta entre o industrialismo e o feudalismo e, por isso, repontam os primeiros prenúncios do futuro ainda envoltos nos cueiros do passado.

O *Correio da Manhã*, jornal que pontifica a ideologia pequeno-burguesa, é sustentado pelos anúncios da grande burguesia comercial e industrial, o que, além de provar a confusão, mostra, todavia, a aliança entre essas duas categorias sociais.

O *País*, órgão de todos os governos, mantém uma seção na qual saem artigos de Lênin.

O *Jornal do Brasil*, grande empresa de publicidade, industrial, possui uma organização interior tão severa que nos faz lembrar o sertão de Pernambuco, onde se combinam o feudalismo e o catolicismo – ver Pereira Carneiro, pernambucano, catolicão, industrial (filho da fortuna).

O presidente Carlos de Campos, representante da burguesia industrial, presidente da Cia. Indústrias Têxteis de São Paulo, sobe ao poder amparado pelos fazendeiros de café.

O escritor Bento de Faria engrandece ao mesmo tempo a obra de Lênin e a de Mussolini e congratula-se a 28 de julho pela vitória dos legalistas.

Mário Rodrigues, no livro *Babel* (nome típico), glorifica a Revolução Russa, o rei Alberto e o clerical Sidônio Paes. O presidente Epitácio, membro de uma família retintamente agrária, acionista do Banco do Brasil, inimigo do proletariado, monarquista e clerical, faz no governo uma política econômica industrialista, aliando-se à América do Norte.

O general Isidoro Dias Lopes, militar positivista de mentalidade pequeno-burguesa, que deveria apoiar-se nos industriais, chefia uma revolta que depõe o presidente paulista, chefe de burgueses industriais. Este, que deveria auxiliá-la, porque o seu objetivo principal visava o fazendeiro de café, a esmaga, recorrendo a esse agrário, instalado no Catete.

Numerosos pequeno-burgueses querem conciliar o paganismo com o cristianismo, o comunismo e o materialismo com o espiritualismo.

(I) Síntese

Eis aí o que é o Brasil. País estapafúrdio, em que os extremos se chocam diariamente, onde as coisas mais incríveis são realizáveis, país semicolonial, semifeudal e semiburguês industrial, país do absurdo e do confusionismo, tudo isso pesando sobre os nossos ombros e procurando desorientar os nossos cérebros. Mas, felizmente, tudo isso caminhando para a separação dos elementos díspares, para a clarificação das classes e ideologias.

Encarando as nossas lutas parciais, observamos: os choques entre a burguesia industrial norte-americana e a burguesia financeira inglesa. O choque entre o fazendeiro de café, de um lado, e, do outro, o grande burguês manufatureiro, o grande burguês comercial, o usineiro, o pequeno-burguês rural, comercial e industrial, o operário, o camponês. Os choques entre o grande burguês industrial e o burguês financeiro. Os choques entre o pequeno-burguês rural e o grande proprietário (fazendeiro, senhor de engenho). Os embates entre o senhor de engenho e o usineiro. Os choques entre o pequeno-burguês comercial e o senhorio. Os choques entre o artesão e o grande industrial. Os choques entre o operário industrial e o trabalhador rural contra os grupos dirigentes de hoje.

Tudo isso é dinamite. A qualquer momento pode explodir em crises, greves, guerras, revoltas, revoluções. O inferno católico é uma concepção de criança diante do horror desse quadro fatal, situação que, para nós, é necessária, porque esse embate gigantesco é uma condição de progresso e porque desses horrores é que brotará o socialismo. Por isso, não trocamos esses horrores por todos os idílios da vida patriarcal.

Manifesto de maio*

Luiz Carlos Prestes

Ao proletariado sofredor das nossas cidades, aos trabalhadores oprimidos das fazendas e das estâncias, à massa miserável do nosso sertão e, muito especialmente, aos revolucionários sinceros, aos que estão dispostos à luta e ao sacrifício em prol da profunda transformação por que necessitamos passar são dirigidas estas linhas.

Despidas de quaisquer veleidades retóricas, foram elas escritas com o objetivo principal de esclarecer e precisar a minha opinião a respeito do momento revolucionário brasileiro, e mostrar a necessidade de uma completa modificação na orientação política que temos seguido, a fim de podermos alcançar a vitória almejada.

A última campanha política acaba de encerrar-se. Mais uma farsa eleitoral, metódica e cuidadosamente preparada pelos politiqueiros, foi levada a efeito com o concurso ingênuo de muitos e de grande número de sonhadores ainda não convencidos da inutilidade de tais esforços.

Mais uma vez, os verdadeiros interesses populares foram sacrificados, e vilmente mistificado todo o povo, por uma campanha aparentemente democrática, mas que no fundo não era mais do que a luta entre os interesses contrários de duas correntes oligárquicas, apoiadas e estimuladas pelos dois grandes imperialismos que nos escravizam, e aos quais os politiqueiros brasileiros entregam, de pés e mãos atados, toda a nação.

Fazendo tais afirmações, não posso, no entanto, deixar de reconhecer entre os elementos da Aliança Liberal grande número de revolucionários sinceros, com os quais creio poder continuar a contar na luta franca e decidida que ora proponho a todos os opressores.

---

* Ver Luiz Carlos Prestes, "Manifesto de maio de 1930", escrito em Buenos Aires e publicado originalmente em *Diário da Noite*, São Paulo, 2. ed., 29 maio 1930. (N. O.)

É bem verdade que, em parte por omissão e em parte por indecisão, fomos também cúmplices da grande mistificação. Silenciamos, enquanto os liberais de todos os matizes e categorias, desde os da primeira aos da última hora, abusaram sempre do nome da revolução e particularmente do de seus chefes. Houve quem afirmasse, de uma tribuna pública, apoiar politicamente os liberais por ordem de seus chefes revolucionários. Não foi desmentido. A caravana política do Norte do país, para melhor aproveitar do profundo espírito revolucionário dos mais sofredores dos nossos irmãos, os nordestinos, fez toda a sua propaganda em torno da revolução e, no entanto, era um dos seus membros de destaque o atual diretor da "Federação", órgão que traduz e melhor interpreta os pensamentos dos reacionários do Sul.

Apesar de toda essa demagogia revolucionária e de dizerem os liberais que propugnam pela revogação das últimas leis de opressão, não houve, dentro da Aliança Liberal, quem protestasse contra a brutal perseguição política de que foram vítimas as associações proletárias de todo o país durante a última campanha eleitoral, e no próprio Rio Grande do Sul, em plena fase eleitoral, foi iniciada a mais violenta perseguição aos trabalhadores em luta por suas próprias reivindicações. São idênticos os propósitos reacionários das oligarquias em luta.

A tudo assistimos calados, sacrificando o prestígio moral da revolução, sempre crentes no milagre que seria a eventualidade de uma luta armada entre as duas correntes em choque, e que dessa luta entre os dois interesses pudesse talvez surgir a terceira corrente, aquela que viesse realmente satisfazer as grandes necessidades de um povo empobrecido, sacrificado e oprimido por meia dúzia de senhores, que, proprietários da terra e dos meios de produção, se julgam a elite capaz de dirigir um povo de analfabetos e desfibrados, na opinião deles e dos seus sociólogos de encomenda.

De qualquer forma, o erro foi cometido, e é dele que nos devemos penitenciar publicamente, procurando, com toda a clareza e sem receios de qualquer ordem, qual o verdadeiro caminho a seguir para levar adiante a bandeira revolucionária, que hoje – mais do que nunca – precisamos sustentar. Que nos sirva para alguma coisa a experiência adquirida e dediquemo-nos, com coragem, convicção e real espírito de sacrifício, à luta pelas verdadeiras reivindicações da massa oprimida.

A revolução brasileira não pode ser feita com o programa anódino da Aliança Liberal. Uma simples mudança de homens, um voto secreto, promessas de liberdade eleitoral, de honestidade administrativa, de respeito à Constituição e moeda estável e outras panaceias nada resolvem, nem podem de maneira alguma interessar à grande maioria da nossa população, sem o apoio da qual qualquer revolução que se faça terá o caráter de uma simples luta entre as oligarquias dominantes.

Não nos enganemos. Somos governados por uma minoria que, proprietária das terras, das fazendas e latifúndios e senhora dos meios de produção, apoiada nos imperialismos estrangeiros que nos exploram e nos dividem, só será dominada pela verdadeira insurreição generalizada, pelo levantamento consciente das mais vastas massas das nossas populações dos sertões e das cidades.

Contra as duas vigas mestras que sustentam economicamente os atuais oligarcas, precisam, pois, ser dirigidos os nossos golpes – a grande propriedade territorial e o imperialismo anglo-americano. Essas são as duas causas fundamentais da opressão política em que vivemos e das crises econômicas sucessivas em que nos debatemos.

O Brasil vive sufocado pelo latifúndio, pelo regime feudal da propriedade agrária, em que, se já não há propriamente o braço escravo, o que persiste é um regime de semiescravidão e semisservidão.

O governo dos coronéis, chefes políticos, donos da terra, só pode ser o que aí temos: opressão política e exploração impositiva.

Toda a ação governamental, política e administrativa gira em torno dos interesses de tais senhores que não medem recursos na defesa de seus privilégios. De tal regime decorrem quase todos os nossos males. Querer remediá-los pelo voto secreto ou pelo ensino obrigatório é ingenuidade de quem não quer ver a realidade nacional.

É irrisório falar em liberdade eleitoral, quando não há independência econômica, como de educação popular, quando se quer explorar o povo. Vivemos sob o jugo dos banqueiros de Londres e Nova York.

Todas as nossas fontes de renda dependem do capitalismo inglês ou americano, em cujo poder estão também os mais importantes serviços públicos, os transportes e as indústrias em geral. Os próprios latifúndios vão passando, aos poucos, para as mãos do capitalismo estrangeiro.

A eles já pertencem as nossas grandes reservas de minério de ferro do estado de Minas Gerais, extensas porções territoriais do Amazonas e do Pará, onde talvez estejam os nossos depósitos petrolíferos.

Todas as rendas nacionais estão oneradas pelos empréstimos estrangeiros.

Dessa dependência financeira decorre naturalmente um regime de exploração semifeudal, em que se desenvolve toda a nossa economia.

Os capitais estrangeiros investidos na nossa produção provocam um crescimento monstruoso em nossa vida econômica, inclinado exclusivamente à exploração das riquezas naturais, das fontes de matérias-primas, reservado o mercado nacional para a colocação dos produtos fabricados nas metrópoles imperialistas.

A atividade desse capital só pode, portanto, ser prejudicial ao país. Dessa forma, todo o esforço nacional, todo o nosso trabalho, é canalizado para o exterior.

Por outro lado, a luta evidente pelo predomínio econômico entre os dois imperialismos, que nos subjugam e colonizam, prepara, com o auxílio do nosso governo "nacionalista" e "patriota", o esfacelamento da nação.

A verdadeira luta pela independência nacional deve, portanto, realizar-se contra os grandes senhores da Inglaterra e contra o imperialismo, e só poderá ser levada a efeito pela verdadeira insurreição nacional de todos os trabalhadores.

As possibilidades atuais de tal revolução são as melhores possíveis.

A crise econômica que atravessamos, apesar dos anunciados saldos orçamentários e da proclamada estabilidade monetária, é incontestável. Os impostos aumentam, elevam-se os preços dos artigos de primeira necessidade, e baixam os salários. A única solução encontrada pelos governos, dentro das contradições do regime em que se debatem, são os empréstimos externos com uma maior exploração da nossa massa trabalhadora e consequente agravação da opressão política. A situação internacional é, por outra parte, de grandes dificuldades para os capitalismos que nos dominam, de braços com os mais sérios problemas internos, como o da desocupação de grandes massas trabalhadoras e as insurreições nacionalistas de suas colônias.

Além disso, o Brasil, pelas suas naturais riquezas, pela fertilidade de seu solo, pela sua extensão territorial, pelas possibilidades de um rápido desenvolvimento industrial autônomo, está em condições vantajosíssimas para vencer, com relativa rapidez, essa luta em prol de sua verdadeira e real emancipação.

Para sustentar as reivindicações da revolução que propomos – única que julgamos útil aos interesses nacionais –, o governo a surgir precisará ser realizado pelas verdadeiras massas trabalhadoras das cidades e dos sertões. Um governo capaz de garantir todas as mais necessárias e indispensáveis reivindicações sociais: limitação das horas de trabalho, proteção ao trabalho de mulheres e crianças, seguros contra acidentes, desemprego, velhice, invalidez e doenças, direito de greve, de reunião e de organização.

Só um governo de todos os trabalhadores, baseado nos conselhos de trabalhadores da cidade e do campo, soldados e marinheiros, poderá cumprir tal programa.

A vitória da revolução, em tal momento, depende mais da segurança com que orientarmos a luta do que das resistências que nos possam ser opostas pelos dominadores atuais, em franca desorganização e ineptamente dirigidos.

Proclamemos, portanto, a revolução agrária e anti-imperialista realizada e sustentada pelas grandes massas da nossa população.

Lutemos pela completa libertação dos trabalhadores agrícolas de todas as formas de exploração feudais e coloniais, pela confiscação, nacionalização e divisão das terras, pela entrega da terra gratuitamente aos que trabalham. Pela libertação do Brasil do jugo do imperialismo, pela confiscação e nacionalização das empresas nacionalistas [*sic*] de latifúndios, concessões, vias de comunicações, serviços públicos, minas, bancos e anulação das dívidas externas.

Pela instituição de um governo realmente surgido dos trabalhadores das cidades e das fazendas, em completo entendimento com os movimentos revolucionários anti-imperialistas dos países latino-americanos e capaz de esmagar os privilégios dos atuais dominadores e sustentar as reivindicações revolucionárias.

Assim, venceremos.

Esboço de uma análise da situação econômica e social do Brasil*

Mário Pedrosa e Lívio Xavier**

O modo de produção capitalista e a acumulação – e, por consequência, a propriedade privada capitalista – foram exportados diretamente das metrópoles para o Novo Mundo. A base do sistema capitalista é a expropriação da massa popular; mas, nas colônias, em geral, o excesso de terra pode ser transformado em propriedade privada e meio individual de produção. Tendo sempre o colono livre a possibilidade de tornar-se proprietário de seu meio de produção, isto é, podendo o trabalhador acumular por si próprio, tornam-se impossíveis a acumulação e o modo de produção capitalistas. Ali está a contradição que a burguesia da metrópole deveria resolver – "o segredo de sua [da colônia] floração e de sua gangrena" (Marx)***. A dependência do trabalhador em relação ao capitalista, proprietário dos meios de produção, teve de ser criada por meios artificiais: a apropriação da terra pelo Estado, que a converteu em propriedade privada, e a introdução da escravidão indígena e negra; numa palavra, a colonização sistemática.

No Brasil, a acumulação primitiva do capital deu-se de maneira direta: a transformação da economia escravagista em salariado do campo se fez diretamente, e o afluxo imigratório, que já começara antes da abolição da escravatura,

* Publicado originalmente em *La Lutte de Classes*, n. 28-29, fev./mar. 1931, e reproduzido em Fúlvio Abramo e Dainis Karepovs (orgs.), *Na contracorrente da história: documentos da Liga Comunista Internacionalista, 1930-1933* (trad. Fúlvio Abramo, São Paulo, Brasiliense, 1987), p. 66-82. (N. O.)

** Os autores publicaram o artigo utilizando pseudônimos. Mário Pedrosa assina como M. Camboa, e Lívio Xavier usa o nome L. Lyon. (N. O.)

***Karl Marx, *O capital: crítica da economia política*, Livro I: *O processo de produção do capital* (trad. Rubens Enderle, São Paulo, Boitempo, 2013), p. 838. (N. E.)

teve como objetivo oferecer braços à grande cultura cafeeira[1]. Produziu-se aqui, portanto, o que Marx chama de "uma simples troca de forma"*. O Brasil nunca foi, desde a sua primeira colonização, mais que uma vasta exploração agrícola. Seu caráter de exploração rural colonial precedeu historicamente sua organização como Estado. Nunca houve aqui terras livres; aqui também não conhecemos o colono livre, dono de seus meios de produção, mas o aventureiro da metrópole, o fidalgo português, o comerciante holandês, o missionário jesuíta - que não tinham nenhuma outra base a não ser o monopólio das terras. Sob uma forma peculiar de feudalismo, todos vinham explorar a força de trabalho do indígena adaptado e do negro importado[2].

A classe dos pequenos proprietários, fator da pequena produção, geralmente anterior ao regime capitalista e cuja expropriação é um dos aspectos determinantes deste, não se pôde desenvolver na formação econômica do Brasil. O Estado brasileiro se caracteriza sempre por rígido esquematismo de classe. A sociedade monárquica sustentava-se com a exploração do braço escravo por uma minoria de donos da terra, e a monarquia vegetou dois terços de século em meio à turbulência dos vizinhos do continente, prolongando, por meio da passividade burocrática, a vida de um regime político já caduco. Trabalho escravo, *latifundium*, produção dirigida pelos senhores de terra com a sua clientela, burguesia urbana e uma camada insignificante de trabalhadores livres, tanto nas cidades quanto nos campos – tais foram as particularidades que marcaram com a sua chancela a formação econômica e

---

[1] Os dois fatores contrários ao estabelecimento de uma grande corrente imigratória, o regime de *latifundium*, o monopólio dos grandes senhores da terra, de fato e *de jure*, e a força do trabalho escravo, que criaram ambientes pouco propícios ao desenvolvimento rápido do trabalho livre na exploração agrícola, sofreram um primeiro golpe com a abolição da escravatura, expressão jurídica de um processo econômico de que podemos compreender claramente a evolução, a partir de 1884, época em que a imigração aumentou progressivamente, apoiada em abundantes subsídios dados pelo Império. Na província de São Paulo, a progressão foi a seguinte:
1884 ....4.879 imigrantes
1885 ....6.500 imigrantes
1886 ....9.356 imigrantes
1887 ....32.112 imigrantes
1888 ....92.086 imigrantes
(Dioclécio D. Duarte, *Estudos de economia brasileira* [Rio de Janeiro, Imprensa Nacional, 1930], p. 72).

* Ou "mera mudança de forma"; ver Karl Marx, *O capital*, Livro I, cit., p. 830. (N. E.)

[2] A Coroa portuguesa distribuiu as terras do Brasil, repartidas em capitanias, a seus nobres e serviçais. O capitão-geral (governantes da capitania), não conseguindo ocupar as terras, teve de recorrer ao braço escravo. Enquanto a exploração das terras tinha caráter extensivo, o indígena servia; mas, desde que o trabalho se tornou intensivo, foi mister importar negros da África. Em 1857, a capitania da Bahia já contava, para fazer face às demandas da cultura açucareira, além de 6 mil indígenas, com 4 mil escravos africanos.

política do Brasil e da América Latina, onde, em geral, a ausência de uma agricultura organizada teve como consequência a luta pela terra contra o indígena e a luta contra o monopólio do comércio detido pela Coroa da Espanha. Nas colônias espanholas, o colono vivia da criação de gado e do contrabando.

A destruição do regime escravagista, que foi determinada pela necessidade do desenvolvimento capitalista do Brasil, abria ao mesmo tempo nova expansão à indústria inglesa, que monopolizava, então, o mercado mundial. A burguesia brasileira nasceu no campo, não na cidade. A produção agrícola colonial foi destinada desde o começo aos mercados externos. O Brasil foi, no século XVII, o principal produtor de açúcar do mundo. Dos dois eixos de colonização, Bahia-Pernambuco e São Paulo-Rio de Janeiro, o primeiro alcançou sobre o segundo uma vantagem considerável. Nas capitanias do Norte, o braço africano edificou sobre vastos domínios a prosperidade da aristocracia rural. Mas a produção açucareira brasileira foi vencida, pouco a pouco, pela concorrência estrangeira e tendeu a restringir-se aos mercados internos. Com a descoberta das minas de ouro, o centro da atividade econômica da colônia transportou-se para o interior dos estados de Minas Gerais e da Bahia[3]. O trabalho foi atraído para essas regiões e o movimento agrícola decresceu. A prospecção de minérios tornou-se a indústria principal, cujo desenvolvimento caracteriza o século XVIII. A decadência das minas, porém, logo começou, pois eram exploradas por meios rudimentares. À pobreza do minerador, à falta de escravos aliou-se a pressão do fisco. Retornou-se à exploração agrícola (cereais, cana-de-açúcar, fumo, algodão).

A cultura do café começou relativamente tarde, nas regiões montanhosas vizinhas do Rio de Janeiro. Desde então, adquiriu as características particulares que mantém até agora[4].

---

[3] [Alexander von] Humboldt diz que o Brasil forneceu metade do ouro da produção americana. As "bandeiras" (expedições) de São Paulo para a caça dos índios transformaram-se, pouco a pouco, em empresas de prospecção.

[4] "Perto do fim do século XVIII, certas culturas do Pará foram introduzidas na província do Rio de Janeiro. O Vale do Paraíba prosperou, as plantações ganharam, pouco a pouco, a província de São Paulo. Foi a partir de 1835 que o desenvolvimento dos cafezais paulistas tornou-se considerável" (Delgado de Carvalho, *O Brasil Meridional* [ed. orig.: *Le Brésil meridional: étude economique sur les états du sud*, Paris, Société Anonyme des Publications Périodiques, 1910]).
A progressão da porcentagem paulista na produção brasileira foi a seguinte:
1840 ....2,8%
1860 .... 10,5%
1870 .... 15,1%
1880 .... 27,5%
1890 ....50%
O Partido Republicano Paulista foi fundado em 1873, em Itu.

A república foi imposta ao Brasil pela burguesia cafeeira do estado de São Paulo, que não podia aceitar a forma de produção reacionária e patriarcal[5]. Com o advento da república, esse estado impôs sua hegemonia à Federação. Para que se possa operar, sem choques muito graves, o desenvolvimento capitalista nas antigas províncias, unidas por liames puramente políticos, mas, em compensação, separadas por uma diversidade quase sem igual de possibilidades econômicas, os legisladores da Constituinte deram à república uma forma federativa.

O formidável desenvolvimento da cultura cafeeira é, tipicamente, um desenvolvimento capitalista. Todas as condições necessárias para a grande exploração estavam reunidas: terras virgens, ausência de rendas fundiárias, possibilidades de maior especialização na produção, em suma, possibilidades de monocultura. Assim, o cafeicultor faz convergir simultaneamente todos os seus meios de produção para um único objetivo e, por conseguinte, obtém benefícios até então desconhecidos. O tipo da exploração determinou, portanto, prosperidade favorável ao desenvolvimento do capitalismo sob todas as suas formas. Desse modo, o sistema de crédito, o crescimento da dívida hipotecária, o comércio nos portos de exportação, tudo ajudava a preparar uma base capitalista nacional. Os braços que faltavam foram importados. A imigração adquiriu, a partir daí, caráter de empresa industrial.

A burguesia e o poder

As lutas políticas que a república conheceu até agora e que se produzem, geralmente, por ocasião das eleições presidenciais, desenrolam-se ao redor dos grupos políticos

---

[5] Desde o período colonial, a metrópole instituiu a colonização livre. Em 1746, 4 mil famílias foram transportadas da ilha da Madeira e dos Açores ao Brasil. As primeiras concessões de terras aos estrangeiros residentes no país foram efetuadas em 1808, mas a colonização oficial só foi tentada em 1818, com o estabelecimento de uma colônia de suíços e alemães. As tentativas oficiais de colonização livre, com a institucionalização da pequena propriedade, chocavam-se com o regime geral de grande propriedade rural e com o caráter industrial da produção agrícola no Brasil, dependente, desde o começo, do mercado mundial. O proprietário do *latifundium* viu-se obrigado a importar a força de trabalho, mas não lhe convinha importá-la como pequeno proprietário isolado. Com a decadência do tráfico africano, a substituição do escravo pelo trabalhador assalariado tornou-se preocupação constante dos senhores da terra. O relatório da missão Abrantes, enviado em 1848 pelo Império à Alemanha, é edificante. Com o objetivo de prevenir a crise iminente – o tráfico tendia a cessar –, o marquês de Abrantes propunha, entre outras coisas, as seguintes medidas: "Instituir a colonização, atraindo braços livres e capitais; provocar a separação da agricultura e da usina, na grande cultura cafeeira e açucareira; organizar, *por meio de regulamentos e pela ação da polícia local, o trabalho entre os libertos, obrigando-os a ´alugarem-se´ junto aos fazendeiros*".
A introdução sistemática do trabalhador assalariado pela agricultura paulista (imigração mantida financeiramente pelo Estado ou explorada por grandes companhias particulares) começou sob o ministério do barão de Cotegipe (1886). Antes disso, os fazendeiros paulistas deviam importar de outras províncias grupos de escravos, sobretudo das províncias do Norte.

dominantes no estado de São Paulo. A diferenciação econômica entre os estados da Federação acentua-se cada vez mais. A burguesia de São Paulo, aliada à de Minas Gerais, conquistou o governo federal. Os representantes parlamentares dos estados secundários tornaram-se representantes do poder central nos estados, em vez de – segundo a ficção constitucional – representar os estados junto ao poder central. Mas o processo econômico estendeu-se pouco a pouco a todo o território brasileiro, e o capitalismo penetrou todo o país, transformando as bases econômicas mais retardatárias. À medida que progride economicamente, o Brasil integra-se cada vez mais à economia mundial e entra na esfera de atração imperialista[6]. Com a Grande Guerra e o protecionismo, o crescimento industrial acentuou-se, complicando as relações de classe e os problemas decorrentes. A política da burguesia orientava-se, até então, no sentido da manutenção do monopólio da produção cafeeira no mercado mundial.

---

[6] Média anual, por um período de cinco anos, da diferença entre exportação e importação: Saldo favorável à exportação (em milhares de libras esterlinas)

1901-1905 .... 14.681
1906-1910 .... 16.794
1911-1915 .... 11.743
1916-1920 .... 15.478
1921-1925 .... 17.179
1926-1930 .... 9.773

Dívida externa do Brasil (União, estados e municípios):
244.700.770 libras esterlinas (aproximadamente)
Serviço da dívida:
Dívida do Estado: 500.000 libras esterlinas (aproximadamente)
Dívida privada: 16.000.000 libras esterlinas

Capital estrangeiro empregado no Brasil
(Estimativa do *Jornal do Commercio*, do Rio de Janeiro)

Capital inglês (1929):
Indústrias .... £ 122.000.000
Empréstimos .... £ 180.436.000
Total .... £ 302.436.000

Capital francês (1929):
Indústrias .... F 1.500.000.000
Empréstimos .... F 717.000.000
Total .... F 2.217.000.000

Capital americano (1929):
Indústrias .... US$ 125.000.000
Empréstimos .... US$ 355.200.000
Total .... US$ 480.200.000

Capital alemão, italiano, português, holandês e outros:
estimado em US$ 350.000.000.

Com o surto da indústria e da maior penetração capitalista, o problema principal complicou-se com a necessidade da criação de mercados internos. A política interna encontra-se cada vez mais subordinada às seguintes questões: o recente desenvolvimento das rodovias, a política financeira de estabilização, a intervenção direta do governo federal nos negócios dos estados não têm outra explicação. A urgência e a penúria do mercado interno constituem um dos pontos nevrálgicos da instabilidade econômica e política do Brasil. Para o desenvolvimento dos mercados internos, todos os meios são bons, e um governo forte e centralizado é condição essencial. A penetração imperialista é um revulsivo constante que acelera e agrava as contradições econômicas e as contradições de classe. O imperialismo altera constantemente a estrutura econômica dos países coloniais e das regiões submetidas a sua influência, comprometendo o seu desenvolvimento capitalista normal, não permitindo que esse desenvolvimento se realize de maneira formal nos limites do Estado. Por essa razão, a burguesia nacional não tem bases econômicas estáveis que lhe permitam edificar uma superestrutura política e social progressista. O imperialismo não lhe concede tempo para respirar, e o fantasma da luta da classe proletária tira-lhe o prazer de uma digestão calma e feliz. Ela deve lutar em meio ao turbilhão imperialista, subordinando sua própria defesa à defesa do capitalismo. Daí sua incapacidade política, seu reacionarismo cego e velhaco e – em todos os planos – a sua covardia. Nos países novos, diretamente subordinados ao imperialismo, a burguesia nacional, ao aparecer na arena histórica, já era velha e reacionária, com ideais democráticos corruptos. A contradição que faz com que o imperialismo – ao revolucionar de modo permanente a economia dos países que lhe são submetidos – atue como fator reacionário em política encontra a sua expressão nos governos fortes e na subordinação da sociedade ao Poder Executivo. É assim que se repete na fase imperialista, por processo análogo, a subordinação da sociedade ao Poder Executivo, em que Marx via a expressão da influência política dos camponeses parcelários. Além disso, as exigências do desenvolvimento industrial obtêm, como condição essencial, o apoio direto do Estado: a indústria nasce ligada ao Estado pelo cordão umbilical. O reforço gradual do Poder Executivo é, aliás, um processo regular e sistemático do desenvolvimento industrial nos países politicamente secundários, como o demonstra Trótski com relação à Rússia tsarista. Esse processo acentuou-se aqui (Brasil) desde a Grande Guerra, coincidindo com o domínio preponderante do imperialismo norte-americano no cenário mundial, em especial na América Latina. Ou seja, desde o governo de Epitácio Pessoa. Então, a reação tornou-se sistemática e assumiu caráter de classe muito claro. A apologia dos governos fortes, a divinização da ordem, o ataque contra a democracia e o liberalismo foram os pontos principais da ideologia reacionária, que surgiu entre a fumaça das chaminés das fábricas e dos *dreadnoughts* americanos. O governo Epitácio Pessoa (1920-1922) assinala o ponto culminante da vaga de constitucionalismo e do fetichismo da autoridade constituída. Durante os quatriênios seguintes, o governo foi presa da obsessão histérica da ordem do regime social. Washington Luís, o presidente cujo mandato expirou a 15 de novembro de 1930, representa a hipertrofia do Poder Executivo, já separado dos interesses imediatos da fração da burguesia que o levou ao poder. Aqui, ainda, verifica-se o que Trótski dizia das relações entre as classes burguesas e o tsarismo, a saber, que não era a força dessas classes que determinava o poder da monarquia russa, mas a sua fraqueza. No Brasil, todas as classes estão subordinadas ao Executivo, e as palavras de ordem liberais, mesmo as mais banais, têm, para o governo, um caráter subversivo. A parlapatice de Maurício de Lacerda, seu frenesi pequeno-burguês adquirem, para o governo, o sentido de declarações comunistas. Os chamados liberais aplaudem a repressão policial quando esta é exercida contra as organizações proletárias. Marx escreveu que, nas vésperas do golpe de estado de Napoleão III, a burguesia francesa tachava de heresia "socialista" o que ela qualificava, anteriormente, como "liberal", e reconhecia, desse modo, que, para conservar intacto seu poder social, era mister romper seu próprio poder político e que a burguesia não pode continuar a explorar as outras classes e a gozar tranquilamente da propriedade, da família, da religião e da ordem, senão à condição de ver sua classe condenada à mesma nulidade política que as outras classes; assim, proclama sua dominação política incompatível com a sua segurança e sua própria existência*.

Centralização e federação

A burguesia de São Paulo sacrificou seus interesses gerais de classe e seu interesse político em benefício de interesses particulares mais limitados, mais imediatamente materiais, sem quaisquer outras considerações de solidariedade de classe de caráter coletivo. Daí vem a luta de uma parte da burguesia nacional contra o "Partido Republicano Paulista". Sob o regime burguês, o aparelho estatal tende a evoluir naturalmente para uma centralização crescente. No Brasil, certas causas particulares acentuam e aceleram o processo: a extensão territorial; a fraca densidade populacional; sua agricultura industrializada, graças ao caráter especial da produção; a ausência da renda fundiária, que ocasiona a confusão entre o proprietário da exploração agrícola; o desenvolvimento desigual do capitalismo; a divisão política que legaliza a supremacia dos estados mais fortes sobre os mais fracos; o impulso industrial progressivo e a pressão imperialista. Essa centralização acentuou-se com o desenvolvimento industrial e a intervenção do capital *yankee*, isto é, desde que se patenteou a necessidade da criação de mercados internos. O poder federal fortaleceu-se, e a constituição foi reformada a fim de facilitar a intervenção da União nos estados. Na medida em que se acentua a centralização da máquina governamental,

* Ver Karl Marx, *O 18 de brumário de Luís Bonaparte* (trad. Nélio Schneider, São Paulo, Boitempo, 2011). (N. E.)

a burguesia, sentindo-se ao abrigo dos perigos e dos encargos do governo, tende a identificar-se com seus interesses gerais. O aparelho de Estado federal adapta-se cada vez mais aos interesses econômicos da burguesia, na razão direta de sua centralização. Se, atualmente, serve de maneira imediata aos interesses dos partidos dominantes de São Paulo, ele pode servir, amanhã, aos interesses dos partidos dominantes de Minas Gerais e do Rio Grande do Sul. O levante atual desses dois estados, que, por motivos circunstanciais, arrastaram consigo o da Paraíba, realizou-se em nome da autonomia dos estados, pela defesa da Federação. Assim, os políticos desses estados defendem suas próprias posições. Se eles se resignassem a suportar as violências do governo federal, isso teria significado o término, no Brasil, do processo centralizador do aparelho de Estado, consagrando a hegemonia definitiva de São Paulo sobre os demais estados da Federação. O levante de hoje indica o contrário: a fórmula definitiva ainda não foi encontrada. A contradição entre a necessidade imperiosa da centralização e a forma política federativa é evidente. O processo econômico exige a centralização, ao passo que a formação histórica dos estados exige a Federação como condição da unidade nacional. Com o desenvolvimento capitalista dos outros estados do Brasil, é natural que os partidos dominantes nesses estados desejem participar cada vez mais – em pé de igualdade – da gestão do aparelho do governo central. Assim, o Poder Executivo tornou-se, na sociedade brasileira, a força decisiva que permite à oligarquia do partido que o exerce um domínio quase completo. A burguesia nacional vê a força do Estado escapar de suas mãos e está condenada a ceder o controle político à ação internacional imperialista, devido a sua incapacidade histórica de agir coletivamente como classe. Suas diferentes frações não tiveram tradições políticas comuns, não se formaram com a consciência de seus interesses comuns de classe e não foram obrigadas a expropriar uma classe de pequenos proprietários da terra. Suas tradições históricas são, antes de tudo, patrioteiras, elas combateram os *invasores* estrangeiros, mas essa foi uma luta episódica que nunca se estendeu a todo o país, ao contrário, conservou caráter regional e, desse modo, foi logo esquecida durante o longo desenvolvimento histórico ulterior. A burguesia só começa a adquirir sua consciência de classe graças a seu pavor da revolução social. No Brasil, os partidos políticos – expressão das oligarquias políticas – não podem, pois, possuir caráter nacional nem tradições políticas para defender. Essas oligarquias têm cada vez mais necessidade do poder federal, na medida em que o Estado se fortalece e se centraliza e que o capitalismo transforma a base econômica sobre a qual elas se sustentam. Daí a luta constante pela presidência da República. O levante atual marca um momento desse processo. Os estados revoltados procuram resolver pelas armas a violenta contradição que opõe a forma política federativa ao desenvolvimento pacífico das forças produtoras. A burguesia brasileira procura uma forma conciliadora entre a tendência à centralização do governo e a forma federativa, garantia da unidade política do Brasil.

A unidade nacional

A unidade nacional foi antes uma conquista política do que uma consequência econômica. É chegado o momento de levá-la à prova. A burguesia nacional intenta hoje consolidá-la pelas armas, o que é aparentemente paradoxal, mas obedece, no fundo, à dialética do desenvolvimento econômico. O desenvolvimento das forças produtivas no quadro nacional obriga à luta por uma forma política adequada ao equilíbrio dos estados que estão chegando ao momento de assumir seu impulso capitalista. Se a indústria de São Paulo carece de mercados, a indústria surgente e o caráter policultor do Rio Grande do Sul exigem uma proteção mais atenciosa do governo central. A produção variada de Minas Gerais e suas perspectivas de desenvolvimento da indústria pesada reclamam participação maior no poder central, além dos motivos políticos de seu levante, que se expressam no rompimento da aliança tradicional com São Paulo, pelo exercício do governo federal. O Nordeste exige uma intervenção menos precária da União, a fim de resolver mais sistematicamente os problemas fundamentais de sua economia, para tornar possível um desenvolvimento mais regular de suas produtoras. Os interesses dos imperialistas agravam ainda mais as contradições, pesando exageradamente sobre o Estado. O balanço dos pagamentos sempre foi deficitário, embora o Estado não tenha conseguido outro recurso senão emprestar dinheiro em Londres e Nova York. A necessidade de recorrer sempre ao crédito para cobrir a dívida anterior – processo clássico de acumulação imperialista – teve, como consequência natural, a majoração progressiva dos impostos; a seguir, a expropriação das classes rurais e proletárias torna difícil, por uma parte, o desenvolvimento dos mercados internos existentes e ainda mais difícil a formação de novos. Ao mesmo tempo – devido à crise atual do café, que favorece maior racionalização da cultura –, a tendência à diferenciação das classes no campo se realiza como fator favorável à criação de novos mercados internos. A contradição da propriedade e sua divisão constituem a base contraditória do processo, favorecido ainda pelo desenvolvimento da luta armada, pela formação de uma classe média de pequenos proprietários. Por isso mesmo, qualquer reagrupamento aparece na arena política brasileira como uma formação estranha à tradição histórica e econômica do país. Sua origem deve-se mais às correntes imigratórias estrangeiras do que às velhas populações rurais brasileiras; e seus interesses, por sua própria natureza, são regionais. Por outra parte, sua economia proporciona a base regional de um sentimento patriótico que não ultrapassa as divisas de um estado. Por necessidade de autodefesa, ela pode procurar impor a sua vontade de classe sobre a base provincial, mas, na atual fase histórica do imperialismo, está irremediavelmente condenada, pois sua ascensão como classe no Estado tem como consequência a penetração ainda mais acentuada e constante do capital estrangeiro, que a submete, assim, mais diretamente, ao domínio imperialista. Desse modo, a independência nacional torna-se ainda mais precária, e mais difícil é a manutenção da unidade política do país, uma vez que a pequena propriedade não tem nenhum interesse específico pelo problema.

Mas, seja qual for o resultado da luta atual, a unidade do Brasil mantida pelo domínio da burguesia será garantida na razão direta da exploração crescente das classes oprimidas e do achatamento sistemático das condições de vida do proletariado. O grau mais ou menos elevado de sua consciência de classe, o tempo mais ou menos longo que ela levará para formar-se, decidirão a sorte dessa unidade, nesse momento impossível nos estreitos limites capitalistas do Estado burguês nacional.

Em plena tormenta revolucionária, em 1917, Lênin dava como palavra de ordem primordial a necessidade da organização do proletariado. No Brasil, nas condições atuais, a obra mais urgente do proletariado é a criação de um verdadeiro partido comunista de massas, capaz de conduzi-lo para sua tarefa histórica: a instauração da ditadura proletária e a salvação da unidade nacional mediante a organização do Estado soviético.

A Aliança Nacional Libertadora expõe ao povo os pontos básicos de seu programa*

Roberto Sisson

Respondendo definitivamente a todas as famílias assacadas pelos vendidos ao *capitalismo internacional* – os integralistas e seus amigos – que, para mistificarem infamemente o povo trabalhador e simples do Brasil, se acobertam sob o lema "Deus, pátria e família" – como se traidores à verdadeira pátria brasileira pudessem compreender coisas tão veneráveis –, apresentamos sinteticamente em cinco itens o programa básico da ANL:

I – Suspensão definitiva do pagamento das dívidas imperialistas do Brasil, por as considerarmos já pagas, e aplicação da quantia, assim retida, em benefício do povo explorado do Brasil;

II – Nacionalização imediata de todas as empresas imperialistas, por as considerarmos "arapucas", para as quais os brasileiros trabalham como cães enquanto seus lucros vão para o bolso de alguns estrangeiros;

III – Proteção aos pequenos e médios proprietários e lavradores; entrega das terras dos grandes proprietários aos camponeses e trabalhadores rurais, que as cultivam, por considerarmos terem sido eles os que as valorizaram com o seu trabalho, sendo, portanto, os seus únicos e legítimos proprietários;

IV – Gozo das mais amplas liberdades populares pelo povo brasileiro, nele incluídos os estrangeiros que aqui trabalham e são explorados como nós próprios. Essas liberdades foram conquistadas pelo povo, que nunca as gozou de fato, em toda a sua

* Ver Roberto Sisson, "A ANL expõe ao povo os pontos básicos de seu programa", jun. 1935. (N. O.)

plenitude. Hoje, ele as reclama, e é legítimo o seu direito, que tem de ser satisfeito, custe o que custar;

V – Constituição de um governo popular, orientado somente pelos interesses do povo brasileiro, e do qual poderá participar qualquer pessoa na medida da eficiência de sua colaboração.

Eis o programa básico da Aliança Nacional Libertadora, que todo aquele que quiser hostilizá-la deverá ler atentamente, para que mais tarde não alegue ignorância. Por ele verifica-se que combater a ANL é, simplesmente, *vender-se aos interesses do capitalismo internacional, que explora, vende e oprime o povo brasileiro.*

A *Aliança Nacional Libertadora* declara também que, absolutamente, não se imiscui em considerações de credos religiosos, pois que, além de ser isso uma questão de foro íntimo de cada pessoa, por definição a ANL é uma aliança dos brasileiros, com indiferença de *credos religiosos, políticos ou filosóficos*, para a mais rápida execução de seu programa básico.

Os fundamentos econômicos da revolução brasileira*

Caio Prado Júnior

Quando Marx e Engels elaboraram sua doutrina de interpretação histórica, encontrava-se a Europa em franca transição para o regime burguês. O capitalismo se desenvolvia aceleradamente, e as revoluções europeias, a começar pela de 1789 e culminando com a de 1848 (da qual participou ativamente o próprio Marx), implantavam nos diferentes países da Europa regimes políticos e sociais compatíveis com as novas formas econômicas do capitalismo. Mas, ao contrário dos revolucionários burgueses que viam na revolução democrática e liberal em curso o termo final da evolução histórica dos povos e países europeus, Marx interpretou-a como simples momento num processo que se prolongaria até desencadear o socialismo. Do capitalismo e do seu desenvolvimento tinha surgido uma nova ordem de contradições, ignoradas pelos teóricos burgueses e que, em substituição à anterior oposição entre nobreza e burguesia, senhores e servos, gerara a de capitalistas e assalariados. Era agora a vez de o proletariado, a nova classe formada nas entranhas do capitalismo, assumir a vanguarda da evolução histórica e realizar o passo seguinte na marcha dos acontecimentos: a revolução socialista.

Coube a Lênin, o maior dos discípulos e o grande continuador dos fundamentos do marxismo, elaborar em todos os seus pormenores a teoria da revolução socialista, cujos primeiros passos ele próprio dirigiria em seu país natal, a Rússia. Lênin retoma a obra teórica interpretada por Marx e Engels no momento em que o regime capitalista entrava em nova fase, a sua fase final, que Marx não conhecera e não previra: a etapa do capitalismo financeiro e imperialista. Além disso, dedicando-se sobretudo a seu país, que se encontrava em grande atraso econômico, social e político em relação aos demais países da Europa, e ainda em regime nitidamente feudal, Lênin

* Ver Caio Prado Júnior, "Os fundamentos econômicos da revolução brasileira", *A Classe Operária*, Rio de Janeiro, 19 abr. 1947, p. 4-6. (N. O.)

teve necessidade de apreciar de um só golpe sucessivas etapas de desenvolvimento histórico desde o feudalismo até o socialismo, por meio das revoluções democrático-burguesas e socialistas. Elaborou então sua admirável teoria da hegemonia do proletariado na revolução democrática (hegemonia essa que, em outros países da Europa, coubera à burguesia) e da transformação dela em revolução socialista.

As circunstâncias históricas em que Lênin se encontrou deram-lhe assim a possibilidade (que seu gênio soube aproveitar de modo admirável) de completar a análise e interpretação em conjunto e entender esse grande ciclo de transformação histórica da civilização europeia, que Marx entendera apenas em seus traços mais burgueses: a transição da sociedade feudal, por meio do capitalismo, para a sociedade socialista do futuro.

Observa-se ainda que tanto Marx e Engels quanto seu continuador, Lênin, ao analisarem e interpretarem a formação e o desenvolvimento do regime capitalista e burguês saído da sociedade feudal e desembocando no socialismo, tinham em vista especificamente países e povos da Europa em cujos acontecimentos interviram direta e ativamente. Não poderia ser, aliás, outra a posição de pensadores que, além de teóricos e criadores de uma nova filosofia e método de interpretação histórica, eram também homens de ação e políticos militantes. E, assim, a maior parte da obra de Marx e Engels e, sobretudo, de Lênin, tem um conteúdo essencialmente prático e joga com elementos, circunstâncias e problemas que representavam a própria experiência histórica de que participavam. Reside nisso, aliás, o significado profundo do marxismo, que, unindo indissociavelmente teoria e prática, apresenta uma elaboração teórica permanente da própria história em curso e em seu desenvolvimento dialético.

Esse caráter do marxismo não foi e não é sempre assimilado perfeitamente. Apegando-se estreitamente aos textos de Marx, Engels e Lênin, muitos comunistas não sabem interpretá-los à luz de circunstâncias históricas e de lugar diferentes daqueles que deram origem às conclusões dos mestres do marxismo, e procuram, artificialmente e à custa de graves deformações, encarar os fatos que têm sob as vistas dentro dos esquemas que encontram nas obras clássicas do marxismo dialético, esquecendo-se de que tais esquemas foram elaborados para fatos muito diferentes. Isso ocorre particularmente em países como o Brasil, de formação histórica muito diversa da dos países europeus que foram aqueles de que fundamentalmente se ocuparam os criadores do marxismo. A preocupação em se descobrir paralelos e semelhanças (quando têm identidades que não existem) leva então a deformações grosseiras e mesmo a deturpações completas.

A verdade dessa observação é patente na forma pela qual se instaura em geral entre nós a questão da revolução democrático-burguesa. Referimos acima que o conteúdo essencial da obra histórica de Marx, Engels e Lênin consistia na análise e interpretação da evolução sofrida pelos países e povos europeus desde o feudalismo até o declínio e a destruição da sociedade burguesa e capitalista pela irrupção do socialismo. Nesse processo de transformação, a revolução democrático-burguesa representa a transição da sociedade feudal para a ordem burguesa. A sua conceituação e definição dependem ainda obviamente de ambos os termos em momentos históricos a que servem de elemento de transição: tanto o anterior, que é o feudalismo, quanto o posterior, que é a sociedade burguesa. Noutras palavras, a revolução democrático-burguesa, como a definem e constituem os fundadores do marxismo, pressupõe um regime feudal de que se origina e que por meio dela se transforma no regime burguês.

Ocorre isso no Brasil? Encontramo-nos jamais num regime de natureza feudal? Como forma de retórica, se a utilizamos apenas no sentido de atribuir um rótulo qualquer e sintetizar numa palavra o atraso e o baixo nível econômico e social em que se acha o Brasil, a expressão "feudalismo" poderia servir, como outra qualquer. Mas, evidentemente, não é isso que se pretende. A precisão dos termos empregados, sobretudo quando se referem a questões fundamentais, é essencial em qualquer exposição científica. Não há assim justificativa para a utilização de uma expressão como "feudalismo", que comporta um sentido muito preciso, e que se refere a um tipo específico de organização social que existia na Europa antes do advento do capitalismo e da sociedade burguesa; e que não existe nem existiu nunca no Brasil.

Para não entrarmos em pormenores que sobrecarregariam aqui o assunto e exigiriam uma discussão descabida sobre o significado, bastante conhecido, do feudalismo, bastará lembrar que a economia brasileira, desde seu início (isto é, desde que se organizou a colonização no Brasil), foi essencialmente mercantil, isto é, fundada na produção para o mercado; o que é mais, para o mercado internacional. É esse traço que precisamente caracteriza a economia colonial brasileira. É o reverso, portanto, do que ocorre na economia feudal, cujas decadência e desintegração começam justamente quando nela se insinua o comércio, precursor do futuro capitalismo.

Isso já é suficiente para diferenciar desde logo a economia brasileira do feudalismo. A análise feita adiante completará essa observação. E não são similitudes aparentes e superficiais que farão confundir certos elementos retrógrados e primitivos da economia brasileira com "relações feudais de produção". Essa confusão é tanto mais grave que ela pode levar e já levou muitas vezes a conclusões falsas e deformações completas na apreciação dos fatos da nossa história e da nossa economia. É o caso da citada questão da revolução democrático-burguesa, que, no sentido que lhe foi dado pelos fundadores do marxismo, aliás o único possível, não tem cabimento na evolução histórica do Brasil.

O que caracteriza o Brasil desde o início de sua formação é que nele se constituiu uma organização econômica destinada a abastecer com seus produtos o comércio internacional. É esse o caráter inicial e geral da economia brasileira que se perpetuaria com pequenas variantes até os nossos dias. Procuremos notá-lo com muita atenção, porque daí derivam os elementos fundamentais da estrutura econômica e social do país. Frente à essência da nossa formação, veremos que, na realidade, nos constituímos para fornecer alguns gêneros alimentícios e matérias-primas aos mercados mundiais. Nada mais que isso. É com tal objetivo, objetivo exterior, voltado para fora do país e sem atenções a considerações que não sejam os interesses daqueles mercados, que se organizarão a sociedade e a economia brasileiras. Tudo se disporá naquele sentido: a estrutura social, bem como as atividades do país.

Os traços principais e fundamentais dessa economia colonial em que se organizou o Brasil são a grande propriedade monocultora, explorada em larga escala (em oposição à pequena exploração camponesa), e o trabalho escravo de indígenas e africanos importados pelo tráfico. Não existe aí nada que seja feudal. Se quisermos estabelecer um paralelo com a economia colonial brasileira, deveríamos ir buscá-lo no mundo antigo; é o que fez o próprio Marx, comparando nosso tipo de exploração agrária ("o sistema de plantação", como é designado) com as explorações agrícolas de Cartago e Roma (*O capital*, Livro III, cap. XLVII)*.

Não é, assim, uma economia feudal nem [são] "relações feudais de produção" que representam a primeira etapa da evolução histórica brasileira. É uma organização econômica que poderíamos designar por "colonial", caracterizada pela produção de gêneros alimentícios e matérias-primas destinados ao comércio internacional e fundada (em seu setor agrícola, que é o principal) no sistema de plantação, isto é, num tipo de exploração em larga escala que emprega o trabalho escravo. A substituição posterior do trabalho escravo pelo juridicamente livre (mas submetido de fato a um sem-número de restrições) introduziu naquele sistema um poderoso fator de desagregação que o comprometerá em definitivo. Mas não modificou fundamentalmente, desde logo, os quadros essenciais da estrutura agrária vigente. É precisamente aquela contradição introduzida no funcionamento primitivo do sistema agrário pela libertação do trabalho que constituirá o fator máximo de transformação econômica e social ora em curso e que devemos revolucionariamente levar a seu termo.

Precisamos ainda considerar outro elemento que, no último quartel do século passado, contribuiu para modificar o sistema econômico herdado da colônia. Refiro-me à penetração do capital financeiro internacional, que colocaria a economia brasileira numa situação ainda maior de dependência que a anterior em relação a interesses estranhos. Essa penetração do capital financeiro, aliás, foi em grande parte condicionada pelas próprias circunstâncias da nossa economia colonial, já

---

* Ver Karl Marx, *O capital: crítica da economia política*, Livro III: *O processo global da produção capitalista* (trad. Rubens Enderle, São Paulo, Boitempo, 2017), p. 843-73. (N. E.)

por natureza em ligação íntima e dependência estreita do comércio internacional em que funcionava, como vimos, na qualidade de simples e subordinado fornecedor de gêneros alimentícios e matérias-primas. Tornava-se assim a economia brasileira altamente vulnerável à penetração imperialista quando o capitalismo das grandes potências do mundo moderno chega a essa fase de desenvolvimento. O Brasil se fará então, imediata e como que automaticamente, sem resistência alguma, fácil campo para suas operações.

O imperialismo agravará de forma considerável os lados negativos do colonialismo brasileiro, criando novos laços que tendem a perpetuar as condições de subordinação e dependência da nossa economia. Mas, ao lado disso, encontramos no imperialismo um lastro positivo. Ele representa sem dúvida um grande estímulo para a vida econômica do país. Entrosando-a num sistema internacional altamente desenvolvido, como é o do capitalismo contemporâneo, realiza necessariamente nela muitos dos seus progressos. O aparelhamento moderno de base com que conta a economia brasileira é quase todo ele fruto do capital financeiro internacional. E não é apenas sua contribuição material que conta: com ela vêm o espírito de iniciativa, os padrões, o exemplo e a técnica de países altamente desenvolvidos, que trazem assim para o Brasil alguns dos fatores essenciais para o nosso progresso econômico.

O imperialismo contribui assim, poderosamente, para integrar o Brasil numa nova ordem econômica superior que é a do mundo moderno. Mas esse ajustamento se processou sem modificação substancial do caráter fundamental da economia colonial do país; isto é, a produção precípua de gêneros destinados ao comércio exterior. Aquela nova ordem contribuiu mesmo, de certa forma, para reforçá-lo e consolidá-lo. Tocamos aí na segunda contradição fundamental em que se encontra engajada a evolução brasileira: uma economia primitiva e débil, solicitada por uma ordem altamente desenvolvida que é a do mundo moderno. Verifica-se então, plenamente, a exiguidade da base econômica em que assenta a vida brasileira. Torna-se patente a incompatibilidade substancial entre o novo ritmo da existência e do progresso material atingido pelo país e sua modesta categoria de mero produtor de um punhado de matérias-primas destinadas ao comércio internacional. Sobre essa base estreita não era possível manter uma estrutura econômica e social imposta pelas novas condições do mundo de que o Brasil passara plenamente a participar.

Isso se percebe imediatamente quando observamos o problema que consiste em sustentar o ritmo de desenvolvimento adquirido pelo país com a produção exclusiva de uns poucos gêneros que, embora de grande expressão comercial, se mostrarão desde logo de todo insuficientes para a função que deles se exigia. É o que ocorreu, num período relativamente próximo, com a larga extensão da cultura cafeeira, que cedo resultou em crises periódicas e crônicas de superprodução e desvalorização do produto. Isso sem contar o desgaste contínuo e precipitado dos recursos naturais num regime de exploração extensiva e descuidada que é o corolário fatal de nosso sistema agrário. Outras atividades brasileiras alcançaram logo também seu limite de expansão (como foi o caso do cacau) ou então recuaram mesmo em termos absolutos, como se deu com a borracha. Fizeram-se novas tentativas para substituir aquelas produções decadentes. A de algodão é o exemplo máximo. Mas o resultado será sempre medíocre ou de perspectivas acanhadas.

Esses fatos comprovam que não é mais possível à economia brasileira manter-se e alimentar a vida do país dentro do seu antigo sistema produtivo tradicional. Para promover o progresso do país e de suas forças produtivas, mesmo para simplesmente conservar o nível atingido, tal sistema era, evidentemente, insuficiente. Apresenta-se então a perspectiva de estagnação e decadência; é o que efetivamente ocorreu na maior parte do país. Entre outros, o exemplo da região amazônica é característico, mas está longe de ser o único. Com poucas exceções, a maior parte do território brasileiro encontra-se hoje economicamente estagnada, se não em regresso. Mas em outros setores (e estes ampararão e, em certa medida, arrastarão o resto), graças a circunstâncias particulares e muito especiais, desenvolver-se-ão novas formas econômicas que, embora de segunda ordem no conjunto e à margem do sistema produtivo fundamental do país, conseguirão manter a vida brasileira.

Tais formas representam os primeiros passos de uma economia propriamente nacional, voltada para dentro do país, e as necessidades próprias da população que o habita; uma organização destinada a mobilizar e coordenar os recursos e o trabalho do país em função principalmente da existência dos indivíduos e da comunidade nela enquadrados, e não a servir em primeiro lugar a interesses estranhos. Não era isso que ocorria no Brasil e nunca fora desde primórdios da sua formação.

É esse, hoje, o único rumo que se abre para a evolução do país em conjunto. Isto é, refazer-se sob novas bases, deixar de ser um simples fornecedor do comércio e dos mercadores internacionais e tornar-se efetivamente o que deve ser uma economia nacional: um sistema organizado de produção e distribuição dos recursos do país para a satisfação das necessidades de sua população.

Romper em definitivo com um longo passado colonial e tornar-se função da própria comunidade brasileira e não de interesses e necessidades alheias. Essa evolução encontra-se, como vimos, em andamento. Mas forças poderosas ainda contêm o seu ritmo: não somente os interesses fundados na ordem atual, mas a inércia de toda a parte mais importante e substancial da estrutura e da organização econômica do país que as constituiu em função de uma finalidade e que é agora solicitada por outra. Uma análise atenta da atual organização econômica do país nos mostra que, tendo nela desde a distribuição da população, a estrutura agrária, a distribuição dos centros urbanos, os transportes, até o aparelhamento comercial e financeiro, está disposta sobretudo para atender aos objetivos que até hoje a ela se impôs a produção de gêneros exportáveis. Isso sem contar os fatores sociais e políticos que agem no mesmo sentido. Não podia ser de outra forma depois de quatro séculos de hegemonia de tal sistema que só agora entra em sua fase definitiva de desagregação.

Doutro lado, a transformação parcial que, apesar de tudo, se operou faz-se muitas vezes defeituosa, frequentemente apenas como expediente oportunista frente a embaraços de momento que iam surgindo. Exemplo flagrante disso encontramos no caso da indústria manufatureira. Nunca foi possível uma política deliberada e racionalmente protecionista que, ao mesmo tempo, fomentasse e orientasse o desenvolvimento industrial do país. Ao contrário, a indústria brasileira cresceu ao acaso de tarifas alfandegárias ditadas muito mais por necessidades do Tesouro público que pelo objetivo consciente de estimular empreendimentos nascentes capazes de vingarem e de se manterem no futuro com suas próprias forças; ao acaso também das depreciações cambiais, bem como de conjunturas completamente estranhas, como foi o caso nas duas grandes guerras que atravessamos neste último quarto de século. Resultou daí essa indústria precária e incompleta que possuímos, mal aparelhada e onerosa para o país, que representa com sua produção cara e de qualidade medíocre um pesado tributo imposto ao consumidor nacional.

Exemplos como esse são muitos. A transformação que se processa na economia brasileira exige, para completar-se e chegar a bom termo, reformas profundas e já hoje inadiáveis frente à grande crise estrutural que ameaça a própria vitalidade do país e, em particular, a subsistência da massa de sua população.

A natureza dessa reforma é indicada pelas contradições em nossa economia que assinalei acima e que constituem elementos fundamentais do processo histórico em curso. Trata-se em primeiro lugar de completar a transição do regime de trabalho escravo, extinto juridicamente há mais de meio século, mas ainda mantido mais ou menos disfarçadamente em um sem-número de casos, para um novo regime de trabalho efetivo e completamente livre. Isso exigirá medidas econômicas, políticas e administrativas de vulto, que não podem ser uniformes para todo o país, dada a variedade das relações de trabalho vigentes em suas diferentes partes.

Paralelamente a isso, será necessária uma reestruturação completa da economia brasileira na base das necessidades efetivas do país e de seus habitantes. Isto é, que a produção, a circulação e os demais elementos que integram a estrutura econômica as organizem primordialmente em função das exigências do consumo da população brasileira tomada em conjunto. Começando-se por atender às necessidades mais elementares da grande maioria do país, que se acham longe de uma satisfação convincente: alimentação, saúde, vestuário, habitação. É para isso que devem convergir primordialmente as atividades e os recursos do país. Será precisamente esse o primeiro passo no sentido de transformar nossa economia de colonial em nacional. Não se trata aí apenas do "progresso" do país; um progresso em abstrato e destacado dos indivíduos que dele devem participar. Ao nosso colonialismo não importa em absoluto, como nunca importou no passado, um estado geral de pobreza e miséria para todo o Brasil. Ele tem dado conta perfeitamente da tarefa que lhe coube de manter pequenos setores da população brasileira num nível de vida relativamente elevado. E é precisamente por isso que o problema da nacionalização e libertação da economia brasileira não se propõe para esses setores que formam a minoria dominante e suficientemente aquinhoada, no regime atual, com todo o bem-estar e conforto modernos. A transformação da economia brasileira não diz respeito assim a esses setores, mas à restante maioria do país, em função de cujas necessidades se deverá reaparelhar a nossa economia. E aqui se propõe, finalmente, como conclusão, a forma de realizar esses objetivos da revolução brasileira. Será pelo "fomento do capitalismo", como pensam alguns? Por uma "revolução democrático-burguesa" que, suprimindo as "sobrevivências feudais" da nossa economia, abra perspectivas amplas para o progresso do regime capitalista? Evidentemente, não. Não é a debilidade do nosso capitalismo o responsável pelo atual estado de coisas no país e o atraso da nossa economia. Essa é uma tese visceralmente burguesa e falsa, o que só pode iludir as massas trabalhadoras e oprimidas.

O incipiente capitalismo brasileiro, de mãos dadas com o imperialismo, tem usufruído largamente e com grande proveito as condições vigentes no país. A prova é que existe no Brasil uma burguesia capitalista não só financeiramente forte, mas poderosa e politicamente dominante. E por isso não lhe interessavam em absoluto as reformas substanciais de que necessita o país ou, antes, a massa de sua população. Pede apenas liberdade para agir sem restrições que perturbem suas atividades, admitindo a intervenção do Estado unicamente para lhe garantir a segurança de seus negócios. Não é outra conclusão que se depreende dos programas traçados pelas chamadas "classes produtoras", isto é, a burguesia, nos diferentes congressos e manifestações coletivas em que se tem pronunciado. Que interesse pode ter a burguesia em promover a libertação completa do trabalhador nacional, se é precisamente o estatuto semisservil deste que melhor lhe assegura uma larga margem de exploração do trabalho e a maior submissão do proletariado? Que interesse tem ela em livrar a economia brasileira de suas contingências coloniais quando encontra aí (e muitas vezes justamente porque é colonial) margem suficiente para a aplicação de seus capitais e exploração de negócios rendosos?

Mas, além disso, e sobretudo, há de se considerar que a livre concorrência e a iniciativa privada (os elementos fundamentais do capitalismo) não são de modo algum os fatores capazes de dar conta da tarefa de reestruturação da economia brasileira nos moldes em que isso se faz necessário. Ambas implicam uma perda considerável de esforços, um desperdício de energia e convulsões periódicas que o país está longe de poder suportar. É certo que o capitalismo, com todos esses aspectos, assegurou tanto na Europa quanto nos Estados Unidos um considerável progresso material. Mas o nosso caso é completamente diferente. Tanto do ponto de vista de recursos naturais quanto de condições humanas, ficamos muito atrás daqueles países e povos no terreno das possibilidades e oportunidades econômicas. O Brasil é um país de natureza agreste e difícil, as nossas tão devastadas riquezas não ultrapassam os versos dos nossos poetas. Quanto a nossa população, além de rarefeita e muito dispersa, ela tem atrás de si uma longa história de formação caótica e sofre as contingências de um multissecular desconforto tanto material quanto moral. Não é comparável, portanto, aos povos da Europa e da América do Norte.

Além disso, os tempos são outros. Não é neste novo mundo da ordem, da luta interimperialista, no qual o Brasil já ficou tanto para trás, que se repetirá aqui a epopeia do capitalismo norte-americano com que tantas vezes nos acenam as forças conservadoras desejosas de nos iludir com miragens tentadoras. O mundo liberal do século XX está definitivamente morto, e não será no Brasil que ele ressuscitará. As molas propulsoras do capitalismo (o enérgico individualismo e o forte estímulo da iniciativa privada) não funcionam mais no mundo moderno, nem cabem mais nele. Não será agora no Brasil, onde nunca existiram, que se virão constituir para realizar a grande tarefa de reestruturação e transformação da face do país.

Isso não quer dizer que tenha soado a última hora do capitalismo no Brasil. A iniciativa privada ainda tem muito a realizar aqui. Não uma iniciativa privada deixada livre e a seu alvitre. Mas estritamente regularizada e encaminhada para aqueles setores de atividade nos quais a necessidade dela se faça mais sentir frente aos interesses gerais do país. E complementada e substituída, sempre que convir, pela ação direta do Estado ou de seus órgãos representativos dos interesses da coletividade.

Em suma, trata-se de aproveitar o capitalismo naquilo que ele ainda oferece de positivo nas condições atuais do Brasil; contê-lo e mesmo suprimi-lo naquilo que se possa opor às reformas de que o país necessita. E, ao mesmo tempo, ir preparando os elementos necessários à futura construção do socialismo brasileiro.

“A revolução social tende para o extermínio dos instrumentos de opressão”, charge publicada em *A Plebe*, São Paulo, 1º de maio de 1924, e reproduzida em John W. Foster Dulles, *Anarquistas e comunistas do Brasil* (Rio de Janeiro, Nova Fronteira, 1977).

Saída para a situação brasileira*

Astrojildo Pereira

O Brasil, evidentemente, é um país que se acha enquadrado no sistema capitalista mundial e, por isso mesmo, sofre também os efeitos da crise geral do capitalismo. Mas nós não somos um país no qual predomina a economia de tipo capitalista, pois a verdade é que, no conjunto da nossa vida econômica e social, se sobressaem ainda certas formas de produção e de relações sociais de tipo pré-capitalista, semifeudal, cuja persistência se explica pela própria permanência de sua base estrutural, que é constituída pela grande propriedade latifundiária. No monopólio da terra encontra-se, com efeito, a causa principal do nosso tremendo atraso em relação aos países capitalistas mais adiantados, e daí a nossa posição inferior de país dependente, com características semicoloniais iniludíveis.

É claro que esse atraso de ordem econômica e social determina e condiciona todo o nosso atraso de ordem cultural e espiritual. É o latifúndio o responsável não apenas pelo baixo nível de produção, mas também pelo baixo nível de cultura, pelo baixo nível de vida espiritual do nosso povo. Com 70% a 80% de analfabetos, 30 milhões de brasileiros desnutridos e roídos por mil doenças, a nossa vida espiritual e cultural se reduz a um triste luxo das classes dominantes, triste privilégio de uma elite de amadores, triste brilho de cúpulas douradas que se erguem sobre miseráveis paredes de pau a pique.

Mas, vejamos, em resposta à pergunta formulada**, qual a saída que me parece mais acertada para a situação brasileira.

Pode haver, e há efetivamente, muitas divergências de opinião no que se refere ao reconhecimento e à indicação dos caminhos que levam à democracia e ao

* Ver Astrojildo Pereira, "Crise do espírito?", *Fundamentos*, v. I, n. 2, jul. 1948, seção "Saída para a situação brasileira", p. 117-21. (N. O.)

** Isto é, "Crise do espírito?", título do texto completo original. (N. E.)

socialismo. Mas, com exceção lógica dos donos do capital imperialista e seus aliados e agentes nos diversos setores da sociedade, ninguém mais duvida de que o mundo capitalista chega ao fim e já entramos na era do socialismo. Visto que o Brasil faz parte deste mundo, logo se compreende que também nós marchamos na mesma direção. O que não quer dizer, bem entendido, que o nosso seja um caminho aberto em linha reta para o socialismo.

Os países economicamente atrasados e dependentes, do tipo do Brasil, necessitam, primeiro, liquidar o que ainda resta, no conjunto da sua economia, de modos pré-capitalistas de produção, eliminando, do mesmo passo, a dominação que sobre eles exerce o capital estrangeiro colonizador. Com a liquidação simultânea dos entraves internos e externos, acreditamos que a nossa economia poderá realizar enormes e rápidos progressos, que nos colocarão a par dos países capitalistas mais adiantados. Basta considerar o que será então o nosso mercado interno com o aumento da capacidade aquisitiva de milhões de camponeses, hoje servos dos grandes senhores de terra e amanhã pequenos proprietários livres e prósperos. Só assim se estabelecerão condições favoráveis ao pleno desenvolvimento do capitalismo nacional, criando-se, em consequência, as condições necessárias à passagem ulterior para a economia de tipo socialista.

Ao contrário de reformadores utopistas, os marxistas não julgam possível a nenhum país chegar ao socialismo sem antes passar pela fase capitalista de sua economia. O que não quer dizer, tampouco, que as coisas se realizem segundo planos abstratos e esquemáticos, com linhas estanques de separação entre economia pré-capitalista, economia capitalista e economia socialista. As coisas se desenrolam, na realidade, como um processo vivo, o que chamamos propriamente de processo dialético, em que se verificam a coexistência e o choque de elementos contrários.

Pensamos, em suma, que os problemas brasileiros, dentro das condições concretas existentes em nosso país e em conexão com a situação mundial, reclamam soluções imediatas que tenham por base a reforma agrária e a luta contra a dominação imperialista. Acrescentaremos que a aplicação de tais soluções depende precipuamente da existência, na prática e não apenas no papel, de um verdadeiro regime democrático, isto é, de um regime político e administrativo que conte com a confiança, o apoio e a participação ativa das mais amplas camadas do nosso povo. Fora disso, estou convencido, é tudo ilusão ou mistificação.

O caráter socialista da revolução no Brasil*

Luiz Alberto Moniz Bandeira

Colocar o problema do desenvolvimento nacional do Brasil em termos de aliança do proletariado com a burguesia é retroceder diante da revolução e do socialismo. A luta contra os trustes e monopólios internacionais deve ser dirigida do ponto de vista de classe, ou seja, do proletariado contra o sistema geral de exploração capitalista.

O crescimento da produção industrial, no Brasil, supera em muito o crescimento da produção agrícola. A burguesia está no poder, e as relações de produção capitalistas, dominantes, apesar do atraso de grandes setores da economia nacional, que progride de forma irregular, desigual e combinada, definem o caráter eminentemente socialista do processo da revolução no país.

A impotência da burguesia e o papel do Estado

A burguesia mostra-se impotente para levar avante, per si, as suas realizações no campo industrial e agrário. O Estado é, dessa forma, chamado a desempenhar um papel decisivo no desenvolvimento nacional. A sua intervenção na economia cresce, em ritmo acelerado, ou por meio de empreendimentos diretos nas atividades industriais, ou incentivando e orientando iniciativas privadas, com subsídios e financiamentos.

Os grupos da burguesia, chamados "progressistas", são precisamente aqueles que, por fraqueza e incapacidade de competir com os alimentados pelo capital imperialista, vivem à sombra do Estado. A prova disso é que, quando combatem a exploração do petróleo pelas firmas estrangeiras, não a reclamam para si, mas para o poder público.

* Ver Luiz Alberto Moniz Bandeira, "O caráter socialista da revolução no Brasil", *Novos Tempos*, n. 2, Rio de Janeiro, out.-nov. 1957, p. 28-30. (N. O.)

Interesses reais da classe operária

Resta saber, no entanto, quais são os reais interesses da classe operária no processo de desenvolvimento nacional. Lutar por suas reivindicações específicas, como ponto de partida para o programa da revolução, ou fortificar o Estado da burguesia, numa hora de crise mundial do capitalismo? Os marxistas não podem perder de vista a conjuntura econômica na qual se integra o Brasil.

O Brasil está intimamente ligado aos Estados Unidos por laços históricos, geográficos, políticos e econômicos, o que lhe dá os mais decisivos papéis, pela sua localização estratégica, no movimento operário internacional. Uma revolução, aqui, não só poderia arrastar todo o continente sul-americano para o socialismo como também produziria profundos reflexos no seio da classe operária norte-americana.

Perigo de ditadura bonapartista

Uma das tarefas fundamentais, no momento, é, por conseguinte, a organização e a formação da consciência de classe para si no proletariado. Essa tarefa só se realizará, portanto, à base de uma luta por suas reivindicações específicas e não de "*slogans*" nacionalistas, que só podem confundi-lo ainda mais e agravar os prejuízos que lhe causaram anos e anos de colaboracionismo getulista e stalinista.

Essa política de alianças e de conchavos, com a burguesia à testa do movimento, põe em evidência o perigo de uma ditadura bonapartista, demagógica, de direita, em face da mentalidade nacionalista criada num proletariado sem tradições de luta, formada pela propaganda malsã do Partido Comunista e pela carta-testamento de Getúlio Vargas, escrita quando de seu suicídio, a 24 de agosto de 1954.

A época dos Kérenskis já passou

O nacionalismo do Partido Comunista foi consequência de uma orientação submissa aos interesses episódicos da diplomacia soviética em detrimento dos interesses gerais da revolução proletária, representando concessões a tendências pequeno-burguesas, à mistificação do paternalismo político, próprio dos países atrasados, que podem constituir o esteio para uma ditadura militar e reacionária, sustentada, economicamente, pela propriedade estatal capitalista.

No Brasil, a época dos Kérenskis já passou. A revolução, na Bolívia – país ainda mais subdesenvolvido –, veio demonstrar o fracasso das frentes nacionalistas de alianças com a burguesia. Lá, os problemas fundamentais das massas continuam por se resolver, o que só será possível com o impulso da revolução para os campos do socialismo. A burguesia de Paz Estenssoro e Siles Zuazo, que esteve à frente do movimento de 1953, cedeu, após a tomada do poder, à pressão do imperialismo.

O mundo está maduro para o socialismo

Na Bolívia, porém, onde as forças da revolução se desencadearam, a crise é permanente e não terá solução dentro dos quadros democrático-burgueses. Mas não só a Bolívia se encontra em tal situação. As revoluções estão fermentando, com maior ou menor intensidade, em todos os países da América do Sul. A América do Sul é um barril de pólvora. O Oriente e a África do Norte já explodiram.

Não se deve alegar o atraso dos países latino-americanos para afastar ou adiar a ideia do socialismo. O mal, no Oriente Médio e na África do Norte, é que os levantes nacionais vêm sendo liderados pela burguesia, que faz, em certos casos, o jogo interimperialista, em favor dos Estados Unidos contra a Inglaterra e a França. Nasser é uma constante ameaça da reação. O mundo, entretanto, está maduro para o socialismo.

A realidade superior da economia mundial

O capitalismo, criando um mercado e uma divisão do trabalho acima das fronteiras, preparou o conjunto da economia mundial para o socialismo. É bem verdade que essa transformação revolucionária se concretizará, entretanto, de acordo com o ritmo industrial de cada país, podendo, em determinadas condições, nos mais atrasados, a classe operária chegar ao poder antes que nos demais. Isso se dá em consequência de haver uma realidade superior: a economia mundial.

Há entre os diversos países uma interdependência que amarra os destinos de um aos destinos do outro. O Brasil, por exemplo, está entrelaçado com os Estados Unidos de tal sorte que, no caso de uma revolução aqui vitoriosa, esta certamente provocaria a ruptura do equilíbrio nas relações políticas internacionais, mesmo se fosse esmagada pela intervenção militar. A existência, todavia, de vários países no caminho do socialismo não só dificultaria a repressão armada do estrangeiro como, também, evitaria a degenerescência da revolução pelo isolamento e pelo cerco imperialista.

Edificação do socialismo em escala internacional

O proletariado poderá chegar ao poder no Brasil, embora a edificação ulterior do socialismo dependa da revolução nos outros países, particularmente na América do Sul. É de se prever, todavia, que a insurreição, deflagrada no momento oportuno, seria vitoriosa no Brasil, rompendo as relações de forças entre as diversas potências e abalando profundamente os alicerces do sistema capitalista internacional.

No mundo inteiro, as massas começam a ter consciência da necessidade do socialismo. Nos Estados Unidos, onde a classe operária carece de politização, o curso objetivo da história, como consequência do mais alto grau que atingiu a sua evolução econômica, criou um poderoso movimento sindical e as condições necessárias para que, aguçando-se a crise e surgindo uma vanguarda revolucionária, possa ser expropriada a burguesia.

A classe operária no Brasil

A agitação em que vive a classe operária, no Brasil, põe em xeque a frente nacionalista. As reivindicações salariais e as greves, em número crescente, rompem, a todo momento, o pacto com a burguesia. A espiral da inflação gira vertiginosamente. As massas sentem que o capital explorador é um só – seja o Estado ou dos particulares, estrangeiro ou nacional.

A classe operária, que em 1945 emergiu dos anos de ditadura mais forte e mais robusta, embora embriagada pelo paternalismo político, representa, atualmente, uma poderosa base na política brasileira, pela conquista da qual lutam os diversos grupos, tanto da esquerda quanto da direita. Mas o impulso de suas reivindicações choca-se com os limites das lideranças partidárias. Prestes, hoje, não ousaria aconselhar, francamente, que o proletariado "aperte o cinto na barriga e evite as greves".

Nacionalismo: expressão deformada da revolta

A onda nacionalista é uma expressão deformada e pequeno-burguesa da revolta coletiva. É preciso, no entanto, transformá-la num movimento geral de cunho e de objetivos socialistas. A defesa nacional é uma tarefa que não compete ao proletariado. Defender o quê? – A burguesia. O Estado da burguesia. A pátria da burguesia. – Essa política leva, infalivelmente, à derrota da revolução e do socialismo.

A revolta contra os trustes e monopólios estrangeiros deve ser orientada no sentido de um levante contra o sistema geral de exploração capitalista. Não será pelo nacionalismo que o proletariado se libertará das correntes que o esmagam. Ao contrário. "No interesse da pretensa riqueza nacional, buscam-se os meios de estabelecer, artificialmente, a pobreza do povo" (Marx, *O capital*, cap. XXV, v. I)*.

Por um programa de transição para o socialismo

A política de nacionalizações pelo Estado burguês, ainda que em determinadas condições possa e deva ser apoiada, implicaria, se possível fosse a sua completa e real efetivação, o retardamento do movimento socialista. O Estado é um instrumento

* Ver, em outra tradução, Karl Marx, *O capital: crítica da economia política*, Livro I: *O processo de produção do capital* (trad. Rubens Enderle, São Paulo, Boitempo, 2013), p. 836. (N. E.)

de opressão de uma classe sobre outra. E, se o Estado burguês nacional tivesse forças para concretizar as nacionalizações, por um lado, não tiraria o Brasil da esfera de influência do dólar nem do domínio dos Estados Unidos e, por outro, imprimiria uma grave derrota ao proletariado.

Assim como a concorrência deu lugar ao monopólio, as disputas interimperialistas abriram as portas para a hegemonia dos Estados Unidos sobre as diversas potências. Vence o maior capital. Triunfa o Estado mais forte. A Inglaterra e a França já não são adversárias. O capitalismo no Brasil, como em todos os países atrasados, não tem futuro. E o que cabe à classe operária é lutar por um programa de transição para o socialismo.

No caminho do poder

Esse programa deverá constituir-se de reivindicações específicas das massas trabalhadoras – escala móvel de salários, controle dos lucros patronais, central sindical, reforma agrária –, preparando a transformação revolucionária do socialismo. Esta só se realizará com a tomada e a destruição do poder político da burguesia pelo proletariado militante.

É necessário, todavia, compreender as exigências da situação. No momento só pode ser lançado um programa de reivindicações mínimas, um programa socialista, que conduza o proletariado, orientando-o e educando-o numa luta de classe aberta contra toda a burguesia, à frente das outras camadas da população do campo e da cidade, no caminho do poder.

Os caminhos brasileiros do socialismo*

Leôncio Basbaum

Ao procurar os caminhos brasileiros para o socialismo, posto que esses caminhos, como temos repetido, são vários e correspondem a determinados fatores históricos passados e presentes de cada país, temos de encarar duas etapas: a primeira, a passagem do regime social em que vivemos para o regime socialista, ou seja, a posse do poder pelas forças revolucionárias socializantes; e, a segunda, a construção do socialismo, isto é a construção de um socialismo brasileiro, adaptado às circunstâncias e características particulares de nosso país.

Evidentemente, nesse terreno não podemos trabalhar senão com hipóteses. Mas essas hipóteses têm seu fundamento não somente nas circunstâncias presentes, no estágio do desenvolvimento das forças produtivas, nas formas de relações sociais etc., mas também no passado histórico brasileiro. Embora estejam longe de esgotar o assunto, servem ao menos para abrir perspectivas nesse setor.

Quando se trata do problema da vitória das forças socializantes sobre o capitalismo, é claro que tudo aquilo que serve para enfraquecer o capitalismo fortalece aquelas. Nos países capitalistas, essa formulação é justa. Também no terreno internacional é justa desde que o enfraquecimento do imperialismo abra novas perspectivas para os países coloniais e semicoloniais. Mas nos países subdesenvolvidos, entre os quais o Brasil, o socialismo pode surgir *do desenvolvimento das forças capitalistas*. Seria como estourar um balão de borracha inflando-o além de suas forças de resistência. O desenvolvimento das forças capitalistas não cria somente uma industrialização que apressa o ritmo de construção do socialismo, mas principalmente um proletariado que é coveiro do capitalismo.

* Ver Leôncio Basbaum, *Caminhos brasileiros do desenvolvimento: análise e perspectivas da situação brasileira* (São Paulo, Fulgor, 1960), p. 285-90. (N. O.)

Os caminhos brasileiros do desenvolvimento são, assim, *o caminho do socialismo pela via do desenvolvimento capitalista.*

É verdade que o socialismo pode surgir também por vias revolucionárias mais violentas, tais como uma sublevação de camponeses sob a direção de um partido revolucionário, como na China ou em Cuba, uma sublevação que as circunstâncias podem transformar em movimento revolucionário de ampla envergadura. Pode surgir ainda de uma sequência de greves e levantes das populações urbanas, em estado de desespero. Na hipótese, agora pouco provável, de uma guerra entre os Estados Unidos e a União Soviética, da qual o Brasil participe, ainda que contra a vontade do povo, ao lado do primeiro, uma derrota pode significar o fim do domínio da burguesia em nosso país.

Podemos imaginar ainda uma vitória eleitoral das forças socializantes, pela qual o socialismo seria decretado pelo Congresso por entre música e flores, como o foram a abolição e a república.

Mas há a outra hipótese, ainda, perfeitamente viável e provável: o socialismo pode surgir – é claro que não espontaneamente – no próprio processo do desenvolvimento.

Em 1919 escrevia Lênin:

> Toda a questão, na teoria como na prática, resume-se em encontrar o justo meio de *estimular o desenvolvimento do capitalismo, inevitável até certo ponto e por um certo tempo, no sentido do capitalismo de Estado*; em cercar essa fase de condições convenientes; e em preparar, para um futuro próximo, a transformação desse capitalismo de Estado em socialismo.[1]

E, ainda, em outro trecho:

> Tratai de pôr, no lugar do Estado capitalista dos *junkers*, ou do Estado capitalista dos latifundiários, o Estado democrático revolucionário, destruindo revolucionariamente todos os privilégios e não temendo realizar revolucionariamente a democracia mais absoluta e vereis que o *monopólio capitalista estatal, ao lado de um Estado verdadeiramente democrático e revolucionário, equivale necessariamente a um progresso para o socialismo.*
>
> Com efeito, o socialismo nada mais é do que a etapa que se segue ao monopólio capitalista de Estado. *O monopólio capitalista estatal representa a mais perfeita preparação material ao socialismo. É a antecâmara do socialismo. É o último degrau da escada que conduz ao socialismo.*[2]

---

[1] Vladímir Lênin, *O capitalismo de Estado e o imposto em espécie* (Curitiba, Guaíra, s.d.), p. 36. Os grifos são nossos. *O capitalismo estatal* a que se refere o autor citado é o que nós chamamos, neste trabalho, de *estatismo*.

[2] Ibidem, p. 21-2. Os grifos se referem a palavras escritas meses antes da posse do poder pelos bolchevistas.

Eis por que o plano de desenvolvimento que propusemos, que é um plano de desenvolvimento capitalista, possui em si os gérmens do socialismo, tornando o caminho mais ameno, a estrada menos áspera.

Esse gérmen, esse ponto de partida para o socialismo, nos países subdesenvolvidos, é o *estatismo*, ou seja, o *capitalismo de Estado*, que é um instrumento de desenvolvimento capitalista o qual, em determinado momento, se transforma em instrumento do desenvolvimento socialista.

Quanto à outra questão, a do *tipo de socialismo* que convém ao Brasil, é essa uma questão ainda remota e que somente as circunstâncias do momento – o estado de desenvolvimento das forças produtivas, a situação das relações de produção, a aliança entre as classes ou o seu grau de antagonismo, a conjuntura internacional – poderão determinar.

Mas os vínculos de subordinação econômica e política ao imperialismo serão destruídos.

As grandes empresas industriais e bancárias de propriedade mista ou imperialista terão de ser encampadas, nacionalizadas, transformadas em bens do Estado socialista, ou entregues aos seus operários, como no sistema iugoslavo de autogestão.

É de se supor, entretanto, que, dependendo, é certo, de vários fatores, algumas formas burguesas de produção, a propriedade individual dos meios de produção, por parte da burguesia não alienada ao capital estrangeiro, persistirão ainda durante algum tempo, e sua transformação em propriedade socialista se fará de forma gradual e legal.

A coletivização da terra, sob forma estatal, municipal ou cooperativista, é o maior dos enigmas que as forças socializantes terão de enfrentar, dado que o camponês brasileiro é ainda o *grande desconhecido*. O problema da posse da terra não pode ser resolvido por simples decretos. Ele envolve questões de *tradição*.

Mas a reforma agrária proposta em capítulo anterior será um passo inicial para a conquista da massa camponesa. A coletivização se dará gradualmente, pela persuasão e pela educação, e através da difusão do cooperativismo. O *mutirão*, o velho costume brasileiro – existente, aliás, em várias partes do mundo –, é um belo exemplo educativo do que pode a cooperação.

Teríamos então, coexistindo durante algum tempo, três formas diferentes de propriedade dos bens de produção: a individual, capitalista; a estatal, socialista; e a coletiva ou cooperativa, de autogestão.

De todo modo, é um tanto ocioso tentar penetrar o futuro quando o presente exige toda a atenção. Por que pensar na sobremesa quando ainda nem temos o jantar?

A QUESTÃO DAS ETAPAS DA REVOLUÇÃO BRASILEIRA*

Alberto Passos Guimarães

Coloco-me entre os que pensam que a "Declaração"**, de março de 1958, e as "Teses para discussão"***, de abril de 1960, representam um esforço sério e um grande passo à frente para a correta interpretação marxista-leninista do processo histórico e das particularidades concretas da sociedade brasileira.

O principal mérito desses dois documentos consiste, a meu ver, na utilização de métodos acertados para a investigação da realidade nacional e na valorização dos fatos históricos como fontes primárias das ideias e das conclusões acerca do programa, da tática e da prática política dos comunistas no curso atual da revolução brasileira.

Nesse sentido, os referidos documentos marcam uma ruptura com um longo passado de erros subjetivistas porque contribuem para superar um sem-número de dogmas, de concepções históricas logicamente falsas, tais como a "estagnação do capitalismo", o "atraso progressivo" da sociedade brasileira, a "colonização crescente" de nosso país e outras semelhantes, as quais formavam os componentes da política do "tanto pior melhor" em que se assentavam os alicerces do manifesto de agosto de 1950 e do programa de 1954.

Rejeitando tais concepções falsas, a "Declaração" e as "Teses" partem da análise objetiva dos fatos para chegar a afirmações inteiramente contrárias e absolutamente indiscutíveis, como as de que o capitalismo se desenvolve em nosso país, de que a sociedade brasileira progride e de que, com o desenvolvimento econômico e o progresso social, se fortalece a resistência à penetração do imperialismo.

---

* Ver Alberto Passos Guimarães, "A questão das etapas da revolução brasileira", *Novos Rumos*, Rio de Janeiro, 8-14 jul.1960, p. 3. (N. O.)

** "Declaração sobre a política do PCB", *Voz Operária*, Rio de Janeiro, 22 mar. 1958. (N. E.)

*** "Teses para discussão. Projeto de estatutos do Partido Comunista do Brasil", *Novos Rumos*, Rio de Janeiro, n. 59, 15-21 abr. 1960, suplemento. (N. E.)

É com base nessas afirmações, objetivamente exatas, que a "Declaração" e as "Teses" desmascaram o conteúdo "esquerdista" e antimarxista de nossas posições anteriores expressas tanto no manifesto de agosto de 1950 como no programa de 1954, e denunciam o absurdo de se apresentarem como de ação imediata tarefas tais como a destruição do regime e a derrubada do governo.

Em vez disso, a "Declaração" e as "Teses" estabelecem, embora de forma pouco clara, que as mais imediatas transformações progressistas exigidas pela sociedade brasileira ainda podem, por algum tempo, realizar-se dentro dos quadros do desenvolvimento do capitalismo. Isso não significa, de modo nenhum, negar a necessidade ou a inevitabilidade da passagem ao socialismo e da substituição do atual regime político por uma das formas da ditadura do proletariado, apenas significa reconhecer que não estão maduras, agora, no presente momento da vida brasileira, as condições indispensáveis para a luta imediata pelas transformações de caráter socialista.

Evidentemente, essas novas concepções, que constituem a medula da "Declaração" e das "Teses", reduzem ao mínimo a área de sobrevivência do doutrinarismo, do dogmatismo e do charlatanismo de "esquerda". Não haverá mais tantas oportunidades para o radicalismo pequeno-burguês, cuja principal manifestação consiste em negar as ideias de que uma revolução se processa por meio de uma sucessão de etapas, com objetivos e tarefas particulares a cada uma delas.

1. Um problema por esclarecer

Penso não ser desarrazoado afirmar que, nessa busca do caminho brasileiro para o socialismo, em que todos agora nos empenhamos, o problema mais complexo e o mais importante de todos os que restam esclarecer é o da delimitação das etapas da revolução.

Há pleno acordo entre nós, pelo menos entre a maioria dos que participam dos debates, em torno do caráter da revolução brasileira: a revolução brasileira é uma revolução anti-imperialista e antifeudal. Concordar com isso significa, obviamente, aceitar que a dominação imperialista e a ação dos restos feudais são os principais entraves ao progresso da sociedade brasileira, ou, em outras palavras, reconhecer que a contradição com o imperialismo e a contradição com os restos feudais são as mais importantes.

Outra questão que parece já esclarecida e posta fora do terreno das controvérsias é a de que o inimigo principal – o mais poderoso, o mais agressivo – da revolução brasileira é o imperialismo norte-americano. Nesse particular, até surpreende, por sua inconsequência, ver que certos camaradas, embora convencidos dessa verdade, ainda põem dúvidas sobre outra questão visceralmente ligada àquela – a de que a contradição com o imperialismo assume um papel dominante, preponderante sobre todas as demais.

Como explicar a aceitação de que o inimigo principal da revolução brasileira seja o imperialismo norte-americano e a negação de que a contradição com o imperialismo seja a principal? Acaso poderia o inimigo principal ser o imperialismo norte-americano se a contradição principal fosse com os latifundiários? E, vice-versa, poderia o inimigo principal ser os latifundiários se a contradição principal é com o imperialismo?

Francamente, aceitar que o imperialismo norte-americano seja o inimigo principal da revolução brasileira e recusar admitir que a contradição com o imperialismo seja a principal ou dominante não tem explicação lógica.

Existe também outra questão ligada intimamente a essas acima citadas: a de determinar sobre quem ou sobre que força do inimigo deve ser dirigido o golpe principal. Apesar de haver circulado por muito tempo uma "teoria" pessoal de Stálin a respeito de que o golpe principal numa revolução deveria necessariamente ser desferido sobre os reformistas ou sobre as camadas intermediárias mais vacilantes – o absurdo dessa "teoria", que contribuía na melhor das hipóteses para nos afastar de muitos de nossos aliados, já se acha claramente demonstrado, depois que os camaradas chineses a refutaram, apoiados na experiência de sua revolução.

Hoje nos parece a todos evidente que o golpe principal, no presente momento da revolução brasileira, deve ser desfechado sobre o inimigo principal. Se o inimigo principal da revolução brasileira é o imperialismo norte-americano, contra este é que deve ser dirigido o golpe principal.

Ter clareza sobre as cinco questões a que acima nos referimos – 1) o caráter da revolução brasileira; 2) as contradições mais importantes ou fundamentais; 3) a contradição principal ou dominante; 4) o inimigo principal; e 5) a direção do golpe principal – implica, logicamente, a conclusão de que uma sexta questão também se tornou clara, e esta é a questão de encontrar, no encadeamento dos processos da revolução brasileira, o elo que arrasta todos os demais da corrente anti-imperialista e antifeudal. Uma vez que já consideramos que a contradição principal é com o imperialismo, que o inimigo principal é o imperialismo norte-americano – pode haver dúvida de que o elo principal é o fator nacional? Há quem possa hesitar em apontar o fator nacional ou a corrente nacional, a revolução nacional, como o fator preponderante, o mais dinâmico da revolução brasileira?

Note-se – e isto deve ser bastante repetido aos "esquerdistas" inveterados – que aqui falamos de um elo pertencente a um encadeamento de processos, de um fator inseparável dos demais fatores da corrente anti-imperialista e antifeudal, pois é nesse sentido que os clássicos utilizam a expressão. De modo nenhum poderemos falar de uma corrente nacional, de uma revolução nacional separada do movimento antifeudal, do movimento democrático, mas de um fator nacional como preponderante mais dinâmico e, por isso, capaz de arrastar com ele todo o processo revolucionário e abrir caminho à realização das tarefas de toda a revolução brasileira, isto é, da revolução anti-imperialista e antifeudal.

Aqui, exatamente aqui neste ponto de nossa sequência de raciocínios, coloca-se uma nova questão – a de determinar a ordem de grandeza e a ordem de sucessão, no espaço e no tempo, das tarefas correspondentes ao processo da revolução anti-imperialista e antifeudal em nosso país; ou, em outras palavras, a questão da sucessão e da delimitação das etapas e da fixação das tarefas próprias, específicas de cada etapa.

E essa questão – a da sucessão e da delimitação das etapas – ainda está obscura para nós, não foi enfrentada e desenvolvida nem pela "Declaração" nem pelas "Teses". Por isso, insisto em que, como já está dito linhas atrás, esse é o problema mais complexo e o mais importante de todos os que restam esclarecer, se desejarmos palmilhar com segurança o caminho brasileiro para o socialismo.

Em torno de tão importante problema é que se situa a nossa área de atritos, e sem que o tornemos claro não poderemos estabelecer com firmeza a linha de demarcação entre as posições de "esquerda" e as de direita, entre as concepções subjetivistas, dogmáticas e a correta interpretação marxista-leninista dos fenômenos brasileiros.

Basta considerar que, se se confundem as etapas e as tarefas a elas pertencentes, não se poderá estabelecer distinção, no conjunto do processo revolucionário anti-imperialista e antifeudal, entre as fases evolutivas, de desenvolvimento gradual, que se realizam dentro de uma só etapa, e os "saltos" ou transformações radicais que marcam a passagem de uma para outra etapa; entre as simples mudanças na correlação de forças, que correspondem às fases de uma mesma etapa histórica, e as mudanças na correlação de classes (substituição de classes no poder) que correspondem à passagem a uma nova etapa histórica.

Estou absolutamente convencido de que a delimitação das etapas históricas no processo da revolução brasileira é o próximo passo a dar – e um passo decisivo – no sentido de uma correta compreensão do caminho brasileiro para o socialismo. Será necessário dizer que, se agora estamos em condições de dar mais esse passo para o domínio de uma estratégia e uma tática adequadas ao presente momento da revolução brasileira, devemo-lo aos consideráveis progressos alcançados ultimamente na interpretação dos fenômenos peculiares ao nosso país com a "Declaração" de 1958 e as "Teses" de 1960. Eis por que nossa atitude – refiro-me à atitude dos comunistas em geral – para com esses dois documentos não pode ser a de simples "oposição" ou de crítica negativa, mas uma atitude de crítica construtiva que reconheça os significativos avanços neles incorporados e parta dos aspectos e contribuições novos ali contidos para prosseguir no estudo da realidade brasileira e aprofundar sua interpretação.

Entretanto, assim não entendem os camaradas da oposição "esquerdista", aos quais não preocupa a busca de novos elementos para a reformulação de nossos problemas programáticos e táticos, mas sim, principalmente, a conservação de velhas formulações, a volta às formulações velhas, que a prática da vida já não admite.

2. Duas estratégias

Se lermos com atenção os capítulos IV, V e VI das "Teses", verificaremos que a questão das etapas da revolução já está ali esboçada, de modo que um certo número de tarefas menos radicais pode ser realizado por um governo nacionalista e democrático "conquistado pela frente única nos quadros do regime vigente" ("Tese 32"), e outro grupo de tarefas mais radicais deverão realizar-se "com um poder das forças anti-imperialistas e antifeudais, sob a direção do proletariado" ("Tese 35").

Não está dito textualmente nas "Teses", mas subentende-se que o governo referido na "Tese 32" corresponde a um tipo de poder qualitativamente diferente do poder referido na "Tese 35". Enquanto no primeiro a burguesia tem um papel hegemônico, no segundo a hegemonia é do proletariado; enquanto as tarefas do primeiro não vão além de "aplicar uma política externa de independência e defesa da paz, assegurar o desenvolvimento independente e progressista da economia nacional, dar início à reforma agrária, tomar medidas em favor do bem-estar das massas, garantir e ampliar as liberdades democráticas" ("Tese 32"), as tarefas do segundo consistem nas "transformações revolucionárias exigidas pelo desenvolvimento econômico e social de nossa pátria" ("Tese 35").

Há, nesta última frase, sem dúvida, uma impropriedade de linguagem. Percebe-se que, com a expressão "transformações revolucionárias", o redator quis dizer transformações qualitativas, pois não tem sentido que só as transformações do governo do segundo tipo sejam revolucionárias e não o sejam as transformações realizadas pelos governos do primeiro tipo.

Vem a propósito definir o que, no Brasil, podemos considerar e o que não podemos considerar transformações revolucionárias. O critério leninista é o de tomar como referência nessa controvérsia a manutenção ou a destruição das bases da velha ordem de coisas, do ponto de vista do progresso econômico e social. Ao abordar o problema agrário na antiga Rússia, Lênin afirmou:

> O caminho reformista de criação de uma Rússia burguesa-*junker* pressupõe necessariamente a conservação das bases do velho regime de posse da terra e a lenta adaptação, dolorosa para as massas, de ditas bases ao capitalismo. O caminho revolucionário da destruição efetiva da velha ordem de coisas exige, de modo indefectível, como sua base econômica, a destruição de todas as velhas formas de posse da terra juntamente com todas as velhas instituições políticas da Rússia. ("O programa agrário da social-democracia na Primeira Revolução Russa", capítulo final, Conclusão)*

No Brasil de nossos dias, o problema do caráter das transformações de nossa sociedade só pode ser equacionado nos termos em que Lênin o colocava.

* Ed. bras.: São Paulo, Livraria Editora Ciências Humanas, 1980. (N. E.)

Não há, nas presentes condições brasileiras, um curso apenas, um caminho apenas para o desenvolvimento do capitalismo, mas dois cursos, ou dois caminhos: o reformista e o revolucionário. O caminho reformista, seguido pela parte conciliadora da burguesia, é o da acomodação, da associação ou da subordinação ao imperialismo e aos restos do feudalismo. E o caminho revolucionário, apoiado pelo proletariado, é o da destruição do colonialismo e do pré-capitalismo.

Em relação às tarefas da revolução anti-imperialista, podem considerar-se revolucionárias todas as transformações burguesas (sejam simples reformas ou mudanças profundas), que, simultaneamente, resultem na destruição dos laços com o imperialismo e expressem um tipo de desenvolvimento independente, baseado no capitalismo de Estado e no capital privado nacional.

Em relação às tarefas da revolução antifeudal, podem considerar-se revolucionárias as transformações burguesas, sejam reformas ou mudanças radicais, que, simultaneamente, resultem na destruição dos laços com o feudalismo, na destruição das relações pré-capitalistas, e expressem um tipo de desenvolvimento democrático, baseado no capitalismo de Estado e na propriedade camponesa.

Não pretendo negar a possibilidade de uma sucessão de governos na marcha para o socialismo no Brasil, tampouco negar a possibilidade que existe de se passar de um para outro tipo de governo de modo pacífico. Não divirjo das "Teses" quanto a esses dois aspectos. Considero válida e aplicável à presente situação brasileira a afirmação de Lênin de que a burguesia "atua nos começos de todo movimento nacional como força hegemônica (dirigente) do mesmo" ("Sobre o direito das nações à autodeterminação", tópico 4)*, assim como considero válidas e aplicáveis à presente situação brasileira as ideias sobre a possibilidade do caminho pacífico aprovadas no XX Congresso do PCUS ("Problemas", 73, p. 40 e seg.)**.

O que nas "Teses" me parece contraditório é que, se de um lado tomam todo o processo da revolução anti-imperialista e antifeudal como uma etapa, de outro lado indicam tarefas correspondentes a dois tipos de poder político qualitativamente diferentes, um ainda sob a hegemonia da burguesia e outro sob hegemonia do proletariado.

Ora, o que distingue uma etapa histórica ou estratégica de outra etapa histórica ou estratégica senão a mudança do tipo de poder, a substituição de classes ou camadas no poder? Poderíamos considerar o poder das forças nacional-democráticas como da mesma qualidade das forças anti-imperialistas e antifeudais, apresentando apenas diferenças de grau?

---

* Ed. port.: em *Obras escolhidas em três tomos*, v. 1 (Lisboa/Moscou, Avante!/Progresso, 1977). (N. E.)

** "Decisões do XX Congresso do Partido Comunista da União Soviética", *Problemas: Revista Mensal de Cultura Política*, Rio de Janeiro, n. 73, mar.-jun. 1956. (N. E.)

Acredito que a análise desenvolvida nas "Teses" nos permite concluir que entre os dois tipos de poder não haja apenas diferenças de grau, mas, sim, diferenças de qualidade.

Estamos, pois, em face de uma dupla estratégia – uma que se refere a um tipo de poder em que a burguesia ainda pode manter a sua força hegemônica e outro tipo de poder em que a hegemonia passou ao proletariado –, e isso não pode ocorrer dentro de uma mesma etapa.

3. Inevitável o período intermediário

Diga-se, de passagem, que o tipo de poder das forças anti-imperialistas e antifeudais proposto como objetivo final nas "Teses" não difere, quanto ao seu conteúdo, do tipo de poder proposto como objetivo final no "Programa de 1954" (governo democrático-popular ou "ditadura das forças antifeudais e anti-imperialistas"), a não ser pela precedência que é dada no último às forças antifeudais. Ambos pressupõem, no entanto, um traço essencial comum – a hegemonia do proletariado.

Essa semelhança quanto ao objetivo final da revolução anti-imperialista e antifeudal não reduz em nada a importância do avanço dado pela "Declaração", e depois pelas "Teses", em relação ao "Programa de 1954" no que se refere ao reconhecimento da inevitabilidade de um período intermediário entre o "regime atual" e o regime a que se deverá chegar após esse período intermediário, ou seja, o "poder das forças anti-imperialistas e antifeudais".

É precisamente esse período intermediário que ainda não está analisado com toda a indispensável minudência, a fim de que possamos divisar claramente a natureza, a profundidade e a extensão das mudanças que, ao longo de sua vigência, deverão verificar-se a partir do atual regime político até sua substituição por um novo regime.

Poderá esse período intermediário ser caracterizado como uma simples fase, no sentido de que nele não ocorrerão modificações qualitativas na composição do Estado? Ou deverá ser caracterizado como uma etapa, no sentido de que haverá uma recomposição do Estado, com a saída de uma e a entrada de outras classes e camadas sociais?

A resposta a essa pergunta exige que ampliemos e aprofundemos os nossos conhecimentos a respeito das seguintes questões: 1) quais as classes e camadas que participam atualmente do poder; 2) quais as classes ou camadas que, na atual etapa ou num futuro imediato, poderão ser desalojadas do poder; 3) quais as classes e camadas que, na atual etapa ou num futuro imediato, substituirão aquelas que serão desalojadas; 4) qual a classe que agora detém a hegemonia, e qual a classe a cujas mãos passará, na atual etapa ou num futuro imediato, a hegemonia política.

Das quatro questões acima enunciadas, as "Teses" apenas apresentam resposta explícita para a primeira: "Atualmente o Estado brasileiro representa os interesses dos latifundiários, dos setores capitalistas ligados ao imperialismo (comerciantes e industriais associados a capitais monopolistas estrangeiros), particularmente o norte-americano, e também da burguesia interessada no desenvolvimento independente da economia nacional" ("Tese 18").

E, por causa de sua omissão das demais questões, o que as "Teses" deixam subentendido, a partir de algumas de suas conclusões e da sua linha de raciocínio, é que em todo o processo da revolução anti-imperialista e antifeudal (se aceitarmos que constituído de uma única etapa) só haverá um desenlace, no momento em que o poder passará das mãos dos "latifundiários, dos setores capitalistas ligados ao imperialismo, particularmente o norte-americano, e também da burguesia interessada no desenvolvimento da economia nacional", diretamente para as mãos das "forças anti-imperialistas e antifeudais".

Se assim for, o período intermediário, a que aludimos, ficará reduzido a um simples interregno, durante o qual nenhuma classe ou camada cederá o lugar a nenhuma camada ou classe, embora possa haver um governo ou uma sucessão de governos com nuanças políticas pouco demarcadas.

Serão essas as verdadeiras perspectivas a que nos conduzirão o atual estado de coisas e a situação concreta de nosso país?

Penso que não.

A própria análise objetiva da sociedade brasileira contida nas "Teses" apresenta elementos para concluirmos que, antes daquele desenlace, isto é, antes da passagem do poder das mãos dos latifundiários e seus comparsas para as das forças anti-imperialistas e antifeudais, as condições estarão maduras para outras modificações na composição do Estado brasileiro.

Por isso, acredito que o período intermediário, que inevitavelmente se intercala ou já se intercalou entre o regime atual e o regime que no fim do processo lhe sucederá, constitui uma etapa histórica ou uma etapa estratégica da revolução brasileira, representada pela mudança no poder de determinadas classes ou camadas. O processo da revolução anti-imperialista e antifeudal, segundo posso compreender, desdobra-se, por conseguinte, em duas etapas: a etapa nacional e democrática e a etapa democrático-popular.

4. Objetivos e tarefas da primeira etapa

Na primeira etapa, a etapa atual, existirá a possibilidade real de serem desalojadas do poder as mais caducas forças do colonialismo e do pré-capitalismo, isto é, toda a classe de latifundiários feudais (embora ainda fiquem nele os latifundiários burgueses), toda a burguesia intermediária ligada ao imperialismo norte-americano (chame-se a essa burguesia compradora, capital comprador ou qualquer outro nome), levando de cambulhada os agentes entreguistas e testas de ferro do imperialismo norte-americano. Ao mesmo tempo, existirá a possibilidade real de terem acesso ao poder do Estado a burguesia nacional como um todo, como classe, e vastos setores das classes médias, urbanas e rurais, inclusive a parte mais radical do campesinato e a intelectualidade mais radical. E com o acesso da burguesia nacional ao poder, a hegemonia política que ela ainda não detém passará inteiramente às suas mãos.

Observem os leitores que, nessa apreciação do objetivo estratégico da primeira etapa, aparece uma ideia aparentemente nova: a de que os latifundiários no Brasil não constituem uma classe única, inteiriça e homogênea, mas que, ao contrário, estão divididos em duas alas, classes ou camadas (a conceituação não importa para o caso) – os latifundiários feudais e os latifundiários burgueses.

Nas "Teses", tal distinção não é feita explicitamente. Entretanto, as pessoas que têm boa memória para as minúcias hão de lembrar que, desde muito tempo, o movimento comunista mundial trata os latifundiários como duas "classes". Lênin, por ocasião da Revolução Russa de 1905, separava do conjunto dos latifundiários os "ultrarreacionários" e, em abril de 1917, admitia a existência entre eles de uma profunda diferença, como se verá pelo trecho seguinte:

> O velho poder tsarista que só representava um punhado de latifundiários feudais [...] foi destruído, varrido, mas não aniquilado. [...] O poder do Estado passou na Rússia às mãos de uma nova classe: a classe da burguesia e dos latifundiários aburguesados. Por conseguinte, a revolução democrático-burguesa, na Rússia, está terminada. ("As tarefas do proletariado em nossa revolução", abril de 1917)*

Ponhamos de lado a questão formal de saber se as alas são classes ou camadas e nos fixemos no aspecto mais importante, que é o de saber se se justifica, na primeira etapa da revolução brasileira, o deslocamento, em primeiro lugar, dos latifundiários "ultrarreacionários" ou feudais.

Creio que isso se justifica tanto pelas exigências de nossa prática política, baseada na experiência do movimento comunista mundial, quanto por motivos de método ou de princípio. Se o primeiro golpe da revolução brasileira é dirigido contra um setor isolado do campo do inimigo – o imperialismo norte-americano –, não há razão para que a revolução democrática deixe de dirigir o primeiro golpe contra um setor isolado do campo do inimigo – os latifundiários ultrarreacionários ou feudais.

Adotar um método para a esfera da luta anti-imperialista e outro método para a esfera da luta antifeudal da revolução brasileira só pode ser uma incoerência. Além disso, não podemos pretender que a revolução antifeudal situe no mesmo plano e ponha no mesmo pé de igualdade, para delinear sua direção estratégica, as

---

* Ed. port.: em *Obras escolhas em três tomos*, v. 2 (Lisboa/Moscou, Avante!/Progresso, 1977). (N. E.)

forças decadentes do latifundismo feudal e as forças ainda ascendentes do latifundismo burguês.

Com a primeira etapa – a etapa nacional-democrática – "terminará" a revolução burguesa no Brasil, pois, como dizem os clássicos, é com a conquista do poder pela burguesia que "termina" a revolução burguesa.

Será preciso repetir toda a rica argumentação, utilizada durante anos e anos pelos teóricos marxistas mais eminentes, para demonstrar que o proletariado tem o máximo interesse em levar a revolução burguesa ao seu "último limite", a fim de poder, mais facilmente, em seguida, passar a uma etapa mais avançada no caminho do socialismo?

Eu me dispensarei de fazê-lo neste pouco espaço que me sobra, e pedirei àqueles que ainda alimentem dúvidas a respeito que as dissipem com a leitura dos textos de Lênin.

O fato de que, na primeira etapa, realizada ainda dentro dos quadros do capitalismo, a burguesia ascenderá ao poder, e de que será nele a força hegemônica, não significa que o possa fazer sozinha, sem o apoio de um forte movimento nacional e democrático de massas, sem o apoio da frente única das forças nacionais e democráticas de que participam as correntes populares mais ativas, e dentro da qual o proletariado, por meio dos comunistas, lutará para elevar cada vez mais sua influência, num crescente esforço para conquistar para si a hegemonia do movimento.

O fato de que a primeira etapa, a etapa atual da revolução anti-imperialista e antifeudal, tenha no Brasil o caráter de uma revolução nacional e democrática (e não apenas o de uma revolução nacional) explica-se como uma decorrência da presente correlação de forças interna e externa, como consequência dos enormes progressos alcançados pelo campo socialista e pela frente mundial contra o capital monopolista.

Por essa razão, e também porque a burguesia brasileira já não terá forças para conquistar sozinha o poder e realizar sozinha as tarefas da revolução nacional, se não contar com o apoio de um forte movimento democrático, é que a delimitação das etapas, nas condições brasileiras atuais, não se pode estabelecer em moldes semelhantes aos de vinte ou trinta anos atrás, quando se considerava que a revolução nas colônias e países dependentes se realizaria em duas etapas: a primeira, nacional, e a segunda, agrária.

Assim, não tem mais validade para a nossa época a caracterização feita por Stálin ("Sobre o problema da China", 1928)* das duas etapas – nacional, a primeira, e agrária, a segunda – da Revolução Chinesa e da Revolução Turca.

Uma das condições imprescindíveis para o êxito do movimento (burguês) de emancipação nacional do Brasil é que a ele se unam as forças populares sob a influência

* Ed. bras.: trad. Brasil Gerson, Rio de Janeiro, Vitória, 1946, p. 299-325. (N. E.)

do proletariado, e que, ao lado das tarefas do movimento anti-imperialista, sejam também colocadas na ordem do dia as tarefas (iniciais) do movimento antifeudal.

Mesmo naqueles países onde o movimento camponês se encontra atrasado, como é o caso do nosso país, o movimento de emancipação nacional, em sua primeira etapa, já se entrelaça com o movimento antifeudal e democrático, isto é, com a "etapa agrária", incluindo necessariamente reivindicações de caráter democrático já maduras.

Sob esse aspecto, a etapa nacional-democrática é uma etapa mais avançada do que a etapa nacional a que se refere Stálin; em outras palavras, a etapa nacional-democrática propõe-se à realização de tarefas historicamente mais progressistas do que aquelas pertencentes à revolução nacional "pura" (veja-se para o desenvolvimento deste raciocínio as ideias sobre o novo conteúdo democrático do atual movimento comunista mundial anti-imperialista expostas no manual *Fundamentos do marxismo-leninismo* e resumidas em *Problemas da paz e do socialismo*, número 10, de 1959, assim como o artigo de Kuusinen publicado no número 4, de 1960, da mesma revista)*.

As tarefas principais da primeira etapa consistirão em: a) impulsionar a revolução nacional até deter a penetração e retomar certas posições do imperialismo, e particularmente do imperialismo norte-americano; e b) impulsionar a revolução agrária, com a realização de reformas iniciais que possibilitem a imediata melhoria da situação dos assalariados agrícolas, a extinção de muitas das formas medievais de trabalho, a elevação do nível de vida dos camponeses; em suma, buscar a formação e a intensificação de um poderoso movimento camponês, a acumulação de forças capazes de impor, tão breve quanto possível, as transformações radicais da estrutura agrária.

5. Objetivos e tarefas da segunda etapa

Naturalmente se transferirão à segunda etapa, à etapa democrático-popular (etapa de transição para o socialismo ou que outro título lhe seja dado), muitas das tarefas anti-imperialistas e antifeudais não cumpridas durante a primeira etapa. E não se exclui a hipótese de que, uma vez criadas as condições para a radicalização de certos movimentos, sejam cumpridas ainda na primeira etapa uma ou várias tarefas previstas para a segunda etapa. Com isso, fica claro que as etapas não devem ser consideradas compartimentos estanques, separadas uma da outra por uma muralha intransponível. Também se torna evidente que às etapas não se deve associar as ideias de tempo, pois uma etapa poderá realizar-se num prazo maior ou menor,

---

* Ver *Fundamentos do marxismo-leninismo* (Rio de Janeiro, Vitória, 1962); Otto Wille Kuusinen, "As tendências e perspectivas do capitalismo monopolista contemporâneo", *Problemas da paz e do socialismo*, n. 4, 1960. (N. E.)

decerto imprevisível, segundo o decidam a realidade concreta, as causas objetivas e as forças políticas em ação.

Se na primeira etapa o objetivo fundamental (estratégico) é o deslocamento do poder da classe dos latifundiários feudais, da burguesia intermediária ligada ao imperialismo norte-americano, dos testas de ferro e demais entreguistas, na segunda o objetivo fundamental (estratégico) será o deslocamento do poder da classe dos latifundiários burgueses, dos grandes capitalistas vinculados ao imperialismo norte-americano e de todas as camadas e setores mais reacionários.

Se a primeira etapa pode realizar-se com a burguesia nacional à frente do movimento e do governo, a segunda só poderá realizar-se depois que o proletariado tenha conquistado, no curso das lutas pelas reivindicações nacionais e democráticas, a hegemonia do movimento e possa ascender ao governo ao lado de seus aliados, temporários e permanentes, notadamente em estrita aliança com os camponeses.

Se na primeira etapa a tarefa principal do movimento de emancipação nacional não irá além de deter a penetração e retomar posições do imperialismo, particularmente do imperialismo norte-americano, na segunda a tarefa principal daquele movimento será a completa emancipação econômica e política do país e a extinção do domínio dos monopólios estrangeiros.

Se na primeira etapa a tarefa principal do movimento democrático não passar da realização de uma reforma agrária inicial (ainda não camponesa) que varra os vestígios mais caducos do escravismo e do feudalismo, na segunda a tarefa principal será a instituição de uma reforma agrária camponesa radical, que transforme por completo a estrutura agrária. Assim como no curso da primeira etapa, poderá haver fases táticas diversas, com modificações de grau na composição dos governos de caráter nacional e democrático, que nos aproximarão do "último limite" da revolução burguesa, da mesma forma que, no curso da segunda etapa, poderá haver fases táticas diversas e sucessivas com uma série de modificações na composição do governo, à medida que vá crescendo o peso específico dos operários e seus aliados naturais e permanentes no seio das forças anti-imperialistas e antifeudais.

As modificações na composição dos governos da primeira etapa nos aproximarão da passagem para a etapa seguinte, e as modificações na composição dos governos da segunda etapa nos conduzirão ao nosso ulterior objetivo histórico – a vitória do socialismo.

As mulheres e a revolução brasileira*

Ana Montenegro

A população feminina no Brasil representa 51% da população geral. Após o término da Primeira Guerra, começaram as mulheres, nos grandes centros urbanos, por razões econômicas que mais tarde criaram as razões sociais, a participar da produção nacional em diversos setores de atividade, em que pesem os preconceitos, as discriminações, a mentalidade estreita da sociedade, resultante das relações de produção. Temos hoje na indústria têxtil, a de maior volume no país, 65% de mulheres. Mais da metade dos trabalhadores em fumo é constituída de mulheres. Na indústria da confecção, o maior número é de mulheres. Encontramos 48% de mulheres no funcionalismo público. Nas autarquias, esse número sobe a 65%. Na indústria metalúrgica, de 17% há dez anos, o percentual feminino passou a 35%. Até na diplomacia as mulheres conseguiram ingressar. E, se é vedado o ingresso de mulheres no Banco do Brasil, os demais estabelecimentos bancários as empregam aos milhares. Seria longo enumerar a participação das mulheres nos diversos setores de atividade. Embora as estatísticas sejam omissas quanto ao número de mulheres que trabalham no campo, porque são arroladas no contrato de trabalho do marido como animais domésticos, esse número é considerável, relativamente aos 70% da população brasileira que vegeta pelo interior. De tal forma as mulheres se integraram produtivamente à sociedade que o próprio Código Civil, votado em 1912, com todos os ranços e prejuízos do século passado, tornou-se obsoleto no que tange à autorização do marido para o trabalho da esposa. Sabemos que toda essa integração foi determinada por fatores de ordem econômica, como o fora, antes, na Inglaterra, quando da Revolução Industrial; pelas necessidades sempre

* Publicado originalmente sob o título "As teses esqueceram o trabalho entre as mulheres". Ver Ana Montenegro, "As teses esqueceram o trabalho entre as mulheres", *Novos Rumos,* Rio de Janeiro, 5-11 ago. 1960, p. 7. (N. O.)

mais crescentes nos lares, o que não exclui o mérito da vontade poderosa da mulher brasileira e o seu empenho diário de ver no homem um companheiro para as horas tristes e alegres, para juntos administrarem a família, e não um dono, um tutor que a sustenta. A participação ativa da mulher nos variados setores de produção acompanhou e ajudou o desenvolvimento industrial verificado a partir de 1950. Esse é o quadro numérico.

Poderia dizer-se que os problemas da mulher são os mesmos do homem; precisam das coisas essenciais de que precisam os homens para um bem-estar social relativo às necessidades humanas no qual se enquadrariam e viveriam, pelo qual lutariam ombro a ombro com os homens. Seria essa uma forma muito simples, mas também muito oportunista, de justificar a ausência nas teses ora em debate da situação do elemento feminino na sociedade brasileira e do trabalho entre as várias camadas de mulheres, que representam, numericamente, como já foi dito, mais da metade dessa mesma sociedade. Seria não querer levar em conta, na tática traçada para o trabalho entre as massas, as contradições existentes entre essa capacidade produtiva das mulheres e as suas condições de vida. No tocante às condições de vida, no regime capitalista, as mulheres são particularmente exploradas. Aqui no Brasil, em determinado período, em que é estudada a atividade por sexo, dos 14 até os 23 anos, a população ativa feminina supera a população ativa masculina, o que corresponde ao emprego da mão de obra da mulher menor de idade por baixos salários, significando maiores lucros para os patrões. Ao sair para a fábrica, para o escritório, para a escola, para a jornada diária de trabalho fora do lar, a mulher não se livra da jornada diária do pesado trabalho doméstico. Assim, tem condições de vida diferentes, mais difíceis, mais dolorosas do que o homem. E diz-se, então, falsamente, levianamente, que a mulher brasileira tem menos espírito associativo do que o homem. O fato é que a mulher tem menos condições de participar de uma associação, de um sindicato, do que o homem. Logo, a forma de reuni-la, de associá-la, deve ser diferente da usada para o homem, em cuja forma não podem deixar de ser levadas em conta as duas jornadas de trabalho diário. As trabalhadoras, segundo estatísticas publicadas pelo Iapi, só recebem 65% dos salários pagos aos homens. Como se vê, são mais exploradas. Na Consolidação das Leis do Trabalho, há um capítulo especial sobre a proteção ao trabalho da mulher. Mas as leis são cumpridas? Existem creches? Existem condições de higiene indispensáveis ao trabalho da mulher nas empresas? A maioria nem sabe desses direitos. E não sabem porque as associações de classe não se empenham em esclarecê-las, em procurar formas de organizá-las de acordo com as suas condições particulares, não incluem os seus problemas na ordem do dia das assembleias, por subestimação. Essa subestimação, estranhamente, encontra-se até nas teses apresentadas pela vanguarda do proletariado. Passou essa vanguarda daquela extrema falsidade de colocar o trabalho feminino como centro fundamental do trabalho de massas ao abandono completo e sem justificação desse trabalho, o que indica uma necessidade urgente de rever, levando em consideração a população feminina, a realidade social brasileira no tocante às suas formas de organização. A posição assumida nas teses, ou melhor, a ausência de qualquer posição é muito cômoda, mas errada, falsa e prejudicial, tanto do ponto de vista ideológico como político e prático, no trabalho entre as massas. As mulheres são ou não são a reserva da revolução? Essa afirmação foi revista? Nos setores mais reacionários, mais retrógrados, por cálculo ou não, as mulheres se organizam. São associações religiosas. São associações de caridade. Em todos os partidos políticos, em todos os comitês eleitorais, em todos os movimentos, nas igrejas de todas as religiões, há um grupo de mulheres organizado à parte, um departamento, uma ala. Será por acaso? Fala-se muito em realidade e na verdade é preciso fazê-lo. É preciso acabar com as falsidades, os baluartismos, as conclusões sem fundamento, as afirmações impróprias a determinadas situações, com as palavras de ordem retumbantes e impraticáveis, com a cegueira diante de fatos positivos, como o do desenvolvimento econômico do país. Dentro dessa realidade, porém, estão as mulheres, que trabalham, sofrem e lutam, junto com os homens, mas em condições sociais diferentes. Como será possível desconhecer isso? Mesmo nos países socialistas, as mulheres que se libertaram, quando se deu a libertação econômica, política e social daqueles países, têm as suas publicações específicas, os seus comitês, as suas organizações femininas. Como os nossos pseudorrealistas explicam isso? Ouvi dizer que as teses estavam muito longas, e a inclusão do trabalho entre as mulheres iria alongá-las ainda mais. E assim, por incrível que pareça, por causa de mais umas laudas de papel foi esquecida mais da metade da população do país. A desculpa é uma das menos aceitáveis que se possa dar e não corresponde à realidade ideológica dos fatos. Pergunta-se: das experiências mesmo negativas de vários anos, do trabalho falso à base de informes falsos traduzidos de documentos estrangeiros, da organização de um grupo permanente de turismo para todos os congressos no exterior, que não representavam nem as mulheres ativas nem as mulheres simples, capazes de sentir os problemas das grandes massas femininas, não poderia sobrar, nas teses, nem uma pequena e modesta autocrítica?

Não tive a pretensão de discutir aqui as teses na sua essência econômica, que determina o comportamento político e social dos comunistas. Mas, na prática, estamos vendo e sentindo a justeza das mesmas. Será, ainda, a prática, e não certas afirmações, que dirá o tempo de validade do documento. Penso que não é um documento completo, pelos motivos que já expus e por outros que não estou discutindo, no momento. Mas a vida superará todas as falhas, mesmo a falha do desconhecimento das camadas femininas. No entanto, é de se lamentar essa falha que põe a nu a debilidade do movimento de vanguarda, que ainda conserva dentro de si os resíduos de uma sociedade feudal, em que a mulher é colocada em situação inferior e de cuja situação se aproveita o imperialismo norte-americano, pois lhe interessa conservar a mulher na indiferença e na ignorância, impedindo-a de influenciar os seus familiares na luta pelas causas de independência nacional, impedindo-a de participar dessas lutas. É bom pensar na realidade quantitativa e qualitativa da mulher na sociedade brasileira, antes que os prejuízos políticos sejam maiores.

Conceito de povo no Brasil*

Nelson Werneck Sodré

Deixamos de lado, propositadamente, a fase em que o Brasil era colônia. É suficiente, para definir quem é o povo no Brasil, considerar algumas fases de sua existência autônoma: a da independência, a da república, a da revolução brasileira. Convém repetir o que convencionamos aceitar como geral no conceito de povo, antes de situar os três momentos particulares referidos: *em todas as situações, povo é o conjunto das classes, camadas e grupos sociais empenhados na solução objetiva das tarefas do desenvolvimento progressista e revolucionário na área em que vive.* Definindo, em relação a cada uma das três fases, quais as tarefas do desenvolvimento progressista (nos dois primeiros) ou progressista e revolucionário (no último), e quais as classes, camadas ou grupos que se empenharam (ou se empenham) na solução objetiva daquelas tarefas, teremos definido quem era (e quem é) o povo em cada uma.

Comecemos pela mais antiga, a da independência. A partir da segunda metade do século XVIII, particularmente no seu final, o problema político fundamental, no Brasil, é o da independência; realizar a independência constitui a tarefa do desenvolvimento progressista, naquela fase. Cada fase coloca os problemas quando esboça ou alcança as condições para resolvê-los. O problema da independência, assim, não apareceu acidentalmente: condições externas e internas fizeram com que surgisse, esboçaram e depois definiram objetivamente as condições para resolvê-lo. A essência dos laços que subordinavam o Brasil a Portugal, na referida fase, encontrava-se no regime de monopólio comercial, que assegurava à metrópole participação espoliativa na renda das trocas entre a colônia e o exterior, tanto no sentido da exportação quanto da importação, além da espoliação realizada com a

* Ver Nelson Werneck Sodré, "Conceito de povo no Brasil", em *Quem é o povo no Brasil?* (Rio de Janeiro, Civilização Brasileira, 1962, col. Cadernos do Povo Brasileiro), p. 22-39. (N. O.)

tributação interna desigualmente distribuída, onerando os menos afortunados, como é da boa prática colonial em todos os tempos.

A quem interessava a independência? Externamente, a quem se propunha conquistar o mercado brasileiro: a burguesia europeia, em ascensão rápida com a Revolução Industrial, e particularmente a burguesia inglesa, classe dominante em seu país. A expansão burguesa era incompatível com os mercados fechados, com as áreas enclausuradas, com o monopólio comercial mantido pelas metrópoles em suas colônias. Quando as condições mundiais estivessem amadurecidas, e os fatos – no caso, as guerras napoleônicas – assinalassem o desencadeamento do processo, a Inglaterra, dominadora dos mares, isto é, da circulação mundial de mercadorias, participaria ativamente dos movimentos de autonomia na área ibérica do continente americano.

A quem interessava a independência, internamente? Antes de verificar esse ponto, convém ter uma ideia da estrutura social brasileira na época. Uma estimativa de 1823 admite a existência de 4,2 milhões de habitantes no Brasil. Destes, 1,2 milhão são escravos. Do ponto de vista social, a população se reparte em: a) senhores de terras e de escravos – que constituem a classe dominante – e são em vastas áreas senhores de terras e de servos, quando nelas existem relações feudais; b) pessoas livres, não vivendo da exploração do trabalho alheio, agrupadas numa camada intermediária, entre os senhores, de um lado, e os escravos e os servos, de outro, camada que recebera grande impulso com a atividade mineradora, compreendendo pequenos proprietários rurais, comerciantes, intelectuais, funcionários, clérigos, militares; c) trabalhadores submetidos ao regime de servidão; d) escravos.

Como os servos e escravos, tanto quanto os pequenos grupos de trabalhadores livres que se dispersam particularmente em áreas urbanas, não têm consciência política, embrutecidos que se acham pelo regime colonial, só participam da luta pela autonomia a classe dominante de senhores e a camada intermediária. Esta, incontestavelmente, participa desde muito cedo da referida luta e está presente em todos os movimentos precursores dela, movimentos que, como a Inconfidência Mineira, reúnem militares, padres e letrados. Pelas condições que caracterizam a vida colonial, entretanto, a luta pela autonomia só poderia ter possibilidades de vitória quando englobasse a classe dominante. E esta padece de vacilações constantes; só esposará o ideal da independência em sua fase final, empolgando-o, para moldar o Estado segundo os seus interesses.

Ela está profundamente interessada no que a independência tem de fundamental: a derrocada do monopólio de comércio. Suas vacilações, entretanto, não se prendem apenas à tradição colonial – quando era procuradora da metrópole aqui –; prendem-se ainda ao temor de que a pressão externa contra o tráfico negreiro e o trabalho escravo encontrem na autonomia oportunidade para alcançar seus objetivos, e atrelam-se também ao temor de que o abalo social que a autonomia pode proporcionar traga-lhe ameaças ao domínio, particularmente no que se refere à ascensão do grupo mercantil. A camada intermediária também está interessada na autonomia, pela qual elementos seus já combateram e se sacrificaram, e não apenas os do grupo mercantil, mas muitos outros, os intelectuais, padres e militares à frente. Servos e escravos não têm consciência política do processo, embora acompanhem-no com o seu apoio, na medida do possível.

Se a tarefa do desenvolvimento progressista do Brasil, nessa fase histórica, é a realização da independência, como vimos, e se o *povo*, em tal fase, é representado pelo conjunto de classes, camadas e grupos sociais empenhados na solução objetiva daquela tarefa, o povo brasileiro abrange, então, *todas* as classes, camadas e grupos da sociedade brasileira. Claro que, cada um, com o seu coeficiente próprio de esforço e de interesse: a classe dominante com as suas vacilações e pronunciamento tardio, a camada intermediária com a sua vibração; os demais, na medida da consciência política de seus elementos. Ocorre que essa composição política é transitória: conquistada a independência, com a manutenção da estrutura colonial (e por isso mesmo não se trata de uma revolução), o *povo* tornar-se-á outra coisa. Dele já não fará parte a classe dominante senhorial, que tratará, na montagem do Estado, de afastar totalmente as demais classes, camadas e grupos do poder e da participação política, como veremos adiante.

Situemos, agora, a fase em que o país muda de regime, com a derrocada da monarquia. Qual era a tarefa progressista a realizar no Brasil, em tal momento? Era, certamente, a de liquidar o império, que representava o atraso. O Brasil apresentava-se agora muito diferente: sua população atinge 14 milhões de habitantes; nela, os escravos, ao fim da penúltima década do século, são cerca de 700 mil. A área escravista reduziu-se muito e mantém-se em estagnação econômica; mas a área da servidão ampliou-se sobremaneira quanto ao espaço, embora compreenda principalmente zonas de fora do mercado interno. Dos 14 milhões de habitantes, admite-se que apenas 300 mil sejam proprietários, compreendidos parentes e aderentes: constituem a classe dominante. Nela, a velha homogeneidade desapareceu, mas verificando-se uma cisão: há uma parte que permanece ancorada nas relações de trabalho da escravidão ou da servidão, e outra que aceita, prefere ou adota relações de trabalho assalariado. Desapareceu a homogeneidade porque, em determinadas áreas, as velhas relações foram, a pouco e pouco, substituídas por novas relações.

O Brasil passou, na segunda metade do século XIX, por grandes alterações de fato: as cidades se desenvolveram depressa, em algumas zonas a população urbana cresceu em poucos anos, o comércio se diversificou e se ampliou, apareceram pequenas indústrias de bens de consumo, o aparelho de Estado cresceu, surgindo o numeroso funcionalismo que desperta tantas controvérsias, mas a divisão do trabalho multiplicou também as suas formas, desencadeando atividades até então desconhecidas. As profissões ditas liberais passaram a atrair muita gente; desenvolveu-se o meio estudantil; atividades intelectuais começaram a ocupar espaço na sociedade urbana. Ora, tudo isso revelava o aumento da velha camada intermediária entre senhores e escravos, ou entre senhores e servos, ou entre patrões e empregados. Ela aparece agora com fisionomia definida, tão definida quanto lhe permitem as próprias características, como classe média ou pequena burguesia. É curioso notar que constitui uma peculiaridade brasileira, e não só brasileira, o fato de ser a pequena burguesia historicamente mais antiga do que a grande burguesia e do que o proletariado. Nos fins do século XIX, sua importância é destacada, quando a burguesia começa a definir-se, recrutada particularmente entre os latifundiários, e o proletariado dá os primeiros passos, recrutado principalmente no campesinato.

As relações de trabalho no campo também sofrem grandes alterações. Enquanto algumas áreas permanecem aferradas à escravidão, que só abandonam com o ato abolicionista, e outras permanecem aferradas à servidão, as que se desenvolvem economicamente excluem o trabalho escravo, que as atravancava, e começam a operar com o trabalho assalariado, em parte com os elementos introduzidos pela imigração sistematizada. É um processo paralelo e conjugado em que polos antagônicos crescem interligados, diferenciando nos latifundiários uma camada que passa a constituir a burguesia, e diferenciando nos trabalhadores uma camada que passa a constituir o proletariado e o semiproletariado. Esse processo se desenvolve também nas áreas urbanas, nas quais o proletariado e o semiproletariado aumentam lentamente seus contingentes. Com a extinção do trabalho escravo, permanecerão as relações feudais e semifeudais no campo, conjugadas ao latifúndio. Nas áreas urbanas, a burguesia amplia muito depressa o seu campo, com atividades comerciais, industriais e bancárias.

O império fora estabelecido como forma de servir a uma classe dominante homogênea, constituída pelos senhores de terras, que o eram também de escravos e de servos. Agora, as condições são outras, e ele já não atendia aos interesses da classe dominante cindida entre latifundiários, senhores de terras e de servos e burgueses. Não atendia, com mais forte razão, aos interesses da pequena burguesia. Nem aos do reduzido proletariado; nem aos do semiproletariado; muito menos aos dos servos. A tarefa progressista, nas condições brasileiras de fins do século XIX, consistia em liquidar o império, não no que representava de formal e exterior, mas no que tinha de essencial: todas as velhas relações econômicas e políticas que entravavam o desenvolvimento do país. Que classes, camadas e grupos estavam interessados, pelas suas condições objetivas, em liquidar as velhas instituições, tão profundamente ancoradas no período colonial e transferidas ao período autônomo? Se a independência reunira o apoio de todos eles, com uma participação proporcional à força de cada um e ao grau de consciência política de seus elementos, já a república não provocaria a unanimidade. As classes interessadas na implantação do novo regime compunham uma ampla frente, englobando setores latifundiários e a burguesia nascente, aos quais se somavam a pequena burguesia, o proletariado, o semiproletariado e os servos. Como acontecera com a independência, a burguesia nascente se mostrava vacilante; a pequena burguesia, que esposara muito antes o ideal republicano, era mais enérgica em suas manifestações; o reduzido proletariado e particularmente o semiproletariado não haviam alcançado ainda o grau de consciência política necessário a uma participação eficiente; e a servidão permanecia estática, isolada no vasto mundo rural. Quem constituía o *povo*, então? Essas classes, evidentemente, as que estavam interessadas na tarefa progressista, historicamente necessária, de criar a república. A classe latifundiária não fazia parte do povo. Seu último serviço fora a independência.

Gerada a circunstância em que se consumaria a derrocada do velho regime, a classe média, representada particularmente pelo grupo militar, assumiu a direção dos acontecimentos. Mas a burguesia nascente apressou-se em compor forças com o latifúndio para poder moldar o novo regime em conformidade com os seus interesses e os das velhas forças sociais. Como por ocasião da independência, assiste-se a um processo claramente repartido em duas fases: a primeira, em que o *povo*, representado pelas classes interessadas na realização das tarefas progressistas, opera unido e consuma os atos concretos relativos à transformação historicamente necessária; a segunda, em que a classe dirigente, a que detém a hegemonia na composição que constitui o *povo*, torna-se a nova classe dominante e comanda as alterações à medida dos seus interesses, preferindo a retomada da aliança com as forças do atraso à manutenção da aliança com as forças do avanço. A unidade tácita e eventual da primeira fase se desfaz; as contradições e os antagonismos de classe reaparecem.

Essas duas fases repetem-se em todas as oportunidades em que as transformações se limitam a substituir a dominação de uma minoria pela dominação de outra minoria que, transitoriamente, recebe o apoio da maioria e dele se vale para chegar ao poder. Isso não aconteceu apenas no Brasil, evidentemente; aconteceu por toda a parte, ao longo dos séculos, mas por toda a parte as condições para que os fatos se passassem dessa maneira foram-se tornando cada vez mais difíceis. No Brasil também: quando da independência, a classe dominante dos senhores não teve muitas dificuldades para se separar das outras classes, camadas e grupos sociais que com ela haviam constituído o *povo*, para a tarefa progressista da emancipação: essas dificuldades não faltaram, contudo, e foram assinaladas nas rebeliões provinciais que sacudiram o novo império até meados do século XIX. Mas os senhores venceram esses obstáculos, dominaram as rebeliões e tomaram conta totalmente do país, impondo-lhe as formas políticas e institucionais que lhes convinham.

Depois de consumada a república, as coisas já se tornaram mais difíceis. A classe dominante minoritária desligou-se, de fato, do conjunto em que se compunha com as outras classes, camadas e grupos sociais, constituindo o *povo*, e isolou-se no poder, a fim de desfrutá-lo sozinha. Mas encontrou grandes obstáculos para conseguir seu intento. A pequena burguesia brasileira, antiga na formação e antiga nas reivindicações políticas – e a república era uma dessas velhas reivindicações, esposada desde os tempos coloniais –, defendeu bravamente as suas posições e houve necessidade de cruentos choques para desalojá-la. O florianismo foi a sua expressão específica e desempenhou papel importante na história política brasileira. Para manter-se no poder, a burguesia nascente foi obrigada a rearticular-se com a classe latifundiária, exercer ações de força e montar um sistema de repressão, a chamada "política dos governadores", que abrangia todo o país. Mais do que isso: foi obrigada a articular-se com forças externas para manter-se no poder. Quando Campos Sales, estabelecido o domínio das oligarquias, transaciona o *funding* com o imperialismo inglês, articula uma frente dominante que associa latifundiários, burguesia e imperialismo, contra o *povo* brasileiro.

Vimos, de forma prática, ligando o conceito às distintas situações históricas concretas, quem era o *povo* brasileiro, em duas fases diferentes. Estamos em condições, finalmente, de definir quem é o *povo* brasileiro, hoje, nos dias que correm, na fase histórica em que vivemos, de que participamos. Qual a tarefa progressista e revolucionária na atual etapa da vida brasileira? Note-se: *pela primeira vez aparece o conceito de revolução quanto às tarefas históricas, no que se refere ao nosso país.* A independência e a república, com efeito, foram tarefas progressistas, mas não revolucionárias: a classe dominante permaneceu a mesma, embora, no segundo caso, tivesse, depois da mudança do regime, repartido o poder com a nascente burguesia, continuando hegemônica. Agora, trata-se de liquidar, definitivamente, a classe latifundiária, tornada anacrônica pelo desenvolvimento do país. Trata-se de substituí-la. Trata-se, ainda, de quebrar a aliança que a vincula ao imperialismo, derrotando-o também e barrando-lhe a ingerência no processo nacional.

Qual a estrutura da sociedade brasileira, nos nossos dias? O Brasil mudou muito, de fato, em relação ao que era nos fins do século XIX, quando se instaurou a república. Participou, de uma forma ou de outra, de duas guerras mundiais, e sofreu os efeitos da maior crise atravessada pelo regime capitalista. As guerras e a crise tiveram importantes reflexos em nosso país: permitiram rápidos impulsos à sua industrialização e a conquista do mercado interno pelo produtor nacional. Foram pausas transitórias na pressão imperialista, e por isso tivemos oportunidades desafogadas de progredir mais depressa. Mas não foram causas do progresso. As causas acham-se sempre ancoradas no desenvolvimento das forças produtivas e na acumulação decorrente. O processo, nas fases especiais referidas, apenas teve seu ritmo acelerado. O fato é que, no século XX, o Brasil vai-se tornando, cada vez mais depressa, um país capitalista. Não importa aqui, evidentemente, analisar as características desse capitalismo que se desenvolve em países de economia dependente, com estrutura de produção entravada ainda por resquícios coloniais. Importa constatar o fato.

O desenvolvimento capitalista, cuja demonstração mais evidente se encontra na forma e na rapidez como reagiu a economia nacional aos efeitos da crise de 1929, teve profundos reflexos na estrutura social do país e em sua vida política. À proporção que as relações capitalistas se ampliam, a burguesia brasileira cresce e se organiza, definindo as suas reivindicações políticas; e, paralelamente, crescem o proletariado e o semiproletariado, que se organizam, com o primeiro definindo as suas reivindicações políticas. Por força dos mesmos efeitos, reduz-se o poder da classe dos latifundiários, e no campo fermentam inquietações. Aumenta a pequena burguesia, que se multiplica em atividades, em disputa de melhores oportunidades. Ela está presente nos grandes episódios políticos: as campanhas de Rui Barbosa, o tenentismo, a Revolução de 1930. No vasto mundo rural, o campesinato começa a acordar do sono secular: aparecem as revoluções camponesas, travestidas de fanatismo religioso; primeiramente Canudos, depois o Contestado, e prosseguem na luta dos posseiros e nas organizações atuais, as Ligas Camponesas, que tanto surpreendem e assustam os que acreditavam piamente na eternidade do conformismo.

A classe dos latifundiários continua dominante, mas suas perspectivas são agora cada vez mais estreitas. Somente subsiste mediante alianças: a) aliança com o imperialismo, de que aproveita os empréstimos constantes para financiamento de safras invendáveis, mas que já a protege mal, porque força a baixa dos preços dos produtos que ela coloca no exterior, explora a comercialização do que ela produz, e fala até em reforma agrária, que lhe parece um sacrilégio; b) aliança com uma parte da grande burguesia comercial, bancária e mesmo industrial – que também se associa ao imperialismo –, desejosa de substituir os latifundiários como procuradora dele, mas necessitando, internamente, apoiar-se nesse velho e carunchoso reduto do atraso, pelo temor de transformações que ultrapassem os seus anseios e interesses. O imperialismo joga com as duas classes: a velha, que o serviu tão bem e que ele subordina tão dócil e facilmente com as manipulações do comércio exterior e com os empréstimos; e a nova, que ele subordina graças à associação de interesses e com novos empréstimos. Está presente por toda a parte: quando um brasileiro acende a luz, faz a comida, fala no telefone, toma o bonde, escova os dentes, raspa a barba, liga o rádio, vai ao cinema, em todos esses momentos encontra a presença do imperialismo e a sua mão rapace, que lhe cobra o preço de todos os atos da vida cotidiana.

A burguesia cresceu muito, de fato, e comporta perfeitamente, agora, a divisão clássica em grande, média e pequena. Quanto ao imperialismo, ela está mais próxima dele quanto mais alta for, mas em todos os três níveis há elementos que sofrem as suas ações e que as combatem. O proletariado desenvolveu-se igualmente de forma ampla, nas áreas urbanas em particular, mas também no campo. Os numerosos elementos antes submetidos à servidão começam a transitar para o semiproletariado: vastas áreas territoriais vão sendo integradas na economia de mercado, restringindo-se a servidão e a semisservidão. É o campesinato que oferece as alterações mais evidentes e denuncia mudanças inevitáveis. O latifúndio está condenado, e a própria burguesia concorda com essa condenação, temendo, contudo, efetivá-la, pois se ampara ainda, na luta contra o proletariado, nessa base secular do atraso. O campesinato sacode pouco a pouco as suas peias e apresenta reivindicações recebidas com indisfarçável alarme pela classe dominante.

O poder está repartido entre a alta burguesia e os latifundiários, ligados, todos, ao imperialismo. Essas classes exercem o poder, porém, sob fiscalização rigorosa e combate continuado; as pressões provêm das demais classes, no âmbito interno, e do imperialismo, no externo. A resultante é, esporadicamente, favorável ao interesse nacional, porque mesmo a alta burguesia tem ainda frações ligadas aos interesses brasileiros, mas esses lances isolados decorrem de circunstâncias especiais, como aquelas de que resultou a siderurgia do Estado, ou de campanhas tempestuosas, como a de que surgiu o monopólio na exploração petrolífera. O cerne da aliança que une a alta burguesia, a classe latifundiária e o imperialismo reside na política econômica e financeira, cujo aparelho é zelosamente defendido, passando e sucedendo-se governos aparentemente contrastantes, mas que mantêm rigorosamente a mesma política e o mesmo grupo burocrático que representa a confiança da frente antinacional.

Na luta pelo poder, refletem-se, como é normal, as profundas contradições e antagonismos que assinalam a presente fase histórica e correspondem ao quadro real, à situação objetiva. Essa luta, aparentemente, é travada pelos partidos, mas quando praticamos uma análise mais atenta e verídica aparece o verdadeiro contorno dela, que ultrapassa amplamente o âmbito dos partidos, transferindo-se a outras organizações que suprem as deficiências com que os partidos colocam os termos daquela luta: os sindicatos, as organizações estudantis, as Forças Armadas, a Igreja, esta ainda com ponderável influência no campo. Tais organizações estão mobilizadas, participam ativamente da luta política. Vista em grande escala, essa luta apresenta em relevo o problema democrático.

O avultamento do problema democrático deriva do fato de que a manutenção das liberdades democráticas permite o esclarecimento político, e o esclarecimento político permite a tomada de consciência pelo povo, e a tomada de consciência pelo povo permite a execução das tarefas progressistas que a fase histórica exige. Manter as liberdades democráticas significa, pois, inevitavelmente, ter de enfrentar aquelas tarefas e resolvê-las, segundo a correlação de forças, quando as forças populares são muito mais poderosas do que as que estão interessadas na manutenção de uma estrutura condenada. Para mantê-la, entretanto, torna-se indispensável suprimir as liberdades democráticas. O clima democrático asfixia progressivamente as forças reacionárias, que se incompatibilizam definitivamente com ele, pedem, imploram um governo de exceção, um golpe salvador, uma poderosa tranca na porta a impedir a entrada do progresso. Tentam, com a frequência determinada pelas circunstâncias, a sinistra empresa, perdem sucessivamente todas as oportunidades, sendo levadas ao desespero. Mas procuram recuar em ordem, sempre, sacrificando alguns quadros de mais evidência, substituindo-os, recondicionando-os, e seguem outro caminho, o de apresentar uma fachada democrática que esconda o fundo antidemocrático. Buscam, por todos os meios, organizar uma democracia formal em que seja estigmatizado como subversivo tudo o que fere o poder exercido pelos latifundiários e pela alta burguesia em ligação com o imperialismo, em que seja punível qualquer pensamento contra o atraso e a violência de classe. Essa ânsia exasperada em deter a marcha inevitável da história, em sustar o processo político, ameaça o país com a guerra civil, pois as forças antinacionais não recuarão ante ato algum que lhes prolongue o domínio. Assim como no campo internacional, o imperialismo preferiria conflagrar o mundo, com a guerra atômica, a ceder as suas posições, enquanto no campo nacional aquelas forças preferem conflagrar o país a ver derrotados os seus interesses. Poderão chegar a isso, ou não, entretanto, em conformidade com a correlação de forças sociais.

Quais as tarefas progressistas e revolucionárias dessa fase histórica, então? Libertar o Brasil do imperialismo e do latifúndio. Realizá-las significa afastar os poderosos entraves que se opõem violentamente ao progresso do país, permitindo o livre estabelecimento de novas relações de produção, compatíveis com os interesses do povo brasileiro; significa derrotar o imperialismo, alijando sua espoliação econômica e ingerência política, e integrar o latifúndio na economia de mercado, ampliando as relações capitalistas; significa, politicamente, assegurar a manutenção das liberdades democráticas, como meio que permite a tomada de consciência e a organização das classes populares; significa impedir que a reação conflagre o país, julgando rigorosamente as tentativas libertadoras; significa, concretamente, nacionalizar as empresas monopolistas estrangeiras, que drenam para o exterior a acumulação interna, as de serviços públicos, as de energia e transportes, as de mineração, as de arrecadação da poupança nacional; significa a execução de uma ampla reforma agrária que assegure ao campesinato a propriedade privada da terra e lhe dê condições para organizar-se econômica e politicamente e para produzir e vender a produção; significa, consequentemente, destruir os meios materiais que permitem ao imperialismo exportar a contrarrevolução e influir na opinião pública e na orientação política interna; significa desligamento total de compromissos militares externos; significa relações amistosas com todos os povos.

Quais as classes sociais interessadas na gigantesca tarefa progressista e revolucionária com que nos defrontamos? Parte da alta, média e pequena burguesia, a parte de cada uma desligada de associação, compromisso ou subordinação ao imperialismo; o proletariado; o semiproletariado e o campesinato, com participação ativa na medida da consciência política que apresentem os seus componentes. Assim, povo, no Brasil, hoje, é o conjunto que compreende o campesinato, o semiproletariado, o proletariado; a pequena burguesia e as partes da alta e da média burguesia que têm seus interesses confundidos com o interesse nacional e lutam por este. É uma força majoritária inequívoca. Organizada, é invencível. Para organizá-la, entretanto, para permitir que seus componentes tomem consciência da realidade, superando o concentrado bombardeio da propaganda imperialista, arrimada em poderosos recursos materiais e detentora do aparelho de difusão do pensamento, faz-se indispensável o regime democrático, de liberdade de pensamento, de reunião e de associação. Estão excluídos do *povo*, pois, nessa fase histórica, e agora para sempre, enquanto classes, os latifundiários, a alta e a média burguesia, comprometidos com o imperialismo, como os elementos da pequena burguesia que o servem. É o conjunto de classes, camadas e grupos sociais que compõem o *povo* que representa, assim, o que existe de nacional em nós.

O povo, entretanto, agora como em fases anteriores, divide-se em vanguarda e massa. Massa é a parte do povo que tem pouca ou nenhuma consciência de seus próprios interesses, que não se organizou ainda para defendê-los, que não foi mobilizada ainda para tal fim. Faz parte das tarefas da vanguarda do povo, consequentemente, educar e dirigir as massas do povo. Isso só é possível sob regime democrático, na vigência das liberdades democráticas, e é justamente por isso que as forças reacionárias se opõem desesperadamente à vigência daquelas liberdades, e permanecem profunda e vitalmente interessadas em impedir que as massas se esclareçam, tomem consciência de seus interesses e das formas de defendê-los, e se organizem para isso. Embora elas disponham de poderosos recursos e do domínio quase total do aparelho de difusão do pensamento e, por isso, ainda influam bastante sobre as massas, estas leem no livro da vida, que é muito, muito mais rico em ensinamentos do que os livros impressos ou a palavra falada, e a realidade as ensina, concretamente, todos os dias.

O que diferencia a tarefa progressista de hoje das tarefas progressistas do passado é a amplitude de que se reveste sob as condições atuais. O que a faz revolucionária, como em alguns casos do passado, mas não no Brasil, é que a transformação agora incluirá a substituição da classe dominante. O que a torna específica do nosso tempo, na perspectiva geral do mundo, isto é, o que ela apresenta de novo, enquanto revolucionária e peculiar ao caso brasileiro, mas também nos casos idênticos aos do Brasil, que os há, é que não se processará mais a simples substituição de uma minoria por outra minoria, apoiada esta, tácita ou conscientemente, pela maioria que, somada com aquela minoria, constitui eventualmente o povo. O novo, no processo político, está justamente no fato de que a classe dominante minoritária, ou a associação de classes dominantes minoritárias – no caso, principalmente latifundiários e parte da alta burguesia –, não será substituída por uma nova classe dominante minoritária, mas por todo o conjunto que compreende o *povo*. Isto é: não será possível à parte da burguesia que se integra no *povo* realizar a revolução com o apoio de todo o *povo* e, conquistado o poder, alijar o restante do povo da participação nele. Em termos políticos: trata-se de uma revolução democrático-burguesa, mas de tipo novo, em que a componente burguesa não terá condições de monopolizar os proventos da revolução. As possibilidades de operar o desenvolvimento material e cultural do Brasil para proveito apenas da burguesia estão encerradas.

"O pulso forte do trabalhador fará recuar seus inimigos", charge publicada em *A Plebe*, São Paulo, 26 de março de 1927, e reproduzida em John W. Foster Dulles, *Anarquistas e comunistas do Brasil*, cit.

A revolução brasileira*

Franklin de Oliveira

Antes de defini-la e de definir os seus objetivos, reflitamos um pouco sobre as origens da palavra revolução.

Toda revolução é uma promessa de vida melhor, o compromisso de novo princípio de vida.

A revolução é, por isso, impulso para o mais alto e o mais perfeito.

Não é por acaso que a palavra revolução nos vem da astronomia, do estudo do mundo planetário.

O brilho e o alento das estrelas pulsam no frêmito do seu corpo. A mecânica celeste, Copérnico a descreve num tratado que tem o título *De revolutionibus orbium coelestium*.

Revolução era assim palavra estelar. Depois, desceu do céu, onde significava as rotações dos planetas, para, na terra, significar rotações na vida dos Estados e das sociedades humanas.

E até hoje, na mente dos homens, *revolução* é a palavra propulsora: nela palpita a aspiração para o alto, para o melhor.

Considerada como transformação no seio da sociedade, a revolução brasileira tem seus primórdios em 5 de julho de 1922, data em que, nas areias de Copacabana, Siqueira Campos e seus companheiros escreveram a epopeia dos Dezoito do Forte.

Novamente em 5 de julho, o de 1924, em São Paulo, e depois com a marcha da Coluna Prestes e o fabuloso *raid* de Siqueira Campos, a revolução brasileira conheceu novos momentos de expansão nacional.

---

* Palestra proferida no Sindicato dos Metalúrgicos, em São Paulo, em 1º de junho de 1962, e publicada como seção em Franklin de Oliveira, "A liberdade fundamental", *Que é a revolução brasileira?* (Rio de Janeiro, Civilização Brasileira, 1963), p. 66-100. (N. O.)

Ocorreu em 1930, data em que as oligarquias rurais e a burguesia comercial principiaram a perder o controle do poder político, no qual foram substituídas pela classe média ascendente, cujo idealismo se exprimiu no movimento que ficou conhecido sob a denominação *tenentismo.*

O Movimento de 1930 foi substancialmente um movimento de classe média e, por isso, não deveria ser chamado, a rigor, de *revolução*, e sim de movimento *reformista.*

Em primeiro lugar porque os movimentos sociais, quando são realmente revoluções, são irreversíveis, isto é, provocam mudança de estrutura tão profunda que a estrutura derrogada é incapaz de ser restaurada.

Só as reformas políticas, isto é, os movimentos de superfície, são reversíveis.

Nesse sentido, a lição de Paul Baran é exemplar. Ele nos mostra como as revoluções políticas, que repetidamente ocorrem em quase todos os países, habitualmente derrubam um governo em favor de outro, modificando a composição pessoal do poder ou da classe ou do grupo político dominante, *mas não afetam a estrutura social do país.* Apesar dessas modificações e mudanças de grupos dominantes, as instituições políticas permanecem as mesmas. E, uma vez que nem elas se modificam, nem se modifica a estrutura econômica, é possível a reversibilidade histórica.

Baran lembra, para ilustrar a sua tese, como, após vinte anos de domínio de Mussolini, a Itália restaurou as instituições da democracia burguesa. Voltou ao que era antes do fascismo. A Alemanha Ocidental, depois de Hitler, assemelha-se muito à República de Weimar, que precedeu Hitler.

Nada disso ocorre quando uma revolução social é levada a efeito, pois a revolução, pelo fato fundamental de criar uma nova estrutura socioeconômica, *jamais possibilita qualquer processo de reversão histórica.*

Aconteça o que acontecer à Rússia socialista ou à China popular, nem a Rússia voltará a ser a Rússia tsarista, nem a China de Mao Tsé-tung voltará a ser o velho reino do ópio e paraíso da prostituição.

O Movimento de 1930, embora tivesse produzido alterações na estrutura da sociedade brasileira, não promoveu nenhuma ruptura profunda na ordem social dominante.

Eis que tal aconteceu porque 1930 foi um movimento de classe média, classe que, do ponto de vista ideológico, é uma categoria social hesitante, vacilante, inconsequente.

Uma verdadeira revolução, uma revolução social, só é feita pelas classes que estão no polo da exploração, e não pela classe que se situa nas zonas intermediárias da sociedade.

Eis por que 1930 não chegou a ser mais do que o início de uma revolução.

Porque desde 1922 os movimentos insurrecionais brasileiros têm sido *movimentos de classe média* é que o processo político geral, hoje denominado revolução brasileira, não tem conseguido ser mais do que a história de uma *revolução malograda.*

Nada mais dramático para um povo do que ver frustrada a sua revolução nacional.

Toda revolução nacional malograda leva fatalmente ao obscurantismo político.

Nesse sentido, o exemplo da Alemanha é expressivo. Damos por pacífico o axioma de que cada nação nasce de uma revolução; de que *só as revoluções criam os caracteres nacionais.*

É às revoluções nacionais de 1848, na Alemanha, na Itália, na Europa Central e na Europa Oriental, que devemos esse axioma histórico.

As revoluções de 1848 cristalizam as aspirações nacionais em toda a Europa. Em 1848, o nacionalismo, que derivou da combinação da ideia de soberania com a doutrina da revolução, emergiu como um ideal político definido. Ao lema "Viva o rei!" sucedeu o lema "Viva a nação!".

Porque desde a Reforma Luterana até o movimento de 1918, que fundou a república burguesa, na qual se embutiram todas as forças e resíduos do antigo regime, a revolução nacional alemã viu-se frustrada, a velha Germânia desembocou no nazismo.

As frustrações revolucionárias resultaram em Hitler.

A revolução brasileira, fracassada em 1922 e em 1924, e semifrustrada em 1930, se não for levada *agora* a êxito, *poderá dar lugar, no Brasil, a uma experiência igual à alemã.* Nesse sentido, 1937, ano do primeiro surto de fascismo no Brasil, é uma advertência. O Estado Novo somente foi possível por ser expressão do aborto em que se constituiu 1930.

Eis o que há de terrível na vida brasileira dos nossos dias.

Eis o dilema a que estamos expostos: revolução ou reação.

Os últimos sintomas da crise brasileira, em cuja crista montam ostensivamente os nossos *gorilas* verde-amarelos, são inequívocos – tragicamente inequívocos.

É do nosso dever impedir, a todo transe, e ainda que ao preço do sacrifício supremo, que a revolução brasileira afunde na frustração.

Não é fácil a tarefa.

Dentre as contradições básicas que afligem a sociedade brasileira destacamos, de um lado, a representada por um campesinato em situação pré-revolucionária, em virtude da inflexibilidade da estrutura rural, de nítido caráter semifeudal, e, de outro, a presença de um proletariado com tendências muito mais reformistas do que propriamente revolucionárias: um proletariado que só se empenha em lutas pelas reivindicações salariais, mantendo-se, exceto em umas ocasiões, indiferente a qualquer luta de sentido político ou caráter ideológico.

É nosso dever superar tal contradição, despertando no proletariado a consciência da urgente necessidade de sua aliança com o campesinato, a juventude estudantil e as camadas mais avançadas da classe média para a construção de uma força que seja a vanguarda revolucionária brasileira.

Nossa tarefa é árdua. Vivemos uma época em que vinte anos se concentram num só dia, como dizia Marx. Concentrar-se intensamente na ação, firme, decidida, destemida, é a forma que temos de permanecer à altura da hora histórica em que vivemos.

Quais os sintomas que denunciam, em nosso país, a presença do processo denominado *revolução brasileira*?

Um economista encontrará as suas causas na inflação, na depreciação da moeda e na consequente perda do poder de compra dos salários.

Um cientista político verá sua causa na desintegração das instituições políticas e na decomposição da vida partidária.

Um demógrafo verá suas origens no crescimento vertiginoso das cidades, no impulso violento adquirido pelas migrações internas e no verdadeiro regime de explosão populacional a que estamos submetidos.

Um antropólogo social identificará as causas da revolução na ascensão de novas classes sociais e no aparecimento de novos grupos econômicos.

Não creio, porém, que nenhum desses fatos acima mencionados possa ser tomado e deva ser considerado como causa da revolução brasileira.

Creio que mais correto será definir a inflação, a desintegração das instituições políticas, a decomposição dos partidos, o aparecimento de novos grupos econômicos, a subversão dos valores, a ruptura da ordem ética etc. não como causas, mas como expressão da crise na estrutura da sociedade brasileira, crise que só a revolução será capaz de superar.

A revolução não provoca crises: a revolução é o remédio heroico para as crises gerais que afetam as sociedades humanas.

Posto o problema nesses termos, verificamos que as reformas chamadas de base nada representam. Não resolvem o impasse criado por uma sociedade incapaz de superar suas próprias contradições.

Tomemos, para argumentar, a hipótese da reforma constitucional. Uma reforma constitucional, a esta altura da crise brasileira, é mais do que desconversa – é mistificação.

Comecemos pelas perguntas fundamentais: que é uma Constituição?

Em que consiste a verdadeira essência da Constituição?

A grande resposta dada às duas perguntas é a de Lassalle, o qual demonstra, com lógica inflexível, que os problemas constitucionais não são problemas jurídicos, problemas de direito, *mas problemas de poder.*

Uma Constituição é uma lei fundamental que se distingue das demais leis por ser *a soma dos fatores reais de poder* que têm vigência em determinada sociedade.

O que vem a ser *fator real de poder*?

Fatores reais de poder são aqueles que imperam no seio de uma sociedade, aquelas forças ativas e eficazes que informam todas as instituições, fazendo com que elas *não possam ser mais do que realmente são.*

Lassalle, para demonstrar a veracidade de sua tese, parte de uma hipótese bem clara. Suponhamos que um incêndio em todas as bibliotecas públicas e privadas e arquivos legislativos ou governamentais de um país destruísse todos os documentos do governo e não deixasse intacto um só texto legal; admitida essa hipótese, não restaria à nação castigada pelo incêndio outra alternativa a não ser elaborar novas leis. Pergunta, então, Lassalle: "Acreditam os senhores que, nesse caso, o legislador poderia pôr-se a trabalhar à vontade e fazer as leis que melhor lhe parecessem?".

Lassalle dava o seu exemplo falando aos alemães quando, na Alemanha, existia a monarquia. Partia, pois, do pressuposto de que os adversários da monarquia respondessem à sua pergunta da seguinte forma:

> Já que as leis desapareceram e temos de elaborar outras inteiramente novas, desde a base à cumeeira, na elaboração da nova Constituição não respeitaremos as prerrogativas das quais a monarquia gozou até agora, à sombra das leis destruídas. E, ainda, não mais lhe respeitaremos prerrogativas de espécie alguma, porque pura e simplesmente somos antimonárquicos.*

A tal resposta, esclarece Lassalle, o rei retrucaria tranquilamente: "Podem estar destruídas as leis, mas a realidade é que os comandantes dos arsenais e dos quartéis levam para as ruas os canhões quando eu mando. Apoiado nesse poder efetivo dos canhões e das baionetas, não tolerarei a extinção das minhas prerrogativas".

Eis aqui o que é um *fator real de poder.* Esse *fator real de poder* é que faz a Constituição real, a Constituição que funciona, a Constituição que o Estado e o governo cumprem.

Não somos uma monarquia, como a Alemanha de Lassalle; na estrutura política vigente no Brasil, o verdadeiro poder brasileiro, equivalente ao poder do monarca absoluto germânico, do exemplo de Lassalle, é o poder econômico.

Querem provas? Ei-las na própria Constituição de 1946, tão rica de medidas sociais, mas *medidas que se perdem na inocuidade dos enunciados platônicos.* Nenhuma das conquistas sociais verdadeiramente progressistas que a Constituição brasileira de 1946 consagra em seu texto tem poder operativo.

E por quê? Porque a Constituição de 1946 foi elaborada por agentes do latifúndio e do capital monopolista. Sua execução, seu cumprimento, sua observação estão a cargo deles, dependem de tais agentes. E sabemos que latifúndio e monopólio *são forças essencialmente antidemocráticas e antiprogressistas.*

A reforma constitucional, feita sem ser precedida pela mudança radical na estrutura da sociedade, continuará sendo, na melhor das hipóteses, um romântico enunciado de mandamentos progressistas, um elenco de princípios utópicos, e nada mais.

O problema, portanto, não é o da reforma na superestrutura legal, mas o da *prévia mudança radical na infraestrutura econômica e social.*

---

* Ferdinand Lassalle, *O que é uma Constituição?* (trad. Hiltomar Martins Oliveira, Belo Horizonte, Lider, 2002). (N. E.)

Chegando a esse ponto, abordamos o problema básico de toda revolução: o problema da *conquista do poder político. Revolução é o acesso de novas forças políticas ao comando do Estado.*

O problema do regime, eis a questão na qual até hoje ninguém tocou. Sobretudo, nele não tocaram aqueles que tinham o dever fundamental de equacioná-lo, por se proclamar precursores de nova ordem social.

Entre nós, num livro sobre o Movimento de 1930 – o *Sentido do tenentismo** –, Virgínio Santa Rosa, depois de enfocar o problema da reforma agrária, cuja urgência já era defendida, àquela época, como imperativo ao qual 1930 não poderia fugir, observava, respondendo aos que não queriam tocar no latifúndio mas se diziam interessados em modificar a fisionomia política do Brasil: "Inútil reformar o nosso estatuto político, desde que não se corrija nossa organização social".

Virgínio Santa Rosa não se iludia, razão pela qual escreveu, com a mesma clareza: "As oligarquias latifundiárias não realizariam as reformas desejadas nem consentiriam na presença de parlamentares encarregados de realizá-las".

Essas palavras de 1930 são válidas para 1962. As reformas hoje pleiteadas como remédio heroico para a crise brasileira ou não serão feitas, ou, se feitas, serão inócuas, porque *nenhuma delas afetará a estrutura social brasileira.*

Serão feitas, no máximo, *"à moda da casa"*, quer dizer, para servir às classes dominantes, e não ao povo brasileiro.

A mentalidade reformista é como o biquíni: mostra tudo, menos o essencial.

O essencial, no caso, é a modificação radical dos fundamentos econômicos e sociais em que repousam as instituições políticas e jurídicas, as quais só poderão ser transformadas ao influxo do processo revolucionário.

Estabeleçamos o axioma: *a crise brasileira não será solucionada com reformas, mas somente por via do salto qualitativo implícito no processo revolucionário.*

Por isso mesmo, não podemos ter a ingenuidade de pensar que as classes dirigentes sejam capazes de encontrar as soluções que retirem o país do impasse a que chegou, pois esse impasse desserve ao país, mas serve às elites dirigentes.

Que traços predominam hoje na fisionomia econômica e social do país?

Está em desenvolvimento no Brasil um rápido processo de concentração e centralização de capital.

Um processo de formação de monopólios capitalistas nacionais e estrangeiros.

Assistimos ao aparecimento das primeiras formas de capital financeiro e às manifestações de um capitalismo monopolista de Estado, o qual se revela por meio do crescente domínio do aparelho estatal por grupos monopolistas nacionais e estrangeiros. Sabemos com Bukhárin que "o capitalismo monopolista de Estado significa um reforço formidável da alta burguesia".

---

* Rio de Janeiro, Schmidt, 1932. (N. O.)

Apesar disso, no Brasil, procura-se ainda impingir ao povo a ideia de que o capitalismo monopolista de Estado significa a transformação do Estado burguês em órgão de arbitragem, espécie de força acima das classes, quando ele não é mais do que união da força dos monopólios com a força do Estado num só mecanismo que predetermina e comanda todos os aspectos da vida nacional, submetendo-os aos interesses da oligarquia financeira.

A formação e a expansão monopolista levam à intervenção do Estado na vida econômica, *mas a favor das classes dominantes.*

Escamoteando esse fato, os reformistas entre nós procuram fazer o país crer que *capitalismo monopolista de Estado é algo como o socialismo.*

A classe dominante opõe as reformas sociais à revolução socialista exatamente para chegar ao capitalismo monopolista de Estado, pelo qual o Estado se converte em comitê administrativo dos negócios da burguesia, sôfrega por concentrar em suas mãos parte decisiva da produção social e da vida da nação.

A intervenção do Estado brasileiro, no campo econômico, até hoje não fez mais do que favorecer a penetração e o domínio de importantes setores da economia nacional pelo capital monopolista estrangeiro, quase sempre associado aos grupos da grande burguesia nacional[1]. É o que se verifica nas indústrias automobilística, siderúrgica, química, na produção e distribuição de energia elétrica, na indústria de construção naval, no setor de frigoríficos, no mercado de alumínio, trigo, algodão, cimento, borracha, calçados, vidro, óleos vegetais, fumo, ferro e manganês, na indústria farmacêutica, na exploração de minérios e minerais atômicos etc.

O recente processo de industrialização, de implantação da indústria de bens de capital, foi conduzido de forma a favorecer os grandes fazendeiros de café e de cacau, os usineiros de açúcar, os pecuaristas, os banqueiros e os grupos monopolistas nacionais e estrangeiros que dominam a comercialização daqueles produtos e controlam o nosso comércio de exportação e importação. A intervenção do Estado fez-se preponderantemente no sentido de beneficiar o capital monopolista estrangeiro, norte-americano ou europeu e os grupos monopolistas nacionais.

Em consequência dessa orientação, o processo inflacionário foi estimulado pelo duplo fato de funcionar como agente de concentração capitalista (acumulação de capital) e atuar como bomba de sucção que redistribui a renda nacional em detrimento do proletariado, das classes assalariadas, do campesinato e das classes médias, enquanto provoca o vertiginoso incremento dos lucros e dos capitais das grandes empresas nacionais e estrangeiras.

Em decorrência de tal política desenvolvimentista, fortaleceu-se no Brasil o latifúndio. O latifundiário e o capitalista reuniram-se em uma só pessoa, tal como

---

1 Ver Franklin de Oliveira, *Revolução e contrarrevolução no Brasil* (Rio de Janeiro, Civilização Brasileira, 1962).

aconteceu com o *junker* alemão – ali na Alemanha da revolução frustrada e, portanto, consequentemente, na Alemanha do *putsch* nazista.

A aliança do latifúndio com a grande burguesia urbana foi também facilitada pelo fato de provir grande parte da burguesia nacional do nosso reacionário patriciado rural.

Tão sinistra aliança, eis o que se propõe manter um teórico do desenvolvimento brasileiro, o senhor Hélio Jaguaribe, que por tanto tempo se fez passar por ideólogo da emancipação nacional. Vemo-lo agora defender, em seu livro *Desenvolvimento econômico e desenvolvimento político**, a tese de que devemos adotar a técnica de desenvolvimento que chama de *bismarquista*, a qual consiste na arbitragem entre as classes e no dirigismo nacional, tudo sob a égide da intervenção do Estado.

Declara aquele ideólogo do patronato nacional que esse é o modelo de desenvolvimento mais adequado aos países dirigidos pelos empresários, em cujo rol deseja ver chumbado o Brasil. Pede ele, em consequência, a criação de um *nacional-capitalismo*, fundado num partido do desenvolvimento que, sob liderança *neobismarquiana*, torne-o partido majoritário e, nessa qualidade, exerça o poder, com o apoio das massas, em oposição às forças reacionárias e às *radical-revolucionárias.*

Esse saltitante teórico da revolução capitalista no plano econômico – monopólio e capitalismo correspondem à contrarrevolução no plano político – não consegue, porém, escamotear o dilema em que se colocam os países que, como o Brasil, lutam pela emancipação econômica. Confessa que, em países como o nosso, "a necessidade de capital estrangeiro tenderá a ser tanto maior quanto tais países quiserem manter-se em regime democrático capitalista". Assim agindo, todavia – reconhece o mesmo teórico –, "tais países estarão permitindo que os grandes consórcios internacionais logrem adquirir crescente controle dos setores estratégicos de sua economia".

Como a nossa luta tem de ser em todas as frentes, primordialmente na frente ideológica, cito aquele ideólogo da burguesia empresarial para demonstrar que ele próprio tem consciência de que o *caminho do desenvolvimento capitalista leva-nos à posição colonial.*

Tal autor, como se sabe, foi um dos teóricos da política de desenvolvimento econômico implantada no Brasil pelo governo do presidente Kubitschek, governo em que se deu, no país, a maior penetração imperialista já registrada pela nossa história econômica. Declara ele, agora, que o caminho do desenvolvimento capitalista, em vez de levar o Brasil à condição de país economicamente independente, o faz retroceder à situação de nação colonial.

Qual, então, o caminho a seguir?

Quem contempla a realidade social do Brasil verifica a coexistência, no país, de vários estágios de civilização, predominando a crosta das relações feudais, na zona rural.

---

* Rio de Janeiro, Fundo de Cultura, 1962. (N. O.)

Em estreita faixa do território nacional ocorre uma área de economia moderna, com forte penetração de capitais estrangeiros.

Essa coexistência de capitalismo com o latifúndio gera dentro do país um colonialismo interno; e, assim, a nação se dilacera duplamente: por via da penetração estrangeira, colonialismo externo; e, por via dos desníveis nacionais de desenvolvimento, colonialismo interno.

A remoção desse desequilíbrio só poderá ser feita pelo que classicamente se chama de revolução democrático-nacional, que é a *revolução antifeudal e anticolonial.*

Mas o pensamento que dominava a cultura política ocidental, até antes da Segunda Guerra, sustentava a tese de que só se poderia derrogar as relações feudais com a implantação da economia capitalista, com exemplo nos países da Europa e dos Estados Unidos, que fizeram sua revolução democrático-nacional, também chamada revolução democrático-burguesa, adotando o capitalismo.

Puderam fazê-lo porque, quando o fizeram, *as condições históricas do mundo permitiam tal realização.*

Mas, a partir do término da Segunda Guerra Mundial, as condições históricas mudaram. E a industrialização, que é o centro dinâmico da revolução democrático-nacional, *já pode ser levada a efeito por via de outro sistema que não o capitalista.*

Ou melhor ainda: *justamente pelo capitalismo é que ela não pode ser levada a efeito.*

Para esclarecer melhor o problema, façamos antes uma pergunta: como as nações que hoje são desenvolvidas – em geral capitalistas – conseguiram quebrar o círculo vicioso da pobreza, da qual um dia foram prisioneiras?

Ou, formulando de maneira mais direta a pergunta: por que se desenvolveram as nações da Europa Ocidental, enquanto outras permaneceram estagnadas?

As nações ocidentais que hoje são prósperas conseguiram desenvolver-se graças ao modelo clássico.

Mas o que é modelo ou processo clássico?

Aquelas nações hoje desenvolvidas prosperaram porque puderam fazer sua acumulação primitiva de capital, base de seu crescimento e de sua expansão econômica, *mercê do pacto colonial.* Cresceram graças ao predomínio que exerceram sobre os territórios e os povos não autônomos. Graças à pilhagem e ao saque internacionais.

Agora, porém, que o sistema colonial se desintegrou em virtude da Segunda Guerra, os países atrasados têm de encontrar consequentemente maiores dificuldades para promover seu desenvolvimento. Não dispõem de áreas nas quais possam repetir a política colonial com que os modelos clássicos se beneficiaram. Foram saqueados e, agora, não têm a quem saquear. Não se podem saquear mutuamente.

Mudou, está mudando o mundo.

Com a extinção do pacto colonial, a acumulação primitiva do capital, condição básica do capitalismo, chegou a seu fim. "O fato mais importante do mundo moderno" – observa Wright Mills – "é a agonia da acumulação do capital original entre milhões de seres humanos assolados pela pobreza"*.

Não há colônias mais a explorar, e, em não havendo, como adotar o modelo capitalista se o seu pressuposto básico era precisamente a exploração colonial?

Mas o fim do pacto colonial, pelo qual a luta de classes dá-se, de uma nação sobre a outra, de nação rica sobre nação empobrecida, não é apenas o grande fato do pós-guerra.

Ao lado dele, outro surgiu, com igual magnitude: o *aparecimento do mundo socialista, no qual vive hoje um terço da população universal.*

O mundo deixou de ser dominado pela economia capitalista. A formação do sistema mundial socialista dividiu em dois o mercado mundial. Eis outra virada na história.

Esse fato histórico, irrecusável e irreversível, *veio trazer à revolução democrático--nacional novo sentido*, diverso daquele com o qual se apresentava até antes do término da Segunda Guerra.

As revoluções democrático-nacionais já não podem mais ser revoluções burguesas. *Só podem ser, agora, revoluções socialistas.*

Que devem ser, então? E por que não podem mais ser revoluções burguesas?

Não podem ser revoluções burguesas porque, fundamentalmente, o pressuposto do capitalismo deixou de existir – isso em primeiro lugar. Em segundo lugar, porque as revoluções nos países empobrecidos são verdadeiras corridas contra o tempo. Como esses países vivem sob pressão demográfica explosiva, têm de atender, com a maior rapidez, às exigências de bem-estar de suas populações.

Não existindo o suporte externo da exploração colonial, os países empobrecidos, se optarem, por qualquer motivo, pela revolução burguesa e pelo modelo capitalista, terão inclusive evolução muito lenta e, por isso, *cairão em regime de instabilidade política e insegurança social.*

Vejamos um exemplo: a Índia.

Como observa Mills, Índia ainda é sinônimo de pobreza. Em Calcutá e em outras cidades indianas, cerca de 10% da população vive noite e dia nas ruas. A Índia – diz o sociólogo da Universidade Columbia – procura um plano, e as coisas ali não vão bem.

Por que não vão bem?

Quem dá a resposta é outro sociólogo, também economista, o norte-americano Paul Baran: porque a Índia, em vez de fazer mudanças radicais, *preferiu fazer pequenas reformas.*

> O regime essencialmente burguês que hoje governa a Índia é incapaz de oferecer à nação liderança adequada na batalha pela industrialização, ao mesmo tempo que se revela impotente para mobilizar o que realmente tem importância em todo o

* O autor aparentemente parafraseia trechos de Charles Wright Mills, *A imaginação sociológica* (trad. Waltensir Dutra, Rio de Janeiro, Zahar, 1965 [1959]), cap. 1. (N. E.)

> movimento: o entusiasmo e as energias criadoras das grandes massas populares, para o combate decisivo contra o atraso, a pobreza e a letargia em que jaz o país.*

Em síntese: porque a Índia adotou, para a sua revolução nacional, o *obsoleto modelo da revolução democrático-burguesa.*

Na Índia, além de o desenvolvimento se fazer lento e insuficiente, de o salário real manifestar crescente tendência à redução, quase 70% do capital permanece em mãos inglesas, e 15%, em mãos norte-americanas. Em consequência, vem-se processando uma contínua concentração de riqueza nas mãos de um pequeno grupo.

Como no Brasil, na Índia o aumento de poder do Estado não significou o debilitamento do setor privado da economia. Ali, os grandes monopólios controlam a imprensa e têm poderosos agentes no parlamento e no governo. Em síntese, nenhuma mudança fundamental operou-se na estrutura da economia indiana.

Passemos ao segundo termo da comparação, só agora mencionado: a China continental.

Em dez anos, esse país, tendo emergido de uma economia agrária feudal, da exploração imperialista, da guerra contra o Japão e de sucessivas guerras civis, da inflação e do ópio, começa a ser grande potência mundial.

Os soviéticos, que saíram de igual estágio social e cultural, levaram quarenta anos para se transformar numa das potências líderes do mundo. O que os russos fizeram em quarenta anos – observa Wright Mills – a China bem pode fazer em vinte. Na realidade, ela o vem fazendo em pouco mais de dez anos.

Para mencionar apenas o setor da agricultura: em apenas um ano, a China continental obteve um acréscimo de 60% a 90% em suas colheitas, fato – comenta René Dumont – "absolutamente sem precedentes na história agrícola do mundo".

E como foi obtido esse aumento?

O cientista francês responde:

> Em 1949, a China tinha uma área irrigada de 53 milhões de acres e uma grande tarefa de organização para mais de 2 mil anos. Em 1955-1956, a referida área elevou-se para 66 milhões de acres, aumentando no período de um ano 19,7 milhões de acres, fato também sem precedentes. Somente na campanha de 1957-1958, a área irrigada estendia-se a 74,1 milhões de acres. Desse modo, foi alcançado mais em quinze ou dezoito meses do que antes em 2 mil anos. Esse aumento foi maior do que o dobro dos 34,6 milhões de acres que os Estados Unidos levaram um século para irrigar, com maior equipamento de trabalho à sua disposição do que a China.**

Por que em apenas dez anos deixou a China de ser um museu de economia retrógrada para caminhar na direção de grande potência mundial?

---

* Ver Paul A. Baran, *The Political Economy of Growth* (Nova York, Monthly Review Press, 1957), p. 222. (N. E.)

** Ver René Dumont, *Revolution dans les Campagnes Chinoises* (Paris, Editions du Seuil, 1957). (N. E.)

Porque, *em vez de fazer, como a Índia, a revolução democrático-burguesa, a China fez um tipo novo de revolução nacional:* o único capaz de acelerar a criação do progresso social nos países subdesenvolvidos.

Que novo tipo de revolução democrático-nacional é este, que surgiu como uma diátese do mundo do pós-guerra?

Esse novo tipo de revolução democrático nacional, que Mao Tsé-tung chama de a *nova democracia*: é a revolução democrático-socialista.

As revoluções socialistas são a fatalidade incoercível do nosso tempo. Sendo as revoluções democrático-nacionais, antes de tudo, pela sua própria natureza intrínseca, revoluções sociais, não podem – como agudamente observa Paul Baran – deixar de assumir, de imediato, ao lado do caráter antifeudal, anticolonialista e anti-imperialista, *caráter socialista.*

Nesse sentido é concludente o exemplo da Revolução Cubana.

Como é do consenso geral e está documentado pelos professores universitários norte-americanos Paul Sweezy, Leo Huberman e Wright Mills, das Universidades de Harvard e Columbia, e pelo ensaísta e poeta brasileiro Jamil Almansur Haddad, em seu recente e importante livro *Revolução Cubana e revolução brasileira**, a Revolução Cubana começou sendo praticamente pouco mais do que uma revolução liberal. Visava fundamentalmente a depor um ditador e erradicar a miséria do país. À medida, porém, que o governo revolucionário se empenhou na tarefa de erradicação da miséria, foi levado a anticolonial e anti-imperialista; daí a revolução automaticamente ter-se *transformado em revolução socialista*, a despeito de ter sido mínima, em seu curso, a participação de comunistas.

Por que isso?

Basicamente porque, quando um país está empenhado em criar sua riqueza e não dispõe de suportes coloniais, só tem um meio de forjar o crescimento econômico: pela mobilização de seu excedente social disponível; pelo emprego de sua capacidade ociosa; pela utilização de todo o potencial produtivo e de todos os adicionais de riquezas existentes; ou seja, pela liberação de todas as forças produtivas, de todos os recursos materiais e humanos até então subutilizados, não utilizados ou só em parte utilizados.

Numa sociedade capitalista, a qual, por força de suas tensões intrínsecas, nunca funciona à base do emprego total de seus recursos, esse é um processo impraticável.

Só nas sociedades socialistas o desenvolvimento econômico e social é operado mediante o uso íntegro e intensivo de todos os recursos nacionais – humanos e materiais.

Ao produzir-se a *socialização socialista* dos meios de produção, liberam-se automaticamente ingentes recursos econômicos e financeiros que, até então, eram

---

* Ver Jamil Almansur Haddad, *Revolução Cubana e revolução brasileira* (Rio de Janeiro, Civilização Brasileira, 1961). (N. E.)

improdutivos nas mãos da burguesia, e a acumulação se faz mais rápida e mais fácil. Todos os setores da produção social são colocados em interação e interdependência, fato que provoca o ascenso contínuo, homogêneo e rápido de toda a economia.

O pleno emprego dos recursos humanos, ou seja, "o investimento em trabalho", o trabalho considerado como capital, não ocorre nas sociedades capitalistas, que têm, precisamente, como uma de suas características o desemprego declarado ou disfarçado. Há também o fato de uma das leis da economia capitalista ser a do desenvolvimento desigual. Por isso, a implantação da revolução burguesa nos países atrasados *é inadequada*; não atende às exigências do crescimento econômico homogêneo, condição para que o progresso material e cultural seja, *com a maior rapidez*, levado a todas as regiões periféricas do país e a toda a sua população.

É o caso da União Soviética. É o caso da China continental.

Esse, precisamente, *não vem sendo o caso do Brasil.* Apesar de o nosso país ter recebido forte impulso desenvolvimentista no último quinquênio, agravaram-se as tensões sociais, as disparidades regionais, os desníveis econômicos, tecnológicos e culturais entre as diversas regiões, de tal forma que a diferença de renda *per capita* entre o Nordeste e o Sudeste é sensivelmente maior que a diferença de renda *per capita* entre São Paulo e a Alemanha Ocidental. Quer dizer: dentro do país, as desigualdades econômicas entre uma região e outra passaram a ser muito mais acentuadas do que entre um estado brasileiro e um país europeu.

Também de classe para classe as desigualdades econômicas e sociais tornaram-se mais violentas. Daí as tensões políticas terem adquirido feição explosiva.

Ocorreu essa situação precisamente porque o Brasil, no último quinquênio presidencial, ao tentar a sua revolução nacional, *optou pela revolução capitalista.*

Por definição, *as revoluções nacionais são revoluções antifeudais e anticolonialistas*, e isso porque:

1. para que se possa estabelecer uma democracia, necessita-se liquidar as sobrevivências feudais enquistadas na economia do país;
2. para completar a emancipação política, é preciso realizar a emancipação econômica, e esta só se faz pela liquidação dos controles colonialistas.

Esse era, e continua sendo, o caminho tradicional das revoluções nacionais.

Com a mudança, porém, da conjuntura internacional, *a revolução democrático-nacional também sofreu alteração profunda em sua substância.*

E isso porque, na fase final do imperialismo, *o capitalismo passou a ser a negação da democracia.*

O governo brasileiro, presidido pelo senhor Juscelino Kubitschek, não compreendeu essa profunda alteração das correntes históricas do nosso tempo. E, por haver adotado a revolução capitalista, obteve, como resultado, *efeitos que equivalem aos de uma contrarrevolução. O capitalismo é hoje a contrarrevolução.*

Na conjuntura contemporânea, a contrarrevolução capitalista, em vez de funcionar como libertação nacional, lançando as bases da democracia real e emancipando a economia do país em que se implanta, *opera, precisa e justamente, em sentido contrário, e submete a economia nacional à servidão imperialista.*

A prova desse fato é que, como documentamos em nosso livro *Revolução e contrarrevolução no Brasil*, foi no governo do senhor Juscelino Kubitschek, o promotor da revolução capitalista no país, que se deu, com maior intensidade em virulência espoliativa comparável a ato de pilhagem e pirataria, a penetração do capital imperialista nos setores básicos da economia brasileira.

Aqui está como a revolução capitalista nos países subdesenvolvidos, longe de libertar a economia, *escraviza-a, tornando-a economia dependente, tornando-a economia colonial.*

Essa é a razão das abismais diferenças entre os níveis de progresso atingidos por dois países que partiram das mesmas condições semifeudais e pré-industriais: o Brasil e a China continental.

Os resultados foram econômica e socialmente distintos porque, enquanto o Brasil adotava o *tipo de revolução nacional que, na verdade, se converteu em contrarrevolução*, a China continental adotava o único processo que não só assegura a emancipação econômica dos povos subdesenvolvidos, como os leva à forma de organização social que, libertando o homem do reino das necessidades, integra-o no universo da liberdade.

Entre o caminho capitalista e o caminho socialista – insistamos –, pode haver, para nós, alternativa?

Poderá haver escolha?

Respondamos, ainda uma vez, com Paul Baran:

> Nossa alternativa é, sem dúvida, muito difícil de ser aceita pelos que não demonstram o menor senso de perspectiva histórica, e não podem compreender a característica básica da época presente. Essa característica é ser o nosso século o século da libertação dos povos oprimidos. É o século em que o colonialismo está sendo liquidado e no qual o desenvolvimento econômico dos países atrasados se processa aos saltos – em toda a parte rompem-se as cadeias e algemas e as limitações impostas pela existência do sistema capitalista. Um fato é inegável: *o capitalismo falhou totalmente como possível estrutura para o desenvolvimento rápido dos países atrasados.* E os povos desses países reconhecem tal fato cada vez mais nitidamente. E de todos os relatórios que chegam da América Latina e de outros países, inclusive da Índia, torna-se inegavelmente claro que o *sistema capitalista não pode provocar nesses países o tipo de crescimento, na rapidez necessária, para que vençam o seu estado de miséria e atraso.**

Leo Huberman chega à mesma conclusão ao formular as perguntas:

* Paul Baran, "On the Political Economy of Backwardness", *The Manchester School*, v. 20, n. 1, jan. 1952, p. 66-84. (N. E.)

> Qual o caminho que deverá tomar a América Latina? Será o caminho capitalista ou o caminho socialista? Será o sistema capitalista de propriedade privada dos meios de produção, baseado na premissa de que o interesse do homem de negócios beneficia seguramente a nação, de que somente se o indivíduo tiver a liberdade para ganhar o máximo a sociedade viverá melhor, de que a melhor forma de realizar as coisas é deixar os capitalistas conseguirem o maior lucro possível, e que, como subproduto inevitável do processo, as necessidades do povo serão atendidas? Ou será o caminho socialista com a propriedade pública dos meios de produção e o planejamento centralizado, baseado numa modificação revolucionária que compreende a reconstrução da sociedade em linhas totalmente diferentes: ao invés do esforço individual para o lucro individual, o esforço coletivo para o benefício coletivo; ao invés da produção anárquica para o lucro, a produção planificada para o uso, assegurando emprego a todos, com a segurança econômica desde o berço até o túmulo?*

E responde categórico: "Minha opinião é de que os países da América Latina – e todos os outros países subdesenvolvidos – não podem dar os passos necessários ao desenvolvimento econômico *a menos que escolham o caminho socialista*".

Ainda que desejássemos seguir os caminhos do capitalismo, como via de acesso ao progresso social, nós, no Brasil e na América Latina, não teríamos mais condições para fazê-lo. Demonstrei tal impossibilidade em meu livro *Revolução e contrarrevolução no Brasil*. Essa é também a convicção a que chegou Ramón Ramírez Gómez, em seu magnífico ensaio recentemente editado no México, sob o título *Cuba, despertar da América***.

Pergunta ele: "Poderá a América Latina seguir as diretrizes que historicamente o capitalismo registra em seu processo evolutivo?".

E responde:

> Sem dúvida, já não é possível. A primitiva acumulação que permitiu ao capitalismo desenvolver-se nos está vedado. O saque das colônias iniciado nos fins do século XV e princípio do século XVI será hoje mais quimera de loucos do que de homens normais: a expropriação da terra dos campesinos e a exploração dos pequenos produtores ou artesãos, fonte de acumulação para impulsionar o capitalismo, são, nesta época de predomínio monopolista, difíceis de obter; a terra está concentrada em poucas mãos, e o artesanato, de tão reduzido, quase não existe. Eis que as clássicas fontes nutritivas de gigantescos capitais estão hoje extintas para qualquer pretendente a capitalista, por muito aventureiro e audaz que seja. O processo não é mais praticável para o desenvolvimento dos países da América Latina. O capitalista das primeiras épocas economiza e reverte; e, apesar de que os lucros tivessem sido elevados, era sóbrio e moderado em seus gostos e gastos pessoais; as utilidades se aplicavam na compra de novas máquinas ou na renovação

* Leo Huberman, "The ABC of Socialism", em Paul Baran e Leo Huberman, *Introduction to Socialism* (Nova York, Monthly Review, 1968). (N. E.)

** Ramón Ramírez Gómez, *Cuba, despertar de America: ensayo económico-social* (Cidade do México, Escuela Nacional de Economía, 1961). (N. E.)

das que possuía na atividade; melhores técnicas eram constantemente utilizadas para aumentar a produção; ao mesmo tempo, o trabalho no campo também foi modificado, métodos renovadores foram introduzidos, e a produção agrícola reduziu a mão de obra e melhorou por largas etapas. Sistematicamente se há descrito as primeiras formas do capitalismo; a época de acumulação primitiva e a que poderíamos chamar de competitiva, porque a concorrência se fazia fundamentalmente na base da melhoria técnica, em oposição à atual que se obtém mediante o açambarcamento de mercados, a pressão sobre governos débeis, o suborno oficial, a *chantage* e até intimidação. Não será possível aos capitalistas latino-americanos refazer a trajetória dos capitalistas europeus ou de outros continentes.

E por que não é possível? Que responda ainda Leo Huberman:

> Nesses países capitalistas, no período da Revolução Industrial, e depois dela, o processo foi o seguinte: aos seus excedentes econômicos, produzidos domesticamente, acrescentaram-se quantidades fabulosas de ouro, prata e tesouros acumulados durante as conquistas e saques de países na América do Norte e do Sul, África e Ásia. A força de trabalho necessária às fábricas veio dos camponeses expulsos da terra e dos artesãos incapazes de concorrer com as novas mercadorias feitas pela máquina. Os trabalhadores, frequentemente incluindo mulheres e crianças muito novas, tinham salários miseráveis – o bastante para que se mantivessem vivos em favelas sujas e superlotadas. As condições de trabalho nas fábricas mal ventiladas e iluminadas eram desumanas. Os lucros dos empregadores, da burguesia industrial, eram altos; e novamente investidos no negócio. A esse capital se acrescentava o saque continuado de outras terras, bem como o capital tomado de empréstimo no exterior. O saque não é mais possível simplesmente porque entrou em processo de decomposição o sistema colonial na Ásia e na África. Um bilhão e quatrocentos milhões de seres humanos libertaram-se da servidão imperialista. Antigas colônias são hoje jovens Estados independentes. Nesses jovens Estados, como observa Fritz Sternberg em seu livro sobre a revolução militar e a revolução industrial, "avança por caminhos diferentes daqueles percorridos pelos países industriais mais velhos e saltam-se agora etapas intermediárias através das quais as antigas nações industrializadas passaram em seu caminho para o desenvolvimento".

Esta é a grande lição – diz Sternberg – das revoluções asiáticas: revoluções contra o feudalismo e revoluções contra o imperialismo, revoluções dirigidas contra sistemas obsoletos, anacrônicos e corruptos.

Os países asiáticos – observa o mesmo Sternberg – não copiaram exemplos norte-americanos ou europeus: seguiram seu próprio caminho. Esses países asiáticos, que conquistaram a independência nacional no contexto histórico da Segunda Revolução Industrial, "estão também em situação de adotar algumas realizações da Segunda Revolução Industrial para os seus próprios fins, sem ter que passar, previamente, por todas as etapas da Primeira Revolução Industrial"*.

---

* Fritz Sternberg, *The Military and Industrial Revolution of Our Time* (Nova York, Praeger, 1959). (N. E.)

Ao mesmo tempo – acrescenta Sternberg –, "é de esperar-se que não tenham que passar por todas as etapas prévias da degradação do trabalho e que, igualmente, nesse particular, sejam também capazes de saltar algumas etapas intermediárias".

Esse trecho de Sternberg levanta em nosso espírito os dois problemas fundamentais das lutas de libertação nacional em nossa época. O instrumento dessa luta só pode ser a industrialização socialista dos países subdesenvolvidos ou semidesenvolvidos. Sternberg, com base na observação das revoluções asiáticas contemporâneas, manifesta esperança de que essa transformação social se faça isenta dos tormentos e do alto custo social que outros povos, no século XIX, pagaram à industrialização.

Assim, ele mantém a crença de que o novo processo de industrialização se realize com a eliminação de determinadas etapas.

Ao mesmo tempo, manifesta a esperança de que o progresso social e a construção da riqueza nos países agora libertados sejam atingidos por outros caminhos, que não os da degradação do trabalho, tal como ocorreu nos tempos da Primeira Revolução Industrial.

A esperança do alemão Sternberg é a mesma manifestada pelo inglês Solomon Adler, em seu livro sobre a economia chinesa, no qual exprime o seu desejo de que "a industrialização seja atingida sem a cega e desalmada crueldade que maculou as revoluções industriais passadas"*.

Qual, porém, o meio de os povos ainda não industrializados atingirem a industrialização, sem pagarem alto tributo pela conquista de seu progresso material?

A resposta a tão inquietante pergunta *não nos pode ser dada pelo capitalismo.*

Lorde Keynes, que empregou tão desesperados esforços para salvar a civilização capitalista, não hesitou em escrever: "Já agora duvidamos de que esteja o capitalista a guiar-nos para um destino bem melhor do que o presente"**.

Um outro grande autor, que não merece nenhuma suspeição do mundo capitalista, Joseph Schumpeter, em uma de suas últimas obras, perguntava: "Poderá sobreviver o capitalismo?".

E respondeu, incisivo: "Não, não creio"***.

Em estudo sobre o capitalismo contemporâneo, o inglês John Strachey mostrou como hoje o *sistema capitalista é incompatível com a democracia.* É também a conclusão a que chegou outro inglês: John Eaton.

O único caminho do qual os povos que ainda não atingiram níveis superiores de industrialização dispõem para atingi-los *é o da transformação revolucionária de*

* Solomon Adler, *The Chinese Economy* (Londres, Routledge & Paul 1957). (N. E.)

** John Maynard Keynes, *Teoria geral do emprego, do juro e da moeda* (trad. Mário R. da Cruz, São Paulo, Atlas, 1998). (N. E.)

*** Ed. bras.: Joseph A. Schumpeter, "Poderá sobreviver o capitalismo", em *Capitalismo, socialismo e democracia* (trad. Ruy Jungmann, Rio de Janeiro, Fundo de Cultura, 1961). (N. E.)

sua estrutura social, transformação que se inicia na revolução agrária e termina na revolução socialista.

Para demonstrar sua superioridade sobre o feudalismo, *o capitalismo necessitou de mais de cem anos.*

Em apenas quarenta anos, o socialismo já demonstrou sua superioridade sobre o capitalismo.

Se não desejamos ver frustrada a revolução brasileira – e sua frustração nos conduzirá fatalmente a trágico mergulho no obscurantismo –, não temos outro caminho a seguir a não ser o de comunicar *o sentido socialista à transformação de nossa sociedade.*

Sobretudo a partir da última guerra, vivemos muitas falácias, na nossa aspiração de conquistar melhores e mais justas condições de vida para o povo brasileiro.

A primeira delas, e a mais importante, foi a adoção de uma atitude puramente nacionalista.

Creio que, na atual conjuntura brasileira, ser nacionalista, pura e simplesmente, é adotar uma posição limitante.

O nacionalismo é um instrumento de luta pela emancipação econômica dos países subdesenvolvidos. Mas, quando esses países já passaram à condição de nações semidesenvolvidas, ou em vias de desenvolvimento, como o Brasil, a posição correta *não deve ser a nacionalista, sim a socialista.*

Primeiro porque a posição socialista inclui a posição nacionalista. Em segundo lugar, porque a *nossa luta contra o capitalismo estrangeiro não pode excluir a luta contra o capital nacional monopolista.*

Quando se luta apenas pela emancipação econômica em termos capitalistas, o que se está fazendo, substancialmente, é *defender os interesses da burguesia monopolista nacional*, que é igual à burguesia estrangeira, a burguesia de qualquer país. Politicamente, essa conduta pode conduzir ao bonapartismo. Nasser é exemplo.

A burguesia nacional é tão igual à estrangeira que não hesita em associar seus interesses aos do capitalismo alienígena, sem cuidar se essa aliança atende ou não aos interesses do povo brasileiro. Isso quer dizer que, adotado como conteúdo exclusivo da ideologia do desenvolvimento, o nacionalismo leva ao entorpecimento da consciência popular, que não reage contra os grupos monopolistas nacionais *porque só se preocupa com a existência dos grupos monopolistas estrangeiros.*

Do Egito e de todos os países que se limitaram à política *exclusivamente nacionalista* vêm lições que não podemos ignorar.

Em essência, o nacionalismo é ideologia do desenvolvimento, *mas do desenvolvimento da burguesia.*

O socialismo é a ideologia do desenvolvimento, mas ideologia dos que trabalham e constroem a riqueza do país.

O socialismo ensina que o desenvolvimento econômico é tarefa essencial, mas desde que os seus benefícios sejam partilhados pelo povo, e não concentrados nas mãos de grupos econômicos.

O nosso problema hoje é este, e não outro: libertar o povo brasileiro da miséria crescente que o aflige. Para tanto, o caminho adequado é o da *socialização socialista.*

Nacionalismo não é socialização, como a *estatização pelo Estado burguês também não é socialismo.*

E não o é porque essa espécie de estatização, como o caso brasileiro demonstra tão amplamente, não é mais do que a submissão do aparelho do Estado ao interesse dos monopólios.

Eis por que acreditamos, com José Carlos Mariátegui, em seus *Sete ensaios de interpretação da realidade peruana**, que, neste instante de nossa história, "*não nos é possível ser efetivamente nacionalista e revolucionário sem sermos socialistas*".

O grande drama de países como o Brasil é que temos a trabalhar contra nós o tempo. Nessas condições, a única forma de Estado capaz de atender às nossas urgentes aspirações de justiça social e de vida humana mais justa é aquele modelo de Estado cuja mecânica econômica permita o progresso social em ritmo acelerado.

A sociedade capitalista, pelo caráter anárquico da produção, pelo fato de estar voltada para o mercado, não oferece nem as condições de desenvolvimento múltiplo da economia nacional, nem as possibilidades de distribuição da riqueza social, segundo o trabalho empregado em sua criação.

Somente um Estado capaz de mobilizar o excedente social disponível e a capacidade ociosa; de utilizar em toda a sua plenitude o potencial produtivo existente; de acionar os adicionais de riqueza; de liberar todas as forças produtivas e fazer o uso íntegro do potencial das unidades econômicas existentes; e capaz, ainda, de pôr fim à subutilização de todos os recursos materiais e humanos; somente um Estado que adote a técnica do aproveitamento múltiplo da riqueza nacional – humana e material – poderá, nos menores prazos, atender às exigências coletivas de progresso e bem-estar social.

Não se conhece outro modelo de sociedade capaz de operar esse milagre, *a não ser a sociedade socialista, pela sua potencialidade de ataque múltiplo, de ataque simultâneo, de ação sinérgica em todos os campos da produção, sejam os da produção material, sejam os da produção intelectual.*

As reformas não resolvem as contradições sociais fundamentais. Apenas adiam as soluções. Protelam decisões.

Até antes da divisão do mundo em dois campos, o capitalista e o socialista, era voz corrente que não se podia implantar o socialismo em nenhum país não industrializado, pois se considerava que passar pela etapa da revolução burguesa era lance indispensável.

---

* Ed. bras.: São Paulo, Expressão Popular/Clacso, 2008. (N. E.)

Hoje, depois do aparecimento do mercado socialista ao lado do mercado capitalista – e a população do mundo socialista alcança um terço da população mundial, e sua produção corresponde a 40% do volume da produção mundial –, os países insuficientemente desenvolvidos, insuficientemente industrializados, as nações subdesenvolvidas podem passar do estágio de atraso para o regime socialista, desde que se decidam pela mobilização plena de seu excedente econômico, pela luta permanente contra qualquer tipo de infiltração imperialista e pela estruturação de suas relações de produção na base da propriedade social, do planejamento, da combinação e do enlace de todos os fatores de produção.

Como acentua Draguílev, "hoje, em face do rápido crescimento do sistema socialista mundial, a insuficiência do desenvolvimento industrial deste ou daquele país já não pode constituir obstáculo à passagem para o socialismo, se todo o conjunto das condições internacionais e internas contribuir para isso"*.

Eis por que, para países como Brasil, *é condição revolucionária uma política internacional independente.*

A cooperação do mundo socialista, no sentido da compensação da insuficiência industrial dos países atrasados, é o fato mais importante da história contemporânea, no que se refere às revoluções de libertação nacional dos povos antes dominados pelo atraso e pelo colonialismo. Modificada, por tal evento, a estrutura objetiva do mundo moderno, não temos por que não nos inserir na clave do Grande Despertar.

Para tanto, porém, é necessário que, de pronto, reconheçamos que as condições objetivas só conduzem à transformação revolucionária quando ativadas politicamente.

Eis por que é tão candente, para nós, o problema da liderança, consequente, não entregue a vacilações.

Todo líder sem consciência ideológica é um trânsfuga em potencial.

* * *

Na atual fase brasileira, os que desejam a manutenção dos privilégios sociais o fazem em nome da preservação das liberdades democráticas.

Concordamos que nenhum progresso social será possível sem a manutenção dessas liberdades, as liberdades que compõem o elenco das franquias constitucionais e integram a constelação dos chamados direitos da pessoa humana.

Eles estão inscritos na Carta Magna.

Eles são proclamados pelos tribunais.

Mas nem a Magna Carta nem os códigos conseguem fazer o ser humano ingressar no reino da liberdade quando sobre ele pesa a tirania das necessidades.

---

* M. S. Draguílev, *A crise geral do capitalismo* (Varginha, Alba, 1961). (N. E.)

No estágio atual de nossa evolução política, podemos dizer que as liberdades civis – as incompletas liberdades do capitalismo – têm vigência, mas só vigência formal. Para o povo, para a grande maioria da nação, para o país real, tais liberdades de fato não existem, só existem em abstrato. Precisamos que passem a existir concretamente.

Para tanto, o que é necessário?

No Brasil de hoje, há uma liberdade que precisa ser proclamada e defendida antes e acima de qualquer outra, porque ela é, em si mesma, a condição fundamental de existência de todas as demais liberdades, civis ou políticas; porque, para que as outras existam, é preciso que ela preexista; porque ela predetermina as demais; porque, sem ela, nenhum ser humano poderá exercer nenhum direito civil ou político; beneficiar-se de nenhuma prerrogativa jurídica; usufruir as seguranças constitucionais da igualdade perante a lei e da inviolabilidade ou intangibilidade individuais.

Que liberdade primeira é essa, sem a qual as outras não subsistem? Sem a qual as demais ficam sem objeto?

Que liberdade fundamental é essa sem a qual não nos adiantam nem a liberdade de pensar e dizer, nem a liberdade de assembleia, nem a liberdade de contratar?

Essa liberdade suprema é a *liberdade de viver.*

Não tem sentido falar de virtude a quem nos pede pão – dizia São Tomás. Também podemos dizer que não nos adianta qualquer outra liberdade se não temos a *liberdade de existir.*

As liberdades jurídicas têm fundamentos morais.

A *liberdade de viver*, de natureza biológica, fisiológica, mas também espiritual, e também moral, tem fundamento econômico – ela é exigida pela vida, para que a vida crie vida, e o homem, liberto das necessidades primárias, possa dedicar-se a embelezar o universo social, pelo poder inaudito de criar alegria e esperança, paz e poesia nas relações humanas.

Liberdade de viver significa direito à vida, acesso garantido às formas nobres da existência para todos, e não privilégio de raros.

Liberdade de viver é segurança contra a fome; proteção contra o desemprego; assistência nas enfermidades; enfim, concessão à pessoa humana de todos os direitos reais que permitam ao indivíduo uma vida livre não apenas do medo da violência política e da perseguição ideológica, ou da discriminação racial; ela visa também a eliminar do nosso espírito o medo da pobreza e o terror da miséria.

Tal liberdade é a segurança de estar livre da mais degradante de todas as formas de opressão: a coação provocada pelas necessidades econômicas – o que de baixo, sórdido, repugnante um ser humano é obrigado a fazer, contra tudo o que há de mais puro na sua intimidade, para conseguir sobreviver, para fugir à fome, para não ser triturado pelo rolo compressor das necessidades.

Eis por que a primeira condição efetiva das liberdades democráticas – das liberdades que convergem para a igualdade e a fraternidade, das liberdades criadas pela *Declaração de direitos do homem e do cidadão*, das liberdades que surgiram com o primeiro pensamento do primeiro filósofo, do primeiro pensador político, do primeiro legislador, do primeiro libertador nacional, do primeiro estadista, do primeiro grande reformador social, do primeiro revolucionário – foi, é e continua sendo *a liberdade de viver*, a liberdade fundamental, aquela sem a qual nenhuma outra terá sentido; e eis que, precisamente, a *liberdade de viver* nunca foi outorgada, concedida, facultada ao homem brasileiro, até hoje servo sem remissão do reino das necessidades.

Entre vós, declaro que a tarefa histórica de nossa geração não é apenas proclamá-la.

É conquistá-la. E com urgência.

Revolução democrática*

Elias Chaves Neto

Talvez a palavra "revolução" seja excessivamente ambiciosa para denotar o tipo de reformas de que o país necessita, máxime se se tiver em conta que elas não são motivadas por interesses de classes sociais em oposição. As preconizadas reformas que agitam a vida política do país são todas de caráter burguês, isto é, tendem a permitir o desenvolvimento de nossa economia dentro da estrutura capitalista da nação, baseada na propriedade privada dos meios de produção. Embora não se possa falar de um choque claro de interesses entre determinados setores das classes dominantes, os latifundiários e proprietários rurais, de um lado, e uma incipiente burguesia industrial, de outro (porquanto uns e outros têm interesses indistintamente numa e noutra atividade e formam uma mesma e única classe social), uma grande diversificação de interesses vai-se estabelecendo entre eles, dando origem a diferentes correntes de opinião que se refletem em nossa vida política.

São as correntes retrógradas, que exprimem os pontos de vista de nossos fazendeiros e latifundiários; as chamadas forças progressistas, que procuram introduzir em nosso país as modificações necessárias ao desenvolvimento dos seus negócios; e as reacionárias, que defendem em nossa terra os interesses do imperialismo, isto é, dos trustes internacionais que aqui operam. É de se notar a identidade de pontos de vista que une os latifundiários aos defensores do imperialismo, ambos interessados em preservar a estrutura de tipo colonial de nossa economia sobre a qual baseiam os seus negócios. Por sua vez, as forças progressistas têm interesses interligados com o imperialismo e dele dependem em muitas de suas atividades, resumindo-se o problema em se saber se a burguesia brasileira no poder tem a capacidade para executar as reformas das quais depende o progresso do país e, até

* Publicado originalmente em *Revista Brasiliense*, n. 48, jul.-ago. 1963, p. 1-5. (N. O.)

certo ponto, a solução dos problemas prementes de vida com os quais se defronta a massa camponesa e a população em geral. É mesmo esse aspecto da questão que confere ao problema das reformas de estrutura um interesse nacional, no qual o interesse de uma burguesia esclarecida se confunde com o da massa popular. Mas é igualmente esse aspecto da questão que tende a dificultar a sua solução pelo medo instintivo que a burguesia tem do avanço das forças proletárias no mundo, as quais não escondem que lutam pelo socialismo.

Porém, essa é uma realidade à qual a marcha da história não pode fugir. O progresso engendra condições que exigem novas soluções; nem é possível, como pretendem os reacionários, para evitar soluções que não desejam, querer deter o progresso, pretendendo ver na atual ordem econômica e jurídica da nação a consagração dos princípios democráticos que presidiriam, e continuariam presidindo, ao desenvolvimento do capitalismo no mundo. Para estes, as forças progressistas nada mais seriam do que uma perigosa amálgama de comunistas disfarçados e pessoas de mentalidade tacanha, pequeno-burgueses que assimilam a ideia de pátria a um direito em potencial sobre as suas riquezas, as quais procuram preservar da cobiça do estrangeiro, virando as costas ao progresso que ele nos traria, como teria trazido ao passado sob a forma de capitais aplicados em nosso país. Mentalidade que os comunistas, empenhados por motivos ideológicos na sua luta anti-imperialista, teriam todo o interesse em encorajar pelos aspectos antiamericanos que ele encerra.

É assim que a reação apresenta o problema, fazendo do anticomunismo a pedra fundamental de sua política. É a política de Carlos Lacerda, que procura articular-se em torno de velhas concepções regionalistas, formando o eixo São Paulo-estado da Guanabara, em oposição ao governo federal, acoimado de favorecer as concepções nacionalistas, porém unicamente naquilo que correspondem aos objetivos da política pessoal do presidente da República.

Pois uma das fraquezas do movimento nacionalista em nossa terra provém precisamente do fato de o presidente da República não assumir em face dele uma atitude clara, tendo preferido organizar o seu ministério na base dos quadros de uma política partidária superada, assim facilitando os manejos da reação que procura reduzir toda a política nacionalista a uma pura demagogia do presidente da República. Ora, se a atitude dúbia do presidente da República pode dar flanco a ataques dessa natureza, o que realmente está em jogo é o destino do país: a sua capacidade de tomar as medidas que permitam o livre surto de sua economia ou o fato inevitável de nele ir-se agravando o tipo colonial de sua economia, em benefício das forças reacionárias da nação, que o exploram de mãos dadas com o imperialismo, a forma moderna do colonialismo.

Ora, todas as reformas, cuja necessidade se faz sentir para poderem as forças progressistas dar um desenvolvimento a seus negócios, prendem-se às velhas concepções liberais de que, para permitir o surto das atividades econômicas, basta libertá-las das peias que se opõem a esse desenvolvimento. E dois são os entraves que, no momento atual, tolhem o desenvolvimento do país. É o latifúndio, que se formou em função do objetivo de suprir as necessidades de consumo da metrópole à nossa economia colonial, e que ainda conserva as mesmas características econômicas; e o imperialismo, que, nos países de economia subdesenvolvida, isto é, cujas economias se desenvolveram sob a forma de colônias, vê apenas um mercado para aquisição de matérias-primas e gêneros alimentícios, assim como para a colocação dos seus produtos industriais. É essa estrutura colonial de nossa economia (apesar do seu aparente imenso progresso industrial de que tanto se orgulha a nossa população) que se trata de modificar. Ideologicamente é o velho sopro de liberdade da Revolução Francesa que varre tardiamente o nosso continente. É a luta pelos direitos, expressos em nossa Constituição e adstritos à miséria, que se prende às correntes filosóficas daquela época. Estes, porém, nunca deixaram de ser em nosso país o apanágio de uma classe social – o da classe dominante no poder. Foi em função do seu interesse, isto é, das exigências de consumo dos povos europeus, que se desenvolveu a nossa economia, e não das necessidades de vida da população que aqui crescia e se desenvolvia. Dependíamos do estrangeiro em tudo de que precisávamos. Ele nos exportava os artigos de luxo e a própria cultura pelos quais a nossa aristocracia rural se enquadrava nos padrões da civilização, enquanto o estrangeiro aqui aplicava seus capitais no fomento da produção das matérias-primas de que necessitava. Pois é essa situação da economia de tipo colonial que cumpre modificar, a qual permanece a mesma, sob a aparente grandeza de nossas capitais.

Se a industrialização foi em determinado momento o caminho apontado para a libertação econômica do nosso país, ela não conseguiu o objetivo almejado, porquanto, desvirtuada pela chamada revolução desenvolvimentista do senhor Juscelino Kubitschek e pela famigerada Instrução 113 do ministro Eugênio Gudin, ela se processou pelo sistema da desenfreada aplicação de capitais estrangeiros em nossa terra. Continuamos, na realidade, a importar artigos do estrangeiro, porém fabricados em nosso país. Os capitalistas estrangeiros, aos benefícios que vinham realizando, passaram a acrescentar os provenientes do baixo custo de nossa mão de obra. Passamos a pagar, sob a forma de juros, dividendos, *royalties*, privilégios cambiais etc., mais do que pagávamos antes pelo custo das mercadorias importadas. E a consequência disso foi a queda vertiginosa do nosso câmbio. O que comprova que, pela nossa industrialização em mãos do capital estrangeiro, não nos libertamos da necessidade em que vivíamos de importar, grande causa das dificuldades econômicas pela qual atravessamos.

A libertação econômica do país continua sendo o grande problema nacional, agravado pela chamada revolução desenvolvimentista do senhor Juscelino Kubitschek, quem abriu as portas para a penetração dos trustes internacionais em nossa terra; pois é precisamente por meio dessas organizações que se processa a aplicação dos capitais estrangeiros no país. Esse fato, além de manter a nossa tradicional situação de dependência do estrangeiro, veio subordinar diretamente a nossa economia a esses monopólios, que constituem a nova forma de opressão no mundo. Acabando com a concorrência, que é um dos postulados da economia liberal, pela qual as forças produtivas são submetidas à sua finalidade social, essas organizações gigantes substituíram ao velho capitalismo liberal o capitalismo autoritário, no qual elas ditam a sua lei, não somente ao público consumidor, mas aos próprios organismos de Estado que dominam. Aí reside a origem da política imperialista do mundo. Nela, as nações em que o capitalismo atingiu um alto grau de desenvolvimento, e por isso mesmo as mais poderosas, orientam suas ações segundo o interesse dessas organizações, as quais são detentoras da maior parte da riqueza existente no mundo. Um inquérito feito depois da Segunda Guerra Mundial, em 1949, por uma comissão do Congresso dos Estados Unidos, concluiu que 250 firmas gigantes possuíam dois terços de toda a indústria norte-americana, sendo que 78 das maiores enriqueceram tanto durante a guerra que só com o seu ativo líquido poderiam comprar 9/10 de todas as indústrias norte-americanas.

As fronteiras nacionais são estreitas para essas organizações que se estendem por todos os países e que preferem se entender, distribuir entre si os mercados e as fontes de abastecimento, a entrar em luta umas com as outras. Daí a constituição de mercados comuns que permitam, pelo aumento do consumo, a aplicação de processos técnicos mais adiantados, reservando-se para si, cada país, aquele tipo de produção em que se veio especializando ou para o qual possui condições mais favoráveis. O mundo capitalista se socializa (em todo o caso no que diz respeito à técnica de produção) e mesmo é levado a essa contingência para poder fazer frente ao desenvolvimento sem precedentes da economia socialista, a qual não é limitada pelo problema do insuficiente poder aquisitivo das massas consumidoras, fato que gradualmente detém o desenvolvimento da economia capitalista. O Estado capitalista, dominado pelos monopólios, favorece a trustificação de sua economia, e ele próprio assume a exploração de inúmeras atividades de caráter industrial, as quais operam em benefício dos interesses da classe dominante no poder.

A exploração da classe operária torna-se cada vez mais drástica, assim como do povo consumidor, como provam as recentes greves de mineiros na França, apoiadas por toda a população, as greves na Bélgica e na Itália, assim como a existência de mais de um milhão de desempregados na Inglaterra.

Essa é a transformação pela qual vem passando o mundo capitalista; o que não quer dizer (pensamento que os chineses atribuem a Togliatti) que a natureza do imperialismo tenha mudado nem que o capitalismo esteja evoluindo para o socialismo. Significa apenas que a luta da classe operária por melhores condições de vida consiste, aceitando essa evolução da sociedade capitalista, em controlar essas organizações gigantes por um Estado nacional democrático, sob a hegemonia do proletariado. Esta vem sendo nos países europeus a luta da classe operária pela democracia e pelo socialismo. Aí reside o chamado caminho pacífico para o socialismo, que certamente não será um caminho sem árduas lutas, mas luta das grandes massas populares pelo controle político do Estado – processo no qual a luta pela democracia, contra toda forma de opressão das classes dominantes, e a luta pelo socialismo se fundem num processo revolucionário único. Segundo escreve Valentino Gerratana no número 4 de 1963 da *Revista Internacional*, ao analisar a situação italiana, não se trata ainda da conquista direta do socialismo, tampouco da restauração da democracia burguesa, mas de um processo democrático em direção ao socialismo.

Embora em nosso país ainda existam condições para um grande desenvolvimento do capitalismo nacional, sendo a luta anti-imperialista uma das condições desse desenvolvimento, esta toma um caráter essencialmente antimonopolista, pois é a partir da atuação dos monopólios internacionais em nossa terra que se processa a aplicação de capitais estrangeiros. Esse fato confere um sentido novo à luta anti-imperialista. Não se trata exclusivamente de permitir o surto dos negócios nacionais em mãos de uma burguesia nacional, ou de estrangeiros radicados no país, mas de levar o governo a controlar esses monopólios e operá-los em favor do interesse do povo. A luta política pela democratização do país, no sentido de liquidar com a estrutura colonial de sua economia e de criar a cultura que corresponda às novas exigências de um desenvolvimento industrial próprio, une-se à da classe operária e da massa da população para levar um governo realmente democrático e popular a encampar os monopólios estrangeiros e operá-los em favor do interesse popular. Esse é o sentido socializante da luta pela democracia em nosso país, e aí reside o interesse do povo na luta anti-imperialista que, para muitos, não passa da luta da burguesia, reivindicando para si proventos dos quais se apropriam os estrangeiros.

Vista por esse prisma, a luta contra o latifúndio e o imperialismo abrange os mais diversos setores de nossa população. Não se trata de uma revolução em dois tempos; uma revolução burguesa seguida de uma revolução socialista, mas de um movimento único de democratização do país em progressão para o socialismo. Esse é o sentido da revolução brasileira, que tem por objetivo acabar com a miséria das massas camponesas, na qual se acham mergulhadas pelo latifúndio, e com a exploração do nosso povo pelos inqualificáveis manejos dos trustes internacionais que dominam a nossa economia – revolução democrática que visa a resolver os nossos problemas dentro dos recursos da técnica e a liquidação de todos os privilégios que hoje se opõem ao desenvolvimento do país, os quais procuram recorrer à força para se manter. Trata-se, internacionalmente, da Guerra Fria, pela qual o imperialismo pretende impor ao mundo a ordem jurídica que corresponde a seus interesses, e, internamente, das tentativas de golpe, pelo qual a reação pretende "salvar a democracia", opondo-se a qualquer modificação que fira os seus privilégios de classe.

Revolução democrática, na qual o povo, pela união dos mais variados setores da população, os camponeses, a classe operária, a intelectualidade, a pequena burguesia e a burguesia progressista, tomando consciência das verdadeiras causas do atraso do nosso país – o latifúndio e a exploração imperialista –, se tornará detentor do poder do Estado, impondo ao país a política que dele faça a pátria em que serão dadas a todos os brasileiros condições condignas de existência e a possibilidade de livremente desenvolverem as suas faculdades. No que, talvez, consiste a própria finalidade da vida.

Aspectos políticos da revolução brasileira[1]

Luciano Martins

A revolução brasileira, como as revoluções de inúmeros outros países hoje empenhados em esforço de desenvolvimento, corresponde ao processo histórico pelo qual – embora em outras circunstâncias e de formas substancialmente diversas – já passaram todos os países atualmente constituídos em potências mundiais. A revolução brasileira deve ser compreendida, pois, como a fase histórica que se caracteriza pela reorientação dos recursos nacionais e a adaptação das estruturas do país às novas formas de produção, de tecnologia e de progresso de nosso século, tendo em vista a satisfação de determinadas necessidades e aspirações sociais internas, e tendo em vista a melhoria da posição relativa do país no conjunto da economia e das decisões mundiais.

Implicando transformações internas profundas e mudança de posição no âmbito internacional, não menos importante é a correlação entre os fatores propulsores e os fatores regressivos oriundos desses dois planos – e as formas que tal correlação assumir – que vão forjar o destino e marcar o ritmo e o sentido da revolução brasileira. Para caracterizar suas grandes linhas estratégicas há, portanto, que abordá-la sob um tríplice aspecto: o da natureza das necessidades internas que a propulsionam ou a reprimem, o contexto histórico mundial em meio a qual se realiza e as influências recíprocas dessas duas condicionantes. Se esse é o procedimento natural

[1] O presente trabalho foi redigido em novembro de 1963 e condensado agora, para publicação em revista. Acrescentou-se apenas o item final, relativo ao Movimento de Abril. Embora confiando na inteligência do leitor, e apenas para impedir possíveis equívocos iniciais, deve ficar claro que a expressão "revolução brasileira" refere-se a um processo histórico global, e não pode, portanto, ser confundida com um mero episódio desse processo, por mais que ele reivindique para si o uso da expressão.

[Ver Luciano Martins, "Aspectos políticos da revolução brasileira", *Revista Civilização Brasileira*, ano I, n. 2, maio 1965, p. 15-34; o item "Movimento de Abril", p. 34-8, não foi incluído neste volume – N. O.].

ao qual se deve submeter qualquer estudioso dos processos nacionais, com muito mais razão ainda, como veremos depois, a ele deve dar particular ênfase quem empreender a tarefa de estudar o caso brasileiro.

O estudo da revolução brasileira apresenta duas ordens principais de dificuldade. A primeira delas decorre do fato de que ainda a estamos vivendo e – muito mais do que isso – estamos atravessando uma etapa particularmente decisiva para seus rumos e sua definição; uma etapa que se caracteriza, além do mais, e por razões que adiante também veremos, pela *indecisão social* quanto aos rumos a serem seguidos e, em decorrência, pelas iguais chances de virem a prevalecer na orientação final desses rumos alternativas sociais as mais diferentes.

A segunda dificuldade advém da circunstância importantíssima de os países que hoje atravessam fase semelhante à do Brasil terem inaugurado situações novas e constelações específicas também novas de problemas cujos sistemas de referência capazes de contê-los e explicá-los de uma maneira interdisciplinar, precisa e global os cientistas sociais, a despeito dos esforços empreendidos, ainda não parecem ter.

É que os esquemas conceituais de que dispomos para entender o conjunto de situações e fenômenos que determinam a mudança social, tal como hoje se processa nas nações em vias de desenvolvimento, em geral se forjaram nos países já desenvolvidos ou à luz da experiência histórica e dos padrões culturais ou ideológicos comuns a eles. Isso significa, quase sempre, que a aplicação dos esquemas "clássicos" redunda num procedimento marcadamente mecanicista e, de outro lado, a formulação de novos esquemas, mais abertos à realidade complexa que enfrentamos, tende ainda a ser precária pelo próprio fato de sermos subdesenvolvidos. Essa deficiência dos instrumentos de análise encontra uma ilustração eloquente na própria ambivalência da terminologia política – a linguagem mesma da análise social –, na qual o que se verifica é a tendência para substituir o refinamento conceitual pelo adjetivo. A abundante adjetivação que em geral acompanha termos estratégicos como "revolução", "nacionalismo", "democracia" etc., à guisa de nomear as diferenciações que aparecem nos vários processos em marcha, não só tende a estabelecer uma confusão generalizada, como faz com que muitas vezes escapem ao nosso crivo intelectual certos padrões novos que a realidade social vai formando, padrões esses cujas função e formas de correlacionamento seriam indispensáveis à compreensão dos *trends* das novas sociedades em gestação.

Não é de se estranhar, assim, a extrema perplexidade que domina os que de fora nos olham, e a perplexidade com que muitas vezes nós próprios nos olhamos: a aparente incongruência, a "impossibilidade" da ocorrência de muitas das situações e episódios políticos que temos presenciado ultimamente indicam apenas a nossa insuficiência no levantamento e na identificação de todas as incógnitas da equação brasileira. Afinal, não existem países "surrealistas"; o que existe são países insuficientemente estudados.

À sombra dessa insuficiência vai-se depositando uma série de mitos e lugares--comuns ("sentimento de legalidade", "índole pacífica do povo brasileiro", "espírito de transigência" e tantos outros) falsamente explicativos, mas aceitos assim como verdades biológicas até o momento em que a realidade dos fatos se encarrega, em geral subitamente, de demonstrar o contrário. É a hora, então, se não de pânico, pelo menos da perplexidade ainda maior.

Por tudo isso não é de se estranhar também – e esse é um outro efeito do problema – que a intuição tenda a ser muito mais valorizada no Brasil que o esforço sistematizado de conhecimento, e que os líderes mais lúcidos deste país andem muitas vezes às cegas no processo brasileiro. O dilema da esfinge tem-se manifestado cada vez mais presente no Brasil. E é a segunda alternativa dele que em geral tem prevalecido.

Fazendo sempre presentes as duas ordens de dificuldades apontadas (o fato de estarmos *vivendo* a revolução brasileira e a deficiência de muitos dos esquemas conceituais de que dispomos para sua análise profunda), e a isso somos levados não apenas por uma necessária precaução metodológica, como até mesmo por uma elementar questão de rigor intelectual, tentaremos apontar alguns fatores que nos parecem importantes no esforço de compreensão do processo brasileiro, seus padrões, suas assincronias e suas prováveis perspectivas.

Seria conveniente acrescentar que algumas das indicações aqui contidas nós as formulamos tentativamente. É que muitas delas, a rigor, em virtude mesmo da precariedade dos dados existentes ou das limitações do autor, careceriam de uma elaboração mais detida, por meio de pesquisa mais sistemática. Se corremos o risco de, mesmo assim, registrá-las aqui é porque achamos que é tão urgente a necessidade de discutir o processo brasileiro, e são tantas as solicitações que nesse sentido se exercem, que quaisquer riscos dessa natureza devem ser enfrentados com tranquilidade.

O que se procurará relacionar é, em síntese, o seguinte:

1. Certas contingências da formação econômica brasileira permitiram que o processo de industrialização se fizesse sem o rompimento da estrutura agrária, e até mesmo à sombra de seus interesses, de que resultou a coexistência no poder dos setores dominantes da burguesia rural, dos setores comerciais e financeiros a ela aliados e do setor industrial.
2. Os impulsos favoráveis à industrialização nasceram muito mais de circunstâncias históricas externas (a Guerra de 1914-1918, a Crise de 1929 e a Guerra de 1939-1945) do que de uma luta coordenada e consciente da burguesia industrial como classe, embora, comparada com a de outros países da América Latina, ela se tivesse revelado mais capaz de explorar esses estímulos.
3. O fortalecimento quantitativo dessa camada industrial – que é, de resto, sociologicamente diferenciável da camada tradicional, mas ainda não social e

politicamente dela diferenciada – coincidiu com uma conjuntura mundial, a do pós-guerra, que limitou sua ação contra interesses internos e externos inibidores de seu desenvolvimento.

4. As tensões decorrentes da incorporação ao sistema do proletariado emergente e das classes médias urbanas tenderam sempre a ser amortecidas por mecanismos artificiais de controle (técnicas populistas, inflação etc.), resultando daí o "adiamento" da tomada de consciência dos impasses existentes na sociedade e da dimensão exata deles.
5. O equilíbrio entre as forças sociais diferentes (e de interesses antagônicos a longo prazo) no processo brasileiro, sem que nenhuma delas, pelos seus desenvolvimentos particulares, tenha tido condições para empolgar sozinha o poder – ou dele fazer uso preponderante por muito tempo – tem mantido paralelas estruturas arcaicas e estruturas novas, estabelecido arritmias no plano das instituições políticas, feito o Estado tender sempre a se colocar acima delas, numa situação bonapartista, e emprestado à revolução brasileira até aqui muitos dos aspectos *híbridos* que a caracterizam.

Antecedentes históricos

Uma nação se transforma à medida que nela se manifestam novas necessidades ou aspirações a ser satisfeitas. O ritmo e o sentido de tal transformação serão marcados, portanto, pela natureza social dessas aspirações e necessidades e pelo grau de êxito obtido por elas ao se realizarem. Em outras palavras: pelo sucesso que obtiveram as camadas de onde elas se originam em seu esforço de prevalecimento sobre os demais interesses atuantes na sociedade.

As transformações por que passaram, no século anterior ao nosso, as nações hoje já altamente desenvolvidas se vincularam nítida e diretamente a certas camadas sociais bastante homogêneas, quando não a uma única classe social. Essa tarefa histórica coube à burguesia emergente no setor industrial realizar. O processo era clássico e bem definido: o da "revolução democrático-burguesa".

Em nosso tempo, as transformações que se operaram ou se estão realizando nos países que hoje integram o chamado Terceiro Mundo – exceção feita àquelas nações que realizam a mudança por via de uma revolução socialista – parecem dotadas de um caráter bastante distinto. E diante dessas realidades novas que hoje surgem entendemos que o conceito clássico de "revolução democrático-burguesa", principalmente no caso brasileiro, perde substancialmente seu poder de explicação.

Não é que não seja visível a participação da burguesia industrial no processo de transformação – e inclusive é ela que certamente encampa hoje os seus maiores benefícios –, mas é que essa participação se faz em meio a tais circunstâncias simultâneas – da permanência do setor arcaico ao imperialismo e à ascensão de massas – que o papel desempenhado por essa classe já não conta mais com aquele caráter marcado e decididamente hegemônico de antes. O padrão que se forja é, portanto, outro. E muito mais complexo.

Esse ponto de partida, a nosso ver, não apenas constitui a hipótese de trabalho mais fecunda para o exame dos atuais processos de desenvolvimento nos países de modelo capitalista, mas, pelas implicações multiplicadoras que tem, é decisivo para a compreensão mais inteligente dos problemas por eles apresentados. Para tanto – e até como meio de testar a hipótese inicial –, seguiremos o fio condutor do esforço pela industrialização no Brasil.

O primeiro surto industrial importante registrou-se em meados do século passado e teve em Mauá, como se sabe, talvez seu símbolo mais significativo: uma rápida e brilhante expansão seguida de um fim melancólico. Não só a configuração social do país, representada pelo binômio "senhor-escravo", impedia o florescimento de condições propícias à industrialização, como também o fato colonialista, expresso na dominação inglesa, intensificada a partir de 1810, opunha sérios obstáculos a tal esforço.

Que existiam impulsos visando à modificar tal situação, de modo a permitir a industrialização, se evidencia, por exemplo, pela promulgação da Tarifa Alves Branco, em 1844, elevando os direitos alfandegários em 30%, 40% e 60% para – nas palavras de seu autor – amparar "os capitais nacionais e estrangeiros que queiram empregar-se dentro do país, em manufaturas para que temos matérias-primas em abundância"[2]. Mas que tais impulsos se manifestavam de uma maneira desordenada e intermitente se evidencia também pelo vaivém do jogo tarifário, ora retirando ora concedendo proteção à indústria no país, em anos sucessivos como 1857, 1858, 1860, 1870, 1874, 1879 e 1887. Em 1904, João Luiz Alves tenta a revisão da Tarifa Joaquim Murtinho em nova arremetida protecionista. Sua iniciativa chega a ser aprovada em primeira discussão pela Câmara. O *Times* de Londres, em sua edição de 4 de agosto do mesmo ano, noticia o fato e acrescenta: "[...] Os representantes diplomáticos de Grã-Bretanha, Alemanha, Áustria, Hungria, Bélgica, Estados Unidos, França e Itália, coletivamente, exprimiram a esperança de que o governo use de sua influência sobre o Congresso para manter a velha tarifa"[3]. Não houve segunda discussão.

Independentemente do fato de as modificações tarifárias obedecerem também à necessidade de ordem fiscal, o que importa reter aqui é que: 1) a sorte da industrialização estava, desde então, condicionada a mudanças deliberadamente provocadas, isto é, decisões de poder; e 2) os setores industrializantes não dispunham de

[2] Ver Heitor Ferreira Lima, "Fatores positivos e negativos da evolução econômica brasileira", *Revista Brasiliense*, n. 5, [1956,] p. 75.

[3] Ibidem, p. 82.

força e organização política suficientes para fazer prevalecer de modo incisivo e prolongado seus interesses.

Pareciam existir no país, entretanto, certas condições objetivas – capital, mercado e mão de obra – capazes de propiciar um ritmo novo à industrialização já nos primeiros anos do século. Parece confirmar isso o fato de que durante a Primeira Guerra, mais precisamente no período 1915-1919, estabeleceram-se 5.940 novas empresas industriais no Brasil.

Quer dizer: quando havia suspensão dos fatores políticos inibidores (tanto internos quanto externos), processava-se um surto industrial, e essa suspensão se fazia muito mais por fatores exógenos e circunstanciais (no caso, a Primeira Guerra Mundial) que propriamente por decisões tomadas de dentro, a partir de uma ação política dos setores interessados. Essa talvez seja uma constante que se prolongue até o fim da década de 1930 e é de importância decisiva para os rumos do processo brasileiro. Essa característica remete diretamente à formação histórica das camadas dominantes.

A nosso ver, é Celso Furtado quem abre uma perspectiva concreta para o entendimento do problema pela análise que faz da função do café na economia brasileira[4]. É o que procuramos resumir.

Uma economia de tipo colonial como era a do Brasil, dependente praticamente de um único produto de exportação, tinha forçosamente de ser não apenas muito sensível como bastante vulnerável às oscilações e crises da economia mundial. Seria natural, assim, que, ao se reduzir o preço do café no mercado mundial, se reduzisse simultaneamente a margem de lucro dos empresários e associados no setor, com todas as consequências críticas decorrentes para a economia em seu conjunto. Tal não acontecia, entretanto, no Brasil, em virtude da correção que se fazia no desequilíbrio da balança de pagamentos por meio de reajustamentos na taxa cambial. Explica Celso Furtado:

> Suponhamos que, na situação imediatamente anterior à crise, o exportador de café estivesse vendendo a saca a 25 dólares e transformando esses dólares em 200 cruzeiros, isto é, ao câmbio de 8 cruzeiros por dólar. Desencadeada a crise, ocorreria uma redução, digamos, de 40% no preço da venda da saca de café, a qual passa a ser cotada a 15 dólares. Se a economia funcionasse num regime de estabilidade cambial, isto é, de padrão ouro, tal perda de dez dólares se traduziria, pelas razões já indicadas, em uma redução equivalente dos lucros do empresário. Entretanto, como o reajustamento vinha através da taxa cambial, as consequências eram outras. Admitamos que, ao deflagrar a crise, o valor do dólar subisse de 8 para 12 cruzeiros. Os 15 dólares a que o nosso empresário estava vendendo agora a saca de café já não valiam 120, mas sim 180. Dessa forma, a perda do empresário, que em moeda estrangeira havia sido de 40%, em moeda nacional passa a ser de 10%.[5]

[4] Celso Furtado, *A economia brasileira* (Rio de Janeiro, A Noite, 1954).

[5] Ibidem, p. 103.

O negócio do café tornava-se, assim, extremamente vantajoso. E, para que a oferta, em expansão continuada, dada a lucratividade do empreendimento, não pressionasse em demasia os preços no mercado internacional, era necessário retirar dele, mercado, uma parte da produção. Tal se fazia reduzindo-se artificialmente a oferta, por meio de financiamento e retenção de grandes quantidades de estoques.

Tudo isso significava, como diz Celso Furtado na obra citada, uma transferência de renda daqueles que pagavam as importações para aqueles que vendiam as exportações. Como as importações eram pagas pela coletividade em seu conjunto (50% delas compunham-se, em fins do século, de alimentos e tecidos), os empresários ligados ao negócio do café estavam, na realidade, "logrando socializar suas perdas".

Assim, independentemente da elasticidade da procura internacional, que era, aliás, praticamente nula, a retenção da oferta possibilitava a manutenção dos preços e dos lucros elevados em benefício dos setores produtores e exportadores.

Mas esse mesmo mecanismo – e o aspecto importante é precisamente esse – beneficiava também, indiretamente, os setores produtores ligados ao mercado interno, pois reduzia os efeitos do multiplicador de desemprego sobre *todos* os setores de economia. Uma outra consequência decisiva para os produtores com vistas ao mercado interno era ainda produzida: dado que a correção do desequilíbrio se fazia, como notamos, à custa de forte baixa do poder aquisitivo externo, encareciam as importações, e a consequência era o incentivo à sua substituição pela atividade interna.

O mecanismo de defesa do café tinha ainda um outro lado. O financiamento dos estoques retidos se fazia em larga margem, direta e indiretamente, mediante créditos externos, com a sua contrapartida natural: o endividamento do país e a crescente influência política do imperialismo. Já no período de 1910 a 1912, graças em grande parte à primeira valorização do café, o apelo crescente à finança internacional redundou

> no acréscimo de 32 milhões de libras sobre a dívida externa do país, obrigando já então a remeter anualmente mais de 12 milhões, em juros de amortização. Isso significava, na época, um desfalque nas finanças do país de 30% de sua receita federal, além de consumir integralmente as divisas resultantes do saldo de nossa balança de pagamento.[6]

Começa também aí a entrada de capitais estrangeiros, que vão competir com as indústrias nacionais em condições extremamente desfavoráveis para estas.

O mecanismo de defesa do café engendrado pelos setores tradicionais das classes dominantes no Brasil – apoiadas na noção de que "do café depende toda a nossa economia" – logrou assim não apenas "socializar as perdas" e, por esse procedimento, intensificar a acumulação de capital. É que houve um outro aspecto simultâneo que

[6] *Conjuntura Econômica*, ano II, n. 8, p. 28.

foi o da *divisão dos ganhos* capitalizados, embora de maneira desigual, entre três setores distintos: 1) o setor cafeeiro; 2) o setor industrial; 3) os interesses estrangeiros.

Todas as transformações a que assistimos nas três primeiras décadas do século passado operaram mudanças profundas no panorama social do país. O sistema de estratificação ganhou um novo delineamento, como nota L. A. Costa Pinto, com a fusão das antigas "camadas intermediárias, oriundas da fase do binômio senhor-escravo, em verdadeiras classes médias e com o amalgamento da mão de obra flutuante e pouco qualificada no crescente proletariado urbano"[7].

Do sistema social em transição brotaram necessariamente as inquietações que se exprimiram nos movimentos de 1922, 1924 e na Coluna Prestes. Todos eles reivindicando os ideais liberais democráticos (reforma eleitoral, liquidação da política dos governadores, liberdade de imprensa, regulamentação do estado de sítio etc.) por meio dos quais as classes médias formulavam as suas aspirações de participação ativa na vida nacional e de modernização das estruturas administrativas e políticas.

As inquietações da classe média, entretanto, embora elemento importante, sobretudo a demonstrar o arcaísmo da estrutura política em relação à nova realidade social do país e a se constituir num elemento a mais da equação política, não eram o dado fundamental da questão. Este continuava a ser o da relação de forças no seio das classes dominantes entre os elementos propulsores da industrialização e aqueles outros empenhados em manter o predomínio do complexo produtor-exportador cafeeiro.

A plataforma eleitoral dos dois candidatos em 1930 exprimiu com nitidez os valores dos dois polos dessa equação. Enquanto Getúlio Vargas, em sua campanha, realizava a defesa veemente da industrialização como rumo novo e vital a ser impresso à nação, seu concorrente, Júlio Prestes, afirmava que "o fazendeiro é o tipo representativo da nacionalidade, e a fazenda é ainda o lar brasileiro por excelência, onde o trabalho se casa com a doçura na vida, e a honestidade dos costumes completa a felicidade", e insistia enfaticamente que "o Brasil repousa sobre o núcleo social expressado pelas fazendas"[8].

A Revolução de 1930 no poder, entretanto, mais uma vez veio demonstrar que mais fortes que os discursos e plataformas – e, portanto, as aspirações que exprimiam – eram a correlação objetiva de forças então vigorante e a lógica do sistema de defesa do café, que continuou a mesma. Já em 1931, aliás, acumulavam-se estoques no valor de um milhão de contos.

---

[7] L. A. Costa Pinto, *Sociologia e desenvolvimento* (Rio de Janeiro, Civilização Brasileira, 1963), especialmente o capítulo relativo às classes sociais no Brasil.

[8] Citado em Lídia Beseouchet, *História da criação do Ministério do Trabalho* (Rio de Janeiro, Serviço de Documentação do MTIC, 1954, coleção Lindolfo Color).

Era evidente que a manutenção de tal sistema criava um círculo vicioso. Os elevados lucros e a garantia artificial de mercado criavam para o empresário a necessidade de expandir suas inversões, as quais se tornavam a fazer, em grande parte, no café. E o financiamento de estoques invendáveis propiciava novos aumentos na produção.

O padrão de poder

De tudo quanto vimos resulta claro que, embora a repartição dos benefícios oriundos do sistema de defesa do café – sobretudo a longo prazo – fosse desigual, havia interesses comuns entre o setor industrial nascente e os setores dominantes tradicionais – nacionais e estrangeiros – atuantes na sociedade brasileira, que mais os aproximavam que os diferenciavam. Provavelmente foi esse um dos fatores que dificultaram uma arregimentação política mais intensa e agressiva da burguesia ligada à produção interna: suas aspirações iam-se realizando parcialmente na esteira dos interesses das camadas tradicionais e nas sobras do sistema por estas estabelecido.

Tal circunstância, de resto, nos dá a ideia de que pelo menos uma parte das classes dominantes dessa fase jogava como que simultaneamente no preto e no vermelho, isto é, no café e na produção interna, segundo as indicações conjunturais e os lucros maiores do momento.

Acresce ainda, como vimos, que fatores exógenos abriram periodicamente para o setor industrial nascente vias de acesso e expansão por assim dizer "fortuitas", isto é, sem que para obtê-las tivesse ele que se empenhar em grandes diferenciações de interesse e lutas políticas com os senhores do café e os interesses estrangeiros. Foi assim com a Primeira Guerra, foi assim com a Crise de 1929, como seria também assim, mais tarde, com a Segunda Guerra. As camadas sociais voltadas para a industrialização, portanto, limitaram-se muito mais a se aproveitar de tais situações do que propriamente se empenharam em provocar a criação delas. Tal só se poderia fazer com o concurso do poder.

E o problema do poder se colocou com a Revolução de 1930, mas a forma pela qual foi resolvido é um elemento a mais a indicar que o padrão de classe dominante que continuou a orientar os rumos do processo brasileiro foi aquele que se originou ou se fortaleceu com o mecanismo de "divisão dos ganhos". É claro que esse padrão não era estático, e a trajetória e o impulso das forças que o integravam eram diferentes, o que não obstava que, por muito tempo, pudessem equilibrar-se numa faixa comum.

A Revolução de 1930 representa, do ponto de vista que aqui focalizamos, a quebra do monopólio das oligarquias ligadas ao café e uma melhoria, em termos de poder, da posição dos setores industriais – mas não trouxe a hegemonia deles sobre o processo. Houve, por assim dizer, uma distribuição mais proporcional à "divisão dos ganhos".

Quando se tornou necessária uma opção, exigida pela própria tensão do processo econômico exposto às contradições do sistema em que se sustentava e pelo aparecimento de novas forças em ascensão, o que se viu foi não o prevalecimento dos interesses de um setor social sobre o outro, mas a decisão se processar por cima de todos, sob a forma bonapartista do Estado Novo.

Nesse sentido, o Estado Novo representou a acomodação do binômio *socialização das perdas-divisão dos ganhos* aos novos termos das realidades sociais emergentes no país e, simultaneamente, a institucionalização dele.

A suspensão do sistema de representação política – o qual refletia os interesses dos setores tradicionalistas – permitiu, por sua vez, melhores meios de ação às camadas industrializantes.

Com o Estado Novo, a ação política desses setores se deslocava, assim, das Câmaras para o terreno mais direto e propício dos corredores da burocracia civil e militar; ao mesmo tempo, o proletariado industrial era mantido nas fábricas, alimentado pelo paternalismo populista e tolhido pela camisa de força da tutela sindical manejada pelo Ministério do Trabalho.

Essa constelação de fatores, oriundos dessa vez de sua ação mais deliberada, possibilitou à burguesia industrial um novo surto, o qual foi ajudado mais uma vez por um fator externo com a eclosão da Segunda Guerra. No período que abrange os anos da guerra e os imediatamente subsequentes, o número de estabelecimentos industriais cresce em quase 80%, o proletariado industrial aumenta em quinze vezes e talvez seja possível afirmar que se completa a instalação do parque manufatureiro no setor da indústria leve.

Paralelamente, entretanto, continuava inalterado o sistema de defesa dos preços do café, nenhuma modificação se tentava na estrutura agrária visando a ampliar o mercado interno ou quebrar as bases do complexo cafeeiro e mantinha-se um desarmamento tarifário que reduziu de mais de 30% para menos de 10% a proteção aduaneira aos produtores internos.

Isso significava mais uma vez que as duas vertentes que operavam no setor dominante da sociedade permaneciam numa situação de frentes fixas, e as mudanças relativas de posição apenas possibilitavam manobras de flanco, a favorecer ora um ora outro dos lados. Talvez não seja por outra razão que a intuição de Vargas o aconselhava a resolver crises com o famoso método de "deixar como está para ver como fica", o que era atribuído a um pretenso descortino de estadista que, na realidade, ele não possuía, mas que a rigor apenas deveria ser creditado à realidade social. Vargas apenas exprimia a percepção de uma situação objetiva da qual era fruto e a qual convinha manter porque era nela que encontrava o espaço político em que operava.

A fase do pós-guerra

As transformações políticas que se têm operado no mundo, a partir da Segunda Guerra, estão incorporadas à experiência cotidiana de qualquer um de nós, embora nem sempre, seja pela proximidade dos fatos, seja pela complexidade deles, nos tornemos conscientes de todas as suas implicações.

Ao iniciar-se a década de 1940, por exemplo, a primeira bomba atômica ainda não havia explodido, o mundo socialista se confinava aos limites da União Soviética, os povos coloniais mal tomavam consciência de seus destinos, e o mundo ocidental ainda experimentava os últimos alentos da ordem estabelecida no século XIX. A partir da guerra, entretanto, circuitos velozes levaram, quase que da noite para o dia, a todos os quadrantes do globo, fatos novos e novas ideias, e sobre eles se forjaram novas realidades econômicas, sociais e políticas. O ritmo das transformações se intensificou, e o mundo se viu compelido, quase sem transição, a se readaptar de maneira violenta, o que quer dizer prenhe de contradições e de conflitos, às novas situações criadas com a Segunda Guerra. O desenvolvimento tecnológico e científico trouxe promessas alentadoras e gerou problemas sem precedentes, a expansão do mundo socialista determinou impressionante deslocamento na correlação mundial de forças, a ascensão dos povos colonizados explodiu de forma irreprimível, o mundo dividiu-se em dois blocos, e, nas malhas dessa divisão, como que se aprisionou a imaginação cultural do homem. Nenhum país tem escapado aos impactos dessas transformações, embora possa experimentá-los de uma forma mais incisiva ou menos incisiva. E assim é que o ranger das estruturas em processo de acomodação à nova ordem de coisas é ouvida tanto nos Estados Unidos ou na União Soviética quanto no Laos ou no Brasil.

Se a contemplação das desigualdades mundiais forneceu a motivação, e o reconhecimento do fato de ser tecnicamente possível a qualquer país acionar seus recursos ociosos de modo a alcançar um progresso certo indicou o caminho, foi o estabelecimento de que as desigualdades entre os países pobres e os países ricos tendem a inexoravelmente se dilatar que conferiu urgência à tarefa dos primeiros.

Essa tomada de consciência, em regiões onde os recursos de subsistência tendiam cada vez mais a escassear, ante a rapidíssima expansão demográfica, e os ressentimentos antigos contra a dominação colonialista tendiam cada vez mais a ganhar expressão, fechou o circuito: o nacionalismo foi a ideologia que nasceu dessa situação.

Dois países, os Estados Unidos e a União Soviética, representando sistemas sociais e políticos antagônicos, emergiam no pós-guerra como os dois grandes centros mundiais de poder. E muito provavelmente, pela primeira vez na história do mundo, dois blocos se defrontam numa disputa que envolve a sobrevivência mesma de cada um deles, não só enquanto poder nacional mas também enquanto sistemas de vida, sem que, entretanto, em virtude do impasse atômico, possam decidir o conflito global em termos estritamente militares, na forma clássica da guerra.

A estratégia no campo militar estabeleceu-se em tais condições de poderio devastador – independentemente do eventual predomínio neste ou naquele setor tecnológico por qualquer dos lados – que a guerra teve que ser afastada como solução política admissível. Esse fato é capital porque, a menos que ocorra uma guerra por acidente, a decisão do conflito só se poderá fazer a longo prazo, transferindo-se assim integralmente para o campo político, econômico e cultural.

Face a essa situação, as camadas dominantes dos dois grandes blocos passaram a lutar mais acentuadamente para impor seus modelos de desenvolvimento, seus padrões culturais e suas ideologias a dois terços da população mundial que integram os países subdesenvolvidos. Não é difícil entender por quê. Esses países experimentaram uma explosão demográfica sem precedentes, estão iniciando seu processo de transformação interna e – o que é da maior importância – estão decididos a fazê-lo da maneira mais rápida possível. Não tendo ainda se estruturado em sistemas rígidos, precisamente por estarem em processo de desenvolvimento, em período de transição, as nações subdesenvolvidas apresentam por isso mesmo uma espécie de *disponibilidade cultural*. Quer dizer: ainda estão indecisas ante qual dos dois modelos mundiais em pauta devem escolher – ou que terceiro devem criar.

Essa indecisão como que forçou ainda mais um sistema de interesses cruzados, inevitável ante a nova configuração de poder mundial. Forças nacionais socialmente antagônicas passaram a estabelecer alianças mais estreitas com cada um dos grandes blocos rivais, certas de que a manutenção de seus privilégios ou a realização de suas aspirações, conforme a natureza dessas forças, estavam ligadas ao prevalecimento de um dos blocos sobre o outro. Os dois grandes blocos, por sua vez, intensificaram essas alianças, certos de que é no plano nacional dos países subdesenvolvidos que se decidirá em grande parte a sorte de sua disputa pela hegemonia mundial.

Por isso mesmo é que qualquer acontecimento nacional, seja no Vietnã ou no Congo, em Cuba ou no Brasil, que se ligue à trajetória, ascendente ou decadente, das forças sociais internas em luta torna-se imediatamente um acontecimento internacional. Por isso mesmo é que qualquer acontecimento internacional que implique mudança de posição relativa de cada um dos superpoderes, *vis-à-vis* ao outro, torna-se imediatamente um acontecimento nacional.

A colocação da questão em tais termos tem levado as forças nacionais que se aliam a cada um dos grandes blocos muitas vezes a se submeterem incondicionalmente aos interesses estratégicos deles – interesses esses que nem sempre (e hoje de forma cada vez mais rara) são imediatamente os seus. É isso que vai explicar – e era aqui que queríamos chegar – o surgimento, em plano nacional, de uma série de alianças e comportamentos políticos que nada mais são que o reflexo dessa situação.

Ter em mente essa nova configuração de fatores – e retirar dela todas as implicações necessárias no plano conceitual – é, a nosso ver, um procedimento imprescindível à compreensão de muitos dos acontecimentos que estão moldando o país, indispensável mesmo para que possamos abordá-los numa perspectiva mais ampla e definidora.

No que diz respeito ao problema que aqui analisamos, pelo menos uma implicação deve ser retida de imediato: é que muitas vezes se tem estabelecido um conflito entre os *objetivos de expansão econômica* de uma determinada camada ou grupo social e os seus *interesses de classe*, segundo a imagem que deles ela faz. Isso parece ser particularmente significativo no caso da burguesia industrial.

O Brasil, como não poderia deixar de ser, sintonizou-se também com os novos ritmos do nosso tempo. À medida que novas camadas sociais se foram desalienando e se incorporando – pelo intercâmbio de informações e pelo desenvolvimento econômico – de maneira mais ativa à vida nacional e ao curso da história de nossos dias, novas situações também se foram criando no país. As forças que se deslocam em meio a essas situações passaram então a se reorientar na busca de objetivos precisos que melhor atendessem a seus interesses específicos no plano nacional, e na procura de pontos de referência e apoio que maiores garantias lhes assegurassem em plano mundial – pois é também, ou sobretudo, neste que creem estar jogando seus destinos.

Conjugados a esses elementos decorrentes do conflito ideológico mundial, outros fatores, de natureza interna, pelas consequências sociais que irão determinar, vão influir decididamente nos rumos do processo brasileiro do pós-guerra:

1. declínio da importância do café para a economia brasileira;
2. o desenvolvimento industrial ganha novas dimensões;
3. as massas operárias e camponesas passam a desempenhar novo papel;
4. a inflação adquire decisiva importância política.

A criação da Cexim e, mais acentuadamente, o estabelecimento da Instrução 70 em 1953 são indicadores decisivos de que se operava uma reformulação na "divisão de ganhos". A introdução de mecanismos seletivos e de controle nas importações propiciou um importante surto de crescimento industrial a partir de 1948: a importação de bens de capital cresceu, no período de 1945-1951, em 290%, enquanto o total das importações aumentava, nesses mesmos anos, apenas 151%[9]. O estabelecimento do sistema de ágios e o que os setores cafeeiros significativamente chamaram de "confisco cambial" determinavam, indiretamente, uma transferência de renda desses setores (e mais do setor de comércio importador dos bens de consumo)

[9] Celso Furtado, *A economia brasileira*, cit., p. 168.

para o campo industrial, com o favorecimento acentuado, neste último, do ramo de bens de capital, em virtude do controle seletivo das importações.

A importância dessas medidas do ponto de vista que aqui focalizamos está em que representam elas mudanças deliberadamente provocadas, não só beneficiando o setor industrial em detrimento de outros condôminos do poder como assegurando a ele perspectivas de expansão a longo prazo.

Mas se a balança começava a pesar mais para um lado, não chegava ainda a se fixar nele. E não é difícil entender o porquê: então, como antes, tais decisões se faziam não propriamente como resultados de uma nova correlação de forças, já institucionalizadas politicamente nos vários níveis de poder, mas por atos de pressão exercidos direta e transitoriamente sobre os órgãos do Poder Executivo.

Por isso mesmo é que se tais medidas se inclinavam para um lado em proporção maior que a margem de tolerância das forças em equilíbrio permitia, tinham que ser compensadas por outras, de sentido contrário. Ou então se deflagrava a crise de poder. A crise de agosto de 1954, embora trouxesse em seu bojo outras condicionantes, também deve ser entendida como integrante dessa dinâmica que encontrava no mecanismo de manobras de flanco a sua metodologia mais característica. É como se a cada impulso de um setor correspondesse, mais adiante, uma meia restauração do outro. A Instrução 113 seria bem um exemplo disso. Tais oscilações são visíveis não só no âmbito de um mesmo período de governo, como na própria sucessão deles e dos movimentos militares intermediários: Dutra, Vargas, Café Filho, Kubitschek, 24 de agosto, 11 de novembro.

É evidente que se trata de um *processo* e que cada nova acomodação se faz em outro plano e em outros termos. O padrão, entretanto, é o mesmo e reflete ainda aquela realidade mais profunda que é a da coexistência no país de estruturas sociais diferentes desenvolvendo-se em ritmos também diferentes. É essa realidade que, de fato, continua ainda a alimentar todas as assincronias dessa fase do processo brasileiro.

O incremento industrial já experimentado pelo Brasil fizera surgir no seio das classes dominantes, como vimos, uma burguesia industrial dotada de uma gama de interesses próprios, sociologicamente diferenciável das elites tradicionalistas, mas ainda não diferenciada por completo delas em termos sociais e políticos. Vimos como desde 1930 até o Estado Novo, ou nos anos imediatamente seguintes, esse processo de diferenciação se vinha fazendo de forma lenta, mas segura. Com a Guerra Fria, esse mesmo processo entra num contexto diferente. Vejamos por quê.

Para mantê-las em suas órbitas, a assistência econômica e militar tornou-se o instrumento usado pelas grandes potências para controlarem o ritmo do desenvolvimento das nações pobres e, simultaneamente, dissolverem as tensões mais perigosas que nelas viessem a se manifestar. A contrapartida da ajuda era a exigência do alinhamento político e a consequência, o fortalecimento do sistema de alianças entre a grande potência e as classes dirigentes desses países. Ao controle político declarado total de uma nação sobre outra se sucedia assim um sistema de dominação exercido por meio de uma contínua e quase coercitiva transplantação de capitais, instituições e ideologias da nação poderosa para a nação fraca. Tratava-se de uma estratégia geral tendo em vista a Guerra Fria.

Todo o processo de dominação estrangeira sempre se exerceu com o apoio das elites tradicionalistas dos países subdesenvolvidos. E onde elas não existiam foram artificialmente criadas para desempenhar essa função. Os interesses eram em geral coincidentes. À potência dominadora interessava controlar o processo de industrialização da outra nação a fim de não apenas assegurar mercado certo para sua produção ou continuidade no fornecimento de matérias-primas a baixo custo para suas indústrias, mas também garantir a lealdade da nação subdesenvolvida – o que muito mais facilmente se fazia por meio das elites tradicionalistas desses países – para a luta na Guerra Fria. Às elites tradicionalistas, produtoras e exportadoras de artigos primários ou importadoras de produtos manufaturados, interessava o subdesenvolvimento pela garantia mesma da manutenção do sistema de trocas tradicional sobre o qual assentavam sua base social e política.

Para o setor industrial, entretanto, o problema se apresentava de forma diferente. É que os *interesses de classe* da burguesia industrial – por ela identificados como o alinhamento político incondicional ao lado dos Estados Unidos na Guerra Fria e o fortalecimento do *front* interno dominante contra a ascensão de massas – entravam em conflito com seus *objetivos econômicos*, pois estes consistiam na quebra dos vínculos coloniais, como forma de evitar seu estrangulamento pela concorrência e pressão estrangeira, e na expansão do sistema econômico do país para a formação de um mercado interno amplo que lhe garantisse o escoamento da produção.

O setor industrial nacional ficou, na ação política, como que paralisado entre esses dois tipos de interesse em conflito. Essa hesitação coincide com grandes entradas de investimentos diretos norte-americanos no Brasil. Se nos dezessete anos que vão de 1929 a 1945 o incremento de tais investimentos no país não chegou a duplicar, de 1946 a 1953, período de apenas sete anos, aumenta em mais de 300%, passando de US$ 323.000 para US$ 1.013.000[10].

A frente única

Em maio de 1954, o senhor Hélio Jaguaribe, ao inaugurar o curso do Instituto Brasileiro de Economia, Sociologia e Política, de cujo núcleo se formou a seguir o Iseb, denunciava o que chamou de "alienação da burguesia industrial", ao mesmo tempo que formulava com precisão seus interesses:

---

[10] Dados do U. S. Department of Commerce, citados em Aristóteles Moura, *Capitais estrangeiros no Brasil* (São Paulo, Brasiliense, 1960), p. 69.

> O erro da indústria brasileira, ao seguir a reboque dos latifundiários e comerciantes, é sacrificar, no presente, suas possibilidades de expansão econômica e predomínio político, e, no futuro, suas próprias possibilidades de sobrevivência, por se aliar aos dois setores superados da burguesia, condenando esta, como um todo, e a indústria, em particular, a ser liquidada pelas novas forças ascendentes do país.[11]

Defendendo uma "fórmula" capaz de assegurar o desenvolvimento industrial dentro do modelo capitalista, afirmava mais adiante: "Nas atuais condições do mundo e do país, essa fórmula só pode ser posta em prática na base de uma frente comum de que participem a burguesia industrial, a classe média e o proletariado".

Essa "frente comum", que exprimia com perfeição os interesses da burguesia industrial, teve o seu mais influente centro de elaboração ideológica no Iseb, os seus meios operacionais em certos níveis da burocracia e sua viabilidade e cobertura política asseguradas pelo Partido Comunista, influente orientador das esquerdas no Brasil.

Afirmando que "a direção do partido não assimilara suficientemente" certos "ensinamentos básicos do leninismo" (consubstanciados numa passagem de Stálin sobre o óbvio, isto é, a "nítida diferença entre a revolução nos países imperialistas e a revolução nos países coloniais"), o Partido Comunista repudiou, em 1954, a linha que havia adotado em agosto de 1950 (confisco das "principais empresas privadas" e formação do "Exército Popular de Libertação") e voltou ao programa de 1945, que pregava o "desenvolvimento pacífico"[12]. A nova linha estabelecia uma hierarquia de contradições que subordinava à luta "contra o imperialismo norte-americano e seus agentes" todos os demais fatores, inclusive a luta de classe. Significava, no campo da estratégia, transferir para o plano mundial, por meio do enfraquecimento nas nações subdesenvolvidas dos interesses das grandes potências do bloco ocidental, o destino da revolução nacional, à espera da implantação do socialismo de fora para dentro. E, no campo da tática, ir ao encontro do esquema de frente única formulado pelo senhor Hélio Jaguaribe.

Isso significava determinar que a luta anti-imperialista se fizesse a partir do fortalecimento da burguesia industrial pela esquerda, à custa da contenção do movimento operário e camponês. Significava ainda encarregar as camadas populares da luta pelo aceleramento do ritmo do processo e entregar à burguesia industrial o controle do sentido dele. E é isso que vai explicar também, na fase posterior, a explosão de uma série de tensões acumuladas e então ampliadas pela inflação.

O problema da incorporação das massas ao processo político da nação é uma das questões decisivas no plano das nações de modelo capitalista em fase de

[11] Hélio Jaguaribe, "A crise do nosso tempo e do Brasil", *Cadernos do Nosso Tempo*, n. 2, [1954,] p. 14-5.

[12] As citações são do informe de Luiz Carlos Prestes que acompanhou o novo Projeto de Programa do PCB, *Cadernos do Nosso Tempo*, n. 2, p. 131-36.

desenvolvimento. No Brasil, uma primeira fase desse processo – a passagem dos "sindicatos de minorias militantes" para os "sindicatos burocráticos de massa", para usar a expressão de Azis Simão – se fez, com o Estado Novo, por meio da tutela oficial do Ministério do Trabalho. O *populismo* foi a sua expressão política e encontra sua explicação no rápido processo de urbanização – consequência em grande parte da desagregação da estrutura agrária –, que trazia para os centros urbanos uma grande massa de mão de obra não especializada, sem consciência política, disponível psicologicamente, e que sempre encontrava nas cidades oportunidades que, por piores que fossem, ainda eram melhores do que as que de antes dispunha. O paternalismo a ela emprestava a falsa ilusão de que dialogava com os centros de poder, e o salário mínimo dava-lhe a sensação de uma periódica promoção social. A despeito de não existir uma *adequação política* entre as ideologias por elas abraçadas e os seus interesses reais, as massas urbanas beneficiaram-se em parte do sistema porque, mal ou bem, nele fizeram seus primeiros ensaios de organização e adestramento político. Foi nessa situação que entraram as massas brasileiras na fase de aceleração do desenvolvimento.

O Estado Novo representou para as massas brasileiras uma espécie de introdução outorgada nas antessalas da história política do país. O esquema de frente única, da fase seguinte, conferiu a suas lideranças um papel mais decisivo, embora tal papel se exercesse muito mais no sentido de tentar empurrar para o recinto das decisões de poder a burguesia industrial do que propriamente se introduzir diretamente nele. A contrapartida indispensável à manutenção e ao sucesso do esquema era a expansão do sistema de modo a que, com certas reformas, se abrissem as vias de acesso indispensável à incorporação pacífica das massas ao processo nacional. Acumularam-se assim expectativas até agora, entretanto, não realizadas. Isso recoloca mais uma vez no exame da questão o problema da hegemonia na condução da revolução brasileira.

O "desenvolvimento combinado"

A conjugação de alguns dos fatores históricos que procuramos indicar até aqui parece ter produzido no Brasil um padrão de desenvolvimento particularmente complexo, e não só rico em contradições como também em expedientes para a harmonização delas.

A manutenção desse sistema assincrônico, integrado pelas engrenagens de estruturas arcaicas e estruturas emergentes girando em ritmos e até sentidos diferentes, tornou-se possível porque sobre essas engrenagens se superpôs uma outra, de dentes ajustáveis a cada uma delas, na figura do Estado. O que já se chamou de natureza cartorial do Estado brasileiro tem precisamente aí a sua origem e a sua função: a de manter a "coexistência do que não é coetâneo", para usar a expressão de Mannheim, e a de promover o "desenvolvimento combinado" de forças sociais diferentes. O Estado brasileiro tem, alternativa ou simultaneamente, financiado o café e guardado o latifúndio, criado condições para a industrialização e franqueado o Banco do Brasil aos industriais, aberto as portas da burocracia à classe média e absorvido as suas tensões com vantagens de todo o tipo, promovido as massas urbanas ao nível do salário mínimo e as enredado nas dobras do sistema por meio de conhecidos mecanismos populistas.

Esse Estado protetor – expressão no plano operacional da arbitragem bonapartista – como que transformou todas as forças sociais em clientela sua e, por assim dizer, *despolitizou-as*. É que o Estado, via de regra, tendia a absorver as reivindicações antes que elas o condenassem e pudessem, assim, expressar-se de uma forma politicamente organizada. O grupo de pressão substituiu o partido político, ou este se colocou ao nível daquele, e o *pistolão* como arma política passou a valer mais que todo um arsenal ideológico.

Os partidos políticos, reduzidos a máquinas de ganhar eleição ou, quando muito, a estuários da eloquência bacharelesca, deixaram de ser o centro de elaboração e aglutinação do pensamento político. Qualquer que fosse a legenda, havia sempre representantes dispostos a compor-se com qualquer governo. Bastaria lembrar que administrações de orientação e vinculação partidária diferentes, como as de Dutra, Vargas, Kubitschek, Quadros e Goulart, se compuseram e governaram com praticamente a mesma correlação de forças parlamentares. É que a verdadeira *maioria* – aquela capaz de decidir nas horas de impasse ou compelir a administração a esta ou aquela política – nunca esteve no Congresso, mas nas Forças Armadas.

Compreende-se assim por que se foi acentuando cada vez mais, no plano das instituições políticas, a arritmia entre o Executivo, condenado a ser sensível às situações novas pela própria natureza dos problemas que tinha a resolver ou pelas solicitações que sobre ele diretamente se exerciam, e o Legislativo, resistente a tais situações pela própria marginalidade política a que foi condenado e na qual foi mantido por uma maioria parlamentar incapaz de responder às novas tarefas que a nação dela exigia.

Essa situação levou os centros executivos da administração, acionados por grupos de pressão de todo tipo, a porem em funcionamento órgãos como Sumoc, Cacex, BNDE etc., órgãos esses que, muitas vezes, passaram a exercer poderes constitucionalmente atribuídos ao Legislativo. Medidas importantes para a promoção do desenvolvimento foram sendo tomadas no nível da burocracia, por cima da iniciativa ou da concordância dos partidos políticos, frustrando, dessa forma, que em torno dessas questões decisivas se concentrasse o debate político e se fizesse a diferenciação ideológica. Durante toda a gestão Kubitschek, governo decisivo para o *take-off*, com todas as previsíveis implicações deste decorrentes, as discussões parlamentares se produziram não sobre se se devia ou não acelerar o ritmo do desenvolvimento, mas se se devia ou não construir Brasília.

A fraqueza teórica das elites políticas brasileiras talvez encontre aí uma de suas raízes e, simultaneamente, a sua resultante na figura do tecnocrata: o homem "acima" da política, sempre pronto a servir este ou aquele governo por estar muito mais interessado nas virtudes abstratas do *plano* que no sentido dele, numa atitude mental muito próxima a daquele médico da anedota famosa, que resumiu os resultados de sua cirurgia com uma frase tranquila: "A operação foi um sucesso; infelizmente, o paciente morreu".

Dada essa constelação de circunstâncias, não é de se estranhar que as classes dominantes tenham sido levadas a fazer o desenvolvimento assim como o *bourgeois gentilhomme* de Molière fazia prosa, isto é, sem o saber – para depois reagirem violentamente às implicações dele.

A implicação em médio ou longo prazo da expansão de um sistema social é a sua transformação. Essa transformação, que modernamente se faz por uma intervenção deliberada na estrutura econômica da sociedade, provoca um deslocamento sem precedentes de forças sociais, uma em declínio, outras em ascensão. Em consequência, surgem pressões e resistências para que as superestruturas políticas e jurídicas da nação se reformem de modo a se acomodar às novas realidades sociais emergentes. Esse deslocamento, que tem hoje por contraponto o conflito ideológico mundial, tende a determinar, por sua vez, uma contração nas classes dominantes, pelo receio por elas demonstrado de que a aceleração do processo acabe por provocar a mudança qualitativa dele; como determina a radicalização, por reflexo, naquelas outras classes de posição subordinada que veem nessa contração uma barreira erguida à realização de suas aspirações. Quando isso acontece, a luta pelo controle do ritmo e do sentido do processo, por parte de cada uma das forças em jogo, ou dos sistemas de aliança entre algumas delas estabelecido, transforma-se imediatamente numa luta pela posse exclusiva do poder. Quer dizer: abre-se uma crise revolucionária.

A aceleração no ritmo em que giravam as engrenagens diferentes da sociedade fez com que, mais visivelmente a partir do governo Quadros, aquela engrenagem maior do Estado, que até então as coordenava, passasse a girar em falso sobre elas. Em outras palavras: cada uma das forças em jogo radicalizou-se na defesa de áreas consideradas vitais para sua sobrevivência social ou para a manutenção de seu prestígio político, a radicalização impede a solução de compromisso entre elas, e o Estado vê esgotados, dentro da legalidade, seus instrumentos de ação sobre o conjunto dessas forças. Quer dizer: os mecanismos até aqui usados para harmonizar as contradições do processo brasileiro parecem ter esgotado suas virtualidades ante os impasses que foram sendo criados no plano econômico, social e político.

A resolução de tais impasses (das reformas de base à fixação do "modelo" de desenvolvimento a ser seguido), cuja tomada de consciência se "adiava" por efeito dos mecanismos artificiais do "desenvolvimento combinado" e pela mágica da inflação, passa então a exigir opções políticas definidas; opções que implicam mudanças profundas, tanto interna quanto externamente, e que por isso mesmo supõem o prevalecimento decisivo de certos interesses sobre outros. Isso significa que, como em 1930 ou 1937, a estrutura de poder até então prevalecente tem que ser, se não desfeita, pelo menos refeita, e o desenvolvimento, reorientado. Nesse sentido é que afirmamos que se abre claramente no Brasil uma crise de poder.

Como protagonistas dessa situação estão, de um lado, os setores tradicionalistas, politicamente ainda poderosos (no Congresso, na imprensa, nas Forças Armadas etc.) e fortalecidos inclusive desde o exterior; de outro, o setor industrial novo, em franca expansão (capaz já hoje de fabricar 85% dos equipamentos necessários à instalação e ampliação de suas próprias fábricas), mas preso à sua ambivalência de força socialmente ligada às camadas tradicionalistas e aos mecanismos de segurança destas, embora economicamente em oposição a elas; na base da pirâmide, os setores das classes médias, submetidos a uma perda gradativa de *status* pela inflação, pendendo na forma que lhes é peculiar para a radicalização à direita e com um braço armado no Exército; e, finalmente, o setor ascendente das massas urbanas e rurais em lento processo de tomada de consciência revolucionária, mas sem ter produzido ainda as lideranças capazes de orientá-las nesse caminho.

Esse equilíbrio de forças sociais antagônicas, que por diferentes fatores históricos específicos a cada uma delas e por efeito do desenvolvimento combinado se neutralizam, temporariamente, numa faixa comum, como vetores de sentido contrário aplicados sobre lados estratégicos de um mesmo móvel, tem gerado o que já se chamou de "indecisão social"[13]. Uma situação que se caracteriza precisamente pelo fato de as alternativas sociais mais contrárias contarem, em determinado momento, com iguais chances de virem a prevalecer na orientação final dos rumos do processo.

---

[13] Ver Alvin Boskoff, *Social Indecision: a Dysfunctional Focus of Transitional Society* (edição mimeografada, Santiago, Flacso, s/d).

A "revolução brasileira" e os intelectuais*

Florestan Fernandes

O fato de vocês terem-me eleito padrinho desta cerimônia constitui motivo de orgulho e de desvanecimento para mim. Vejo nessa distinção o testemunho de que vocês me acreditaram capaz de traduzir os seus anseios, inquietações e esperanças, nas horas sombrias em que se armavam de paciência e de coragem para defender a própria condição de estudante. Sou-lhes grato por isso e, ainda mais, pelo apoio espontâneo e decidido que me deram, com outros colegas, na luta que travamos juntos pela liberdade de pensamento e pela autonomia universitária. A normalidade ainda não se restabeleceu plenamente. Pairam sobre eminentes mestres punições inconcebíveis e inaceitáveis, enquanto a intolerância obscurantista descobre meios para perseguir, sem nenhuma trégua ou respeito, figuras do gabarito científico de um Mário Schenberg.

Apesar disso, acho que não devemos desertar nem desanimar. O que importa é sabermos o que pretendemos. E não cedermos terreno no que for essencial à implantação, no Brasil, de autênticos núcleos de pesquisa original, de ensino renovador e de divulgação criteriosa. O que sucedeu ainda é presente, mas já pertence ao passado. Cumpre, acima de tudo, esquecer os ressentimentos e as frustrações, para pensar-se nas tarefas da construção do futuro. Dentro de pouco tempo, a própria história se encarregará de relativizar as figuras e os acontecimentos que ganharam o centro do palco e se projetaram como se fossem a *mão do destino*. Como sempre sucede, ambos serão calibrados em função do valor que possuíram no processo histórico, que não se conta por meio de instantes, horas e dias, mas de séculos. Doutro lado, quaisquer que tenham sido nossas preferências ou aflições, nada do que ocorreu pode ser

* Discurso de paraninfo da turma de 1964 da Faculdade de Filosofia, Ciências e Letras da USP, proferido em 23 mar. 1965. Ver Florestan Fernandes, "A 'revolução brasileira' e os intelectuais", *Revista Civilização Brasileira*, ano I, n. 2, maio 1965, p. 325-7. (N. O.)

tachado de imprevisível na situação histórico-social e cultural do Brasil. Pagamos por erros e omissões que se acumularam ao longo de quatro séculos e meio. Transformar o algoz em vítima de nada nos adiantaria. Precisamos fazer algo mais complexo e definitivo: lutar contra as causas que tornam essas ocorrências inevitáveis, ou seja, contra os fatores que perturbam, desequilibram e desorientam o desenvolvimento nacional. Isso não significa que devamos ignorar o que aconteceu. Quando numa universidade se compõe uma comissão de expurgo e nela se encontram professores sequiosos por essa missão; quando as congregações de escolas que reúnem a nata de nossa intelectualidade aceitam sem repulsa a tutela dos IPMs; quando professores e alunos lúcidos se coligam para delatar, condenar e destruir, sem maior exame de consciência e sem nenhuma consideração de ordem moral; quando, enfim, os círculos letrados se mantêm neutros e indiferentes diante de tais desdobramentos – há matéria para meditação, para funda meditação, e até para expiação e purificação... O que quero dizer é que não nos devemos contaminar com as experiências que se desenrolaram e que nos envolveram de corpo e alma. Elas já constituem uma realidade vivida e superada. Se soubermos delas tirar proveito, elas nos ensinarão muita coisa sobre diversos assuntos, das razões que explicam o malogro da democracia no Brasil até questões menores, como as dificuldades de implantar verdadeiras universidades ou de difundir entre nós o pensamento científico etc.

Sendo essa a perspectiva com que encaro as coisas, julguei que seria meu dever antes animá-los para as tarefas construtivas que vocês têm pela frente que incitá-los para a invectiva ou para a represália. É claro que não lhes pedirei para ensarilhar as armas. Numa sociedade democrática, os homens devem estar permanentemente preparados para vigiar seus deveres inalienáveis e usufruir seus direitos legítimos. Devem, pois, arcar com uma luta permanente, consigo mesmos e com os outros, na defesa de prerrogativas em que se fundam a dignidade humana e o próprio sentido de vida civilizada. Mas, como diziam os antigos, convém não tomar a nuvem por Juno. Numa sociedade desse tipo, todos os cidadãos, e entre eles especialmente os intelectuais, precisam ter uma clara e firme noção daquilo por que lutam, como condição mesma de sua segurança e de sua confiança nos critérios de opção ou de atuação social escolhidos. A questão não está só em "ficar em paz com a consciência" ou em "não fazer o jogo do adversário". Há algo mais, essencial, que consiste na capacidade de perceber e de tentar pôr em prática aquilo que precisa ser feito para que o estilo democrático de vida não se corrompa, transformando-se no seu oposto, a sujeição consentida de uma maioria fraca a uma minoria prepotente. Com a mira nesse amplo objetivo é que selecionei os três temas que serão debatidos nesta exposição. Mais que a nós próprios e a nossos dilemas pessoais, procurei visar à contribuição positiva que a sociedade brasileira tem o direito de esperar de seus intelectuais conscientes, aptos para o desempenho da porção de seus papéis sociais que possuam um conteúdo ou uma significação histórica.

O primeiro desses temas reporta-se ao que se convencionou chamar de *revolução brasileira*. De fato, está em curso uma revolução social no Brasil. No entanto, seria proveitoso que vocês examinassem friamente os diferentes aspectos e o sentido dessa revolução social. Em particular, em sua qualidade de professores e de pesquisadores, vocês precisam saber, sem prenoções ou deformações ideológicas, qual é a natureza e o alcance do fenômeno, quando menos para não confundir algumas de suas fases com o processo global ou certos episódios de teor dramático com o desfecho final. Graças ao incremento das pesquisas econômicas, sociológicas e históricas, hoje dispomos de apreciável soma de conhecimentos comprovados sobre nossa revolução social. Com base nesses conhecimentos, já se pode traçar um quadro geral desse processo histórico, o qual não corresponde às interpretações convencionais, feitas na crista dos acontecimentos e sem um sistema de referência propriamente histórico.

Haveria muito o que falar das deformações interpretativas que impregnam a concepção que se fazia convencionalmente da *revolução brasileira*. Retendo apenas as mais significativas, pode-se admitir que elas pressupunham um vício de datação e que ignoravam tanto as origens quanto a continuidade do processo, no fluir para diante. Quanto ao primeiro ponto, prevalecia a opinião de que a *revolução brasileira* poderia ser apropriadamente descrita como a *revolução de 1930*. A insurreição provocada pela Aliança Liberal aparece como um dos elos fundamentais da nossa revolução. Não porque indique o seu nascimento e a sua localização; mas porque testemunha a primeira grande transformação qualitativa que se operou no seio das forças histórico-sociais, que já haviam gerado aquela revolução. Em linguagem figurada, diria que a *Revolução de 1930* traduz a superação da fase do impasse histórico, como se a sociedade brasileira entrasse, finalmente, no limiar de sua maturidade para a concretização do pacto revolucionário. O segundo ponto envolve um terrível erro de perspectiva e uma ineludível falsificação de interpretação objetiva dos processos histórico-sociais. Na verdade, é dificílimo fazer-se a história do presente. Acresce que os *retratos da situação* ou foram escritos pelos agentes do drama histórico ou foram fortemente influenciados pelo impacto das opções ideológicas com que eles se defrontaram. Por conseguinte, a disposição de *criar história* mistura-se com a disposição alternativa de *explicar a história*. Embora seja admissível uma associação íntima das duas coisas, na situação brasileira essa coincidência fomentou uma tendência incoercível a dissociar o presente do passado. Passou-se, assim, quase insensivelmente, a interpretar-se a realidade histórica como se ela fosse um fluir de acontecimentos que lançariam suas raízes no tempo imediato das ações humanas consideradas. Ora, mesmo aceitando-se que a melhor regra, na explicação histórica, consiste em remontar do presente ao passado (como o quer Simiand), os processos históricos possuem antecedentes e, com frequência, esses antecedentes abarcam várias gerações sucessivas. Em nosso assunto, o marco para localizar historicamente tais antecedentes parece ser o último quartel do século XIX, quando se evidenciam os efeitos estruturais da cessação do *tráfico negreiro* e o repúdio moral à ordem escravista, os dois grandes fermentos iniciais da revolução burguesa. Por fim, quanto ao terceiro ponto, estabeleceu-se, pelas razões apontadas, uma propensão reiterada a encarar-se essa revolução como se ela fosse o produto puro e simples da atividade de uma geração – ou melhor, da parcela de uma geração que representasse os papéis de atores do drama. Isso fez com que a falta de uma perspectiva voltada para o passado se acabasse agravando por uma deturpação ainda mais funesta, que vem a ser a ausência de uma percepção voltada para o futuro. No fundo, o que não era pensado como processo histórico, na ligação do atual com o anterior, também deixava de ser pensado como processo histórico numa direção puramente prospectiva, na ligação do atual com o ulterior. Isso impediu que se visse a *revolução brasileira* como algo contínuo e *in flux*, provocando uma atomização da consciência da realidade sem paralelos e uma ingênua mistificação da natureza do processo global, raramente entendido como autêntica *revolução burguesa*. Tal visão só podia ser alimentada por um estado de espírito particularista, pulverizador e imediatista; e teve o condão de exagerar enormemente a significação do que se fazia e do que se podia fazer, em detrimento do que deveria ser feito. Em suma, perdeu-se de vista não só o encadeamento das diversas fases da nossa revolução social, como também os caracteres que ela assumia na duração histórica, que singularizam o nosso padrão de desenvolvimento histórico-social. Sua lentidão, sua irregularidade, sua falta de homogeneidade, que exigiam atenção, explicação e correção, foram negligenciadas, embora se soubesse que fenômenos análogos haviam transcorrido em outros países de forma bem diversa. No conjunto, os três tipos de deformação representativa da história provinham de inconsistências do horizonte cultural dos próprios agentes históricos, que organizavam sua percepção da realidade e suas técnicas de atuação social segundo uma noção tradicionalista e histórica da realidade social. Levando-se em conta esses dados, não só se compreende melhor por que tivemos de enfrentar tantas crises sucessivas. Também se entende melhor por que elas não foram enfrentadas com recursos mais eficientes.

O fulcro sociológico da *revolução brasileira* consiste numa relação de influências histórico-sociais, imanentes à organização da nossa sociedade. Desde o início, no último quartel do século XIX, essa revolução eclodiu e evoluiu como o equivalente brasileiro da *revolução burguesa* na Europa e nos Estados Unidos. Várias condições internas, insuperáveis, deram um toque especial a todo o processo e o condenaram a um padrão histórico-social próprio. O sentido irreversível do processo não foi afetado, mas sim seu ritmo, regularidade e homogeneidade. Em sua variante brasileira, ele se tornou demasiado lento, muito descontínuo, e só nas áreas urbanizadas de industrialização intensa ele chegou a atingir quase todas as esferas da vida social organizada. Como se as diferentes idades históricas do Brasil coexistissem no tempo, a revolução burguesa apenas modificou diretamente, com alguma profundidade, os centros humanos que puderam extrair da comercialização do café as bases da expansão industrial e de uma economia de escala. Isso se deu, em grande parte, porque as forças sociais ligadas ao *antigo regime* encontraram condições de hegemonia na transição do trabalho escravo para o trabalho livre, ou, em termos políticos, da monarquia para a república. Apesar de os instrumentos jurídicos preverem a revolução burguesa como algo universal, o grosso da sociedade brasileira continuou variavelmente mergulhado nas idades históricas anteriores, e o povo não se configurou plenamente como realidade histórica. Em consequência, a Primeira República aparece como uma fase de transição do *antigo regime* e não contribui, de fato, para a consolidação do estilo democrático de vida. Doutro lado, de 1875 a 1930, os interesses da revolução burguesa ficaram sob o mais completo controle social dos setores rurais e da dominação tradicionalista. Os dois grandes heróis dessa revolução, naquela fase, foram o fazendeiro de café e o imigrante – um, desdobrando suas atividades econômicas nas cidades, por meio dos ganhos acumulados com a exportação; outro, aproveitando as oportunidades para construir sua fortuna; ambos presos entre si por um pacto que impunha a tutela do primeiro, e imergia o próprio *élan* da revolução burguesa no quadro de valores tradicionais. Tanto a chamada *Revolução de 1930* quanto a *Revolução Constitucionalista*, de 1932, respondem à necessidade de implantar novas formas de organização do poder na sociedade brasileira, capazes de expandir e de acelerar as transformações requeridas pela *revolução burguesa*.

Todavia, malgrado sua massa demográfica, a sociedade brasileira continuou presa ao *antigo regime*, em algumas regiões de modo muito vigoroso, deixando de oferecer cenário apropriado para uma economia de mercado integrada, diferenciação das classes sociais e formas democráticas de organização do poder que ambas exigiam. Como produto dessa situação, tivemos um fraco desenvolvimento industrial (apesar do que se pensa em contrário) e tornou-se impossível romper a crosta secular do patrimonialismo. O Estado e a própria dinâmica das instituições jurídico-políticas permaneceram sob a tutela de grandes eleitores de mentalidades tradicionalistas. Por sua vez, os elementos associados à expansão urbana e ao capitalismo industrial sucumbiam a debilidades congeniais, que facilitavam e incentivavam o seu apego a técnicas de dominação tradicionalistas. No conjunto, pois, influências histórico-sociais arcaicas (ou arcaizantes) corroeram e solaparam visceralmente os efeitos construtivos das influências histórico-sociais modernas (ou modernizadoras). Os processos econômicos, gerados por meio da *revolução burguesa*, revelaram-se demasiado fracos para provocar a rápida desagregação dos resíduos do *antigo regime* e, principalmente, para ordenar em novas bases as relações humanas em escala nacional. Não obstante, o *antigo regime* teve bastante força para garantir-lhe continuidade e, em particular, para manter os privilégios sociais, econômicos e políticos que lhe conferem o condão de interferir no curso da história e de deturpar seus rumos. Se notarmos que esse quadro se impõe noventa anos depois do desencadeamento da nossa *revolução burguesa*, apesar da intensificação do desenvolvimento industrial nas últimas três décadas, teremos de convir que avançamos muito pouco na senda da instauração de uma sociedade econômica, social e politicamente democrática.

Tais constatações, porém, não devem obscurecer outros dados da realidade. Nossa débil *revolução burguesa* constitui, por enquanto, o único processo dinâmico e irreversível que abre algumas alternativas históricas. Não só representa a única saída que encontramos para a modernização sociocultural. Contém em si novas dimensões de organização da economia, do Estado e da sociedade, que poderão engendrar a diferenciação das estruturas sociais, a difusão e o fortalecimento de técnicas democráticas de organização do poder e da vida social, novas bases da integração da sociedade nacional etc. Sem que nos identifiquemos ideologicamente com essa revolução e nos tornemos seus adeptos ou apologistas, é fácil reconhecer que ela possui um sentido histórico criador. Além disso, a sua concretização final permitirá a superação do dilema social que nos mantém presos a uma herança sociocultural indesejável. Enquanto não rompermos definitivamente com as cadeias invisíveis do passado, não conquistaremos o mínimo de autonomia, que é necessária para governar o nosso *destino nacional* nos moldes da civilização moderna.

O segundo tema, que me proponho a aflorar, concerne à posição do intelectual diante desse processo histórico-social. Pela natureza de seus papéis sociais, já na fase de gestação da *revolução burguesa*, os intelectuais contaram entre os fatores humanos de dinamização do processo. Nas fases agudas de sua maturação e manifestação, de 1930 aos nossos dias, o alcance qualitativo da contribuição dos intelectuais não fez senão crescer e aumentar. Especialmente como técnicos, mas também graças a outros papéis sociais, os intelectuais assimilaram os interesses e os valores da *revolução burguesa* e forneceram, inclusive, um pugilo de ideólogos mais identificados com suas implicações nacionais.

Sem dúvida, existem outras alternativas de escolha para os intelectuais, entre elas a opção extrema da negação mesma dessa revolução. Mantendo o raciocínio no âmbito do que é dado historicamente, entretanto, uma coisa é patente. Onde os intelectuais vencem o imobilismo tradicionalista e se incorporam às tendências dinâmicas de diferenciação da sociedade brasileira, eles propendem a admitir que ela representa um avanço necessário, valioso e desejável. Nela veem o principal suporte para o salto histórico que poderá facilitar a modernização da tecnologia, do ensino, da pesquisa, do Estado, enfim, de todas as esferas da vida. Até os que a repelem como *solução política* aceitam o seu conteúdo positivo mínimo e a defendem por causa disso, estimando que ela poderá livrar-nos da sujeição ao passado e abrir novas vias às nossas experiências históricas.

Está claro que essas apreciações devem ser recebidas com boa dose de relativismo. A *revolução burguesa* não foi um *fiat lux* em nenhuma parte, e não haveria razão para que isso ocorresse no Brasil. No entanto, a concepção tradicionalista do mundo tem aqui contribuído severamente para manter um clima de incompreensão da inteligência e do mau uso social do talento. Na medida em que a revolução burguesa representa uma alternativa historicamente possível, ela ganha também dimensões de uma esperança. Se, na prática, uns ficam dentro dos seus limites e outros pretendem rompê-los, pouco importa. O que se impõe reconhecer e enfatizar é essa correlação, que integra os intelectuais no bojo dos processos desencadeados ou almejados por essa revolução.

Ora, tal reconhecimento pressupõe todo um conjunto de obrigações imperativas. Ao contrário dos outros agentes sociais, o intelectual deve lidar de modo consciente e inteligente com os elementos de racionalidade que são acessíveis à sua atuação social. Ele não é nem melhor nem pior que os outros seres humanos. Também não é mais livre que eles do influxo dos interesses e das ideologias. Contudo, pode discernir melhor as razões e as consequências de suas opções. Por isso mesmo que, não se sentindo emocional e moralmente fascinado pela *revolução burguesa*, possui condições para determinar, melhor que os outros, em que sentido ela é útil e necessária. Sem cair nas ingenuidades dos *amantes do progresso* dos séculos XVIII e XIX e sem resvalar para concepções utópicas, como se a *revolução burguesa* acarretasse o advento do "reino da justiça social", ele é, pelo menos potencialmente, capaz de saber onde estão e quais são as suas vantagens relativas. Desse prisma, se sua consciência não estiver adormecida, à sua posição é inerente um drama moral considerável. Pois se vê na contingência de lutar, às vezes com denodo e determinação, por alvos que não correspondem totalmente aos seus sentimentos de equidade social. Nas proporções em que enxerga mais longe, nem sempre deseja as soluções viáveis com entusiasmo. Apesar disso, por poder estabelecer a relação que existe entre as soluções possíveis e as necessidades do mundo humano em que vive, sente-se compelido a defendê-las com zelo, ardor e tenacidade. A nossa *revolução burguesa*, tendo-se arrastado até nossa época, inspira limitada paixão como empreendimento histórico. Mas é uma saída, tanto a respeito da libertação dos grilhões do passado quanto no que se refere à conquista de algum domínio do futuro. Os intelectuais brasileiros não podem ser indiferentes ao que lhes suceda e, ainda menos, à faculdade que lograrmos, como povo, de aproveitar os seus frutos positivos.

O terceiro tema, que pretendia insinuar, relaciona-se, exatamente, ao principal fruto da *revolução burguesa*. Estejamos contentes ou descontentes com nossa incapacidade histórica de mudança social rápida, uma verdade é inegável. Nos vaivéns dos últimos noventa anos, o único avanço realmente significativo e produtivo que demos evidencia-se nas tendências à valorização progressiva das técnicas democráticas de organização do poder. Deixando de lado as múltiplas questões, que não poderiam ser debatidas agora, esse dado é crucial. Na verdade, é quase nula a diferença que separa o presente do passado em muitas comunidades humanas brasileiras, nas quais ainda imperam formas arcaicas de mandonismo. Também é pacífico que as três experiências republicanas falharam no plano elementar de garantir ao regime democrático viabilidade histórica e normalidade de funcionamento (para não dizer de crescimento). Por fim, mesmo que tudo tivesse corrido às mil maravilhas, à democracia liberal são inerentes limitações fundamentais, que redundam na sua incapacidade de eliminar iniquidades sociais que são incompatíveis com a própria democracia. Com todos esses argumentos à vista, não tenho dúvidas em sustentar que o único elemento realmente positivo de nossa história recente diz respeito aos pequenos progressos que alcançamos na esfera da democratização do poder. E, indo mais longe, acredito que o dever maior do intelectual, em sua tentativa de ajustar-se criadoramente à sociedade brasileira, objetiva-se na obrigação permanente de contribuir, como puder, para estender e aprofundar o apego do homem médio ao estilo democrático de vida.

Isso significa, em outras palavras, que os intelectuais brasileiros devem ser os paladinos convictos e intransigentes da causa da democracia. A instauração da democracia deve não só ser compreendida como o requisito número um da *revolução burguesa*. Ela também será o único freio possível a essa revolução. Sem que ela se dê, corremos o risco de ver o capitalismo industrial gerar no Brasil formas de espoliação e iniquidades sociais tão chocantes, desumanas e degradantes como outras que se elaboraram em nosso passado agrário. Como tentei assinalar numa comunicação feita em 1962 ao II Congresso Brasileiro de Sociologia:

> A expansão da ordem social democrática constitui o requisito *sine qua non* de qualquer alteração estrutural ou organizatória da sociedade brasileira. Se não conseguirmos fortalecer a ordem social democrática, eliminando os principais fatores de suas inconsistências econômicas, morais e políticas, não conquistaremos nenhum êxito apreciável no crescimento econômico, no desenvolvimento social e no progresso cultural. Estaremos, como agora, camuflando uma realidade triste, que faz da insegurança social, da miséria material e da degradação moral o estado normal de existência de três quintos, aproximadamente, da população brasileira. Da democratização da riqueza, do poder e da cultura dependem, de modo literal: 1) a desagregação final dos resíduos do *antigo regime*, que recobre, geográfica, demográfica e mentalmente, a maior extensão da sociedade brasileira, e a consolidação do regime de classes; 2) a emergência de novos controles sociais, a que se subordinam a continuidade e o aperfeiçoamento do estilo de vida social democrático do país. Em consequência, lutar pela democracia vem a ser muito mais importante que aumentar o excedente econômico e aplicá-lo produtivamente. A própria economia continuará sufocada se não nos revelarmos capazes de alterar o arcabouço social que a aprisiona, retendo ou comprimindo o impacto do crescimento econômico sobre o

> progresso social e cultural. Além disso, releva notar que haveria pouco interesse social em substituir o *antigo regime* por um simples sucedâneo, que apenas modificasse a categoria econômica dos entes privilegiados.

Perdoem-me a longa citação. Todavia, ouso supor que ela traduz adequadamente ideias que acalento há muito tempo. Em função dessas ideias é que penso que os intelectuais brasileiros devem fazer da instauração da democracia o seu grande objetivo histórico. Para realizar esse objetivo, não devemos temer incompreensões, represálias ou o perigo de sermos silenciados. Adotar outra orientação seria o mesmo que aceitar o silêncio e acumpliciar-se com a neutralização da inteligência.

É difícil, porém, ser um soldado da democracia numa terra como a nossa. Não bastam o destemor e a coragem cívica. É mister que se tenha uma visão clara do processo histórico, que condiciona e orienta o sentido de nossas ações. Foi por isso, aliás, que me empenhei no afã de sugerir o quadro de referências apontado acima. Dentro em breve, vocês serão postos à prova. Então, acredito que muitos terão a ganhar se souberem colocar suas opções acima de razões imediatistas ou falaciosas. Acresce que, como professores, muitos de vocês irão moldar a imaginação dos jovens das novas gerações. Seria bom que vocês começassem a refletir sobre o lugar que os ideais democráticos devem ter em sua formação. Cada cidadão brasileiro precisa estar mentalmente preparado para repudiar com convicção a estranha doutrina, que para muitos parece natural, de que os golpes de Estado, dirigidos por minorias que se acreditam *esclarecidas*, constituem um sucedâneo eficaz do processo democrático. Ora, a democracia não comporta sucedâneos. Existem, isso sim, regimes políticos que asseguram à democracia condições mais ou menos propícias ao seu funcionamento e aperfeiçoamento.

Nesse sentido, o intelectual deve ser o primeiro a compreender a natureza real das exigências do estilo democrático de vida. Ele também deve ser o primeiro a propagar essa verdade, e o último a consentir em que ela seja traída ou pervertida. No momento que atravessamos, esse dever envolve riscos evidentes. Mas ninguém poderá contar como um soldado da democracia sem correr tais riscos. Os últimos acontecimentos mostram-nos, sem rebuços, o caráter das propensões políticas que animam as elites dirigentes de nossas classes dominantes. Para elas, a democracia reduz-se a uma questão semântica. É *democrata* quem sabe tomar o poder e dispõe, em consequência, de meios para proclamar-se e impor-se como tal. A democracia autêntica prescinde dessa linguagem e do aparato que a sustenta. Ela nasce, se manifesta e se mantém por meio de um estado de equidade social que confere a cada cidadão o dever da solidariedade de acordo com as determinações de sua própria consciência cívica. O que se afasta disso, mesmo que os golpes de Estado se apregoem como um mal necessário para *salvar a democracia*, não passa de prepotência e de intolerância. E a prepotência e a intolerância não servem senão à prepotência e à intolerância. Elas não são meios para alcançar outros fins e, ainda menos, para resguardar ou aperfeiçoar a democracia. Na verdade, a democracia não nasce pronta e acabada. Ela carece de um longo e complexo cultivo. Todos os povos de tradição democrática demonstram muito bem, por meio de experiências seculares, que a única via para resguardá-las e aperfeiçoá-las consiste no respeito ao jogo democrático. Seria conveniente que os que falam em *mau uso da liberdade* e prescrevem, para remediá-lo, a supressão da própria liberdade atentassem para o fato de que ele é menos nocivo para qualquer povo que o "uso esclarecido" da violência. Isso pela simples razão de que a violência nada pode ter ou produzir de *esclarecido*.

Restaria, ainda, dizer-lhe por que escolhi esses três temas para o nosso diálogo. Os últimos acontecimentos, que abalaram a estrutura política da nação, deixaram as gerações jovens desorientadas. Os jovens que apoiaram o golpe de Estado e lutaram por ele logo caíram na maior perplexidade e desencanto. Foram levados a usar a violência segundo inspirações totalitárias e acalentavam, por conseguinte, paixões políticas demasiado fortes para se contentar com o que sobreveio, o puro saneamento da economia nacional com vistas à segurança das operações das grandes organizações internacionais. Os jovens que se opuseram ao golpe de Estado e lutaram contra ele – já que os jovens foram os únicos que se levantaram em defesa da Terceira República – sofreram duas espécies de traumatismos. Um, provocado pelo comportamento dos colegas que se fizeram arautos da *revolução* e seus prepostos no meio estudantil; outro, pela fúria das novas autoridades, que se esqueceram dos desdobramentos pedagógicos dos seus papéis políticos e se devotaram ao esmagamento da *irresponsabilidade da juventude*. Ora, a juventude brasileira não era irresponsável, mas inquieta, insatisfeita e idealista, possuindo fundas razões para isso. Como caça encurralada e ferida, esses jovens sentiram-se tão somente acuados e perdidos. Sem saber para onde dirigir suas esperanças e seus anseios de renovação social, caíram na mais terrível frustração e apatia.

Nesta oração, quis levar em conta os dramas morais desses dois tipos de jovens, endereçando-lhes palavras que os auxiliem a reencontrar as tarefas construtivas da juventude e da inteligência numa sociedade democrática. Por isso é que restringi o nosso diálogo a temas relativos ao que é dado historicamente, deixando de lado o ideal ou o imprevisível. Pretendia que vocês projetassem sua imaginação além do caos aparente e perturbador e vissem que não entramos nem poderíamos entrar numa era de destruição da inteligência e de negação da juventude. Os acontecimentos que vivemos, além de epidérmicos, brotam de crises inevitáveis e normais, quando se atenta para a forma e as condições em que a revolução burguesa se está realizando no Brasil. A natureza histórica dessa revolução social não se alterou nem se poderia alterar. Portanto, continuamos engolfados no mesmo processo histórico-social que produziu ou tende a produzir a universalização do trabalho livre, a diferenciação das classes sociais, a implantação do regime republicano, a expansão do capitalismo industrial e a difusão dos ideais democráticos do mundo moderno.

Em face disso, os caminhos abertos à ação criadora de inteligência e da juventude permanecem os mesmos. Eles podem, momentaneamente, ser mais estreitos aqui e ali ou mais difíceis ali e acolá. O essencial é que eles não puderam ser bloqueados ou suprimidos. Podemos percorrê-los até o fim e com os propósitos que tínhamos, de conferir ao Brasil autonomia econômica, política e cultural. O alcance do que vocês poderão realizar não foi nem será comprometido. Ao contrário, o sentido do processo histórico protege e fortalece os que estão com as verdadeiras causas de nossa época e de nossa civilização. Numa fase em que as definições começam a se tornar mais claras, extremas e duras no cenário nacional, vocês poderão construir um destino histórico brilhante para a geração a que pertencem. Tudo dependerá da objetividade e da grandeza que vocês revelarem na escolha estratégica dos alvos a serem atingidos e do ânimo com que vocês se empenharem na concretização histórica de tais alvos. Se vocês souberem responder às exigências da situação, nada nem ninguém poderão impedi-los de fazer da sua a primeira geração a não ser empurrada, sob a pressão dos fatos, pela encosta da história. Ou seja, convertê-la na primeira geração brasileira que logrará um mínimo de historicidade na percepção e no domínio do real – condição para se prever os rumos da história e, também, para submetê-los, onde isso já é possível, à vontade humana.

Peço-lhes que meditem sobre essas palavras, que nascem do fundo de minha consciência. Elas contêm a única homenagem que está ao meu alcance prestar a uma turma de estudantes que se notabilizou por sua conduta valorosa. Desejo que o talento e as outras virtudes que demonstraram encontrem o mais cabal reconhecimento, aproveitamento e recompensa. Que o seu êxito seja suficientemente grande para encher de júbilo e de orgulho os seus parentes, os seus amigos e os seus professores, que jamais se esquecerão de vocês.

A CRISE BRASILEIRA*

Carlos Marighella

As causas da derrota e as perspectivas da situação

O golpe de 1º de abril sobreveio e tornou-se vitorioso, sem que as forças antigolpistas, e entre elas os comunistas, pudessem esboçar qualquer resistência. A única resistência de massas organizada contra o golpe foi a greve geral, mesmo assim sem condições de prosseguir, em virtude do despreparo generalizado.

Vale a pena recordar que, com a renúncia de Jânio, em 1961, fomos tomados de perplexidade e reconhecemos que não estávamos preparados para enfrentar os acontecimentos. Advertimo-nos, então, de que sobreviriam novas crises de governo e de que, nesse caso, deveríamos agir diferentemente, tudo fazendo para que, até lá, já tivéssemos superado nosso despreparo.

Não foi o que se deu em face da deposição do governo de Jango, no momento do golpe de abril. Quer dizer, continuamos despreparados. O processo democrático em desenvolvimento foi paralisado e entramos numa fase de recuo.

A falta de resistência ao golpe prendeu-se, assim, ao nosso despreparo. Despreparo político e, sobretudo, ideológico. Despreparo dos comunistas como de toda a área antigolpista. O que se tornou evidente em face da abrilada e nos dias imediatos, desde quando deixou de existir qualquer resposta ou diretiva para a ação, proveniente das lideranças, sem qualquer exceção.

Quanto aos comunistas, a resistência tornou-se impossível porque nossa política – no essencial – vinha sendo feita sob a dependência da política do governo. Quer dizer, sob a dependência da liderança da burguesia, ou melhor, do setor da burguesia que ocupava o poder. Tal posição contribuiu para quebrar a autoridade e anular

* Publicado originalmente em 1966 e reproduzido em Carlos Marighella, *Escritos de Carlos Marighella* (São Paulo, Livramento, 1979), p. 49-97. (N. O.)

nossa força, ambas necessárias quando se trata de influir na frente única, levá-la à consolidação, paralisar as áreas vacilantes e exercer um nítido papel ideológico diante dos setores mais radicais da pequena burguesia.

Quando a liderança do proletariado se subordina à liderança da burguesia ou com ela se identifica, a aplicação da linha revolucionária sofre inevitavelmente desvios para a esquerda e a direita. Pois, nesse caso, falta o lastro ideológico, único recurso capaz de impedir o desvio dos rumos da revolução.

A subestimação do perigo de direita no panorama político brasileiro foi fruto do reboquismo e da ilusão no governo. Acreditava-se que a burguesia seguiria o caminho das reformas pacíficas sob a pressão do movimento de massa e que a direita não se levantaria. E que, se isso acontecesse, a burguesia tomaria a iniciativa da resistência e do combate aos golpistas.

Foram inúmeras as vezes em que repetimos que o desencadeamento de um golpe de direita seria a guerra civil no país ou que à violência dos golpistas responderíamos com a violência das massas. Como as palavras não coincidiram com os fatos, isso significa que não nos preparamos. Estávamos confiantes que o governo resistiria. Nem ao menos denunciamos insistentemente o golpe de direita. Deixamos de chamar as massas à vigilância e não as alertamos para a eventualidade de uma resistência.

A falta de vigilância e a ilusão de classe subsistem exatamente quando a liderança deixa de lado o estabelecimento de um plano tático marxista e não leva em conta a obrigatoriedade do princípio da retirada. O marxismo-leninismo é inteiramente avesso à concepção de que na luta de massas tudo se resume a avançar. Assim, ao acionar a linha política de apoio às reformas propugnadas pelo setor da burguesia no poder, não era suficiente assinalar os êxitos obtidos pelas massas. Tornava-se preciso, simultaneamente, alertá-las e organizá-las para a possibilidade de recuo da burguesia, uma capitulação ante a direita ou o desencadeamento do golpe militar – sempre na ordem do dia, quando o movimento de massas cresce a ponto de ameaçar o poder ou a ponto de levar a democracia a uma mudança de qualidade.

O erro que se manifestou foi, portanto, um erro ideológico, que pode ser traduzido como a perda do sentido de classe da luta revolucionária do povo brasileiro. Tal erro, projetado em dimensão histórica em nossa atividade, reflete-se em diferentes, e por vezes contraditórias, manifestações políticas e táticas dos comunistas ao longo da vida política brasileira.

É impossível fugir à caracterização de um erro ideológico evidente e tradicional na liderança comunista brasileira.

A falta de condições ideológicas na liderança marxista fez com que uma linha política com probabilidade de êxito viesse a terminar em derrota.

Com o mesmo sentido de falta de substância ideológica surgiu a falsa tese da "nova tática do imperialismo". Segundo essa tese, o imperialismo norte-americano não estaria interessado em golpes e ditadura. O golpe de 1º de abril, inspirado e promovido pelos Estados Unidos com apoio em seus agentes internos e no fascismo militar brasileiro, invalidou essa teoria, cujo principal resultado foi deixar-nos desprevenidos e perplexos ante o golpe da direita.

Uma apreciação errônea do papel das Forças Armadas nos levou a ilusões no dispositivo militar do governo, dispositivo com base ideológica nacionalista e que, por isso mesmo, não estando sob a influência ideológica do proletariado, jamais se mobilizaria para decidir a favor das massas nenhuma situação capaz de levá-las a ameaçar privilégios das classes dominantes.

Os repetidos apelos à greve geral política – sem o apoio do campesinato e sem o recurso à insurreição – significavam um erro tático em face do marxismo contemporâneo. O erro era mais evidente na medida em que nosso trabalho no seio do proletariado se desenvolvia com uma nítida característica de trabalho de cúpula e se circunscrevia, na prática, às empresas estatais.

Uma falha básica era a debilidade do movimento camponês. A falta de decisão em dar prioridade ao trabalho no campo é responsável por essa falha básica, já tornada crônica. Sem mobilização do campo é impossível o avanço da revolução.

Também não foi entendido pela liderança marxista o caráter objetivo do processo de radicalização de alguns setores da pequena burguesia, o que – ao lado de outros erros – contribuiu para que não exercêssemos nenhum papel de influência decisiva entre marinheiros, sargentos e outras forças radicais, impossibilitando, assim, a unidade de ação dentro da frente única, da qual também éramos parte.

Falsos métodos de direção, a subestimação da direção coletiva e a falta de unidade ideológica da liderança são outros fatores que conduziram à derrota que sofremos.

Agora estamos diante de uma nova situação. Em vez de um governo da burguesia, lutando pelas reformas à sua maneira, dentro de um clima de liberdades, temos uma ditadura entreguista militar, dentro de um clima em que as liberdades democráticas foram suprimidas.

Nossa tática não pode ser a mesma da situação anterior, quando o movimento de massas estava em ascenso. Agora, a marcha da democracia foi interrompida, entramos numa fase de recuo. Ainda que os problemas brasileiros continuem sendo de reformas de estrutura, só poderemos resolvê-los derrotando a ditadura e assegurando a restauração das liberdades democráticas. Nosso objetivo tático fundamental – para chegarmos a reformas de estrutura e prosseguirmos com a luta até uma vitória posterior do socialismo – está em substituir o atual governo por outro que assegure as liberdades e faça uma abertura para o progresso.

O governo pelo qual lutamos agora não poderá ser senão o resultante da frente única antiditadura, que é o tipo de frente única possível nos dias atuais. Esforçando-nos para que tal frente única se torne realidade, sustentamos – como antes – a necessidade de nossa aliança com a burguesia nacional, levando em conta não somente tudo o que dela nos aproxima, quando se trata de objetivos comuns na defesa de interesses nacionais, mas também tudo o que dela nos separa em questões de classe, tática, métodos, ideologia, programas.

A forma de luta principal no atual período é a luta de resistência de massas com suas mil e uma particularidades. E o partido deve ser o chefe da oposição popular, para não ficarmos a reboque da oposição burguesa, que, como tudo indica, procurará ir adiante, tentando arrastar-nos na sua retaguarda. Não podemos abandonar a luta pela liderança da oposição popular, o que seria uma renúncia imperdoável em face da disputa da hegemonia na condução dos destinos do povo brasileiro. Devemos, por isso, ser firmes lutadores da resistência, incansáveis no combate à ditadura.

Muitos outros elementos táticos têm que ser mudados na nova situação. O movimento de massas – por cuja mudança de qualidade devemos continuar lutando – já não pode visar, nas condições atuais, à pressão sobre o governo, como se tivesse por finalidade modificar a política e a composição da ditadura. O objetivo do movimento de massas é levar a ditadura à derrota, substituí-la por outro governo.

Outro caráter também têm as eleições. Seus objetivos não são para nós os mesmos das eleições no período anterior ao golpe. Não se trata de eleger nacionalistas como antes, quando vigoravam as liberdades democráticas, e por esse meio chegar à mudança da correlação de forças.

Trata-se de desenvolver esforços para aglutinar as forças que se opõem à ditadura e contribuir para levá-la à derrota, reduzindo-lhe a base política e social. Se nada disso é possível por meio das eleições – tal como a ditadura as convoca –, nosso dever é denunciá-lo à massa, ainda que não nos recusemos à utilização das mínimas possibilidades legais.

O partido deve deixar de ser uma espécie de apêndice dos partidos da burguesia, para ser capaz de arrastar o proletariado e as massas populares. Nosso aparecimento ao lado de candidatos comprometidos com o golpe e a ditadura nos desmoraliza junto às massas e ajuda a justificar a farsa eleitoral. O que não podemos é contribuir para a institucionalização da ditadura, capitulando ante as violências e ameaças dos golpistas ou deixando-nos iludir com as suas manobras.

Para a ditadura, as eleições representam um meio de institucionalizar o golpe. Suprimidas as eleições diretas e cerceado o direito do povo de eleger seus representantes, estabelecidas as inelegibilidades, dissolvidos os partidos políticos, além de tantas outras medidas coercitivas, as eleições tornaram-se uma farsa.

A posse dos eleitos é uma concessão do governo ditatorial. Aos que obtiveram ou vierem a obter a vitória eleitoral em oposição à ditadura, não será permitido mais do que a tutela de um supergoverno militar, de livre escolha do Executivo e seu ministro da Guerra. Abolida por mais esse meio a autonomia dos estados e municípios, a nomeação de secretários de governo e outras autoridades não é mais função dos eleitos, e sim atribuição do SNI e do Conselho de Segurança Nacional, órgãos por meio dos quais opera o poder militar.

Estribado em poderes como jamais teve nenhum presidente no Brasil, ao estilo desse *L'Etat c'est moi* com que Luís XIV, da França, firmou o princípio da monarquia absoluta, o atual presidente da República, via eleição indireta, procurará garantir para seu sucessor um militar.

Não obstante a implacável ação da ditadura, esmagando pela força e progressivamente as válvulas de escape dos meios legais de resistência, o ano de 1966 prenuncia-se carregado de tensões políticas, mercê da luta pela sucessão presidencial.

Nada indica o fim da instabilidade política, reflexo da crise crônica de estrutura. A instabilidade política continua caracterizando a situação do país. A tendência é o agravamento das contradições de classe.

O Ato Institucional número 2 e os demais atos complementares indicam que a ditadura não pode deter-se no despenhadeiro. Crises de governo, a eclosão de novos golpes, a decretação do sítio, conflitos de fronteiras e outros tantos acontecimentos que reflitam a inquietação política naturalmente espreitam o povo brasileiro.

Tais resultados podem ocorrer em consequência da desastrosa política econômico-financeira do governo, das concordatas, do desemprego, da carestia, da submissão ao Fundo Monetário Internacional, da política antioperária, da política de entrega e submissão aos Estados Unidos e, paralelamente, do crescimento das lutas de massas.

Outro fator previsível de agravamento da crise brasileira é a agressividade do imperialismo ianque, que vai aumentando sem cessar. O exemplo mais recente consistiu na resolução da Câmara de Representantes dos Estados Unidos determinando a invasão militar norte-americana em qualquer país que o chamado colosso do Norte considere ameaçado pelo comunismo. Aqui, a palavra comunismo é apenas substitutivo do movimento de libertação nacional dos povos.

Não bastasse tal exemplo, seria suficiente acrescentar a invasão de São Domingos e a Guerra do Vietnã. Na intervenção militar em São Domingos, já participam tropas brasileiras, que, lado a lado com os odiados *marines* norte-americanos, ajudam a massacrar o bravo povo dominicano em luta por sua liberdade.

A antipatia com que os povos latino-americanos veem o Brasil, em consequência de sua vassalagem ante a ação agressiva dos imperialistas estadunidenses, não deixará de produzir seus efeitos entre nosso povo e levará ao incremento da oposição popular à ditadura brasileira.

Não é impossível que, em face de uma situação desvantajosa para a atual ditadura no Brasil, ou no caso de esta ser ameaçada de derrubada pelas massas, os Estados Unidos venham em socorro do governo ditatorial – que lhes serve de ponto de apoio – e em favor das classes dominantes brasileiras, iniciando represálias contra o povo e a nação, e até mesmo ocupando partes de nosso território, tal como o

Nordeste. Com o que não farão outra coisa senão prosseguir na agressão econômica, política e militar já em curso em nosso país.

Seria imperdoável que as forças populares e nacionalistas voltassem a ser apanhadas de surpresa pelos acontecimentos vindouros. Para os revolucionários brasileiros, não há outra perspectiva a não ser prepararem-se para a luta.

A crise brasileira e a estratégia revolucionária

A crise brasileira é uma crise de estrutura. E aqui nos referimos à estrutura econômica. O que quer dizer: a crise brasileira – em todos os sentidos: econômico, político ou social – é oriunda da inadaptabilidade da atual estrutura econômica do país. Da sua incapacidade em suportar a carga demasiado pesada a ela superposta.

Sendo – por definição – a estrutura econômica o conjunto das relações de produção, é nessas relações, no equacionamento de seus problemas atuais, que iremos encontrar as causas da crise brasileira.

As relações de produção no Brasil abrangem nosso sistema de propriedade. E não somente isso. Abrangem também as relações entre os homens ocupados no processo da produção, além das formas de distribuição das riquezas ou dos bens materiais.

São essas relações de produção que estão em crise – se assim podemos dizer. Pois já não se harmonizam às condições exigidas para o nosso progresso e desenvolvimento. E constituem um obstáculo ao avanço de nossas forças produtivas. O que se torna evidente pelo domínio do imperialismo norte-americano sobre a propriedade e a economia brasileira, pela predominância e o monopólio da propriedade territorial latifundiária, pelo desajuste na apropriação dos frutos do trabalho, pela desproporcional distribuição dos bens materiais, acentuando a acumulação das riquezas em mãos de uns poucos privilegiados, enquanto milhões de brasileiros vegetam, reduzidos à mais rasa miséria.

Nessas relações de produção configura-se, assim, um quadro no qual verdadeiros pontos de corrosão ameaçam fazer ruir a estrutura econômica.

Oriunda da base econômica que a sustenta e à qual está intimamente ligada, a atual superestrutura da sociedade brasileira padece de muitos males. Os pontos de corrosão da base econômica não cessam de atuar sobre essa superestrutura, também em crise, e asperamente minada por contradições, antagonismos e conflitos que a sacodem.

É o que explica por que – ademais de outras razões – as instituições políticas brasileiras estão em crise permanente. E por que a instabilidade política é uma característica da situação política do Brasil.

Uma das particularidades da crise brasileira é seu caráter crônico. A crise brasileira faz parte da crise geral do capitalismo. A cada nova fase da crise geral do capitalismo corresponde um novo aspecto da crise econômica.

A sociedade brasileira passaria por muitas e importantes modificações, antes que se transformasse na sociedade atual.

Da escravidão evoluiria para outro tipo de relações, que levaria ao capitalismo, ao regime do salariado, ainda que conservada a dependência ao imperialismo norte-americano e mantido o monopólio da terra, com a sobrevivência e a reafirmação do latifúndio.

Historiador notável, além de crítico literário de renome, Nelson Werneck Sodré apreciou os fenômenos que condicionaram o desenvolvimento da sociedade brasileira. Fê-lo em vários trabalhos, entre eles na *Formação histórica do Brasil*, na *História da burguesia brasileira*, na *História militar do Brasil*, cujas leituras serão sempre de grande utilidade.

A sociedade brasileira atual orienta-se num sentido sensivelmente burguês. Mas com suas particularidades e suas características próprias, resultado das condições que geraram seu desenvolvimento.

As grandes modificações que se deram em sua estrutura e que a levaram – na época contemporânea – ao seu estágio atual originaram-se sobretudo da implantação da indústria siderúrgica, da indústria do petróleo e da indústria da energia elétrica. Ao contrário dos grandes países capitalistas de hoje, o Brasil chegou a um determinado nível de desenvolvimento capitalista quando o mundo já ingressara na época do imperialismo. Mais do que isso, na época em que o mundo está dividido entre dois grandes sistemas sociais mundiais – o do imperialismo e o do socialismo.

O Brasil não conseguiu, por isso, alcançar os países altamente desenvolvidos. Situa-se – como é notório – no ramo dos subdesenvolvidos. E – característica digna de menção – não pode seguir a trajetória clássica dos países que se elevaram ao capitalismo pelo caminho da revolução industrial.

O Brasil chegou ao limiar de sua expansão industrial típica num momento em que a Revolução Industrial já estava realizada nos principais países do mundo e quando a época contemporânea já havia adquirido suas características essenciais. Esse é o fenômeno que explica por que a burguesia brasileira não teve forças nem recursos acumulados para implantar a indústria básica do país, partindo da iniciativa privada. Para implantar a indústria básica, teve que deixá-la nas mãos do Estado, que instalou a siderurgia e tomou a si o encargo de explorar o petróleo e expandir a produção de energia elétrica. O monopólio estatal surgiria, assim, como uma categoria do capitalismo nacional, patenteada a fraqueza da burguesia brasileira para fazer da indústria de base um produto da empresa particular.

A originalidade do desenvolvimento brasileiro reside não somente na coincidência de cada novo surto da indústria no país com uma nova fase da crise geral do capitalismo. Há a acrescentar que, nessas condições, cada passo para a frente significa o aparecimento de novas e mais profundas contradições no processo brasileiro. O que não pode deixar de acarretar um novo agravamento da crise econômica.

Por sua vez, o avanço da técnica nos países altamente desenvolvidos influencia no sentido capitalista as forças produtivas dos países subdesenvolvidos. Certas conquistas da técnica moderna acabam, sempre, sendo transferidas ao Brasil. Tal fenômeno produz alterações em nossas forças produtivas, com reflexos no conjunto das relações de produção e até mesmo na superestrutura.

O Brasil é um país que, sem ter conseguido resolver contradições correspondentes à primeira fase da crise geral do capitalismo, vê-se obrigado a enfrentar novos e graves problemas, acumulados em mais duas outras fases da mesma crise geral.

Tudo isso nos dá um quadro impressionante da gravidade da crise crônica brasileira – originada do crescimento do capitalismo nas condições de dependência do imperialismo e manutenção do latifúndio.

Uma tal crise não poderia subsistir sem que para ela fossem buscadas soluções pelas várias classes.

Estamos aqui em pleno domínio da política, entendidos como tal os meios, métodos e formas de que se utilizaram as classes para galgar o poder ou dar solução aos seus problemas em função da atividade do Estado.

Dois grandes tipos de soluções políticas têm sido aventados no Brasil pelas classes. Um deles é o tipo de soluções concernentes à burguesia. O outro corresponde ao proletariado.

Todas as soluções intentadas pela burguesia levam o selo de uma classe que se distingue do proletariado por ser uma classe empresarial, detentora de meios de produção que lhe permitem uma imensa acumulação capitalista.

A burguesia brasileira distingue-se também do proletariado por manter laços muito estreitos com o latifúndio e ligações com o imperialismo, a despeito dos conflitos com este último e do fato de o latifúndio limitar-lhe o mercado interno.

Daí porque tais soluções vão desde o emprego da força e a supressão das liberdades até a tentativa de reformas de maior ou menor amplitude. O período do governo João Goulart foi aquele em que um setor da burguesia tentou ir mais longe na luta pelas reformas. Seu inevitável fracasso foi resultado das limitações próprias da burguesia brasileira, marcada pela tendência à conciliação e à capitulação, por decorrência lógica de suas condições de classe e pelo seu entrelaçamento com o imperialismo e o latifúndio.

Como consequência das soluções formuladas pela burguesia e, simultaneamente, como solução em si, o máximo que a burguesia brasileira conseguiu foi dar ao país um desenvolvimento econômico. Embora dependente do imperialismo, tal desenvolvimento significou um progresso e um passo à frente. Mas seguiu-se aqui a lei da acumulação capitalista, o que – por isso mesmo – não deixou de significar um enorme sacrifício para as grandes massas, o aumento de sua pobreza e exploração, sobretudo quando se trata das massas rurais.

O balanço das soluções aplicadas pela burguesia – inclusive a solução desenvolvimentista – e o exame dos tipos de soluções postos em prática ou tentados pela classe burguesa brasileira mostram seu conteúdo nada popular, na maior parte das vezes uma tendência antidemocrática e, de um modo geral, o fracasso ante as forças combinadas do imperialismo, do latifúndio e do golpismo.

Ao dar curso às suas soluções, a burguesia tem-se revelado incapaz na condução do processo brasileiro, quer pela inaptidão para afastar o imperialismo norte-americano de nosso caminho, quer pela impossibilidade de eliminar o latifúndio e as contradições acumuladas e agravadas no país nessas três fases da crise geral do capitalismo.

No processo político brasileiro, aliás, há dois fatos marcantes a assinalar. Um deles é que, sempre que houve avanço, conquista de direitos sociais e progresso, combate ao imperialismo e ao latifúndio, isso se deveu preponderantemente à presença atuante do proletariado.

O outro fato é que – depois do Estado Novo – o impacto mais sério que interrompeu o processo verificou-se com o golpe de 1° de abril.

Todos esses fatos se devem sobretudo a consequências, contradições e erros gerados pelo uso exclusivo do binômio burguesia-proletariado, que – por sua própria natureza – anula a participação política do campesinato no processo.

Quem tem a vocação, o destino histórico e as condições para resolver a crise crônica brasileira é o proletariado com os seus aliados da frente única. Atraindo o camponês – seu aliado fundamental – e incorporando-o à luta política, criando uma força própria, de base, para fazer crescer a frente única e dar-lhe consequência, desencadeando lutas, paralisando a influência vacilante da burguesia, ainda que mantendo a aliança com ela na atual etapa histórica, o proletariado brasileiro reúne em suas mãos os meios, condições e elementos necessários à saída exigida pelo nosso povo.

É dessa forma, e dentro de tal equacionamento, que o binômio nacionalismo-democracia terá um enfoque adequado e a dimensão que o levará a equiparar-se às exigências e necessidades da nação brasileira. Só disputando a hegemonia à burguesia, nosso proletariado poderá fazê-lo.

O proletariado brasileiro já formulou à sua maneira uma das soluções da nossa crise crônica, participando do processo evolutivo nacional, depois de ter intentado o caminho revolucionário e insurrecional da Aliança Nacional Libertadora, em 1935.

Por que isso aconteceu – eis um fenômeno diretamente relacionado ao nosso proletariado em si mesmo, desde suas origens e aparição como classe até sua transformação em classe para si. As singularidades de tal processo, as condições que levaram à constituição da vanguarda do proletariado – como resultado do transbordamento de seu nível de consciência ao grau mais elevado – constituem matéria de que nos fala com maestria Astrojildo Pereira em sua obra *Formação histórica do PCB**, a cujo estudo é necessário recorrer.

Na França, na Inglaterra, na Alemanha, na Itália, nos Estados Unidos e em outros países importantes, o proletariado surgiu – como classe em si e para si – concomitantemente com a indústria de base e a Revolução Industrial, que caracterizou a era moderna.

O proletariado brasileiro, porém, só surgiu, com o seu ramo da indústria básica, muito mais tarde, na época da Segunda Guerra.

Foi exatamente em tais circunstâncias, e em consequência delas, que as palavras de ordem patrióticas, nacionalistas ou anti-imperialistas e de sentido liberal e democrático alcançaram enorme vibração e receptividade em todo o país. O proletariado brasileiro cresceu e agigantou-se, fortaleceu-se com seu setor básico industrial, sob o influxo das grandes campanhas nacionais pró-siderurgia, em favor do petróleo, pelo monopólio estatal, em defesa das riquezas minerais e pela expansão da indústria elétrica, em defesa da indústria nacional, contra o fascismo, pelo envio da FEB à Europa, pela Constituinte, em defesa da democracia e das liberdades democráticas, contra o golpe, contra o envio de tropas à Coreia, em defesa da paz e contra a guerra.

Foi sob a égide do binômio nacionalismo-democracia que o proletariado brasileiro pôde desempenhar um papel político, à medida que se intensificava o processo de sua expansão no quadro das forças produtivas.

Tanto no plano econômico como no político, o processo evolutivo brasileiro e seu expansionismo desenvolvimentista foram conduzidos por um setor da burguesia, preponderantemente industrial.

Para os comunistas – como de um modo geral para as esquerdas –, isso significou um largo período de colaboração com as forças da burguesia. A necessidade da luta anti-imperialista e a obrigatoriedade do combate às forças golpistas, que se opõem ao progresso e à liberdade, colocaram as forças populares e nacionalistas e sua liderança revolucionária numa posição de dependência face à burguesia brasileira.

Poderia ter ocorrido o contrário, mas isso dependeria de uma aplicação mais correta do marxismo-leninismo à realidade brasileira, o que não aconteceu.

Condições históricas e peculiaridades da situação brasileira facilitaram a hegemonia da burguesia na condução do processo. Entretanto, a hegemonia da burguesia não é uma fatalidade histórica, e nada indica que o proletariado deva assumir uma posição conformista e curvar-se indefinidamente à liderança burguesa.

Tal subordinação foi possível, como vimos, porque a liderança revolucionária limitou sua ação até hoje ao manejo do binômio burguesia-proletariado, que, em nosso processo histórico, tem condicionado o binômio nacionalismo-democracia.

---

* Ver Astrojildo Pereira, *Formação do PCB: 1922-1928* (Rio de Janeiro, Vitória, 1962). (N. O.)

Quando a liderança marxista restringe seu plano revolucionário, anti--imperialista e democrático à unidade e à luta entre a burguesia e o proletariado, e apenas tem diante de si as duas classes aliando-se ou defrontando-se, é pouco provável que ocorra a vitória da revolução. A liderança permanece então em poder da burguesia. Mas essa liderança é vacilante e propensa à conciliação, sobretudo quando os interesses da burguesia são duramente feridos pelo imperialismo e o latifúndio, e ela teme o proletariado em luta contra esses dois inimigos.

Em qualquer caso, mas sobretudo em face do binômio burguesia-proletariado, nós – os que seguimos o marxismo-leninismo – não temos outro recurso senão construir a força do proletariado, para não ficarmos subordinados à burguesia.

A força do proletariado constrói-se trabalhando com ele mesmo, sem descanso, em sua base e, portanto, nas empresas industriais. Sem trabalho nas empresas, sobretudo nas empresas imperialistas e nas empresas dos ramos da indústria básica, não é possível fortalecer o proletariado.

Mas esse não é o único fator da acumulação de força. Sejam quais forem as circunstâncias, o decisivo é ter trabalho no campo, é levar as massas rurais à luta, vendo no camponês o aliado fundamental do proletariado. A inconstância e o atraso do trabalho no campo constituem o lado fraco da revolução brasileira e da liderança marxista – o que tem provocado repetidos insucessos.

A crise brasileira chegou a um ponto em que o proletariado não pode pretender resolvê-la seguindo a fórmula anterior – caminho pacífico e apoio à burguesia na luta pelas reformas.

Esse caminho, aliás, só poderia ter tido êxito no Brasil se a liderança marxista estivesse munida de suficiente lastro ideológico, que lhe permitisse dirigir a luta sem perder o sentido de classe ou desviar-se dos rumos da revolução. Aconteceu, porém, o contrário, e o caminho pacífico das reformas foi levado à derrota pelo golpe de 1º de abril.

Agora, o caminho pacífico está superado. Persistir nele significa adotar uma estratégia que concorrerá para a institucionalização do golpe e da ditadura.

Tal institucionalização – que a ditadura procura levar a efeito – tem como objetivo paralisar o movimento de libertação do povo brasileiro, subjugar o proletariado e as forças populares e nacionalistas e fazer do Brasil um satélite permanente ou duradouro dos Estados Unidos.

As teses da ocidentalização e da interdependência da soberania, aventadas a propósito da inevitabilidade da terceira guerra mundial, são a cobertura ideológica da institucionalização.

Essa é a nova saída política que as classes dominantes – em colaboração com os Estados Unidos – buscam, depois do golpe de abril e em consequência dele, para evitar a ascensão das massas e a libertação do nosso país da esfera de influência norte-americana.

A adoção – mais uma vez – de um caminho pacífico por parte dos marxistas não lhes permitiria tomar a iniciativa nem desencadear nenhuma ação decisiva contra a ditadura e sua pretendida institucionalização. E isso porque a ditadura está baseada na força, que é o principal elemento empregado contra o povo e contra a oposição. O único efeito de um novo caminho pacífico, tentado à guisa de solução da crise brasileira, seria impelir os marxistas a um erro de cálculo e a uma inevitável colaboração com a ditadura, em benefício dos interesses das classes retrógradas.

Além de ultrapassada – e portanto inoperante para as forças populares e nacionalistas –, uma estratégia baseada no caminho pacífico acarretaria outro perigo.

Esse outro perigo – cuja ocorrência não exclui o emprego da violência e da força militar por parte da ditadura – seria o envolvimento das forças populares e nacionalistas. Nesse caso, os marxistas – seguindo uma estratégia norteada pelo caminho pacífico – poderiam ajudar a transformar o Brasil num país social-democrático, exercendo em nome dos Estados Unidos o papel de freio do movimento de libertação da América Latina.

O caminho pacífico da revolução brasileira – no momento atual – teria o efeito de prosseguir alimentando ilusões no povo e minaria o moral das forças populares e nacionalistas, que precisam de estímulo revolucionário.

Os fatos indicam que o proletariado – em face do tremendo impacto da abrilada – não tem outro recurso senão adotar uma estratégia revolucionária, que leve à derrubada da ditadura. Trata-se da revolução, da preparação da "insurreição popular armada". Trata-se do caminho não pacífico, violento, até mesmo de guerra civil. Sem o recurso à violência por parte das massas, a ditadura será institucionalizada por um período de maior ou menor duração.

Sem uma estratégia revolucionária, sem a ação revolucionária apoiada no trabalho pela base e não exclusivamente de cúpula, é impossível construir a frente única, movimentar as massas e dar-lhes a liderança exigida para a vitória sobre a ditadura.

Uma estratégia revolucionária – indispensável para sairmos do marasmo e da pasmaceira – exige trabalho pertinaz com as forças básicas da revolução – o proletariado, as massas rurais, os intelectuais, os estudantes.

O trabalho com a burguesia – nessa estratégia – não pode ser o trabalho fundamental, ainda que não se trate absolutamente de abandoná-lo.

Uma estratégia revolucionária tem que levar ao rompimento com a política de subordinação do proletariado à burguesia, à separação entre o partido do proletariado e os partidos da burguesia.

Agindo como força independente, os comunistas – e de um modo geral as esquerdas brasileiras – terão um lugar ao sol e alcançarão êxito, arrastando as massas. As chamadas elites brasileiras já demonstraram seu fracasso. Seria para nós um desastre tentar qualquer saída que comprometesse nossa independência diante delas.

Atuando com as forças básicas da revolução, o trabalho mais importante, aquele que tem caráter prioritário, é a ação no campo, o deslocamento das lutas para o interior do país, a conscientização do camponês. No esquema estratégico brasileiro, o pedestal da ação do proletariado é o trabalhador rural. A aliança dos proletários com os camponeses é a pedra de toque da revolução brasileira. Ela significará um grande passo à frente – ou seja, a substituição do esquema burguesia-proletariado por um plano estratégico marxista. Nesse plano, o camponês e o campo desempenharão o papel decisivo no apoio à luta das massas urbanas. E é sob esse aspecto que se trata de abrir uma segunda frente. O que quer dizer que não devemos limitar nossa ação exclusivamente às cidades, onde, aliás, além dos entendimentos de cúpula, necessitamos de uma profunda penetração entre o proletariado nas grandes empresas. Isso é indispensável. Mas não haverá possibilidade de êxito estratégico a não ser com a segunda frente, no campo.

Outro elemento básico no plano estratégico são as forças militares e o papel que desempenham na revolução – assunto de que nos ocuparemos em ensaio seguinte.

A possibilidade de cisão das forças militares – possibilidade prevista no complexo quadro político brasileiro – interessa ao plano estratégico como um fator provável da guerra civil. As forças populares e nacionalistas devem estar, então, prevenidas e providas de total independência, que lhes permita a mais ampla liberdade de ação, para não ficarem a reboque de uma ou outra das facções em luta.

A solução da crise crônica brasileira pela via armada – como solução advinda do proletariado – exige luta árdua e sacrifícios por parte da vanguarda. É uma solução de profundidade, visando sempre ao trabalho paciente, tenaz e contínuo com as forças permanentes da revolução. E conta com a possibilidade de apoio de amplas camadas, uma vez que cresce o descontentamento popular e a ditadura acelera os passos para a institucionalização.

A experiência brasileira mostra a necessidade de insistir-se numa solução revolucionária.

Nas atuais condições históricas, renunciar à estratégia revolucionária é comprometer o futuro do Brasil e da América Latina.

A hegemonia na revolução e a tática atual

No Brasil – como já vimos –, trata-se de resolver a crise crônica de estrutura. Esta hoje consiste num fato novo: seu conteúdo e sua evolução são engendrados pelo crescimento do capitalismo nas condições de dependência do imperialismo e da manutenção do latifúndio. É o crescimento do capitalismo – em tais circunstâncias – que vem determinando todo o processo político brasileiro.

Tal crescimento, é certo, não nos livra da condição de subdesenvolvidos. Mas a situação de nosso país mudou completamente. O Brasil já não é um país que sofre mais da falta de capitalismo do que do capitalismo.

O imperialismo norte-americano age no Brasil por meio de um setor do capitalismo brasileiro. Isso quer dizer o seguinte: apesar das contradições com os Estados Unidos, o capitalismo brasileiro vem sendo utilizado pelo imperialismo norte-americano, que se apoia fundamentalmente no setor entreguista da burguesia.

Uma parte do capitalismo brasileiro só vê saída enfeudando-se aos Estados Unidos. A despeito da contradição com o imperialismo norte-americano, a outra parte é incapaz de enfrentá-lo.

O golpe principal contra o imperialismo norte-americano só pode ser desfechado se for derrubada a atual ditadura, cuja função consiste em representar os interesses do latifúndio e do setor da burguesia que reconhece a necessidade de apoiar-se nos Estados Unidos e de seguir sua política de ocidentalização e de preparação da guerra mundial.

A contradição burguesia-proletariado ganhou nova dimensão. O que significa que não se pode lutar contra o imperialismo e o latifúndio alimentando ilusões na liderança da burguesia brasileira ou renunciando à luta de classes contra ela.

O proletariado brasileiro necessita agir com independência, ainda que seja uma inelutabilidade histórica, no Brasil, a aliança do proletariado com a burguesia. O proletariado não pode ficar sob a hegemonia da burguesia, embora esta continue dirigindo o processo político, como consequência da liderança do processo desenvolvimentista brasileiro.

A questão fundamental do processo de conquista da hegemonia na revolução brasileira não está em reconhecer que objetivamente a burguesia tem dirigido, e vem dirigindo, o processo político. Não está em reconhecer que se deve lutar pela hegemonia do proletariado, enquanto essa hegemonia não está ainda em nossas mãos. Tudo isso é pacífico para gregos e troianos.

O problema fundamental consiste em que não é uma fatalidade histórica a liderança da burguesia brasileira na revolução. O problema fundamental reside em admitir a possibilidade de o proletariado brasileiro exercer a hegemonia na revolução, desde o primeiro momento, e lutar com decisão por essa hegemonia.

Tal possibilidade não modificará o caráter anti-imperialista e antifeudal, nacional e democrático da revolução. Dar-lhe-á consequência.

Se desistirmos de lutar desde agora por transformar essa possibilidade em realidade, contribuiremos – na melhor das hipóteses, repetimos – para ajudar a burguesia brasileira a transformar o Brasil num país social-democrático na América Latina. Nesse caso, o Brasil teria o destino de auxiliar dos Estados Unidos na missão de refrear o movimento de libertação dos países latino-americanos.

O Estado que – no Brasil – resultar de uma revolução liderada pela burguesia será um Estado burguês, e não resolverá os problemas fundamentais da revolução – a expulsão do imperialismo e a abolição do latifúndio.

Nosso erro no governo João Goulart foi que não compreendemos isso, não preservamos a independência do proletariado e não lutamos por ela, e acreditamos na liderança da burguesia. Isso nos levou a uma derrota, conduziu a revolução a um fracasso, ainda que temporário.

O Brasil de hoje não é o de 1945, nem o de 1955, nem o de 1960. É outro Brasil, com a classe burguesa liderando o processo, dentro de uma situação internacional diferente daquela do pós-guerra.

Nossa autocrítica não pode partir de uma posição falsa, fora da apreciação histórica da realidade brasileira. Não pode partir de um ângulo de classe não proletário. Não há profundidade em autocrítica que examine problemas políticos, deixando de lado a análise de nossa posição de classe.

A direção ideológica é a condição fundamental para o êxito da direção política. O que está havendo é a perda do sentido de classe, o desvio dos rumos da revolução brasileira.

Não se trata apenas de reconhecer que fomos derrotados pelo golpe militar de 1º de abril, que estamos fracos, que não temos movimento de massas, que não há lutas e que a ditadura nos esmaga. Tudo isso é verdade.

Mas nossa obrigação é apresentar uma análise e uma saída concretas – elaboradas segundo um plano estratégico e uma tática marxistas.

Temos que empreender o caminho da estratégia revolucionária. Para isso é necessário derrubar a atual ditadura. O que não se pode conseguir esperando que ela venha a democratizar-se pela via eleitoral. Ou que possamos prosseguir lutando pela via pacífica, e que daí venha a surgir um momento em que a luta armada – como alternativa – se torne necessária ou a forma de luta principal.

No Brasil, não se trata de escolher alternativas. A experiência diária está demonstrando que a ditadura em nosso país só se extinguirá pela força. O imperialismo norte-americano não ficará indiferente à derrota da ditadura ou de um governo pró-imperialista, como não ficou indiferente em São Domingos. Passará à violência e à intervenção armada logo que sentir suas posições ameaçadas no Brasil. O imperialismo norte-americano não cederá sem luta o posto avançado que conquistou em nosso país por meio do golpe militar.

O caminho da estratégia revolucionária é norteado por uma perspectiva básica, entendendo-se como tal a que considera esgotadas ou fechadas as possibilidades de solução pacífica, e admite que não haverá outra solução senão a força para a derrubada da ditadura.

Mas não basta uma estratégia revolucionária para que as forças populares e nacionalistas sejam lançadas à luta. É necessário também que disponhamos de uma tática atual. E esta, ao ser traçada, será coerentemente uma dependência da estratégia. Ou melhor, haverá uma interdependência, um condicionamento entre uma e outra.

É impossível traçar uma tática dúbia que tanto sirva para uma saída pacífica como para uma saída não pacífica. A dubiedade da linha tática é que leva a uma rápida deterioração das palavras de ordem e à perplexidade repetida em face dos acontecimentos.

Ninguém acredita que se possa convidar as massas agora para a insurreição popular. Não haveria nada. Também ninguém verá vantagem em enfrentar a ditadura, desencadeando lutas e suportando violência, se afirmarmos que nossa perspectiva é uma saída pacífica. É como prometer o céu aos que sofrem na terra.

Uma tática decorrente da estratégia revolucionária é por si mesma revolucionária, o que nada tem a ver com sectarismo e esquerdismo. Trata-se de levar as massas à luta contra a ditadura e substituí-la por um governo efetivamente democrático. Os meios empregados são os que as massas aceitam. Mas os comunistas devem dar exemplo do impulso revolucionário, que não se obtém – evidentemente – baseando nossa luta numa perspectiva pacífica.

A tática revolucionária abrange todos os aspectos da luta política, e, ao mesmo tempo, sabe manejar as forças básicas da revolução. É uma tática acessível, uma tática de massas, ao alcance da compreensão comum, não uma tática de privilegiados, de iluminados, de donos da revolução, de manipuladores de fórmulas feitas. Não uma tática que a cada fato político novo ensaia explicações complicadas, emitindo diretivas que não levam efetivamente a nada, não despertam o entusiasmo revolucionário nem conduzem a luta nenhuma, como vem acontecendo nesses dois anos de ditadura. Não uma tática destinada a fazer entendimentos políticos e eleitorais, alimentando ilusões na burguesia, cedendo ao conformismo e disseminando a passividade. A tática revolucionária é uma tática de lutas de massas e para lutas de massas, e seu objetivo principal consiste em nos aproximar dos objetivos estratégicos aos quais ela está subordinada. Trata-se de uma tática que conduza à derrubada da ditadura por meio da força da frente única, entendendo-se a derrubada da ditadura como o objetivo principal, destinado a levar à consecução dos objetivos estratégicos das forças populares e nacionalistas.

Pelo fato de decorrer de uma estratégia revolucionária e estar a seu serviço, a tática atual não exclui que continuemos inseridos no processo político brasileiro. Não exclui a luta acirrada pela frente única antiditadura. E o aproveitamento das mínimas possibilidades legais. E a utilização de qualquer brecha surgida no processo, que leve mais uma vez ao desmascaramento da ditadura e da farsa eleitoral.

Não exclui nossa participação nos conflitos das classes dominantes e de suas forças militares, nos quais poderão ocorrer fendas e rachaduras, choques violentos e, em consequência, até a guerra civil.

O inadmissível é seguirmos a reboque do atual processo político, não estabelecermos as premissas que colocarão a iniciativa política em nossas mãos e nas mãos das massas.

Essas premissas exigem o persistente trabalho nas empresas industriais, a prioridade para o trabalho do campo – alicerce da aliança operário-camponesa –, o trabalho nas forças militares, o trabalho entre os intelectuais.

Tais são os elementos permanentes da tática marxista, que concorrerão para criar a força organizada do proletariado. Sem essa força, é impossível influir no processo político e obter qualquer vitória tática de importância, e com repercussão no processo revolucionário. O processo de criação da força do proletariado exige lutas nas áreas urbanas e nas áreas rurais. Entretanto, o elo que levará ao desenvolvimento da luta contra a ditadura e que produzirá a mudança de qualidade do movimento de massa está nas lutas camponesas.

Daí a importância do trabalho de campo na aplicação dessa tática. Essa importância decorre do fato de que, pela primeira vez no processo revolucionário brasileiro, será possível unir a luta política das cidades à luta política do campo.

O caminho da derrubada da ditadura via luta de massas não terá consequência nem dará resultados a não ser eliminando o desprezo pelo trabalho no campo e adquirindo a compreensão da importância do campesinato no processo em curso. Não se pode fazer a luta pela democracia e pelas reivindicações nacionalistas separando uma e outra da luta pela terra e pelos interesses das massas camponesas. É um erro relegar para o momento da decisão estratégica o processo de luta visando atrair a massa camponesa.

O trabalho no campo é trabalho tático. É o elemento essencial, fundamental da tática do proletariado.

Sobre alguns princípios da tática nas atuais condições brasileiras

Além dos elementos permanentes da tática marxista, que concorrerão para criar a força organizada do proletariado, há princípios gerais e particulares, aos quais obedece a tática, nas atuais condições brasileiras.

Esses princípios dizem respeito às regras e leis confirmadas pela prática e relacionadas ao manejo e à mobilização dos elementos, permanentes da tática, incluindo a frente única.

Dentre tais princípios, o da retirada tem um grande significado. Em nenhum momento, qualquer passo tático deve ser empreendido sem a garantia da retirada. Quanto ao princípio da ofensiva, a experiência ensina que não é obrigatório avançar sempre, desde que, em determinadas circunstâncias, estejamos obtendo vitórias ou êxitos parciais. Necessariamente, há um momento em que devemos parar e consolidar nossas forças, a fim de, em seguida, prosseguir avançando.

Quando a ofensiva política é do inimigo, as forças revolucionárias devem procurar abrir outra frente política sob a direção do proletariado. Essa outra frente – destinada a retirar a iniciativa ao inimigo – pode ser em qualquer área. Mas só concorrerá para a mudança de qualidade da luta política se for uma frente de luta aberta no meio rural, entre as massas camponesas.

Outro princípio importante tem relação com o problema da força do proletariado. Quer dizer, ao tomar qualquer iniciativa política, o proletariado deve ao mesmo tempo empenhar-se em criar sua própria força. A força do proletariado reside no seu trabalho ideológico e político nas empresas industriais, entre camponeses, forças militares, intelectuais, estudantes e mulheres, entre a juventude e, principalmente, entre as camadas médias nos grandes centros urbanos.

Um dos princípios corretos do acerto tático é que o proletariado jamais deve renunciar a criar sua força própria e a fortalecer-se pela base, desde o primeiro momento em que participa da frente única. Sem isso, o proletariado não assegurará sua independência. Sem força própria, o proletariado será um joguete nas mãos da liderança burguesa.

Para que a força do proletariado seja utilizada de modo correto, deve haver uma combinação do trabalho nas empresas industriais com o trabalho no campo e entre as forças militares. Se essa combinação não for estabelecida, a tática do proletariado sofrerá uma distorção. É impossível a vitória do proletariado sozinho – sem a frente única antiditadura e sem a base operário-camponesa para a frente única.

A greve geral política nacional do proletariado, sem o apoio dos camponeses e dos elementos militares revolucionários, bem como das massas populares, dos estudantes, dos intelectuais e das mulheres, não produz o resultado desejado, pois implica lançar o proletariado sozinho à luta.

A vitória do proletariado é impossível se – por outro lado – o movimento revolucionário depender exclusivamente das lutas camponesas isoladas das lutas urbanas. Ou somente da luta militar ou de um dispositivo de cúpula militar-sindical.

No que se refere às forças militares, é impossível obter qualquer êxito entre elas se o trabalho no seu interior estiver sob a influência da ideologia da burguesia ou do nacionalismo revolucionário, em vez de estar sob a influência da ideologia do proletariado.

Sempre que se trata da frente única, tenha-se em conta que ela não pode ser vista somente em termos de partidos ou ex-partidos políticos opostos à ditadura. É necessário ver as forças de classe da frente única e as tendências e forças políticas ou agrupamentos que as representam sem excetuar os líderes e as lideranças.

Um princípio importante – sob esse aspecto – é o da existência de três agrupamentos de forças da frente única. No centro estão as forças intermediárias, ou seja, as forças mais numerosas da burguesia e seus afins. À esquerda estão as forças radicais. E, no extremo oposto, as forças de direita da frente única.

Sem levar em consideração tal princípio, torna-se difícil atuar na frente única.

Antes de mais nada, é impossível desenvolver o trabalho de frente única com resultados positivos, limitando nossa atividade a uma ação de cúpula ou a entendimentos com a liderança das forças intermediárias. Com a cúpula não se consegue a vitória. O fundamental – nesse caso – é o trabalho de base, o que exige persistência e determinação da liderança do proletariado.

Outra questão é o princípio da unidade e luta com a burguesia dentro da frente única. Tal princípio só pode ser aplicado se o proletariado desencadear a luta de classes e souber conduzir com acerto a luta de massas nacionalista e democrática, na qual se inclui a luta pela terra. O proletariado deve assumir uma posição revolucionária clara, não lhe cabendo, em nenhuma hipótese, o papel de força moderadora da frente única. Quando isso acontece, o proletariado fica a reboque da burguesia.

Nosso papel, entretanto, não é atacar as forças intermediárias para destruí-las nem desfechar sobre elas o golpe principal, desviando-o do alvo imperialista. O perigo é nos aliarmos somente a elas e deixarmos de lado as forças radicais. Ficaremos então à mercê das forças intermediárias.

É incorreto subestimar a união com as forças radicais. O radicalismo brasileiro é fruto do avanço do movimento revolucionário ou da resistência extrema à ditadura. Apresentando uma estratégia revolucionária e uma tática coerente com tal estratégia e a ela subordinada, faremos das forças radicais da frente única um aliado do proletariado.

Trata-se da unidade com a esquerda. Um dado valioso para essa unidade – tendo em vista atrair o centro – é a aliança com os católicos, e em particular com a esquerda católica. Ademais, com o mesmo fito, é imprescindível nossa união com os nacionalistas revolucionários, os partidários de Brizola, Arraes, Julião e outros, bem como com as demais correntes esquerdistas contrárias à ditadura. Nesse particular, o Nordeste merece uma atenção especial. Os intelectuais, por sua notória resistência ao terrorismo cultural e à ditadura, tendem à esquerda, e a união com eles assume um caráter de obrigatoriedade.

Depende da unidade com a esquerda o êxito da unidade com as forças do centro opostas à ditadura, desde as que obedecem ao comando de Jango até as que são lideradas por Jânio, Kubitschek e outros.

O proletariado não pode renunciar à aliança com o centro da frente única. Mas, se recusar a aliança com a esquerda, não terá força para atrair o centro e unir-se a ele.

Outro princípio tático importante, relacionado à frente única, é o princípio da unidade de programa e de ação. O ponto de partida em tal princípio é a concordância da frente única no que diz respeito à derrubada da ditadura. Subentende-se, em virtude disso, que o fundamental para o objetivo em vista é a própria frente única antiditadura. Essa frente única deve ser a mais ampla possível e contar com todas as forças políticas e forças de classe opostas à ditadura, sem nenhuma exclusão.

Mesmo no caso de essas forças agirem cada uma por si, é imprescindível que todas as ações convirjam para o principal objetivo – ou seja, a derrubada da ditadura.

O princípio da unidade de programa e de ação não importa, entretanto, em quebra da autonomia de nenhum agrupamento ou força da frente única, nem exclui o direito de crítica mútua e construtiva.

Em qualquer caso, o proletariado e juntamente com ele os comunistas devem desencadear e apoiar lutas contra a ditadura, e, por esse meio, conduzir à luta as forças populares e nacionalistas.

Na luta contra a ditadura, devemos procurar empenhar as forças básicas da revolução anti-imperialista e antifeudal, nacional e democrática. Dentre as forças básicas, devemos destacar os camponeses. Estes não devem ser lançados à luta somente no momento da conquista do poder estatal revolucionário, ou seja, no momento da decisão estratégica. É preciso fazê-lo desde já, o que indica a importância das lutas camponesas, das reivindicações do homem do campo e de sua participação na luta nacionalista e democrática. Isso indica também a importância da luta pela terra e da participação do campesinato na luta política contra a ditadura e por sua derrubada.

Tal maneira de proceder não significa – segundo pensam alguns – nem a mudança do caráter da revolução, que continua sendo anti-imperialista e antifeudal, nacional e democrática, nem a predominância da contradição agrária sobre a contradição nacional, anti-imperialista.

A visão estratégica da etapa histórica prossegue sendo a mesma, uma vez que as contradições postas em equação não foram resolvidas até agora.

Para o desenvolvimento das lutas, o princípio básico é a combinação das formas de luta e organização legais e ilegais e a utilização de todas e quaisquer possibilidades legais, no terreno da defesa das reivindicações nacionalistas e democráticas, inclusive camponesas, no terreno da política interna ou externa, ou no terreno jurídico.

Isso implica atuar com firmeza onde quer que haja massas – nos sindicatos, nas organizações populares, feministas, estudantis, camponesas e quaisquer outras. O objetivo de tal atuação é desencadear e apoiar lutas e estimular a combatividade das massas.

O princípio da combinação das formas de luta e organização é subordinado à compreensão e ao reconhecimento da importância das lutas camponesas, cujo desencadeamento exige a abertura de uma segunda frente na luta política do Brasil.

O princípio fundamental da tática marxista é que, em qualquer fase da luta do proletariado, torna-se obrigatório lutar pela conquista de um tipo de governo, ou melhor, de um poder que abra caminho para a completa libertação nacional, econômica, política e social do povo. Quer dizer, que abra caminho para a solução do problema estratégico.

Nas condições brasileiras, é indispensável lutar por um governo que substitua a atual ditadura. Tal governo deve ter características realmente democráticas. Deve ser o oposto do que aí está.

A essa tarefa ficam subordinadas as demais tarefas táticas.

A tática dos comunistas – baseada no princípio de que a hegemonia da revolução deve estar com o proletariado – tem hoje um caráter completamente diverso da tática anterior. Aquela era condicionada pelo desenvolvimento pacífico. A atual é condicionada pela perspectiva básica de que a ditadura só será alijada pela força, e de que em qualquer caso teremos de enfrentar a violência e a agressão armada do imperialismo dos Estados Unidos.

Enfrentamos uma situação inteiramente nova. A tática tem que ser outra.

Rejeição da tática que subordina o proletariado à burguesia

O proletariado não pode seguir uma tática qualquer. A tática que não convier à conquista dos objetivos estratégicos da revolução anti-imperialista e antifeudal, nacional e democrática deve ser repelida.

Toda tática que, na nova situação do país, pretender prosseguir subordinando ideologicamente o proletariado à burguesia é uma tática condenável.

Que essa tática exista não é novidade para ninguém. Ela é resultado da influência ideológica da burguesia no seio do proletariado.

Torna-se necessário conhecer suas características para combater sua penetração no meio revolucionário.

Trata-se da tática que se limita a ver a aliança do proletariado com o centro da frente única e que permanece indefinidamente nesses marcos estreitos.

Sua maneira de ser é fruto de uma concepção reboquista, por falta de confiança no proletariado. Seu ponto de partida está em reconhecer que, objetivamente, o processo político brasileiro se desenvolve sob a direção da burguesia. E disso não se liberta.

É a tática que busca uma saída moderada, teme as lutas radicais e uma solução revolucionária, para não desgostar a burguesia e manter com ela uma colaboração duradoura.

A tática a que nos referimos segue religiosamente os cânones teóricos do passado e não vê possibilidade para o desencadeamento da revolução, a não ser quando existam as condições pré-revolucionárias clássicas. A Revolução Cubana já pôs por terra esse conceito tradicional, mas a citada tática ignora os fatos novos.

No que diz respeito à autocrítica, essa tática não parte de um ponto de vista de classe. Rejeita a ideia de que a causa principal do erro dos comunistas, anteriormente, foi a ilusão na liderança da burguesia. Recusa-se a admitir que ficamos basicamente sob a liderança da burguesia e a seu reboque e perdemos a autoridade sobre as massas, dando-lhes a falsa ideia de que estávamos no poder e éramos a mesma coisa que João Goulart.

Em consequência da subordinação ideológica à burguesia, acabamos caindo na política de apoio aos atos positivos de Goulart e de combate aos seus atos negativos. Isso é errôneo. E o erro consiste – nesse caso – em esperar pelas iniciativas da burguesia. Consiste em nada fazer para sair do conformismo.

Não se trata de recusar a frente única com a burguesia. Mas uma das condições típicas dessa aliança é – de nossa parte – lutar para que a hegemonia seja do proletariado e este não fique a reboque da burguesia.

A tática que combatemos não se preocupa com tais coisas. Seu grande empenho – inspirado na ideia de que somos uma força moderadora – tem outro sentido, visa significativamente a chamar a atenção para o desvio esquerdista.

Na verdade, o esquerdismo foi fruto extemporâneo da ilusão de classe, que não permitia ver a impossibilidade da conquista de um programa avançado, confiando na burguesia, em vez de confiar na luta pela base.

Atribuindo ao esquerdismo a responsabilidade principal por nosso erro, a tática em causa não deixa de desferir alguns ataques ao desvio direitista – pelo menos para guardar as aparências.

O único resultado que consegue – por esse caminho – é dividir as fileiras do proletariado em duas facções – esquerda e direita. Mas não convence ninguém. E o pior de tudo é a fuga ao exame da causa principal de nosso erro, que foi a perda do sentido de classe.

Desistindo de reconhecer que nosso mal maior é tentar prosseguir com o cordão umbilical atado à burguesia, a tática referida teme aceitar como perspectiva básica a derrubada da ditadura pela força.

Essa perspectiva é concreta, pois as condições brasileiras mostram claramente que – sem o emprego da força – não há como derrubar a ditadura. Mesmo em face de outras alternativas, será sempre necessário o uso da força, pois o imperialismo norte-americano agirá pela violência ao sentir seus interesses ameaçados.

A tática que citamos, entretanto, admite isolar e desagregar a ditadura a tal ponto que ela se torne impotente para empregar a violência contra o povo e seja derrubada sem que a luta armada se torne a principal forma de ação.

Essa tática aceita uma tal saída porque continua alimentando ilusões na burguesia e espera que, das contradições entre as classes dominantes, surja um desfecho favorável ao povo, sem o apelo a lutas radicais.

Não é por outro motivo que a mencionada tática – para fugir à apresentação do caminho violento de derrubada da ditadura – insiste em falar no caminho da luta de massas. Seria este o caminho indicado para levar a ditadura à derrota.

Todos sabem que falar em caminho da luta de massas para derrubar a ditadura é a coisa mais elementar e menos controvertida hoje em dia. O que todos querem saber é como será tal caminho.

A tática a que nos referimos define o caminho da luta de massas para a derrubada da ditadura como sendo a participação nas eleições, protestos, greves e manifestações. Como coroamento desse caminho, preconiza contra a ditadura uma greve geral, nacional, política, sem recorrer à luta armada, à insurreição popular ou à guerra civil.

Julga possível, assim, nas condições atuais do país, a vitória de um processo político – com eleições, greves, manifestações e protestos em que a ação decisiva das massas venha a ser exercida pacificamente.

Estamos aqui no pleno reinado das ilusões de classe, para não falar num reinado do doutor Pangloss. Tal ilusão só se explica em virtude da tática que apreciamos acreditar, a de que uma das facções das classes dominantes acabará buscando, ela própria, a ajuda do proletariado para livrar-se da oposição ou da ameaça de outras facções, também em luta pela supremacia política.

A derrota da ditadura seria, assim, resultado da luta e da liderança da própria burguesia ou de um setor burguês, que se acabaria apoiando no proletariado e evitando o derramamento de sangue ou a luta violenta.

Por mais incrível que pareça, a tática aqui exposta também se refere à luta armada. E até insiste muitas vezes em tal forma de luta. Apesar disso, faz-lhe uma ressalva. É quanto ao momento de sua utilização. A tática em tela esclarece persistentemente que não se há de recorrer agora a tal forma de luta, mas somente quando ela se tornar oportuna e vier a ser a forma de luta principal.

Essa maneira de enfocar a questão denota que a tática em referência pretende queimar os últimos cartuchos para obter uma derrubada pacífica da ditadura, mesmo ao preço da sujeição ideológica do proletariado à burguesia.

Frustrado, porém, o caminho da solução pacífica, só aí então – segundo a tática exposta – seria o momento da luta armada.

Ao adotar semelhante critério, essa tática confunde formas de luta com o caminho tático.

A questão não está em definir formas de luta, enumerá-las, selecioná-las – aceitando umas e rejeitando outras. Não está igualmente em aceitá-las todas.

A questão está no caminho tático, e esse caminho consiste em saber qual o elo que levará à derrubada da ditadura, com o emprego da ação de massas e o reforço da posição independente do proletariado.

O elo só pode ser o trabalho de campo, a penetração profunda no meio rural brasileiro, a preparação e o desencadeamento das lutas camponesas, com todas as consequências decorrentes das ações que contrariam o imperialismo e o latifúndio.

A tática a que nos reportamos despreza o papel do camponês na luta contra a ditadura, exatamente pelo temor da radicalização do processo político.

Daí porque – ao tratar do programa de lutas – só apresenta reivindicações relacionadas ao nacionalismo, às liberdades democráticas e aos interesses do proletariado. As reivindicações camponesas são omitidas. A luta pela terra é relegada para o momento da luta pelo poder estatal revolucionário.

Essa maneira de proceder indica que a tática em alusão só acredita em lutas urbanas, e isso implica persistir na ideia de lançar o proletariado à luta sem o apoio do campesinato, como tem acontecido até agora no movimento revolucionário brasileiro. A tática aqui exposta não vê que o camponês é o fiel da balança no Brasil, como em toda a América Latina.

Quanto ao problema das eleições, a tática referida avalia-o mal e erroneamente, porque não confia no proletariado e prosterna-se ante a burguesia e sua liderança.

Todos veem que o caminho da derrubada da ditadura não pode ser por via eleitoral. E essa é uma tese provada pela experiência, eis que a ditadura – valendo-se da força, isto é, dos atos institucionais e complementares – transformou as eleições numa comédia, para não falar em pantomima.

A tática em causa quer, entretanto, que pelas eleições sejam infligidas derrotas parciais que debilitem o regime, apressando sua derrocada. O meio para isso seria o apoio às forças contrárias à ditadura e que mereçam a confiança do povo. Não sendo possível, tratar-se-ia de votar em branco e desmascarar a farsa eleitoral.

Depreende-se daí algo de curioso: a tática que citamos ainda não considera suficientes os instrumentos já adotados pela ditadura que invalidam as eleições e fecham as possibilidades de uma saída eleitoral, com a participação e a vitória de candidatos da confiança do povo. E isso é evidente, desde que – como tal – não podem ser classificados senão os candidatos aceitos pela ditadura ou com ela comprometidos. São estes, aliás, os únicos aptos a escapar das cassações e de outras leis e métodos fascistas.

Esperar que das eleições convocadas pela ditadura surja a possibilidade de infligir-lhe derrotas parciais, debilitar o regime, apressar sua derrocada e retomar o processo democrático – sem o persistente trabalho para desencadear lutas e chegar assim ao efetivo desmascaramento do atual governo – significa impelir o povo para o beco sem saída das ilusões eleitorais. O que levará o proletariado e as massas a navegarem ingloriamente nas águas dos candidatos da ditadura, ou dos que pretendem salvar a quartelada de abril, depois que sentiram na própria carne a repulsa do povo ao governo e sua política.

A tática que mencionamos não oferece melhor solução em face do problema sucessório e levará o movimento revolucionário a outra estrondosa ilusão ou à estagnação no charco da pusilanimidade burguesa.

Em referência às crises de governo, a tática em pauta firma posição partindo do fato de que novos golpes podem ocorrer.

A possibilidade de novos golpes é real. Mas a tática citada quer – nesse caso – a intervenção das forças populares para impedir uma "solução reacionária" com o fortalecimento de Castelo ou a substituição de golpistas.

Tal posição demonstra que essa tática não julga Castelo suficientemente reacionário nem bastante forte, o que, entretanto, poderia vir a acontecer com o golpe. A outra alternativa para uma "solução reacionária" – ainda segundo a mesma tática – seria a subida de novos golpistas ao poder.

O fundamento ideológico dessa posição tática é norteado pela ilusão na situação atual e pela esperança na sobrevivência de uma reviravolta da própria burguesia, reviravolta destinada a pôr em ordem a situação política e ensejar uma escalada democrática.

Em resumo, as características e os aspectos da tática a que aludimos mostram que o proletariado nada tem a fazer com ela e que – se porventura viesse a cometer o equívoco de adotá-la – continuaria perplexo e vagueando por aqui e ali, sem orientação em face dos constantes atos institucionais e complementares dos militares empoleirados no poder.

Eis por que o combate à subordinação ideológica do proletariado à burguesia e, em consequência, a rejeição de uma tática baseada nesse princípio constituem um elemento fundamental para levar-se a bom termo a luta pela derrubada da atual ditadura.

O proletariado e as forças militares

O proletariado jamais pode desdenhar as forças militares. E diante delas é obrigado a tomar posição, adotando uma política.

A esse propósito, num dos seus trabalhos sobre "o papel da violência na história", Engels afirma o seguinte: "Em política não há senão duas potências decisivas: a força organizada do Estado, o Exército, e a força desorganizada, a força elementar das massas populares"*.

Assim, segundo o conceito marxista, as forças militares são a força organizada do Estado.

Para que o proletariado defina sua posição perante elas, é necessário, antes de mais nada, encará-las como parte integrante do aparelho do Estado, seu setor armado, instituído e organizado com o fito de assegurar o domínio das classes que o Estado representa.

* Friedrich Engels, "O papel da violência na história", em Karl Marx e Friedrich Engels, *Obras escolhidas em três tomos*, v. 3 (trad. Eduardo Chitas, Lisboa/Moscou, Avante!/Progresso, 1982), p. 422-77. (N. E.)

Conforme a natureza do Estado, assim será a natureza de suas Forças Armadas. O Estado jamais organizará ou permitirá forças militares que a ele se oponham ou lhe contrariem a finalidade de dominação de classe. As forças militares têm uma função repressiva, conservadora. Esse é o seu conteúdo de classe.

O Estado brasileiro organizou suas forças militares, e ao longo da história as tem utilizado com a finalidade expressa de garantir a dominação das classes dirigentes do país.

As forças militares brasileiras – dentro da finalidade a que se destinam – apresentam, entretanto, um aspecto significativo: refletem também as contradições de classe da sociedade em que vivemos.

Esse fenômeno é consequência da própria contextura das forças militares. Como instituição, elas não podem deixar de contar em seu seio com elementos das várias classes da sociedade brasileira.

Em nossa infraestrutura militar, a parcela preponderante origina-se do proletariado e do campesinato. A elite dirigente militar, porém, procede da pequena burguesia, da burguesia e dos latifundiários.

O processo de avanço do capitalismo no Brasil, sem nos despojar da condição de país subdesenvolvido, mas com repercussão nos fatos políticos, concorreu para modificações na composição e evolução das forças militares. Em certos momentos e sob determinadas condições, como no governo de João Goulart, elementos não aristocráticos ascenderam a setores de comando militar até então impenetráveis a um acesso plebeu.

A despeito de tal fenômeno, as forças militares têm mantido no Brasil a constância do conteúdo de classe do Estado.

É que as forças militares não são um todo amorfo nem se limitam a refletir contradições da sociedade brasileira. O Estado dotou-as de um comando ideológico e político – um comando de classe – que não lhes permite mudar de rumo ao sabor dos acontecimentos. E instituiu para isso a hierarquia e a disciplina, como armas fundamentais para livrar as forças militares dos embates mais ou menos profundos, provocados pelos choques de classes da sociedade.

Nem sempre o Estado obteve êxito nesse seu propósito. A história registra momentos em que as forças militares foram levadas a mudar de posição. Isso se deveu ao fato de que as classes dominantes já não tinham condições de manter-se nas posições primitivas.

A abolição da escravatura e a proclamação da república são acontecimentos históricos que revelam como foi possível às forças militares mudarem de atitude.

É evidente que – refletindo os choques de classe da sociedade brasileira – as forças militares, por sua maioria, em contrapartida influíram e pressionaram assim as classes dominantes. E, com isso, desempenharam objetivamente um papel dirigente.

Acontece que se tratava de um papel positivo, pois as causas abraçadas significavam um progresso, um grande passo adiante.

Semelhantemente, nos anos recentes, no período do pós-guerra, as forças militares desempenharam um papel positivo, quando se colocaram – por uma imensa maioria – a favor tanto do monopólio estatal do petróleo quanto de outros postulados de cunho nacionalista, e mesmo democrático (11 de novembro).

As forças militares podem exercer esse papel quando não estão em jogo interesses que põem em xeque ou ameaçam o domínio das velhas classes dirigentes. Idêntica circunstância ocorre quando se extingue o poderio de velhas classes dirigentes, ou lhes é arrebatada uma parcela de poder. A condição exigida para isso é que não haja perigo de transferência de controle do Estado e de sua máquina para as mãos das massas.

A abolição da escravatura e a implantação da república, por exemplo, abalaram a velha classe dos escravocratas. Mantiveram, porém, o Estado brasileiro enfeudado ao domínio das classes exploradoras, sob o signo da conciliação entre burguesia e latifúndio, que se transformou em característica de nossa evolução histórica.

No caso da luta pelo petróleo e de certos pronunciamentos democráticos, que empolgaram a maioria das forças militares – como a defesa da Constituição no 11 de novembro – não havia risco de nenhuma natureza para o Estado brasileiro, cuja estrutura permaneceu inalterável.

Em face, porém, do avanço das massas, ameaçando influir no poder, ou diante do perigo de mudança de qualidade na estrutura do Estado, as classes dominantes levantarão as forças militares contra as massas. Fá-lo-ão desencadeando o golpe militar – como recurso extremo – para liquidar as liberdades democráticas. E, se necessário, simultaneamente, alijando do interior das forças militares os elementos suspeitos ou declaradamente favoráveis ao povo, isto é, ao nacionalismo e à democracia.

Foi o que ocorreu com o golpe de 1º de abril de 1964, preparado, aliás, no interior das forças militares, com o estímulo, a inspiração e o apoio do imperialismo norte-americano.

É impossível deixar de relacionar os golpes militares no Brasil com a ação do imperialismo. E isso se tornou mais evidente a partir da Segunda Guerra Mundial, quando os Estados Unidos redobraram seu trabalho no seio das forças militares brasileiras.

A esse respeito, vale a pena relembrar o discurso que Adalgiza Néry pronunciou na Assembleia Legislativa do estado da Guanabara, publicado no *Diário da Assembleia Legislativa* do mesmo estado, com a data de 13 de novembro de 1964. Da leitura desse discurso podemos inferir as desastrosas consequências a que fomos arrastados pela assinatura e ratificação do Acordo Militar Brasil-Estados Unidos.

Significativo, também, é o que nos revela Nelson Werneck Sodré em sua já citada obra *História militar do Brasil*, ao afirmar:

> O grande esforço do imperialismo, sem dúvida alguma, vem sendo desenvolvido nesse sentido: o de transformar as Forças Armadas nacionais em tropa de ocupação a seu serviço. Para isso, em todos os momentos, nos repetidos encontros de chefes militares em cursos especiais que oferecem, em viagens de estudo que proporcionam e, principalmente, valendo-se das missões militares, manipulam o anticomunismo. Acabar com o comunismo, e pela violência armada, constituiria, para todas as Forças Armadas do mundo "ocidental e cristão", a missão fundamental, conjugando-as como únicas, obedientes ao mesmo comando, despojadas de características nacionais, desinteressadas dos problemas específicos de cada um dos países a que devem servir. Essa continuada e minuciosa operação de lavagem cerebral, que não pode atingir individualmente e de perto cada indivíduo das Forças Armadas, tem atingido, realmente, e com êxito, determinados grupos delas, grupos especializados e por isso mesmo atingíveis: os do comando, os do Estado Maior, os de alguns serviços especiais. O que vem acontecendo, assim, entre nós, é a tentativa, rigorosamente planejada e executada, de ganhar o aparelho de comando das Forças Armadas porque, ganho este, como tais instituições operam por gravidade, isto é, de cima para baixo, por força da hierarquia e da disciplina, o resto vem como consequência. É preciso confessar que, realmente, o imperialismo vem conseguindo alguns êxitos espetaculares nesse sentido.[1]

A influência e o domínio do imperialismo norte-americano no alto comando das Forças Armadas brasileiras exercem um papel bastante negativo.

Os fatos demonstram que, sobretudo em consequência disso, a tendência repressiva militar chegou a um ponto demasiado elevado nas circunstâncias atuais.

É incontestável que, em decorrência de uma relativa composição pequeno-burguesa da elite militar, e em virtude do impacto que o conhecimento da realidade brasileira provoca em muitos homens dessa elite, uma plêiade de oficiais das Forças Armadas brasileiras alinhou-se ao marxismo. Seria, entretanto, absolutamente fora de sentido não ver a constância do surgimento – quase ininterrupto – de oficiais torturadores e espancadores, de feitio nazista, em que são abundantes as três Armas.

O importante é assinalar que nas Forças Armadas foi crescendo uma tendência reacionária e fascista, culminando com sua predominância no alto comando militar e entre os oficiais golpistas responsáveis pela abrilada.

Tal tendência cresceu e estendeu-se até a decantada teoria da geopolítica e a tese da interdependência da soberania nacional. Ambas – diga-se de passagem – destinadas a dar cobertura aos interesses do imperialismo norte-americano, em detrimento do sentido nacional.

Apesar de uma parte das forças militares não aceitar a tendência mencionada e simpatizar com o nacionalismo, não se pode deixar de reconhecer que o miolo das Forças Armadas a ela se adapta, diante do pavor infundido pela campanha anticomunista.

---

[1] Nelson Werneck Sodré, *História militar do Brasil*, cit., p. 403.

Um erro comum dos comunistas e das forças de esquerda em geral foi a propaganda da tese de que as Forças Armadas brasileiras são democráticas ou têm tradição democrática. Semelhante tese – a julgar pelo papel dos militares no desempenho atual do poder por meio do balanço histórico de sua atuação permanente – não tem substância marxista. Constituiu, na verdade, mais uma ilusão difundida por aqueles que mais deveriam estar prevenidos contra ela.

Não tem substância marxista porque o marxismo aprecia os fatos do ponto de vista histórico e do ponto de vista de classe. E, sob esses pontos de vista, as Forças Armadas brasileiras jamais deixaram de acompanhar as classes dominantes e têm sido, até hoje, o instrumento destinado a protegê-las e salvá-las nos momentos mais difíceis.

É preciso insistir na tese de que as forças militares se identificam com o Estado e têm uma posição de classe definida, uma função repressora ante o movimento de massas e sua expansão.

É essa função coibitiva das Forças Armadas que, sistematicamente, dá origem, em seu interior, aos golpes militares antipovo.

Outra questão controversa é saber se se pode obter o apoio das forças militares em seu conjunto para o triunfo da revolução no Brasil. A isso os marxistas respondem negativamente, pois o contrário seria fugir à tese de que as Forças Armadas em seu conjunto são um instrumento de repressão do Estado e se identificam com ele. Não há nenhum exemplo histórico de triunfo da revolução com a ajuda total das forças militares do Estado completamente reacionário ou apenas democrático-burguês, se a revolução em causa é popular, ou mesmo nacional e democrática, sob a liderança do proletariado.

Afastada a ideia de ganhar o conjunto das Forças Armadas para a revolução – o que constituiria um visionarismo –, resta ao proletariado adotar uma política militar cujo objetivo seja atrair para o lado da revolução uma parte das forças militares convencionais.

Tal objetivo é viável e pode ser atingido. Para isso, deve-se levar em conta que as forças militares são compostas de classes e refletem os choques, conflitos e colisões da sociedade brasileira, estando sujeitas a dividir-se e a fender-se.

E ainda que a maioria, no interior das Forças Armadas, prossiga sendo o esteio da reação, sempre há uma parte – por menor que seja – que se poderá ganhar contra a reação.

Ao traçar sua política militar, o proletariado rejeita, desde logo, colocar-se sob a hegemonia da burguesia, render-lhe obediência.

O comando da burguesia – mesmo nos momentos em que um dos setores burgueses no poder ou fora dele pretende realizar reformas – é um comando vacilante, temeroso das massas e do proletariado. É um comando que ensaia a luta, mas quando os golpistas das forças militares levantam a cabeça, acaba capitulando, como aconteceu no governo João Goulart.

Em matéria de política militar, o proletariado sofrerá uma derrota inevitável sempre que subordinar sua ação à liderança da burguesia ou alimentar ilusões num dispositivo militar-sindical. Esse foi um dos erros capitais das forças populares e nacionalistas no curso do governo goulartiano, quando a política militar dessas forças esteve submetida à direção do setor burguês do Poder Executivo. Militares que seguiram essa política e acabaram sendo expulsos das Forças Armadas pela ditadura atual, em um documento bastante significativo, fazem autocrítica nos seguintes termos: "Chegamos mesmo à posição reboquista, de deformação ideológica, ao supor que poderíamos manter um comando militar dentro do comando da burguesia".

Dentro do comando da burguesia evidentemente quer dizer: subordinado ao comando da burguesia. E, acrescentemos, é inútil ficar esperando pelas diretrizes do comando burguês nas Forças Armadas, uma vez que sempre fracassam pelo medo da burguesia em dar chance ao proletariado.

No documento citado, os militares a que nos referimos chegam à conclusão de que a política militar de subordinação ao comando burguês levou-os à perplexidade diante dos acontecimentos do dia 31 de março de 1964, culminando com a incapacidade de resistir mesmo com aquilo de que ainda dispunham.

Os que adotam uma política militar reboquista fogem a uma posição de classe, fogem à essência do marxismo-leninismo. Fogem também ao espírito de classe do proletariado os que pregam uma política militar esquerdizante. São os que afirmam que a política militar existe para comandar a luta armada e destruir o Estado e as próprias Forças Armadas.

Nas condições atuais, uma tal política dentro das forças militares leva ao isolamento dos seus propugnadores.

A verdadeira política militar existe como elemento tático permanente da estratégia revolucionária. E consiste em unir os elementos militares revolucionários sob a liderança do proletariado. Simultaneamente, uni-los ao povo, ao proletariado, aos camponeses. As lutas militares devem ser combinadas com as lutas operárias e camponesas, dentro da tática e da estratégia do proletariado, entendendo-se por lutas militares também a luta nacional dentro das Forças Armadas.

Quando falamos em elementos militares revolucionários, é exatamente porque nem todos os militares podem ser revolucionários, e só uma parte deles passará para o campo da revolução.

Por outro lado, ao nos referirmos às lutas militares, queremos distingui-las da luta armada, uma vez que esta última inclui também a participação do elemento civil e pode até assumir o aspecto de luta camponesa. Isso significa que a luta armada não é para ser desencadeada necessariamente sob a direção militar.

Uma política militar que se limita a ver as Forças Armadas como uma coisa em si e só se dedica a enfrentar o trabalho político dentro delas, sem relacioná-las ao trabalho revolucionário extramilitar, não tem condições de êxito.

Estabelecidas essas premissas e feita a ressalva de que a verdadeira política militar jamais deve subordinar-se ao comando da burguesia, resta conceituar as táticas de atuação no interior das Forças Armadas. Nesse sentido, o documento dos militares que já referimos afirma o seguinte: "Podemos conceituar as táticas de atuação nas Forças Armadas como uma tática legal, ampla, podendo-se caracterizar como uma tática de massas. Uma outra, clandestina, secreta, fechada".

De um ponto de vista amplo, de massas, é impossível impedir que os patriotas lutem dentro e fora das forças militares pela reformulação das tarefas impostas às Forças Armadas brasileiras. É nessa tecla que o proletariado deve insistir, sem ceder às pressões e à vacilação da liderança burguesa, que teme defender para as Forças Armadas um programa nacionalista e democrático.

Elementos desse programa encontram-se no livro *História militar do Brasil*, de Nelson Werneck Sodré, nas "Conclusões", à página 404. A elas remetemos o leitor.

Em tal programa, destacamos como fundamental levantar reivindicações democratizadoras de caráter profissional, ou, melhor dizendo, a democratização da estrutura militar, bem como a nacionalização do equipamento material.

É o que Nelson Werneck Sodré situa com precisão na obra citada, ao dizer:

> Torna-se pacífica e de entendimento geral a compreensão de que o equipamento material das Forças Armadas jamais poderá ser convenientemente atendido enquanto fornecido de fora, e segundo interesses que não são os nossos. Trata-se de produzir tais equipamentos, de acordo com as nossas verdadeiras necessidades e colocando o aparelhamento das Forças Armadas na exata correspondência com o desenvolvimento material do país, e não mais através de processos de aquisição no exterior que se colocam na mesma linha e no mesmo sentido do processo de endividamento externo e de deterioração do comércio exterior que surge, hoje, com demasiada clareza para continuar a ser aceito e tolerado. Devemos, por isso, não apenas nacionalizar o material em uso, mas a técnica de sua produção, os princípios a que seu uso obedece, os conhecimentos a que está ligado.[2]

Do ponto de vista de massas, essas e outras reivindicações alicerçam uma correta política militar. Do ponto de vista da tática fechada, basta citar o documento dos militares, já referido linhas atrás, quando afirma o seguinte: "A tática conspirativa ilegal, no sentido primário, seria a existência de um órgão de comando coordenador independente e fora da máquina de comando da burguesia".

A conceituação das duas táticas no interior das forças militares não significa, entretanto, que elas atuem isoladamente. Pelo contrário, devem convergir para um único ponto: o isolamento da direita militar.

---

[2] Ibidem, p. 407.

As guerrilhas como forma de luta

A forma de luta geral que o povo brasileiro emprega contra a ditadura é a luta de resistência das massas. Torna-se dispensável aqui tecer outros comentários sobre a resistência como forma de luta geral do povo, uma vez que o assunto foi motivo de apreciação em meu livro *Por que resisti à prisão**, no capítulo intitulado "O papel das forças populares e nacionalistas".

A luta de guerrilhas é – no caso brasileiro – uma das formas da luta de resistência das massas.

As guerrilhas são uma forma de luta complementar. Em si mesmas, elas não decidem a vitória final. Seja na guerra ou na luta revolucionária, pressupõem a existência de uma forma de luta principal. Em relação a tal princípio, os exemplos históricos das lutas de guerrilhas mostram o importante papel que elas desempenham na libertação dos povos e na derrubada das tiranias.

No Brasil, é conhecido o exemplo da luta de guerrilhas desencadeada contra a invasão dos holandeses. As guerrilhas dirigidas por Luiz Barbalho tiveram como objetivo eliminar as fontes de alimentos que abasteciam os invasores. Luiz Barbalho marchou do Rio Grande do Norte até a Bahia, passando por entre as linhas dos holandeses, e alcançou o sítio onde foi construído o Forte de Barbalho, ainda hoje existente no bairro de mesmo nome, na cidade de Salvador.

A luta de guerrilhas de Barbalho foi combinada com a política de terra arrasada, o que – de fato – prejudicou o fornecimento de alimentos ao inimigo estrangeiro. Mas o que veio a decidir a situação, determinando a expulsão definitiva dos holandeses, foi, finalmente, a forma de luta principal – as grandes batalhas de Monte das Tabocas e dos Montes Guararapes e o cerco dos invasores, com a consequente rendição da Campina do Taborda.

Outros exemplos podem ser citados: o da Espanha, quando da invasão dos franceses; o da China, quando da guerra contra os japoneses e na luta civil contra Chiang Kai-shek; o de Cuba, com Fidel Castro à frente, acompanhado de Che Guevara e outros valorosos combatentes.

Uma luta de guerrilhas persistente e prolongada – quando ainda não existe um exército regular de combatentes do povo – leva à formação desse exército, se for uma luta conduzida com acerto e se condições objetivas e subjetivas o permitirem.

A luta de guerrilhas se constitui, assim, em tática dentro da estratégia revolucionária, estratégia essa capaz de conduzir – nas condições atuais – as forças populares e nacionalistas a uma vitória.

A luta de guerrilha é uma forma de luta política. Mas é uma forma de luta política diferente – aplicável quando a luta política já não pode resolver-se

* Ver Carlos Marighella, *Por que resisti à prisão* (São Paulo, Brasiliense, 1965). (N. E.)

pacificamente e tem que se fazer por outro meio. Ainda que a insurreição e a guerra civil constituam igualmente outros meios de efetuar luta política, não resta dúvida de que a luta de guerrilhas tem a vantagem de poder organizar-se mais rapidamente e com efetivos pouco numerosos a princípio. Também em qualquer momento, a luta de guerrilhas pode ser entrosada com as duas outras formas de luta referidas, quer simultaneamente, quer com cada uma delas em separado.

As forças populares e nacionalistas necessitam de um poderio. Daí que, *pari passu* com a luta política pelos meios ainda possíveis nas cidades, seja conveniente lançar mão da guerrilha. Por meios ainda possíveis nas cidades, entendemos as mais variadas formas de protestos e manifestações, dentro da linha de resistência de massas, mesmo que a ditadura se lance contra, reprimindo, punindo, usando da violência.

Fica subentendido que a luta de guerrilhas não é inerente às cidades, não é uma forma de luta apropriada às áreas urbanas. A luta de guerrilhas é típica do campo, das áreas rurais, onde há terreno para o movimento e onde a guerrilha pode expandir-se. Guerrilha que não se expande não preenche seu papel.

A luta política no Brasil sofreu uma mudança de qualidade. Já não há possibilidades reais de levá-la à vitória pela via eleitoral ou por meio de movimento de massas destinado a pressionar o governo. Convém não confundir duas coisas distintas: a utilização de possibilidades legais e a possibilidade da vitória final.

Uma coisa é utilizar as mínimas possibilidades legais nos vários terrenos, inclusive no eleitoral e no jurídico. É sempre possível e necessário trabalhar para obter vantagens, acumular forças, dar incremento à frente única antiditadura via processos legais. Por mais precárias que sejam as condições, tais possibilidades mínimas jamais devem ser desprezadas.

Outra coisa, entretanto, é pretender exclusivamente por meio dessas possibilidades chegar à vitória final.

Desde abril de 1964, estamos sob uma ditadura militar que emprega a violência e o terror contra o povo. Severas penas são aplicadas pelos tribunais aos combatentes e oponentes da ditadura. São penas mais pesadas que as do tempo do Estado Novo. Leis proibitivas – como a que dissolveu os partidos políticos e muitas outras – são baixadas inexoravelmente. Repetem-se os atos institucionais. As eleições e a posse dos eleitos passaram a ser concessões da ditadura, que instituiu as eleições indiretas e a discriminação contra os candidatos, excluindo-os sistematicamente do preceito político legal, com o que foi abolido o chamado sistema representativo, transformadas as eleições numa farsa. Os direitos individuais e sociais foram riscados; a Constituição, rasgada; e o arbítrio, erigido em lei.

O poder é controlado pelos coronéis fascistas, senhores absolutos dos IPMs e principais responsáveis pela intromissão indevida e intolerável nos assuntos civis. Milhares de brasileiros – civis e militares – estão com os direitos políticos cassados e impedidos de arranjar emprego condigno. A ditadura os reduziu à condição de marginalizados.

Os detentores do poder ocupam-se em abrir IPMs, interrogar acusados, mandar prender e condenar, desobedecer a ordens de *habeas corpus*. Outra atividade que os empolga é decretar leis restritivas ou fascistas, obedecer aos Estados Unidos e aplicar uma política econômico-financeira de desastrosas consequências. Tal política paralisa o país, sobrecarrega o povo de impostos, agrava a carestia, não detém a inflação e entrega o país de portas abertas aos trustes e monopólios norte-americanos e ao governo dos Estados Unidos.

Não é difícil prever, diante desse quadro, que a situação econômico-social brasileira gera condições capazes de nos impelir às guerrilhas e à guerra civil.

Os fenômenos que se operam internamente no Brasil e que levaram à derrota das forças populares e nacionalistas, e podem agora arrastar-nos à guerrilha, não estão desligados de fatos novos, surgidos no panorama internacional, e com reflexos imediatos na América Latina e em nosso país.

Esses fatos novos decorrem da crise geral do capitalismo, em sua terceira fase, quando se equaciona o problema da libertação dos povos, em condições assinaladas pela inexistência de uma conflagração mundial. Desses fatos, um dos mais característicos é que as Forças Armadas, em certo número de países subdesenvolvidos ou recentemente libertados do colonialismo, se transformaram em pontos de apoio fundamentais do imperialismo norte-americano e das forças retrógradas internas desses países. Depois do golpe militar no Brasil, em 1964, tivemos o golpe militar da Argentina, o da Indonésia, o do Congo. É de se prever que outros golpes militares sejam desencadeados, e que continue o processo de utilização das Forças Armadas convencionais de muitos países como instrumento principal na luta contra a democracia e contra a libertação dos povos. Em tais condições, alertados pelas ilusões numa vitória fácil com apoio das cúpulas, e despertados para o exame da falta de preparo ante os golpes militares que os apanharam de surpresa, os revolucionários – agora amargando a derrota – procurarão corrigir seus erros e passar a outras formas de luta. Alguns povos – privados da liberdade – poderão encontrar refúgio na guerrilha, deslocando a luta para as áreas rurais, abrindo uma segunda frente.

A experiência atual das lutas dos povos assinala a importância do deslocamento da ação de massas para o interior, tendo em vista a necessidade de apoiar o proletariado urbano e mudar a qualidade do movimento de oposição às forças retrógradas e à ditadura.

É no campo, entre as massas rurais, que serão encontrados os elementos, fatores e condições mais condizentes com o tipo de resistência a que somos chamados.

Tenha-se como certo que as lutas nas áreas urbanas crescerão, a despeito da repressão que lhes fará a ditadura e da perseguição que esta continuará movendo contra os revolucionários. Estes, porém, disseminados no campo, poderão levar o apoio das massas rurais à luta política das cidades.

Um fator favorável é que em vários países latino-americanos, nos quais predominam as massas camponesas e as nacionalidades índias espoliadas, as lutas de guerrilhas tendem a comprimir-se sobre a área fronteiriça de fundo do Brasil. Tal fenômeno não poderá deixar de refletir-se entre as massas rurais do nosso país.

Os revolucionários brasileiros têm como certo que a luta será decidida pela iniciativa das forças em ação dentro do país. Nada parece aprovar a ideia de uma luta de guerrilhas que não surja das entranhas do movimento camponês e do movimento de massas, da resistência do povo brasileiro. A mais perfeita identificação com os camponeses, em seus usos, costumes, trajes, psicologia, constitui fator de decisiva importância, segundo o que se conhece de mais elementar na tática de guerrilhas. Todo princípio básico desse tipo de luta tem que resultar de uma concepção identificada com a maneira de ser que resultar do povo brasileiro, com o seu próprio cerne.

A natureza peculiar da guerrilha, pelo seu cunho irregular e pelo desapego a todo e qualquer convencionalismo militar, é incompatível com princípios táticos que não encontrem por parte do povo amparo, cobertura, apoio e a mais extensa e profunda simpatia. A guerrilha tem por isso mesmo um caráter nitidamente voluntário. Qualquer tipo de coação, visando ao seu alargamento e expansão, provocará efeito contrário.

Condicionada pela sua dependência e inteira conformidade ao tipo de resistência brasileira contra a atual ditadura, a guerrilha – nas condições políticas atuais de nosso país – terá a seu encargo fustigar as forças repressivas, impelir o campo para a luta política, incentivar o camponês à luta de classe, incorporando-o à luta geral. A guerrilha é uma das formas de plantar no fundo do país a bandeira da liberdade e da luta pela terra, pelo progresso, pela independência, e a quebra do domínio norte-americano, pela abolição das injustiças dos latifundiários, por um mínimo de bem-estar e melhoria para a população rural sofredora.

O Brasil é um país cercado pela atual ditadura militar entreguista e pelos círculos dirigentes norte-americanos, a cujo serviço se encontram os traidores que empolgaram o poder.

Dentro das condições desse cerco, a guerrilha brasileira – com seu conteúdo nitidamente político – não pode deixar de significar um protesto, uma referência para a elevação da luta do nosso povo. Seria imperdoável não lhe dar a necessária continuidade e durabilidade, arriscando-a a lutar onde o inimigo tem superioridade de forças concentradas ou permitindo-lhe aventurar-se a travar batalhas ou mesmo combates decisivos com as forças da reação.

Ninguém espera que a guerrilha seja o sinal para o levante popular ou para a súbita proliferação de focos insurrecionais. Nada disso. A guerrilha será o estímulo para o prosseguimento da luta de resistência por toda parte. Para o aprofundamento da luta pela formação da frente única antiditadura. Para o esforço final da luta de conjunto, de todos os brasileiros, luta que acabará pondo por terra a ditadura.

política
operária

número 7

BRASIL: REAÇÃO
OU REVOLUÇÃO

UMA POLÍTICA
OPERÁRIA
PARA O BRASIL

O LENINISMO E
AS DIVERGÊNCIAS
SINO-SOVIÉTICAS

Capa da revista *Política Operária*, n. 7, de 1963.

O caráter da revolução brasileira*

Ruy Mauro Marini

As lutas políticas brasileiras dos últimos quinze anos foram a expressão de uma crise mais ampla, de caráter social e econômico, que parecia não deixar outra saída ao país que não uma revolução. Contudo, uma vez implantada a ditadura militar em abril de 1964, as forças de esquerda se viram obrigadas a revisar suas concepções sobre o caráter da crise brasileira, como ponto de partida para a definição de uma estratégia de luta contra a situação que prevaleceu ao final. Em um diálogo às vezes cheio de amargura, os intelectuais e líderes políticos vinculados ao movimento popular propõem hoje duas questões fundamentais: o que é a revolução brasileira? O que representa a ditadura militar em seu contexto?

As respostas se orientam, em geral, ao longo de dois fios condutores. A revolução brasileira é entendida, primeiramente, como o processo de modernização das estruturas econômicas do país, principalmente por meio da industrialização, processo esse que é acompanhado por uma tendência crescente à participação das massas na vida política[1]. Identificada assim como o próprio desenvolvimento econômico, a revolução brasileira se iniciaria no Movimento de 1930, tendo-se estendido sem interrupção até o golpe de abril de 1964. Paralelamente, e na medida em que os fatores primários do subdesenvolvimento brasileiro são a vinculação

---

* Ver Ruy Mauro Marini, *Subdesarrollo y revolución* (Cidade do México, Siglo XXI, 1969). O presente trecho foi retirado de Ruy Mauro Marini, *Subdesenvolvimento e revolução* (trad. Fernando Correa Prado e Marina Machado Gouvêa, Florianópolis, Insular, 2013), p. 132-61. O livro foi publicado originalmente em espanhol. O texto também foi publicado separadamente, como artigo, na revista cubana *Pensamiento Crítico*. Ver idem, "El carácter de la revolución brasileña", *Pensamiento Crítico*, n. 37, Havana, fev. 1970, p. 136-57. (N. O.)

[1] Ver, como expressão mais acabada dessa tendência, a obra de Celso Furtado, *A pré-revolução brasileira* (Rio de Janeiro, Fundo de Cultura, 1962).

ao imperialismo e à estrutura agrária – que muitos consideram semifeudal –, o conteúdo da revolução brasileira seria anti-imperialista e antifeudal.

Essas duas direções conduzem, assim, a um só resultado – a caracterização da revolução brasileira como uma revolução democrático-burguesa – e descansam sobre duas premissas básicas: a primeira consiste em situar o antagonismo nação-imperialismo como a contradição principal do processo brasileiro; a segunda, em admitir um dualismo estrutural nessa mesma sociedade, que oporia o setor pré-capitalista ao setor propriamente capitalista. Sua implicação mais importante é a ideia de uma frente única formada pelas classes interessadas no desenvolvimento, basicamente a burguesia e o proletariado, contra o imperialismo e o latifúndio. Seu aspecto mais curioso é a união de uma noção antidialética, como a do dualismo estrutural, a uma noção paradialética, como seria a noção de uma revolução burguesa permanente, da qual os acontecimentos políticos brasileiros nos últimos quarenta anos não teriam sido mais que episódios.

Nessa perspectiva, o regime militar implantado em 1964 aparece simultaneamente como uma consequência e uma interrupção. É assim que, interpretada como um governo imposto desde fora pelo imperialismo estadunidense, a ditadura militar também é considerada como uma interrupção e mesmo como um retrocesso no processo de desenvolvimento, o que se expressaria na depressão à qual a economia brasileira foi levada[2]. O espinhoso problema colocado pela adesão da burguesia à ditadura é solucionado quando se admite que, temerosa da radicalização ocorrida no movimento de massas nos últimos dias do governo Goulart, essa classe, do mesmo modo que a pequena burguesia, apoiou o golpe de Estado articulado pelo imperialismo e pela reação interna, passando em seguida a ser vítima de sua própria política, em virtude da orientação antidesenvolvimentista e desnacionalizante adotada pelo governo militar.

A partir dessa interpretação, a esquerda brasileira (referimos-nos a seu setor reformista, representado pelo movimento nacionalista e pelo Partido Comunista Brasileiro) toma como bandeira a "redemocratização", destinada a restabelecer as condições necessárias para a participação política das massas e a acelerar o processo de desenvolvimento. Em última instância, trata-se de criar de novo a base necessária para o restabelecimento da frente única operário-burguesa que marcou o governo de Goulart, isto é, o diálogo político e a comunidade de propósitos entre as duas classes. É assim que, baseada em sua concepção da revolução brasileira, essa esquerda não chega hoje a outro resultado que não o de assinalar, como saída para a crise atual, uma volta ao passado.

---

[2] Segundo a Fundação Getúlio Vargas, entidade semioficial, o Produto Nacional Bruto do Brasil apresentou as seguintes variações: entre 1956 e 1961, 7%; em 1962, 5,4%; em 1963, 1,6%; e, em 1964, -3%. Em 1965, o PNB apresentou uma recuperação, aumentando 5%, mas a produção industrial propriamente dita diminuiu quase na mesma proporção. Somente a partir de 1967 a economia brasileira entrou em uma fase de recuperação.

O compromisso político de 1937

Seria difícil verificar a exatidão dessa concepção sem examinar de perto o capitalismo brasileiro, a maneira como se desenvolveu e sua natureza atual. Em geral, os estudiosos estão de acordo em aceitar a data de 1930 como o momento decisivo que marcou a transição de uma economia semicolonial – baseada na exportação de um só produto e caracterizada por sua atividade eminentemente agrícola – para uma economia diversificada, animada por um forte processo de industrialização. Efetivamente, se o início da industrialização data de mais de cem anos e esteve inclusive na raiz do processo político revolucionário que, vitorioso em 1930, permitiu sua aceleração, e se a atividade fabril ganha impulso na década de 1920, não é possível negar que é a partir da Revolução de 1930 que a industrialização se afirma no país e empreende a transformação global da velha sociedade.

A crise mundial de 1929 atuou grandemente nesse sentido. Impossibilitado de colocar sua produção no mercado internacional e sofrendo o efeito de uma demanda por bens manufaturados que já não podia ser satisfeita com importações, o país acelera a substituição de importações de bens manufaturados, desenvolvendo um processo que parte da indústria leve e chega, por volta dos anos 1940, à indústria de base. São fundamentalmente a crise da economia cafeeira e a pressão da nova classe industrial para participar do poder os fatores que produzem o movimento revolucionário de 1930, o qual obriga a velha oligarquia latifundiária a romper seu monopólio político e instalar no poder a equipe revolucionária encabeçada por Getúlio Vargas.

Durante alguns anos, as forças políticas se manterão em um equilíbrio instável, enquanto tentam novas composições. A investida fracassada da oligarquia, em 1932, reforça a posição da pequena burguesia, cuja ala radical, unida ao proletariado, deseja aprofundar a transformação revolucionária, exigindo sobretudo uma reforma agrária. A insurreição de esquerda de 1935 termina, entretanto, com a derrota dessa tendência, o que permite que a burguesia consolide sua posição. Aliando-se à oligarquia e ao setor direitista da pequena burguesia (que será esmagado no ano seguinte), a burguesia apoia, em 1937, a implantação de um regime ditatorial sob a liderança de Vargas.

O Estado Novo de 1937, sendo um regime bonapartista, está longe de representar uma opressão de classe aberta. Pelo contrário, por meio de uma legislação social avançada, que é complementada por uma organização sindical de tipo corporativo e por um forte aparelho policial e de propaganda, trata de enquadrar as massas operárias. Paralelamente, instituindo o concurso obrigatório para cargos públicos de baixo e médio níveis, o Estado Novo concede à pequena burguesia (única classe verdadeiramente letrada) o monopólio sobre eles e confere-lhe, portanto, uma perspectiva de estabilidade econômica.

A questão fundamental está em compreender por que a Revolução de 1930 conduziu a esse equilíbrio político e, mais exatamente, por que tal equilíbrio se baseou em um compromisso entre a burguesia e a antiga oligarquia latifundiária e mercantil. A esquerda brasileira, tornando-se eco de um Virgínio Santa Rosa (intérprete da pequena burguesia radical dos anos 1930), tende hoje a atribuir esse fato à ausência de consciência de classe por parte da burguesia – explicável pela circunstância de que a industrialização havia sido realizada às custas de capitais originados pela agricultura, que já não encontravam ali um campo de investimento. Tal concepção incide, em nossa opinião, em um duplo erro.

Primeiramente, o deslocamento de capitais da agricultura para a indústria tem muito a ver, em si, com a consciência de classe. Não são os capitais que têm tal consciência, mas os homens que os manipulam. E nada indica que os latifundiários se tenham convertido, eles mesmos, em empresários industriais (pelo contrário, estudos recentes dizem o inverso). O que parece ter ocorrido foi uma drenagem dos capitais da agricultura para a indústria por meio do sistema bancário; o que, de passagem, explica amplamente o comportamento político indefinido e ainda ambíguo dos bancos brasileiros.

O segundo erro é acreditar que a burguesia industrial não lutou para impor sua política, sempre que seus interesses não coincidiam com os interesses da oligarquia latifundiário-mercantil. Toda a história político-administrativa do país nos últimos quarenta anos foi, justamente, a história dessa luta, no terreno do crédito, dos tributos, da política cambial. Se o conflito não foi ostensivo, se não explodiu em insurreições e guerras civis, é precisamente porque se desenrolou nos marcos de um compromisso político: o de 1937. Os momentos nos quais esse compromisso foi colocado em xeque foram aqueles nos quais a vida política do país se convulsionou: 1954, 1961, 1964.

Pois bem, o compromisso de 1937 expressa de fato uma complementariedade entre os interesses econômicos da burguesia e das antigas classes dominantes; é nesse marco que a drenagem de capitais tem sentido, ainda que não possa ser confundida com a própria complementariedade de interesses. E é por haver reconhecido a existência dessa complementariedade e ter atuado em consequência dela que não se pode falar de falta de consciência de classe por parte da burguesia brasileira.

Um dos elementos significativos dessa complementariedade é, efetivamente, a drenagem dos capitais para a indústria, por meio da qual a burguesia teve acesso a um excedente econômico que não precisava expropriar, posto que era colocado espontaneamente a sua disposição. Não é, entretanto, o único: manter o preço externo do café, enquanto a moeda se desvalorizava internamente, interessava aos dois setores – à oligarquia, porque preservava o nível de suas receitas, e à burguesia, porque funcionava como uma tarifa protecionista. A demanda industrial interna era, por outro lado, sustentada exatamente pela oligarquia, necessitada dos bens de consumo que já não podia importar e em condições de adquiri-los apenas na medida em que seu nível de renda fosse garantido.

Esse será, sem dúvida, o ponto essencial para compreender a complementariedade objetiva na qual o compromisso de 1937 se baseava. Trata-se de ver que, sustentando a capacidade produtiva do sistema agrário (mediante a compra e o armazenamento ou queima dos produtos não exportáveis), o Estado garantia um mercado imediato para a burguesia, o único de que podia de fato dispor na crise conjuntural mundial. Por suas características de setor à reçaga, o sistema agrário mantinha, por outro lado, sua capacidade produtiva em um nível inferior às necessidades de emprego das massas rurais, forçando um deslocamento constante da mão de obra para as cidades. Essa mão de obra migratória não iria tão somente engrossar a classe operária empregada nas atividades manufatureiras, mas também criaria um excedente permanente de trabalho, isto é, um exército industrial de reserva que permitia à burguesia rebaixar os salários e impulsionar a acumulação de capital exigida pela industrialização. Em consequência, uma reforma agrária não teria feito mais que transtornar esse mecanismo, sendo inclusive suscetível a provocar o colapso de todo o sistema agrário, o que teria liquidado o mercado para a produção industrial e engendrado o desemprego massivo no campo e na cidade, desencadeando, assim, uma crise global na economia brasileira.

É por isso que não tem cabimento falar de uma dualidade estrutural dessa economia tal como se costuma entendê-la, isto é, como uma oposição entre dois sistemas econômicos independentes e mesmo hostis, sem se confundir seriamente sobre a questão[3]. Pelo contrário, o ponto fundamental está em reconhecer que a agricultura de exportação foi a própria base sobre a qual se desenvolveu o capitalismo industrial brasileiro. Mais que isso, e de um ponto de vista global, a industrialização foi a saída que o capitalismo brasileiro encontrou no momento em que a crise mundial, iniciada com a Guerra de 1914, agravada pelo *crack* de 1929 e levada ao paroxismo pela Guerra de 1939, transtornava o mecanismo dos mercados internacionais.

Essa reflexão também leva a descartar a tese de uma revolução permanente da burguesia, posto que sua revolução deve ser enquadrada no período entre 1930 e 1937. O Estado Novo não significa apenas a consolidação da burguesia no poder: representa também a renúncia dessa classe a qualquer iniciativa revolucionária, sua aliança com as velhas classes dominantes contra as alas radicais da pequena burguesia – bem como das massas proletárias e camponesas – e a canalização do desenvolvimento capitalista nacional pela via traçada pelos interesses da coalizão dominante que o mesmo expressa.

[3] A refutação mais radical da tese do dualismo estrutural foi feita por André Gunder Frank, em seu *Capitalism and Underdevelopment in Latin America* (Nova York, Monthly Review Press, 1967).

A ruptura da complementariedade

Alimentada pelo excedente econômico criado pela exploração dos camponeses e operários e tendo a estrutura agrária como elemento regulador da produção industrial e do mercado de trabalho, a indústria nacional desenvolvida entre os anos 1930 e 1950 depende da manutenção dessa estrutura, ainda que enfrente constantemente o latifúndio e o capital comercial no que se refere à apropriação dos lucros criados pelo sistema. No entanto, na medida em que o desenvolvimento econômico se dá, o polo industrial dessa relação tende a se autonomizar e entra em conflito com o polo agrário. É possível identificar três fatores consequentes desse antagonismo.

O primeiro se refere à crise geral da economia de exportação, no Brasil, como resultado das novas tendências que regem o mercado mundial de matérias-primas. Protelada pela Guerra de 1939 e pelo conflito coreano, essa crise se tornará ostensiva a partir de 1953. A incapacidade do principal mercado comprador dos produtos brasileiros – o estadunidense – em absorver as tradicionais exportações do país, a concorrência com os países africanos e com os próprios países industrializados e a formação de zonas preferenciais – como o Mercado Comum Europeu – tornam a crise irreversível.

Essa situação já determinava que a complementariedade entre a indústria e a agricultura, existente até então, fosse posta em dúvida. Graças à acumulação de estoques invendáveis que, devendo ser financiados pelo governo, representavam uma imobilização de recursos subtraídos à atividade industrial, a agricultura já não oferece à indústria o montante de divisas de que esta necessita, em escala crescente, para importar equipamentos e bens intermediários, seja para manter o parque industrial existente em atividade, seja, principalmente, para propiciar a implantação de uma indústria pesada. É assim que, apesar do aumento nas exportações mundiais (de 55% entre 1951 e 1960, crescendo à taxa geométrica média de 5,03%), as exportações brasileiras diminuem 38% no mesmo período, caindo à taxa geométrica média anual de 3,7%[4]. Enquanto isso, as importações de matérias-primas, trigo, combustíveis, equipamentos para atender à depreciação e bens intermediários representam 70% do total das importações, o que torna essa conta da balança comercial extremamente rígida, uma vez que "cerca de 70% do total da importação está constituído por produtos imprescindíveis à manutenção da produção interna corrente e à satisfação das necessidades básicas da população"[5].

---

[4] Dados proporcionados pela revista da Confederação Nacional da Indústria do Brasil, *Desenvolvimento e Conjuntura*, Rio de Janeiro, mar. 1965, p. 111.

[5] "Programa de Ação Econômica do Governo, 1964-1966", *Documentos EPEA*, Rio de Janeiro, n. 1, 1964, p. 120-1. Na sequência, o documento assinala explicitamente: "Se o país não conseguir inverter, em um futuro próximo, a tendência desfavorável da capacidade para importar dos últimos anos, será talvez necessário racionar as importações para além da mencionada margem de 30%, com o que se comprometeria não apenas a taxa de desenvolvimento econômico, mas também a de produção corrente".

Um segundo fator que estimula o antagonismo entre a indústria e a agricultura resulta da incapacidade desta em abastecer os mercados urbanos do país, em franca expansão. As carências surgidas no abastecimento de matérias-primas e gêneros alimentícios para as cidades provocam a alta de preços de umas e de outros. Consequência do caráter à reçaga da agricultura – que resulta por sua vez da concentração da propriedade da terra –, a alta de preços é colocada em evidência devido à sua repercussão no nível de vida da classe operária. A pressão sindical por melhores salários coroará essa tendência, marcando pesadamente o custo de produção industrial e conduzindo finalmente à depressão econômica.

Um último fator que pode ser isolado, para fins analíticos, é a modernização tecnológica que acompanhou o processo de industrialização, principalmente depois da Guerra de 1939. Reduzir a participação do trabalho humano na atividade industrial, em termos relativos, conduziu ao surgimento de um grande hiato entre os excedentes de mão de obra liberados da agricultura e as possibilidades de emprego criadas pela indústria. O problema não teria sido tão grave se a mão de obra excedente estivesse em condições de competir com a mão de obra empregada, pois a existência de um maior exército industrial de reserva neutralizaria a pressão sindical pelo aumento de salários, contra-arrestando o efeito da alta dos preços agrícolas internos. Isso não se deu, já que essa mão de obra só pode ser empregada em determinadas atividades, que exigem pequena qualificação do trabalho (a construção civil, por exemplo), aumentando sua incapacidade profissional no mesmo ritmo com que a modernização tecnológica avança. Em consequência, os setores-chave da economia, como a metalurgia, a indústria mecânica e a indústria química, não se puderam beneficiar de um aumento real da oferta de trabalho na mesma proporção da migração interna de mão de obra.

Nessas condições, as migrações rurais representaram cada vez mais uma piora dos problemas sociais urbanos. Esses problemas se uniram àqueles que surgiam no campo, onde se propagava a luta pela posse da terra e surgiam movimentos como o das Ligas Camponesas. Sem jamais chegar a determinar o sentido da evolução da sociedade brasileira, o movimento camponês, com seus conflitos sangrentos e suas bandeiras radicais, acabou por se converter no pano de fundo no qual se projetou a radicalização da luta de classes nas cidades.

A ruptura da complementariedade entre a indústria e a agricultura, conduzindo à declaração da necessidade de uma reforma agrária, determinou, do ponto de vista da burguesia, o desejo de revisão do compromisso de 1937, uma revisão que havia sido tentada no segundo governo de Getúlio Vargas (1951-1954) e nos governos de Jânio Quadros (1961) e de João Goulart (1963-1964). Na realidade, ocorria que o desenvolvimento do capitalismo industrial brasileiro colidia com o limite imposto pela estrutura agrária. Ao chocar-se contra o outro limite, representado por suas relações com o imperialismo, todo o sistema entraria em crise, uma crise que não apenas revelaria a verdadeira natureza desse sistema, mas também o impulsionaria rumo a uma nova etapa de seu desenvolvimento.

A investida imperialista

O desenvolvimento da indústria brasileira em seu período-chave – isto é, entre 1930 e 1950 – beneficiou-se da crise mundial do capitalismo. Isso não se deveu somente à impossibilidade de a economia nacional satisfazer a demanda interna por bens manufaturados via importações, mas também ao fato de que a crise permitiu a aquisição, a baixo preço, dos equipamentos necessários à implantação da indústria e, principalmente, ao alívio considerável da pressão dos capitais estrangeiros sobre o campo de investimento representado pelo Brasil. Essa situação é comum para o conjunto dos países latino-americanos. O investimento direto estadunidense na América Latina, que havia sido da ordem de US$ 3,46 bilhões em 1929, baixou para US$ 2,7 bilhões em 1940; em 1946, o montante desses investimentos ainda é inferior àquele de 1929, mas em 1950 já alcança um nível superior, somando US$ 4,45 bilhões, para chegar a US$ 5,44 bilhões em 1952 e dobrar essa soma no início da década de 1960.

Essa inflexão não se limita ao montante dos investimentos, afetando também sua estrutura. Assim, enquanto em 1929 apenas US$ 231 milhões (menos de 10% do total) eram investidos na indústria manufatureira, esse setor atraía, em 1950, 17,5% do investimento total (US$ 780 milhões) e 21,4% em 1952 (1,17 bilhões de dólares). Se examinarmos a relação entre a incidência dos investimentos diretos, por um lado, no setor agrícola e, por outro, na mineração, petróleo e manufatura, veremos que a distribuição proporcional de 10% e 45%, respectivamente, que existia em 1929, passa a ser, em 1952, de 10% e 60% do total.

Na história das relações da América Latina com o imperialismo estadunidense, os primeiros anos da década de 1950 constituem, pois, um *tournant*. Também é assim para o Brasil. É quando a crise do tradicional sistema de exportação salta aos olhos, como assinalamos anteriormente. Mas, sobretudo, é quando se intensifica a penetração direta do capital imperialista no setor manufatureiro nacional, de tal maneira que o investimento estadunidense (que havia sido de US$ 46 milhões em 1929, de US$ 70 milhões em 1940 e de US$ 126 milhões em 1946) chega, em 1950, a US$ 284 milhões e, em 1952, a US$ 513 milhões, enquanto o montante global desse investimento em todos os setores passa de US$ 194 milhões em 1929 para US$ 240 milhões em 1940, US$ 323 milhões em 1946, US$ 644 milhões em 1950 e US$ 1,01 bilhão em 1952[6].

[6] Os dados sobre os investimentos estadunidenses na América Latina e no Brasil foram tomados do Departamento de Comércio dos Estados Unidos, em sua publicação *US Investments in the Latin American Economy*, 1957.

Essa investida dos capitais privados dos Estados Unidos é acompanhada por uma transformação nas relações entre o governo desse país e o governo brasileiro. Durante o período de guerra, o governo brasileiro consegue obter ajuda financeira pública estadunidense para projetos industriais importantes, como a fábrica siderúrgica de Volta Redonda, que permitiu a consolidação efetiva de uma indústria básica no país. No pós-guerra, uma missão estadunidense visita o Brasil para realizar um estudo sobre as possibilidades econômicas e industriais do país, publicando seu informe em 1949, enquanto o governo brasileiro elabora o Plano SALTE (saúde, alimentação, transporte e energia) para o período entre 1949 e 1954. Em 1950, é criada ainda a Comissão Mista Brasil-Estados Unidos, tendo sido aprovado por ambos os governos um financiamento público estadunidense da ordem de US$ 500 milhões, para os projetos destinados a superar os pontos de estrangulamento nos setores de base e de infraestrutura.

A execução desse financiamento é obstaculizada, entretanto, pelo governo estadunidense, que – com a posse, em 1952, do republicano Eisenhower, sucedendo ao democrata Truman como presidente desse país – acaba-se negando a reconhecer a obrigatoriedade do convênio de ajuda. A tática era clara: tratava-se de impossibilitar o acesso da burguesia brasileira a recursos que lhe permitissem superar com relativa autonomia os pontos de estrangulamento surgidos no processo de industrialização e forçá-la a aceitar a participação direta dos capitais privados estadunidenses, que realizavam, como destacamos, uma investida sobre o Brasil. Essa tática será adotada de maneira sistemática pelos Estados Unidos daí em diante, estando na raiz do conflito entre o governo Kubitschek e o Fundo Monetário Internacional – que se precipita por volta de 1958 – e da oposição dos governos de Jânio Quadros e João Goulart à administração estadunidense.

Imperialismo e burguesia nacional

A burguesia brasileira tentará reagir à pressão dos Estados Unidos em três ocasiões distintas. A primeira, em 1953-1954, com a mudança brusca de orientação operada no governo Vargas (que, deposto em 1945, regressaria ao poder como candidato vitorioso de oposição em 1951). Buscando reforçar-se na política externa por meio de uma aproximação à Argentina de Juan Domingo Perón, Vargas altera sua política interna, lançando um programa desenvolvimentista e nacionalista, que se expressa na ressurreição do Plano SALTE (que ficara sem aplicação e volta à cena sob o nome de Plano Lafer), na Lei do Monopólio Estatal do Petróleo – e na proposição ao Congresso de um projeto que instituía um regime idêntico para a energia elétrica –, na criação do Fundo Nacional de Eletrificação e na elaboração de um programa federal de construção de estradas. Uma primeira regulamentação da exportação de lucros do capital estrangeiro é ditada, ao mesmo tempo que se envia ao Congresso outra regulamentação – nova e mais rigorosa –, que taxava os lucros extraordinários. Paralelamente, nas conversas palacianas, ventila-se a intenção do governo de atacar o problema do latifúndio, propondo uma reforma agrária baseada em expropriações e na repartição de terras. Para sustentar sua política, Vargas decide mobilizar o proletariado urbano: o ministro do Trabalho, João Goulart, concede um aumento de 100% sobre os níveis do salário mínimo e chama as organizações operárias a respaldarem o governo.

A tentativa fracassa. Pressionado pela direita, hostilizado pelo Partido Comunista e acossado pelo imperialismo (graças, principalmente, a manobras que diminuíam o preço do café e desencadeavam uma crise cambial), o ex-ditador aceita a demissão de Goulart e, mediante várias concessões, busca um arranjo com a direita. Mas a luta já estava muito adiantada, e o abandono da política de mobilização operária, expresso pela substituição de Goulart, serve apenas para entregar Vargas, indefeso, a seus inimigos. No dia 24 de agosto de 1954, virtualmente deposto, Vargas se suicida.

A Instrução 113, expedida pelo governo interino de Café Filho e mantida por Juscelino Kubitschek (que assume a presidência da República em 1956), consagra a vitória do imperialismo. Criando facilidades excepcionais para a entrada dos capitais estrangeiros, esse instrumento jurídico corresponde a um compromisso entre a burguesia brasileira e os grupos econômicos estadunidenses. O fluxo de investimentos privados procedentes dos Estados Unidos alcançou, em menos de cinco anos, cerca de US$ 2,5 bilhões, impulsionando o processo de industrialização e afrouxando a pressão que a deterioração das exportações tradicionais exercia sobre a capacidade de importar. Observemos que essa penetração de capital imperialista apresentou três características principais: dirigiu-se, quase em sua totalidade, à indústria manufatureira e de base; deu-se sob a forma da introdução no país de máquinas e equipamentos já obsoletos nos Estados Unidos; e realizou-se em grande medida por meio da associação de companhias estadunidenses a empresas brasileiras.

Por volta de 1960, a deterioração continuada das relações de intercâmbio comercial e a tendência à queda dos investimentos estrangeiros, ambas agravadas pelos movimentos reivindicativos da classe operária (em virtude, principalmente, da já assinalada alta dos preços agrícolas internos), voltam a agudizar as tensões entre a burguesia brasileira e os monopólios estadunidenses. Jânio Quadros, que sucede Juscelino Kubitschek em 1961, tentará evitar a crise que se avizinha. Expressando os interesses da grande burguesia de São Paulo, Jânio coloca em prática uma política econômica de contenção dos níveis salariais e de liberalismo, cujo objetivo é criar, uma vez mais, atrativos para os investimentos de capital, inclusive os estrangeiros, ao mesmo tempo que declara a necessidade de reformas de base, sobretudo no campo. Agrega-se ainda uma orientação independente na política externa, que se destina a ampliar o mercado brasileiro para as exportações tradicionais, a diversificar suas fontes de abastecimento de matérias-primas, equipamentos e crédito e a possibilitar a exportação de bens manufaturados para a África e a América Latina. Baseado no poder de discussão que essa diplomacia lhe conferia e em uma aliança com a Argentina de Arturo Frondizi (concretizada no Acordo de Uruguaiana, assinado em abril de 1961), Jânio buscará, também sem êxito, impor condições na conferência de agosto em Punta del Este, na qual se consagra o programa da Aliança para o Progresso e que representa uma revisão da política interamericana.

Como Vargas, Jânio fracassa. A reação da direita, a pressão imperialista e a insubordinação militar o levam ao dramático gesto da renúncia. Goulart, que o sucede após a frustração de uma manobra para submeter o país à tutela militar – anunciando o que ocorreria em 1964 –, dedicará todo o ano de 1962 a restabelecer a integridade de seus poderes, limitada pela implantação do parlamentarismo, em 1961. Para tanto, revive na política nacional a frente única operário-burguesa, de inspiração varguista, respaldada agora pelo Partido Comunista.

Embora as tentativas de restabelecer a aliança com a Argentina não produzam resultados, tampouco têm êxito as tentativas de substituir essa aliança pela aproximação ao México e ao Chile, a política externa brasileira não sofre, com Goulart, mudanças sensíveis. Internamente, acirra-se a oposição entre a burguesia – sobretudo seus estratos inferiores – e o imperialismo, levando à concretização do monopólio estatal da energia elétrica, que Vargas propusera em 1953, e à regulamentação da exportação de lucros das empresas estrangeiras. No entanto, em 1963, após o plebiscito popular que restaurou o presidencialismo, o governo enfrentaria um dilema insuperável: obter o respaldo operário para a política externa e as reformas de base, do interesse da burguesia, e conter, ao mesmo tempo e por exigência dessa burguesia, as reivindicações salariais. A impossibilidade de solucionar a crise econômica acirra a luta de classes e abre, por fim, as portas para a intervenção militar.

Esse exame superficial das lutas políticas brasileiras nos últimos quinze anos parece dar razão à concepção geralmente adotada pela corrente majoritária de esquerda de uma burguesia desenvolvimentista, anti-imperialista e antifeudal. A primeira questão reside, entretanto, em saber o que se entende por burguesia nacional. As vacilações da política burguesa e, principalmente, a conciliação com o imperialismo colocada em prática no período de Juscelino levaram a avaliações que mencionavam setores da burguesia comprometidos com o imperialismo, em oposição à burguesia nacional. Para muitos, esta última se identificaria à pequena e média burguesia, sendo aqueles setores comprometidos com o imperialismo qualificados como uma burguesia monopolista ou grande burguesia.

A distinção tem sua razão de ser. Pode-se, de fato, considerar que as nacionalizações, as reformas de base e a política externa independente representaram para a grande burguesia – isto é, para seus setores economicamente mais fortes – mais um instrumento de chantagem destinado a aumentar seu poder de barganha frente ao imperialismo que uma estratégia para conseguir um desenvolvimento propriamente autônomo do capitalismo nacional. Por outro lado, para a pequena e média burguesia (que predominavam setorialmente, por exemplo, na indústria têxtil e na indústria de reparação de automóveis, e em âmbito regional no Rio Grande do Sul), tratava-se efetivamente de limitar, ou mesmo excluir, a participação do imperialismo na economia brasileira. Deve-se agregar a esses estratos burgueses mais fracos certos grupos industriais de grande dimensão, mas ainda em fase de implantação, favoráveis portanto a uma política protecionista, como é o caso da jovem siderurgia de Minas Gerais – na qual há, entretanto, grande incidência de capitais alemães e japoneses.

A razão para essa diferença de atitude entre a grande burguesia e seus estratos inferiores é evidente. Diante da penetração dos capitais estadunidenses, a primeira tinha uma opção – associar-se a esses capitais – que, mais que uma opção, era uma conveniência. É normal que o capital estrangeiro, ao entrar no país principalmente sob a forma de equipamentos e técnicas, busque associar-se a grandes unidades de produção, capazes de absorver uma tecnologia que, mesmo sendo obsoleta nos Estados Unidos, não deixava de ser avançada no Brasil. Aceitando essa associação e se beneficiando das fontes de crédito e da nova tecnologia, as grandes empresas nacionais aumentam sua mais-valia relativa e sua capacidade competitiva no mercado interno. Nessas condições, a penetração de capitais estadunidenses significa a absorção e a quebra das unidades mais fracas, expressando-se em uma acelerada concentração de capital que engendra estruturas de caráter cada vez mais monopolista.

É isso que explica que tenham sido os estratos inferiores da burguesia e grandes grupos (não necessariamente nacionais) ainda incapazes de sustentar a concorrência com os capitais estadunidenses aqueles que mobilizaram a verdadeira oposição à política econômica liberal de Jânio Quadros – que beneficiava os monopólios nacionais e estrangeiros – e impulsionaram, no período de Goulart, a adoção de medidas restritivas aos investimentos externos, tais como a regulamentação da exportação de lucros, enquanto a grande burguesia de São Paulo tendia a atitudes muito mais moderadas. Nada disso impediu que a intensificação dos investimentos estadunidenses aumentasse desproporcionalmente, nos anos 1950, o peso do fator estrangeiro na economia e na vida política do Brasil. Além de acelerar a transferência da direção sobre setores básicos da produção para grupos estadunidenses e de subordinar definitivamente o processo tecnológico brasileiro aos Estados Unidos, tal intensificação aumentou a influência dos monopólios estrangeiros na elaboração das decisões políticas e atenuou a ruptura que se produzira entre a agricultura e a indústria[7].

---

[7] Principalmente porque as empresas e os acionistas estrangeiros dependem das divisas produzidas pela exportação para remeter seus lucros ao exterior.

No entanto, como demonstraram os fatos, o que estava em jogo para todos os setores da burguesia não era especificamente o desenvolvimento nem o imperialismo, mas a taxa de lucros. No momento em que os movimentos de massa que defendem a elevação dos salários se acentuaram, a burguesia esqueceu suas diferenças internas para fazer frente à única questão que a preocupa de fato: a redução de seus lucros. Isso foi tão mais verdadeiro na medida em que não apenas a alta dos preços agrícolas – que aparecera aos olhos da burguesia como um elemento determinante nas reivindicações operárias – passou ao segundo plano, em virtude da autonomia que tais reivindicações salariais ganharam, mas também porque o caráter político que estas assumiram pôs em perigo a própria estrutura de dominação vigente no país. A partir do ponto no qual as reivindicações populares mais amplas se uniram às demandas operárias, a burguesia – com os olhos postos sobre a Revolução Cubana – abandonou totalmente a ideia da frente única de classes e voltou-se massivamente para as hostes da reação.

Essas amplas reivindicações populares que mencionamos resultavam em grande medida do dinamismo que o movimento camponês ganhava, mas se explicavam sobretudo pelo agravamento dos problemas de emprego da população urbana que a modernização tecnológica acarretara. Essa modernização, de origem estrangeira, exigia uma qualificação da mão de obra que esta não possuía e acabou por criar uma situação paradoxal: na medida em que o desemprego da mão de obra em geral aumentava, o mercado de trabalho da mão de obra qualificada se esgotava, constituindo-se como um ponto de estrangulamento que demandava todo um programa de formação profissional – isto é, tempo e recursos – para sua superação. A força adquirida pelos sindicatos desses setores (metalurgia, petróleo, indústrias mecânica e química) compensou a desvantagem criada pelo desemprego nos demais setores (construção civil, indústria têxtil), pressionando a alta conjunta dos salários.

A solução imediata dada ao problema pela burguesia implicava a contenção coercitiva dos movimentos reivindicativos e uma nova onda de modernização tecnológica que, aumentando a produtividade do trabalho, permitisse a redução da participação da mão de obra na produção e, portanto, o afrouxamento da pressão que a oferta de empregos exercia sobre o mercado de trabalho qualificado. Para a contenção salarial, a burguesia necessitava criar condições que não derivavam, evidentemente, da frente operário-burguesa que o governo e o PC insistiam em lhe propor. Para renovar sua tecnologia, a burguesia já não podia contar com as parcas divisas fornecidas pela exportação e, agora, nem sequer com o recurso ao investimento estrangeiro.

Efetivamente, desde 1961 se torna cada vez mais sensível a resistência dos sindicatos ao processo inflacionário e verifica-se, inclusive, uma ligeira tendência à recuperação dos salários, ao mesmo tempo em que se acelera a transferência de recursos da indústria para a agricultura, por meio do mecanismo dos preços e em virtude da rigidez da oferta agrícola. As tentativas burguesas de impor uma estabilização monetária fracassam (1961 e 1963). Sua busca por fazer com que o processo inflacionário atuasse em seu benefício, a partir de aumentos sucessivos dos preços industriais, apenas imprimiu um ritmo mais ou menos acelerado a esse processo, em virtude das respostas imediatas que o setor comercial e agrícola e as classes assalariadas lhe deram[8]. A consequente elevação dos custos de produção provoca quedas sucessivas na taxa de lucros: os investimentos declinam, não apenas nas empresas nacionais, mas também nas estrangeiras.

Com a recessão do investimento estrangeiro, fechava-se a porta para as soluções de compromisso que a burguesia aplicara desde 1955, ao fracassar sua primeira tentativa de promover o desenvolvimento capitalista autônomo do país. A situação que devia enfrentar agora era ainda mais grave, posto que, com o desenrolar da crise da balança de pagamentos, o ponto de estrangulamento cambial se aproximava, e isso justamente no momento em que, terminado o prazo de maturação dos investimentos realizados na segunda metade dos anos 1950, os capitais estrangeiros exerciam forte pressão para exportar seus lucros. Assim, a crise cambial se traduzia na deterioração da capacidade de importar, que não apenas não podia ser eludida recorrendo aos capitais estrangeiros, como era agravada pela própria ação desses capitais. A consequência da pressão dessa pinça sobre a economia nacional era, pela primeira vez desde os anos 1930, uma verdadeira crise industrial.

Na realidade, o que estava em xeque era todo o sistema capitalista brasileiro. A burguesia – grande, média e pequena – compreendeu isso e, esquecendo suas pretensões autárquicas, bem como a pretensão de melhorar sua participação frente ao sócio maior estadunidense, preocupou-se unicamente em salvar o próprio sistema. Foi como chegou ao regime militar, implantado no dia 1º de abril de 1964.

O subimperialismo

A ditadura militar aparece, assim, como a consequência inevitável do desenvolvimento capitalista brasileiro e como uma tentativa desesperada de abrir-lhe novas perspectivas. Seu aspecto mais evidente foi a contenção, pela força, do movimento reivindicativo das massas. Intervindo sobre os sindicatos de demais órgãos de classe, dissolvendo as agrupações políticas de esquerda e calando seus órgãos de imprensa, aprisionando e assassinando líderes operários e camponeses, promulgando uma lei de greve que obstaculiza o exercício desse direito trabalhista, a ditadura conseguiu

---

[8] A taxa de inflação se acelerou em 1959, passando de uma média anual de 20% – apresentada entre 1951 e 1958 – para 52%. Depois de se atenuar em 1960, aumentou progressivamente, até alcançar 81% em 1963.

promover, pelo terror, um novo equilíbrio entre as forças produtivas. Ditaram-se normas fixando limites para os reajustes salariais e regulamentando rigidamente as negociações coletivas entre sindicatos e empresários, acarretando uma sensível redução do valor real dos salários[9].

Para executar essa política antipopular, foi necessário reforçar a coalizão das classes dominantes. Desse ponto de vista, a ditadura correspondeu a uma ratificação do compromisso de 1937 entre a burguesia e a oligarquia latifundiário-mercantil. Isso ficou claro quando a burguesia renunciou a uma reforma agrária efetiva, que ferisse o atual regime de propriedade de terras. A reforma agrária aprovada pelo governo militar se limitou à tentativa de criar melhores condições para o desenvolvimento agrícola, por meio da concentração dos investimentos e da formação de fundos para a assistência técnica, deixando as expropriações para os casos críticos de conflito pela posse da terra. Trata-se, em suma, de intensificar no campo o projeto de capitalização, o que, além de exigir um prazo longo, não pôde ser realizado em grande escala, em virtude do retrocesso geral dos investimentos.

É necessário, contudo, levar em conta que não foi a necessidade do respaldo político do latifúndio a única causa dessa situação. A contenção salarial diminuiu, por um lado, o caráter agudo que a alta dos preços agrícolas tinha para a burguesia, posto que aqueles já não podem repercutir normalmente sobre o custo da produção industrial. Por outro lado, a ditadura militar passou a exercer uma vigilância estreita sobre o comportamento dos preços agrícolas, mantendo-se coercitivamente em um nível tolerável para a indústria. Finalmente, a razão determinante para o restabelecimento integral da aliança de 1937 é o desinteresse relativo da grande burguesia em relação a uma efetiva dinamização do mercado interno brasileiro. Logo voltaremos a esse ponto. Outro aspecto da atuação da ditadura militar consistiu na criação de estímulos e atrativos para os investimentos estrangeiros, principalmente aqueles provenientes dos Estados Unidos. Com a revogação de limitações à ação do capital estrangeiro – como aquelas que eram estabelecidas na Lei de Exportação de Lucros –, a concessão de privilégios a certos grupos (como ocorreu com a Hanna Corporation) e a subscrição de um acordo de garantias aos investimentos estadunidenses, tratou-se de atrair esses capitais para o país. Simultaneamente, restringindo o crédito à produção (o que leva as empresas a buscarem o sustento do capital estrangeiro ou a quebrarem, ocasião na qual são compradas a baixos preços pelos grupos internacionais), estimulando a assim chamada "democratização do capital" (o que implica, na fase de estancamento,

---

[9] Tomando como base o índice oficial do custo de vida, o Departamento Intersindical de Estatísticas e Estudos Socioeconômicos (Dieese), de São Paulo, demonstrou que nos primeiros anos do regime militar e diante de aumentos do custo de vida de 86% e 45,5% em 1964 e 1965, respectivamente, os salários aumentaram apenas 83% em 1964 e 40% em 1965. A redução do poder aquisitivo real do salário operário, em 1965, foi da ordem de 15,3%.

facilitar o acesso a pelo menos parte do controle das empresas ao único setor forte da economia, o estrangeiro), criando fundos estatais ou privados de financiamento baseados em empréstimos externos, ou tributando fortemente a folha de pagamento das empresas (o que as obriga a renovar sua tecnologia a fim de reduzir a participação do trabalho e buscar a associação a capitais estrangeiros), o governo militar promove a integração acelerada da indústria nacional à estadunidense. O principal instrumento para alcançar esse objetivo foi o Programa de Ação Econômica do Governo, elaborado pela gestão de Castelo Branco para o período de 1964 a 1966. Para atrair os investidores estrangeiros, entretanto, o argumento principal esgrimido pelo governo foi a queda dos custos de produção no país, obtida com a contenção das reivindicações da classe operária.

A política de integração ao imperialismo tem um duplo efeito: aumentar a capacidade produtiva da indústria, graças ao impulso dado aos investimentos e à racionalização tecnológica, e, em virtude desta última, acelerar o desequilíbrio existente entre o crescimento industrial e a criação de empregos pela indústria. Não se trata apenas, como vimos, de reduzir a oferta de empregos para os novos contingentes que chegam anualmente, na razão de um milhão, ao mercado de trabalho: a aceleração desse desequilíbrio implica também a redução da participação da mão de obra já em atividade, aumentando fortemente a incidência do desemprego.

A integração imperialista coloca em relevo, pois, a tendência do capitalismo industrial brasileiro que o tornou incapaz de criar mercados na proporção de seu desenvolvimento e, mais ainda, impulsiona-o a restringir tais mercados, em termos relativos. Trata-se de uma agudização da lei geral da acumulação capitalista, isto é, da absolutização da tendência ao pauperismo, que leva ao estrangulamento da própria capacidade produtiva do sistema, já evidenciada pelos altos índices de "capacidade ociosa" verificados na indústria brasileira mesmo em sua fase de maior expansão. O andamento dessa contradição fundamental do capitalismo brasileiro o leva a mais completa irracionalidade, isto é, à expansão da produção restringindo cada vez mais a possibilidade de criar, para ela, um mercado nacional, comprimindo os níveis internos de consumo e aumentando constantemente o exército industrial de reserva.

Essa contradição não é própria do capitalismo brasileiro, mas comum ao capitalismo em geral. Nos países capitalistas centrais, entretanto, sua incidência foi contra-arrestada de duas maneiras: pelo ajuste do processo tecnológico às condições próprias de seu mercado e pela incorporação de mercados externos (entre eles, o próprio Brasil) a suas economias. A irracionalidade do desenvolvimento capitalista no Brasil deriva, por um lado, precisamente da impossibilidade de controlar seu processo tecnológico, uma vez que tecnologia aqui é um produto de importação, estando sua incorporação condicionada por fatores aleatórios como a posição da balança comercial e os movimentos externos de capital; e, por outro, das circunstâncias particulares que o país tem de enfrentar para, repetindo o que fizeram os sistemas mais antigos, buscar no exterior a solução para o problema do mercado.

Na prática, isso se traduz, em primeiro lugar, no impulso da economia brasileira em direção ao exterior, no afã de compensar sua incapacidade de ampliar o mercado interno com a conquista de mercados já formados, principalmente na América Latina. Essa forma de imperialismo conduz, no entanto, a um subimperialismo. Efetivamente, não é possível para a burguesia brasileira competir em mercados já repartidos pelos monopólios estadunidenses, e o fracasso da política externa independente de Jânio Quadros e João Goulart demonstra esse fato. Por outro lado, essa burguesia depende, para o desenvolvimento de sua indústria, de uma tecnologia cuja criação é privativa de tais monopólios. Não lhe resta, portanto, outra opção a não ser oferecer a estes uma sociedade no próprio processo de produção no Brasil, usando como argumento as extraordinárias possibilidades de lucros que a contenção coercitiva do nível salarial da classe operária contribui para criar. O capitalismo brasileiro se orientou, assim, rumo a um desenvolvimento monstruoso, posto que chega à etapa imperialista antes de ter conquistado a transformação global da economia nacional e em uma situação de dependência crescente frente ao imperialismo internacional. A consequência mais importante desse fato é que, ao contrário do que ocorre com as economias capitalistas centrais, o subimperialismo brasileiro não pode converter a espoliação que pretende realizar no exterior em um fator de elevação do nível de vida interno, capaz de amortecer o ímpeto da luta de classes. Em vez disso, devido a sua necessidade de proporcionar um sobrelucro a seu sócio maior estadunidense, tem que agravar violentamente a exploração do trabalho nos marcos da economia nacional, no esforço para reduzir seus custos de produção.

Trata-se, enfim, de um sistema que já não é capaz de atender às aspirações de progresso material e liberdade política que mobilizam hoje as massas brasileiras. Inversamente, o sistema tende a destacar seus aspectos mais irracionais, canalizando quantidades crescentes do excedente econômico para o setor improdutivo da indústria bélica e aumentando, devido à necessidade de absorver parte da mão da obra desempregada, seu efetivo militar. Tal sistema não cria, dessa maneira, tão somente as premissas para sua expansão rumo ao exterior: reforça também, internamente, o militarismo, destinado a afiançar a ditadura aberta de classe que a burguesia viu-se na contingência de implantar.

Revolução e luta de classes

É nessa perspectiva que se há de determinar o verdadeiro caráter da revolução brasileira. Evidentemente, referimo-nos aqui a um processo vindouro, já que falar dele como de algo existente, na fase contrarrevolucionária que o país atravessa, não tem sentido. Identificar essa revolução ao desenvolvimento capitalista é uma falácia, similar àquela da imagem de uma burguesia anti-imperialista e antifeudal. O desenvolvimento industrial capitalista foi, na realidade, o que prolongou a vida do velho sistema semicolonial de exportação no Brasil. Seu desenrolar, no lugar de libertar o país do imperialismo, vinculou-o ainda mais estreitamente a esse sistema e acabou por conduzi-lo à presente etapa subimperialista, que corresponde à impossibilidade definitiva de um desenvolvimento capitalista autônomo no Brasil.

A noção de uma "burguesia nacional" de pouco alcance, capaz de realizar as tarefas que a burguesia monopolista não levou a cabo, não resiste, por sua vez, à menor análise. Não se trata somente de assinalar que os interesses primários desses estratos burgueses são os mesmos que os de qualquer burguesia, isto é, a preservação do sistema contra toda e qualquer ameaça proletária, como demonstrou o respaldo desses estratos ao golpe militar de 1964. Trata-se, principalmente, de ver que a atuação política da chamada "burguesia nacional" expressa sua posição econômica e tecnologicamente à reçaga e corresponde a uma posição reacionária, mesmo em relação ao desenvolvimento capitalista.

O motor desse desenvolvimento está constituído, sem sombra de dúvida, pela indústria de bens intermediários e de equipamentos, ou seja, por aquele setor no qual a burguesia monopolista associada aos grupos estrangeiros reina soberana. Foram as necessidades próprias desse setor que impulsionaram o capitalismo brasileiro rumo à etapa subimperialista, único caminho que o sistema encontrou para seguir com seu desenvolvimento. A "burguesia nacional" nada tem para contrapor a essa alternativa senão uma demagogia nacionalista e populista, que apenas encobre sua incapacidade para fazer frente aos problemas colocados pelo desenvolvimento econômico.

A prova disso está em que, apesar da força da qual os setores pequenos e médios da burguesia desfrutaram no período de Goulart – graças ao fato de que seus representantes ideológicos ocupavam a maioria dos postos oficiais –, eles não conseguiram encontrar uma saída para a crise econômica que se avizinhava. Pelo contrário, na medida em que a marcha da crise se traduzia no aumento das reivindicações populares e na radicalização política, esses atores afundaram na perplexidade e no pânico, a ponto de entregar a liderança de que dispunham, sem resistência, à burguesia monopolista.

A política subimperialista da grande burguesia, tratando de compensar a queda nas vendas internas com a expansão externa, não pôde, entretanto, aproveitar a chamada "burguesia nacional", que, em meio a quebras e à suspensão de pagamentos, viu-se empurrada para uma situação desesperada. Aproveitando-se das dificuldades encontradas para a execução da política subimperialista – dificuldades determinadas em grande medida pelo esforço de guerra estadunidense no Vietnã e pelas mudanças da política argentina após o golpe militar de 1966 nesse país –, essa burguesia manobrou para introduzir modificações na política econômica do governo, a fim de aliviar sua situação. Tais modificações se resumem, principalmente, a uma liberação de crédito oficial, o que, caso fosse realizado sem uma correspondente liberalização dos salários, agravaria ainda mais a exploração da classe operária e, caso se completasse com a liberalização salarial, restauraria o impasse de 1963, que conduziu à implantação da ditadura militar.

É evidente, assim, que a busca por soluções intermediárias, baseadas nos interesses dos setores burgueses mais fracos, ou se mostra impraticável ou é suscetível a conduzir, em um prazo mais ou menos curto, a classe operária e os demais grupos assalariados a uma situação pior que aquela na qual se encontram. Deve-se recear que isso não seja possível sem um amadurecimento ainda maior dos aparelhos de repressão e um agravamento do caráter parasitário que esses setores burgueses tendem a assumir em relação ao Estado. Em outras palavras, uma política econômica pequeno-burguesa, nas condições vigentes no Brasil, exigiria muito provavelmente a implantação de um verdadeiro regime fascista.

Em todos os casos, entretanto, não se estaria solucionando o problema do desenvolvimento econômico – não da forma como pretende a "burguesia nacional", obstaculizando a incorporação do progresso tecnológico estrangeiro e estruturando a economia com base em unidades de baixa capacidade produtiva. Para as grandes massas do povo, o problema está, inversamente, em uma organização econômica que não apenas admita a incorporação do processo tecnológico e a concentração das unidades produtivas, mas que as acelere, sem que isso implique agravar a exploração do trabalho no marco nacional e subordinar definitivamente a economia brasileira ao imperialismo. Tudo está relacionado a conseguir uma organização da produção que permita o pleno aproveitamento do excedente criado, ou, vale dizer, que aumente a capacidade de emprego e produção dentro do sistema, elevando os níveis de salário e de consumo. Como isso não é possível nos marcos do sistema capitalista, só resta ao povo brasileiro um caminho: o exercício de uma política operária, de luta pelo socialismo.

Aos que negam que a classe operária do Brasil tenha a maturidade necessária para isso, a análise da dialética do desenvolvimento capitalista no país oferece resposta contundente. Foram, efetivamente, as massas trabalhadoras que, com seu movimento próprio e independente das bandeiras reformistas que recebiam de suas direções, fizeram estalar as articulações do sistema e determinaram seus limites. Levando adiante suas reivindicações econômicas, que repercutiram nos custos de produção industrial, e atraindo a solidariedade das classes exploradas em um vasto movimento político, o proletariado acirrou a contradição surgida entre a burguesia e a oligarquia latifundiária-mercantil e impediu que a primeira recorresse aos investimentos estrangeiros, forçando-a a buscar o caminho do desenvolvimento autônomo. Se ao final a política burguesa não conduziu senão à capitulação e, mais que isso, à reação, é porque na realidade já não existe para a burguesia a possibilidade de conduzir a sociedade brasileira rumo a formas superiores de organização e de progresso material.

O verdadeiro estado de guerra civil implantado no Brasil pelas classes dominantes, do qual a ditadura militar é expressão, não pode ser superado por meio de fórmulas de compromisso com alguns estratos burgueses. O esvaziamento desses compromissos, frente à marcha implacável das contradições que o desenvolvimento do sistema instaura, impulsiona necessariamente a classe operária para as trincheiras da revolução. Por outro lado, o caráter internacional que a burguesia subimperialista pretende imprimir a sua exploração identifica a luta de classe do proletariado brasileiro à guerra anti-imperialista travada no continente.

Mais que uma redemocratização e uma renacionalização, o conteúdo da sociedade que surgirá desse processo será o de uma nova democracia e de uma nova economia, abertas à participação das massas e voltadas para a satisfação de suas necessidades. Nesses marcos, os estratos inferiores da burguesia encontrarão, se quiserem, e com caráter transitório, um papel a desempenhar. Criar esses marcos e dirigir seu movimento é, entretanto, uma tarefa que nenhum reformismo poderá subtrair à iniciativa dos trabalhadores.

Caminho e caráter da revolução brasileira*

Érico Sachs

1. Revolução socialista ou caricatura de revolução

> Por outra parte as burguesias autóctones perderam toda a sua capacidade de oposição ao imperialismo – se alguma vez a tiveram – e só formam seu vagão de reboque. Não cabem dúvidas, ou revolução socialista ou caricatura de revolução.
> (“Mensagem à Tricontinental”, E. Guevara)

Guevara, nos últimos anos de sua vida, havia chegado à conclusão, expressando-a por escrito, de que a revolução na América Latina seria socialista ou seria uma caricatura de revolução. Com isso, afastou-se publicamente das correntes aparentemente radicais que não pretendiam passar da caracterização “popular” e “democrática” da atual fase de luta e que simplesmente se negaram a definir o caráter do processo revolucionário, fugindo da definição sob pretexto de não querer “cicatrizar” o problema. Já se tornava extremamente difícil defender a debilitada tese da “revolução burguesa na América Latina” e a definição de Guevara foi um golpe a mais contra o populismo “teórico” nas esquerdas em toda América Latina, as quais se viram obrigadas a uma precipitada revisão de suas concepções ideológicas e, não poucas vezes, sentiram-se forçadas a enfatizar profissões de fé socialista para poder sobreviver.

Para a elaboração de uma estratégia e tática marxistas no continente, o simples abandono da tese da revolução burguesa não é o bastante. O recuo tático e as

* Ver Érico Sachs (utilizando o pseudônimo Ernesto Martins), *Caminho e caráter da revolução brasileira*, publicado originalmente em versão mimeografada pela Polop em 1970. Disponível em: <https://www.marxists.org/portugues/sachs/1970/mes/caminho.htm>. Acesso em: 17 jul. 2019. (N. O.)

profissões de fé socialistas, na maioria das vezes, só servem para encobrir (o conservadorismo das) concepções de luta superadas e a manutenção de princípios e práticas pequeno-burguesas sob um rótulo novo.

Já o movimento revolucionário, que se nomeia marxista-leninista, tem que ter claros não só os objetivos da luta, como também os meios para alcançar a meta.

As implicações da revolução socialista

O que significa a afirmação de que a revolução na América Latina é socialista?

Aplicando o conceito aos termos concretos da luta de classes nos diversos países da América Latina, evidentemente há implicações diferentes nas regiões do continente diferenciadas pelo seu grau de desenvolvimento e composições de classe. Parte, no entanto, das premissas de que:

1. há um denominador comum na estrutura, na história e no futuro dos países latino-americanos, e
2. o processo revolucionário é continental ao menos no que diz respeito à parte latina do continente.

Parte igualmente de outra premissa, tirada da experiência histórica da América Latina.

Já que o processo revolucionário é continental no sentido de que só nessa dimensão vencerá o inimigo comum, o imperialismo, e enfrentará os problemas sociais herdados do domínio de uma burguesia subdesenvolvida, a solução terá que ser socialista. Somente os objetivos socialistas e as classes que os encarnam podem desenvolver a solidariedade continental necessária à luta de emancipação e superar os particularismos "chauvinistas" e interesses locais, que caracterizam a fase das lutas burguesas.

Então, isso significa que a América Latina já está na iminência da revolução? Que nos encontramos diante de uma situação revolucionária ou às vésperas de sua eclosão, na qual as condições para a instalação de um sistema e de governos socialistas já estão dadas?

Evidentemente que não. A caracterização socialista da revolução em si não significa mais que constatar que hoje não há mais lugar no continente para outras revoluções a não ser as socialistas, tomando revolução no sentido marxista de mudança de domínio de classes e transformação da sociedade, tanto de sua infra como de sua superestrutura.

Significa que, enquanto se mantiverem intactas as bases e as estruturas burguês-capitalistas, todos os movimentos, mesmo os iniciados com método revolucionário, ficarão no meio do caminho, isto é, produzirão caricaturas de revolução. E revoluções feitas pela metade, como a história já nos ensinou, acabam em reações contrarrevolucionárias. Essas conclusões são feitas, e não podem ser feitas de outro modo, independentemente do fato de que a situação esteja ou não madura para lançar a palavra de ordem da revolução socialista, de que as classes exploradas estejam ou não prontas para acatá-la, de que todas as condições estejam dadas etc. Esse aspecto da questão se relaciona com as tarefas da vanguarda revolucionária, da sua estratégia e tática a seguir – e que representa outro ponto do debate. A constatação do objetivo da revolução socialista parte do fato de que o ciclo das revoluções burguesas, mesmo tal como existiu nas condições latino-americanas, se esgotou como fator de progresso social. Não significa que essas revoluções burguesas tenham sido concluídas, levadas até o final, como se deu em países de capitalismo clássico, dos quais a França é o exemplo mais nítido. Indubitavelmente as "tarefas" que as revoluções burguesas deixaram não passam de aspectos secundários das futuras revoluções socialistas. Desde a "questão agrária" até as "tarefas democráticas", há uma série de problemas que a sociedade burguesa em decadência já não soluciona.

Não menos importante para essas conclusões é o fato comprovado de que dentro das bases e da estrutura burguês-capitalista não há solução para o problema mais agudo entre os que oprimem os povos deste continente, problema que freia e corta todos os caminhos do progresso e impede o desdobramento de suas forças produtivas: o domínio imperialista. Nenhum povo, e não só desta parte do globo, soube liberar-se das garras da exploração imperialista sem romper as bases capitalistas das relações de produção. O único país que conseguiu escapar ao "domínio imperialista" foi Cuba. E conseguiu unicamente mediante uma revolução socialista.

Cuba não deu esse salto de uma maneira premeditada. Nem a guerrilha na serra nem as organizações de luta dos operários nas cidades se tinham colocado objetivos socialistas de revolução. Mesmo depois da insurreição vitoriosa, o governo revolucionário tentou primeiro expropriar somente os capitalistas estrangeiros, deixando intacta a economia de mercado.

Viu-se forçado em seguida a expropriar sua própria burguesia para não pôr em perigo todo o processo revolucionário. Com isso criou um fato consumado nas lutas de classes na América Latina, um novo ponto de partida para seu processo revolucionário, e delineou seu objetivo histórico. Essa é a importância primordial que a Revolução Cubana tem para nós, independentemente da interpretação que seus próprios dirigentes podem dar e da estratégia e da tática que nos podem recomendar.

O que é a "revolução popular?"

O populismo reinante nas esquerdas procura diluir sistematicamente as categorias marxistas, originadas em uma concepção materialista da história da sociedade, da qual evidentemente não compartilha. Por muito tempo tentou, e evidentemente ainda tenta por outros meios, substituir conceitos marxistas definidos como revolução burguesa ou socialista por indefinidas revoluções "populares". Consequente com essa perspectiva, ele parte de "movimentos" e "lutas populares" para chegar, por meio da formação de "frentes populares", ao apoio a "governos populares". Se Marx já denunciou esse populismo no seu tempo (em que as contradições de classes ainda não haviam alcançado a agudeza de hoje), e Engels não poupou observações sarcásticas sobre o "Estado Popular" dos sociais-democratas alemães, Lênin, por sua vez, dedicou considerável espaço em suas polêmicas para restabelecer os conceitos revolucionários do marxismo. Hoje, a tarefa se coloca de novo e em escala muito maior. Com a expansão do marxismo desde a Segunda Guerra (hoje todo mundo é marxista-leninista), o populismo voltou a penetrar no movimento operário. E hoje ninguém se dá ao trabalho, ao incômodo de dizer que está "revisando" o marxismo e o leninismo. A profissão de fé de adesão à doutrina dos fundadores do socialismo científico serve de "salvo-conduto" para as "teorias" e práticas mais absurdas.

Sem dúvida, essa não é a única porta pela qual o populismo entrou no movimento comunista internacional. Além do revisionismo iniciado por Stálin, que inventou as "frentes populares" como pretensa tática de "Cavalo de Troia" e as "democracias populares" para não espantar a burguesia ocidental com repúblicas socialistas e ditaduras do proletariado, em consequência da guerra se deu o fenômeno de revoluções como as asiáticas, que eram populares de fato, de um ponto de vista marxista e sob o prisma marxista. Eram populares justamente porque não eram proletárias. Eram revoluções agrárias, levadas adiante e realizadas por camponeses em países em que o proletariado era numericamente reduzido demais para chefiar (encabeçar) fisicamente a revolução. Naqueles países, era igualmente insignificante o papel da pequena burguesia urbana, e muito mais reduzida numericamente que essa burguesia incipiente. Nesses países, o campesinato era o povo, a força motriz da revolução.

Entretanto, transportar esses modelos de revolução agrária para sociedades industrializadas, com suas divisões de classes cristalizadas e antagonismos em outro nível, choca-se não só com qualquer dialética da luta de classes como também serve geralmente a segundas intenções. Essas tentativas mecanicistas de generalizar experiências podem, consciente ou inconscientemente, ser ocasionadas pelo fenômeno de querer ver o desenvolvimento das lutas de classe em escala internacional como continuação da própria revolução (assim como existiram generais que viram em cada nova guerra o prosseguimento da guerra anterior). Cabe aos revolucionários dos demais países retificar esse erro a tempo.

Mas o modelo também é transportado consciente ou inconscientemente (o resultado será o mesmo) porque convém para sustentar concepções políticas já existentes de antemão. Pois se na China, por exemplo, o papel da pequena burguesia da cidade, como classe, era insignificante, não sucede o mesmo nas sociedades industriais. Nestas, a pequena burguesia tem reivindicações próprias que pesam na luta de classe, das quais uma delas, e não a menos importante, é representar o povo, falar em nome do povo, estar por cima da contradição trabalho assalariado-capital. E mesmo quando se radicaliza, quando participa de movimentos revolucionários e "aceita" o marxismo, traz consigo suas concepções populistas e procura, agora sob o rótulo "teórico", opô-las ao "sectarismo" da luta de classe proletária. E é por isso mesmo que as profissões de fé revolucionárias não produzem sempre uma prática consequente.

Para os marxistas, as possibilidades históricas e, portanto, os objetivos de um determinado processo revolucionário têm que ser definidos com toda a clareza, para que se possa desenvolver uma estratégia correspondente.

Só queremos recordar de passagem a atuação de Marx. Mesmo dizendo na Revolução de 1848 que o proletariado "tem interesse em tornar a revolução permanente", deixava claro que a fase então presente era burguesa e elaborava uma estratégia e tática apropriadas para a revolução burguesa. O que previa na estratégia era melhorar a situação do proletariado, deixá-lo em situação mais favorável para iniciar a luta pela revolução socialista. O mesmo pode-se verificar na atuação de Lênin, que, em 1905, não deixou dúvidas de que se tratava de abrir as portas do capitalismo russo, mas, em 1917, formulou clara e insofismavelmente o objetivo da revolução socialista e da ditadura do proletariado nas "Teses de abril". Ainda que Lênin tenha falado da "revolução ininterrupta", nunca aceitou a diluição subjetivista da "revolução permanente" de Trótski, por exemplo.

Os dois teóricos do socialismo científico trataram a revolução socialista como duas etapas histórica e qualitativamente distintas, que se podiam encontrar em um processo revolucionário "permanente" ou "ininterrupto", mas que tinham de ser distinguidos tanto por seus objetivos inerentes como pelas alianças de classe que lhes servem de base.

Lênin, em *Estado e revolução**, refere-se especificamente a "revoluções populares" e usa o adjetivo para diferenciar o desenvolvimento da Revolução Russa de 1905, um movimento com ampla participação de massas populares, da Revolução Turca de 1911, realizada por jovens oficiais via golpes militares.

Não usa o termo para substituir os conceitos fundamentais de revolução burguesa ou socialista, mas sim para distinguir dois modos de realização da revolução burguesa como se deram na realidade. Não aplicou essa distinção para a revolução socialista, pois desta supôs, de antemão, que só poderia ser realizada pela intervenção das massas populares. E, nesse sentido, nossos populistas são consequentes, pois na maioria dos casos escondem concepções e objetivos burgueses sob o pretexto da "revolução popular". Basta dizer que quase todos eles deixaram "aberta uma porta" para que os burgueses nacionais deem sua adesão a tais movimentos.

---

* Vladímir Ilitch Lênin, *O Estado e a revolução* (trad. Edições Avante! e Paula Vaz de Almeida, São Paulo, Boitempo, 2017). (N. O.)

O exemplo concreto da Revolução Chinesa

O exemplo clássico em nossa época de uma revolução que pode ser chamada de popular é dado pela Revolução Chinesa. Trata-se justamente de um processo histórico em que as duas fases, a da revolução burguesa e a da socialista, se encontraram, em que uma revolução agrária desembocou no socialismo.

As circunstâncias históricas concretas que possibilitaram a execução da Revolução Chinesa são conhecidas. A revolução burguesa, cujos inícios se situam nos levantes dos Taiping, foi retomada sob a direção de Sun Yat-Sen, que criou o Kuomintang como instrumento político partidário. Os comunistas chineses, depois de discussões internas, entraram no Kuomintang, onde encontraram suas bases de massas e procuraram criar um polo proletário para impelir o processo adiante e radicalizá-lo. Depois da traição do Kuomintang, o PC não soube reconhecer o momento adequado para separar-se dele e se tornou vítima do terror contrarrevolucionário. Isso somado às aventuras ultraesquerdistas do fim dos anos 1920 destruiu não só as organizações comunistas nas cidades como também eliminou praticamente o reduzido proletariado chinês como fator político ativo, o qual não interveio como classe senão até o fim da guerra civil. Os comunistas sobreviventes se deslocaram até o interior e criaram as bases camponesas armadas. A revolução se tornou agrária, alimentada pelos remanescentes do feudalismo asiático.

No entanto, as lutas proletárias anteriores haviam criado um Partido Comunista, e o fato de a burguesia chinesa ter traído o campesinato e desistido de uma luta frontal contra o feudalismo no campo fez com que os camponeses aceitassem a liderança comunista para completar a tarefa da revolução burguesa. Esse aspecto da revolução burguesa, antifeudal, foi completada na China sem e contra a burguesia, como Mao Tsé-tung sublinhou mais de uma vez. Entretanto, o fato de os comunistas terem conquistado essa liderança dos camponeses, mais a influência do exemplo e o escudo material da vizinha União Soviética, permitiu aos comunistas chineses a instauração de um poder socialista, ainda que fosse socialista somente em sua tendência, como ocorreu na própria Rússia soviética em 1917.

O caráter popular dessa revolução e da república que criou foi proporcionado por seu aspecto agrário, pelo fato de terem sido os camponeses a sua força motriz, os quais representavam a imensa maioria da sociedade agrária chinesa e pelo fato de que os camponeses em rebelião podiam e tinham que ignorar por muito tempo as divisões de classe nas cidades.

Inseparável de Revolução Chinesa é o conceito da guerra popular revolucionária que se caracterizou pela prolongada confrontação armada entre unidades guerrilheiras camponesas e o Exército da repressão. Protegidas por bases liberadas, essas unidades guerrilheiras cresceram durante mais de vinte anos de luta, de regimento a brigadas, divisões e exércitos. A revolução vai do campo até as cidades que são cercadas e tomadas no final da guerra e cuja libertação marca o desfecho da guerra civil.

É duvidosa a interpretação que frequentemente se dá ao papel da burguesia nacional chinesa. Apesar de existirem as já citadas constatações de Mao sobre a revolução ter sido feita sem e contra a burguesia, falam mais alto outras versões, igualmente de fonte chinesa, que insistem em uma pretensa "colaboração da burguesia nacional". Nessas versões se apoia Lin Piao no célebre "Viva o triunfo da guerra popular" (que leva como subtítulo "A significação internacional da teoria do camarada Mao Tsé-tung sobre a guerra popular"), quando recomenda aos povos do mundo capitalista subdesenvolvido a inclusão das burguesias nacionais na luta.

A falta de clareza sobre o papel da burguesia chinesa na revolução é facilitada provavelmente pelo fato de os comunistas chineses, durante a guerra contra o Japão, terem convidado a burguesia chinesa para a formação de "frentes nacionais" (quando Mao Tsé-tung desenvolvia a Teoria dos Quatro Meses). Mas mesmo essa frente surgida com o Kuomintang, que se deu e se manteve sob pressão soviética e norte-americana sobre Chiang Kai-shek, não passava de um armistício mal disfarçado em uma guerra civil que recrudesceu quando o perigo japonês foi eliminado. Os comunistas nunca conseguiram a formação de um governo de coalizão para a coordenação comum do esforço de guerra.

A burguesia nacional chinesa participou do dispositivo de Chiang Kai-shek no seu território, ou colaborou forçadamente com os japoneses nos territórios ocupados, da mesma maneira como colaboraram os burgueses continentais europeus com o nazismo. A facção da burguesia chinesa que chegou a colaborar com a revolução, e que continua colaborando, o fez depois da vitória comunista e porque não tinha outra saída, levando em conta os meios de coerção que o governo revolucionário dispunha. Isso é o que há de concreto sobre a "colaboração de burguesia nacional", mas trata-se, evidentemente, de uma experiência difícil de ser aplicada a nosso terreno na atual fase de luta.

É evidente também que nossos companheiros chineses conhecem esses fatos tão bem quanto nós. Se continuam sustentando a ficção da "colaboração da burguesia nacional" e recomendam a participação das burguesias nacionais na "revolução anti-imperialista e antifeudal" dos povos da Ásia, da África e da América Latina, isso tem causas e razões concretas.

Em primeiro lugar, generalizam a situação reinante na China pré-revolucionária a todo mundo capitalista subdesenvolvido e abstraem as condições sociais e históricas reinantes nas diversas regiões. Para eles, trata-se evidente e genericamente de vencer as fases burguesas do processo revolucionário (revoluções nacional-democráticas), que desembocará, como na China (nova democracia), no socialismo, mas que quer ser tratado e iniciado à base de alianças de classe da revolução burguesa. O que pelo menos no caso da América Latina já não corresponde aos fatos.

Em segundo lugar, mesmo nos casos em que ainda se colocam na ordem do dia as revoluções burguesas, a participação de burguesias nacionais em revoluções se torna cada vez mais duvidosa. A burguesia hoje prefere o caminho das reformas e dos compromissos, que não põe em risco sua base social. Se, no entanto, a ficção contrária é sustentada, é provavelmente em função do fato de que, no caso chinês, ajudou a neutralizar agressões internas e externas a parte revolucionária chinesa. Mas, no caso chinês, a ficção pôde ser proveitosa aos revolucionários em virtude de condições internacionais particulares, reinantes na ocasião. O armistício na guerra civil se enquadrou na aliança formada entre uma potência socialista, a União Soviética, e parte do campo imperialista contra outra coalizão imperialista mais agressiva. Essa possibilidade de aproveitamento de contradições interimperialistas passou. A situação internacional agora é completamente diferente. Hoje, quando aparece a contradição entre sistemas sociais, isto é, entre socialismo e capitalismo, como a contradição fundamental da política mundial, aquele que se torna vítima da ficção do papel revolucionário das burguesias nacionais é o próprio movimento revolucionário, como demonstrou, entre outros, o caso da Indonésia.

A experiência chinesa representa um enriquecimento ao marxismo e às revoluções do nosso século precisamente pela capacidade que os comunistas chineses demonstraram em adaptar as lutas de classe no seu país em situações novas e concretas. Seus ensinamentos são aproveitados e igualmente adaptados em todas as regiões em que predominem condições socialmente similares às da China pré-revolucionária, em que o campesinato representa a força motriz da revolução por não ter surgido um proletariado industrial bastante desenvolvido para exercer o papel de coveiro do capitalismo. Entretanto, querer generalizar o modelo chinês como válido para todo o "mundo colonial e semicolonial", isto é, para o mundo capitalista subdesenvolvido, é atuar tão esquematicamente quanto o fizeram os "conselheiros" de 1927, quando insistiram junto aos chineses que sua revolução tinha que se comportar à maneira russa. O mundo subdesenvolvido não é tão homogêneo, e hoje ainda menos que um quarto de século atrás, quando os exércitos de guerrilheiros entraram em Pequim.

Querer que a revolução no Brasil ou no Chile se comporte conforme o modelo chinês é desconhecer toda uma realidade de desenvolvimento capitalista nos dois países e no continente. Propagar nesses países a guerra popular revolucionária, a revolução do campo à cidade, é ignorar o papel que o proletariado já conquistou nas lutas de classe nos citados países e abrir as portas do movimento revolucionário ao populismo pequeno-burguês, que continua ignorando a importância da contradição trabalho assalariado-capital, que domina a vida de seus países e que proporciona a base imperialista do continente.

Na sociedade capitalista – insistiu Lênin mais de uma vez –, já não podemos falar de povo genericamente. O povo se dividiu em classes, que se comportam conforme os interesses sociais criados pela sociedade capitalista. Nosso problema mais urgente é dar consciência de classe ao proletariado, e o único caminho para isso é não deixar nenhuma ilusão sobre os interesses de classes existentes na sociedade.

Lutamos contra uma sociedade capitalista

A Política Operária, desde a sua fundação (pode-se dizer que foi essa uma das razões de sua fundação), defendeu a tese da revolução socialista como única solução possível dos problemas sociais no continente e especificamente no Brasil. Fomos os primeiros, e por muito tempo os únicos no país, que se deram ao trabalho de uma fundamentação teórica e que procuraram tirar as consequências práticas da situação. Ainda que, desde logo, devemos muito aos trabalhos pioneiros de companheiros de outros países latino-americanos, como o equatoriano Manuel Agustín Aguirre.

Tínhamos chegado a duas conclusões básicas:

a) que a América Latina não conheceu em sua história revoluções burguesas no sentido europeu ou asiático, em que a burguesia das cidades compactuava e até participava de uma luta popular contra uma velha ordem feudal.*

A América Latina não conheceu o feudalismo como ordem social própria, apesar das tentativas espontâneas dos descobridores e conquistadores de transportar para o Novo Mundo os valores reinantes ainda em suas pátrias. O continente foi conquistado, povoado e desenvolvido (isto é, subdesenvolvido) em função do capitalismo mundial, no início principalmente pelo capitalismo mercantil, e formado pelas necessidades deste. Participou passivamente desse sistema capitalista desde o início, fonte de acumulação primitiva para as metrópoles e reserva para futuras expansões do sistema. Quando se libertou do estado colonial direto, continuou como fornecedor de matérias-primas, mercado e domínio das metrópoles capitalistas até ser absorvido e integrado ao imperialismo, que englobou essas regiões em um sistema mundial sem necessitar destruir e decompor velhas relações feudais, como na Ásia, por exemplo. A miséria latino-americana, tal como a conhecemos por meio de sua história, já é miséria da própria sociedade capitalista.

O problema da transformação social, que encontramos na América Latina, desenrolou-se dentro do quadro de uma sociedade capitalista. Trata-se do deslocamento do peso da burguesia do campo para a cidade, fenômeno que foi acompanhado pela destruição dos chamados governos oligárquicos, como no Brasil em 1930.

A "revolução burguesa", na medida em que se deu, não foi tanto uma luta contra o feudalismo, mas sim uma luta entre a burguesia industrial nascente contra a antiga estrutura mercantil e rural. A sociedade "pré-revolucionária" era formada por um capitalismo primitivo e primário, mas que, apesar de tudo, já era capitalismo na sua essência. A "revolução burguesa" no Brasil acabou em compromissos com a bênção do imperialismo e é característico que o movimento "revolucionário" não chegou a

* No original consultado, não há indicação de item b. (N. E.)

tocar no campo. A facção rural da classe dominante ganhou tempo para se transformar em industrial e para adaptar o primitivo capitalismo rural às novas necessidades. Isso quer dizer que a revolução burguesa no Brasil (e, em geral, na América Latina), em termos de transformação social, não se deu como "negação" de uma sociedade pré-capitalista, mas sim "como transformação de quantidade em qualidade" na base da ordem social existente. Dentro do compromisso das classes dominantes, a hegemonia da burguesia da cidade foi assegurada pelo crescimento de seu poder econômico.

Foi A. G. Frank quem melhor analisou e mais aprofundou os estudos do desenvolvimento capitalista na América Latina. Mostra concretamente, nos casos de Brasil e Chile, as origens e o crescimento das classes dominantes nativas e suas relações com as burguesias da metrópole capitalista. A grande contribuição de Frank consistiu em demonstrar com base em investigações históricas e de análises da sociedade atual: a) que durante quatro séculos a função de nosso subdesenvolvimento dentro do capitalismo mundial como fornecedor de recursos para a acumulação nas metrópoles não mudou; b) por que não há perspectivas de libertação dos países subdesenvolvidos dentro de relações de produção capitalistas. A classe dominante do continente não fez mais e não faz mais do que se adaptar às necessidades do capitalismo mundial, sem poder superar seu papel de dependente. Essa "continuidade na troca" representa um fator fundamental na análise histórica e dialética. Mas, no instante de realçar o fenômeno da "continuidade na troca", Frank deixa em segundo lugar o significado do salto qualitativo, que representa a transformação das economias agrário-mercantis, de características coloniais, em capitalista-industriais subdesenvolvidas dentro do contexto geral das lutas de classes em escala internacional. Entretanto, não se apercebeu da importância do surgimento do proletariado industrial e de sua intervenção no cenário da política latino-americana, e isso explica por que, apesar de ver claramente a incapacidade da burguesia de encabeçar ou participar de qualquer movimento revolucionário e de ver a solução socialista como a única saída para os problemas vitais do continente, considera, entretanto, essa luta sob o ângulo da "libertação nacional".

Para a discussão em termos de uma estratégia revolucionária, tal como se dá atualmente, é importante ter em mente o quanto essa situação contém de elementos que podem ser levados em conta. Tanto a Revolução Russa quanto a Chinesa, esta em escala ainda maior, tiveram tarefas da revolução burguesa para cumprir. A mais importante era a da transformação do campo, que havia sido o baluarte do antigo regime. Em ambos os casos – na China novamente em grau muito maior –, essa ingerência da revolução burguesa influiu ativamente para assegurar a vitória socialista.

A situação na América Latina já não é a mesma. Ainda que o campo conserve toda sua potencialidade revolucionária, e a aliança entre operários e camponeses (e entre operários e trabalhadores do campo – isso varia de país para país) seja uma das bases fundamentais de qualquer estratégia revolucionária, existem características próprias que influem no transcurso da luta.

Em primeiro lugar, a não existência de uma sociedade feudal no continente faz com que tampouco haja, na maioria dos países, tradições de "guerras camponesas", como se deram na história europeia e asiática. Uma exceção a essa regra está representada pelos países que, antes da conquista, já dispunham de uma ordem agrária tática, destruída pelos brancos. A rebelião das populações indígenas e mestiças não restabelece, evidentemente, a antiga ordem, mas torna-se um elemento da revolução burguesa, dá-lhe o caráter popular e contribui para o restabelecimento do poder burguês-capitalista nas cidades, ainda que contra a vontade da burguesia. O grande exemplo é o México, mas a Revolução Boliviana de 1952, mesmo não contando com ativa participação camponesa na fase de luta, trouxe resultados não menos radicais. A atual reforma do Peru, de caráter preventivo, mostra que a força da pressão indígena não se esgotou ainda. Nesses países, a transformação do estatuto agrário deu-se principalmente pela criação do minifúndio. Entretanto, a burguesia peruana está procurando outro caminho, o da formação de cooperativas agrocapitalistas.

No resto da América Latina, a transformação se dá principalmente pela chamada racionalização e modernização dos latifúndios, isto é, a inversão do capital em base de um cálculo industrial, na agricultura. Nesse sentido, a Cuba pré-revolucionária representa provavelmente o exemplo clássico no continente. Isso significa a existência de um proletariado assalariado e de um semiproletariado (meeiros) no campo capazes de desenvolver formas de luta próprias, que se aproximam das do proletariado industrial.

Ambas as formas de transformação burguesa no campo não resolvem o problema agrário. A sociedade capitalista na América Latina não assegura a existência nem do pequeno camponês nem do assalariado rural. E a luta no campo, que se agrava e se aprofunda a longo prazo, já se desenrola no terreno da economia e da sociedade capitalista, isto é, em um nível mais alto, como demonstrou Cuba.

Em termos gerais, pode-se constatar que a revolução burguesa, tal como se deu na América Latina, tinha duas tarefas essenciais a cumprir:

1. Levar a burguesia urbana ao poder, e isso com todas as consequências de adaptação do aparato estatal a sua necessidade.
2. A transformação do campo, cuja estrutura criada pelo capital mercantil-colonial já não corresponde às necessidades da expansão da burguesia industrial e urbana, integrada ao sistema imperialista.

Isso indica que as tarefas que a revolução burguesa deixou para nós já não têm o mesmo peso na revolução como tiveram na China e ainda na Rússia. Pesarão, na verdade, na construção do socialismo, quando sentirmos a incapacidade da burguesia de criar uma sociedade industrial que nos facilite a expansão das forças produtivas em bases socialistas.

O papel do imperialismo

O auge do processo de industrialização da América Latina deu-se em uma fase do imperialismo que foi caracterizado por August Thalheimer, em 1956, como sendo de "cooperação antagônica", sob a égide dos Estados Unidos.

O resultado da Segunda Guerra Mundial trouxe para o mundo capitalista uma situação em que as contradições interimperialistas, que dominam as relações internacionais desde o fim do século passado, se tornaram secundárias em vista de uma contradição mais profunda e fundamental entre os dois sistemas sociais que dominam o globo.

A expansão do campo socialista e o predomínio material e tecnológico dos Estados Unidos no mundo capitalista fazem com que as potências imperialistas mais débeis se submetam às mais fortes, em uma pirâmide invertida, que é dominada pelos Estados Unidos, a superdotada potência imperialista e policial do sistema capitalista. Essa integração do mundo imperialista não elimina nem supera nenhum dos antagonismos existentes no sistema, entre as potências imperialistas e entre elas e as não imperialistas, as quais são objeto da exploração imperialista. Sem dúvida, evita que esses antagonismos cheguem às últimas consequências de confrontações armadas entre potências imperialistas, em virtude de uma cooperação que predomina contra a ameaça do socialismo e da revolução mundial.

A cooperação antagônica entre as potências imperialistas encontra sua prolongação lógica nas relações entre estas e as burguesias nacionais do mundo capitalista subdesenvolvido. Na América Latina e no Brasil, isso teve como consequências gerais:

1. a limitação do campo de manobras para as burguesias nativas, que periodicamente souberam explorar as contradições entre potências imperialistas (Estados Unidos, Inglaterra, Alemanha etc.) para melhorar suas próprias posições;
2. uma aceitação e crescente dependência do domínio do imperialismo norte-americano em uma associação econômica, na qual o capital imperialista participa na industrialização, ocupa posições de mando virtual e influi decisivamente no ritmo das atividades econômicas.

A "cooperação antagônica" não libera o mundo capitalista de choques internos em todos os níveis, altos e baixos. Há momentos em que o antagonismo parece predominar, em que as burguesias nacionais ameaçam com uma política externa "independente", se rebelam contra os esquemas do Fundo Monetário Internacional e nacionalizam empresas estrangeiras particularmente impopulares. O mesmo fenômeno se dá entre as próprias potências imperialistas nos momentos de relaxamento periódico da tensão internacional. Desaparece quando surge um novo recrudescimento da tensão internacional e, como na França em 1968, quando o regime capitalista está posto em xeque. A prazo, prevalece a cooperação pela manutenção do sistema.

Na América Latina, o fenômeno é particularmente presente nas cidades e no campo e nas crises econômicas agudas. Nos momentos em que os antagonismos vêm à superfície, a oposição burguesa, no entanto, não visa ao sistema em si e é limitada de antemão pelos interesses de autoconservação. A oposição é dirigida unicamente contra o sistema de distribuição da mais-valia produzida pelo proletariado do continente, do qual o imperialismo leva a parte do leão.

Quando consegue melhorar sua posição na sociedade com o imperialismo (o que nem sempre acontece na realidade), a burguesia nativa continua colaborando com o imperialismo em novos termos.

Que esse processo está vivo no continente demonstram os exemplos do Peru e da Bolívia de antes do golpe de Banzer. O Peru, na mesma semana em que expropriou a empresa de má fama International Petroleum Co., outorgou outras três concessões de exploração petroleira a companhias norte-americanas "independentes" em condições "mais vantajosas" e não deixou de entregar novamente suas minas de cobre ao imperialismo norte-americano. Na Bolívia, em que o processo parecia tomar rumos mais radicais, pouco antes do golpe de Banzer, houve um recesso que indicava que a burguesia boliviana não estava disposta a correr o risco de provocar um choque com o imperialismo, que poderia pôr em perigo sua precária estabilidade interna. Tanto na Bolívia quanto no Peru, o regime oscilou entre ditadura militar aberta e tentativas de um populismo controlado. Seu instrumento de "cooperação antagônica" nas suas diversas fases é o Exército, e este tem seu papel específico a desempenhar nos governos burgueses do continente.

Exército e revolução burguesa

Na maioria dos países da América Latina, o papel desempenhado pelo Exército está em estreita dependência do desdobramento da revolução burguesa. No Brasil, por exemplo, o processo de transformação das tropas coloniais em exércitos a serviço da nascente burguesia urbana começou cedo. É conhecido o papel de Deodoro da Fonseca na questão dos escravos fugidos e do Exército na instalação da República. Se a consciência burguesa dos oficiais se expressava por meio do positivismo, isso refletia o estado de espírito da burguesia da época, que não nasceu sob signos revolucionários. Esse aburguesamento do corpo de oficiais foi facilitado pelo fato de que a classe média e a pequena burguesia foram as fontes de recrutamento. E se, por um lado, a carreira da hierarquia militar possibilitou um ascenso na escala social e abriu perspectivas de integração de uma minoria nas classes dominantes, por outro o grosso dos oficiais trazia consigo a ideologia da classe média isolada do poder. O fenômeno persiste até hoje, e os Exércitos, desde sua formação no sentido moderno, desempenham o papel de tropas de choque da burguesia, tanto em sua ascensão como em sua decadência.

A Revolução de 1930, no Brasil, se deu sob o signo do "tenentismo" e representou de certo modo o auge de um movimento que esses jovens oficiais iniciaram em 1922.

Entretanto, mais importante que o signo em si foi o fato de a revolução ter-se dado praticamente sob a direção de uma parte do Exército, que não perdeu o controle do movimento em âmbito nacional; na verdade, quando o perdeu localmente, recuperou-o em seguida. Mesmo onde houve armamento da população civil, isso se realizou sob a vigilância de unidades do Exército e sob o mando de oficiais. Mas os tenentes revolucionários não continuaram sendo tenentes para sempre, e tampouco "revolucionários". Acompanhando o desenvolvimento de sua classe de origem, deram lugar aos coronéis e generais que prepararam o realizaram o golpe de Estado em 1964.

O Brasil, seguramente, não é o único exemplo nesse sentido. Na Bolívia, o processo foi mais rápido e mais radical. Nesse país, o Exército foi praticamente extinto na Revolução de 1952. Os oficiais foram mortos ou fugiram para o exterior, com exceção de uma pequena minoria que havia participado da tomada de La Paz. Os governos revolucionários, que no início representavam uma coalizão entre representantes da pequena burguesia nacionalista e cujas bases foram proporcionadas por camponeses, que continuavam apoiando o regime. Esse exército criado "para proteger a revolução e a democracia", a princípio débil, começou a crescer e se fortalecer, tornando-se um dos pilares do Estado e, finalmente, o próprio árbitro do Estado, quando a burguesia já não soube governar com os recursos populistas.

O Peru nunca conheceu uma revolução burguesa como a boliviana, nem ainda nos moldes da brasileira de 1930. Mas a lembrança dos governos oligárquicos está presente. A situação do campo peruano continua mais explosiva ainda do que na Bolívia, por exemplo, que teve uma válvula de escape em 1952, com a divisão das terras. Nessas circunstâncias, a atuação do Exército peruano tem um duplo caráter:

1. reformador, no sentido de adaptar a estrutura social do país às necessidades da burguesia urbana, e
2. preventivo, no sentido de eliminar o potencial revolucionário existente, principalmente no campo, para garantir o desenvolvimento da sociedade burguês-capitalista.

O que os oficiais "revolucionários" peruanos e bolivianos têm em comum é sua ideologia nacionalista, que pode adquirir matizes dos mais diversos, mas que se situa no terreno da defesa da sociedade burguesa. Isso, dito de passagem, é também característica de um grande setor da oficialidade brasileira, de mais baixa graduação (a "interdependência" de Castelo Branco nunca chegou a ser popular entre eles). Mas as consequências práticas desse nacionalismo latente dependem das necessidades objetivas de suas burguesias, às quais estão servindo, e o nível da "cooperação antagônica" que está prevalecendo. E, nesse sentido, não há diferença entre os militares peruanos e bolivianos, a não ser que estes mataram Che Guevara, e aqueles "só" mataram De La Puente. Em ambos os países, os guerrilheiros continuam presos, e as Forças Armadas matarão de novo se a ordem social for ameaçada.

O que os regimes militares entendem por política nacionalista é que todas as decisões nacionais passem por suas mãos, que sejam eles que cuidem dos termos e das condições de cooperação com o imperialismo. Entendem que são eles mesmos os "donos em sua casa", sua própria polícia, que serão eles os que prendem e matam seus próprios operários revolucionários e guerrilheiros. Que são eles mesmos os que oprimem e governam seus próprios povos, de acordo com a hierarquia de sua oficialidade.

O caminho mais longo nessa direção foi percorrido pelo Exército brasileiro. De "guardião das tradições democráticas" se tornou símbolo continental de gorilismo, fazendo sombra até a seus inspiradores argentinos. Hoje, o Exército brasileiro instalou uma máquina de terror em moldes fascistas, a qual se distingue de seus precursores italianos e alemães somente pelo fato de não haver conseguido uma mobilização de massas como sustentáculo de seu regime. A estrutura e a situação geral do país ainda não geraram o fenômeno do fascismo. Somente permitiram copiar os métodos de repressão.

Entretanto, o que a ditadura militar brasileira tem em comum com o fascismo (e ainda com o bonapartismo populista) é que se trata de um governo indireto da burguesia. Ainda que tenha deixado cair a máscara democrática, ficando a ditadura aberta e nua, ela teve de ser confiada ao Exército quando, no momento da crise, a própria burguesia se sentiu incapaz de exercê-la de maneira tradicional e velada. Lançou mão do instrumento que já havia servido no passado, no caminho de ascenso ao poder.

Nesse sentido, a ditadura militar no Brasil não passa de um capítulo a mais da "revolução burguesa". Esperemos que seja o último.

Processo revolucionário e governo de transição

Dissemos que a revolução no Brasil será socialista por não restar alternativa para que o processo revolucionário se imponha no país.

Dissemos também que a constatação do caráter socialista da revolução não quer dizer que a situação já esteja madura para desencadeá-la e, implicitamente, colocar o problema da formação de um governo socialista.

Que significado tem isso na prática? Significa que não estamos interessados nas lutas que não tenham objetivos socialistas? Significa que não estamos interessados em derrubar a ditadura militar se essa derrubada não conduzir ao estabelecimento de um governo socialista no país? E, finalmente, significa que não podemos mais apoiar nenhum governo que não seja socialista?

Evidentemente que não. Uma tal conclusão seria contrária a toda a experiência da luta de classes e a todos os ensinamentos do marxismo revolucionário.

A princípio, apoiamos todas as lutas parciais, todo o movimento que ajude de fato a objetivos socialistas, quer dizer, nossa estratégia atenta a melhorar a situação do proletariado e de sua vanguarda na luta de classe, para colocá-la em posição favorável ao enfrentamento da revolução socialista. No caso concreto do Brasil, nas atuais circunstâncias, não podemos partir da premissa de que a derrubada da ditadura militar já leve automaticamente a uma solução socialista. Isso não corresponde às relações das forças sociais existentes no país. Além disso, a experiência geral ensina que o processo revolucionário é mais complexo.

Não seremos nós, evidentemente, que engrossaremos o coro da oposição burguesa e pequeno-burguesa da "redemocratização". Ao contrário, [nós] o combatemos. Em primeiro lugar, porque não temos interesse em restabelecer o antigo *status quo*, que voltará a consolidar o domínio da burguesia com uma folha de parreira "democrática". Em segundo, porque se houver uma derrocada do presente regime militar, o equilíbrio artificial da sociedade burguesa estremeceria tanto que qualquer nova experiência em termos de república democrática não passará de um intervalo para que a classe dominante prepare outra forma de ditadura aberta. Qualquer democracia real e duradoura que seguir a derrubada da ditadura militar, para impor-se, precisará ter um caráter revolucionário, isto é, terá que se apoiar nas classes revolucionárias do país – inclusive militarmente.

Em outras palavras, pode e deve surgir uma fase de transição em que a velha ordem burguesa esteja estremecida, mas o salto qualitativo para uma nova ordem não foi dado e não pode ser dado ainda de imediato. Como se deve comportar o proletariado e seus aliados frente ao poder que a burguesia já não está em condições de exercer, ainda que o momento da revolução socialista não esteja maduro?

Isso instaura o problema do governo de transição.

Trata-se de uma das noções de estratégia de luta do marxismo revolucionário que se perderam durante os anos do reformismo stalinista e que foram definidas justamente em uma época em que Lênin e os comunistas procuraram elaborar, pela primeira vez, uma estratégia global da revolução mundial: nos quatro primeiros Congressos da Terceira Internacional Comunista. A resolução adotada (no IV Congresso) prevê que o proletariado e os partidos comunistas, que não integram nem apoiam os governos burgueses, podem-se encontrar em situações nas quais se impõem a participação e a sustentação de governos não socialistas, sob a condição de que esse ato leve adiante o processo revolucionário (como foi a perspectiva naquele momento) e evite a vitória de um movimento de direita que tenda a destruir o movimento operário (fascismo). Tal governo já não será burguês, será um "governo operário" nos países altamente industrializados, nos quais os partidos operários estiverem em condições de formá-lo, e será um "governo operário e camponês" nos outros em que o proletariado não poderá governar sem o apoio efetivo do campo. Adverte a resolução do Congresso que não se trata ainda de um governo socialista nem da ditadura do proletariado, não devendo ser confundido com eles.

Nós, no Brasil, levando em conta as particularidades do país, definimos esse governo de transição como o "governo revolucionário dos trabalhadores" a ser formado por uma frente dos trabalhadores da cidade e do campo.

Levando em conta, igualmente, as particularidades do país, acreditamos que o surgimento desse governo não pode ser produto de um processo eleitoral, e terá, para se impor, que resultar da intervenção ativa e violenta das massas trabalhadoras.

Acreditamos que tal governo não pode exercer seu poder por intermédio dos instrumentos "democráticos" tradicionais – Congresso, Judiciário, Polícia, Exército etc. –, os quais têm que ser neutralizados e eliminados. Precisa apoiar-se diretamente nas organizações de massas dos trabalhadores e suas Forças Armadas e estimular seu crescimento.

Essa é a característica principal que distingue o governo revolucionário dos trabalhadores dos governos "populares" e "democráticos" que, sob rótulo radical, procuram salvar e conservar o aparelho estatal burguês e governar com ele. Estes serão "governos de transição" da burguesia e para a burguesia e procurarão fazer com que a estrutura básica da sociedade burguesa passe ilesa pelas convulsões até que possa ser nova e abertamente consolidada.

Tomemos os exemplos já clássicos de governos de transição na América Latina: Bolívia e Cuba. O governo revolucionário de La Paz, em 1952, foi de transição. Mas o já mencionado predomínio da liderança pequeno-burguesa, que, além disso, soube assegurar o apoio camponês e, por outro lado, a falta de perspectiva e clareza da representação do proletariado, que ficou isolado, fez com que os sucessivos governos se tornassem de "transição" para o restabelecimento da ordem burguesa.

Em Cuba, por outro lado, o governo de transição encontrou sem maiores dificuldades o caminho mais curto para a revolução socialista. Tendo realizado a base da aliança entre os trabalhadores da cidade e do campo e apoiada nas forças armadas revolucionárias – do Exército convencional não sobrou uma pedra em pé –, a revolução marchou para frente apesar da (e graças à) defecção da ala pequeno-burguesa do Movimento 26 de Julho.

A prática das lutas sociais na América Latina comprovou que o governo de transição, entretanto, não é um poder socialista nem a ditadura do proletariado, assim como a democracia revolucionária não se identifica com a democracia socialista. Representa uma encruzilhada no caminho revolucionário. Se esse governo se limita aos métodos de democracia burguesa, ou tenta restabelecê-la, prepara o caminho para a restauração do poder burguês. Para se impor e se manter, deve lançar mão de métodos democráticos que sobrepassem e destruam a democracia burguesa, ainda não sendo, entretanto, socialista.

Pode-se perguntar por que o proletariado, se em condições de estabelecer tal governo, não institui imediatamente a ditadura do proletariado e o socialismo. Mas essa pergunta abstrai as relações de forças existentes em cada momento concreto do processo revolucionário. Abstrai a situação de seus aliados nos diversos momentos do processo e dos termos em que estão dando seu apoio à classe operária. Abstrai, finalmente, a situação do próprio proletariado, de sua atuação objetiva e de sua consciência nas diversas fases de luta.

O governo de transição se justifica e se impõe em um momento da luta de classes em que as massas já se encontram em rebelião contra a velha sociedade, mas ainda não alcançaram as consequências práticas para enfrentar a construção de uma nova. Quando ainda não compreendem que, para garantir a expropriação das propriedades imperialistas, é necessário também expropriar, econômica e politicamente, a própria burguesia. Quando não compreendem ainda que, para acabar com a exploração e a miséria, é necessário trocar as relações de produção com toda sua superestrutura. Isto é, justifica-se e impõe-se em um momento em que já há rebelião contra a ordem burguesa, mas essa rebelião se dá ainda dentro do quadro ideológico burguês herdado da velha sociedade. Mas serão a própria agudização das contradições sociais durante o governo de transição e o papel impulsor que a vanguarda revolucionária desempenhará em seu meio o melhor e mais rápido modo de elevar a consciência das massas trabalhadoras ao nível necessário para uma revolução socialista.

Está também implícito aqui que o governo de transição não representa uma solução social a longo prazo. Seu tempo de vida está limitado, de um modo natural. Nenhuma classe operária pode governar por muito tempo com base em uma estrutura social burguesa capitalista. Ou dá o passo decisivo para a ditadura do proletariado ou será vencida pelas leis econômicas sociais capitalistas e terá que ceder o lugar novamente às forças burguesas aliadas ao imperialismo.

O papel que o governo de transição desempenhará (importante porque decidirá se situações potencialmente revolucionárias desembocarão em transformações sociais ou serão contornadas pela classe dominante) estará na dependência direta da possibilidade de esse governo mobilizar e se apoiar nas massas trabalhadoras e da situação da classe que teoricamente representa a força matriz e hegemônica do próprio processo revolucionário: o proletariado.

Isso quer dizer que todo processo revolucionário depende do nível e dos rumos que as atividades das vanguardas estão tomando atualmente no país. Para que desempenhemos o papel de vanguarda hoje, não basta mais as profissões de fé sobre objetivos socialistas. Ao fim e ao cabo, todo mundo "quer" o socialismo. Ser vanguarda marxista-leninista no Brasil é saber tirar as consequências práticas da caracterização socialista do processo revolucionário. Significa, pelo menos, contribuir na prática para a maturação dos fatores que levam à revolução socialista.

2. A força motriz do processo revolucionário

E a revolução no Brasil será proletária, ou não será revolução...
(II Congresso da ORM Política Operária, 1962)

Se a caracterização socialista da revolução no Brasil foi uma das causas fundamentais do surgimento da Política Operária, outra, não menos decisiva, foi a sua definição proletária. A intervenção direta da classe operária e sua liderança sobre as demais classes e camadas oprimidas da sociedade são premissa para a revolução, nas condições do Brasil, atingir os objetivos socialistas que a história coloca na ordem do dia. Isto é, para não ficar no meio do caminho, para não se tornar "caricatura da revolução".

Para chegar a essa conclusão, partimos da análise da sociedade brasileira. Esta tinha dado passos decisivos no caminho da industrialização na década de 1950, quando a parte industrial do Produto Nacional ultrapassou a contribuição agrária, tradicionalmente preponderante. Podemo-nos poupar de citar as estatísticas correspondentes que são amplamente conhecidas e divulgadas: basta lembrar que, tomando em conjunto a produção industrial e os chamados serviços, o total começou a perfazer mais da metade do Produto Nacional, e essa situação evidentemente não mudou mais, a não ser no sentido de uma crescente acentuação dos fatores industriais capitalistas.

Essa análise e suas conclusões óbvias pairavam sobre a vintena de delegados reunidos pela primeira vez, vindos dos quatro cantos do país, para elaborar as diretrizes da Política Operária em escala nacional, e foram confirmados poucos anos depois. O golpe militar de 1964 foi um nítido produto das contradições de trabalho assalariado e capital, que se tinham tornado fundamentais na sociedade brasileira. Foi produto direto da crise econômica cíclica do capitalismo brasileiro, começada em 1961-1962, tendo atingido o seu ponto mais baixo em 1964-1965 e da qual o regime começou a sair lentamente dois anos mais tarde. Foi, de certo modo, o cartão de visitas do capitalismo brasileiro no cenário econômico mundial. Não é que o país não tenha conhecido o fenômeno das crises cíclicas no passado, mas o conheceu como apêndice da economia mundial e em consequência das crises nas metrópoles capitalistas. A crise brasileira, iniciada em 1961, entretanto, foi legitimamente nacional e se deu justamente numa fase de alta da conjuntura econômica, tanto nos Estados Unidos como nos centros do Mercado Comum Europeu. Foram a saturação da mais recente onda de industrialização no Brasil e suas consequências sociais e políticas que fizeram a classe dominante temer pela manutenção do sistema e entregar o poder às Forças Armadas, como garantia da ordem existente.

Uma vez estabelecida a contradição fundamental como sendo entre capital e trabalho assalariado, tínhamos de enfrentar as consequências. Tratava-se antes de tudo de definir a força motriz do processo revolucionário. Está implícito à concepção materialista e histórica do marxismo que a força motriz da revolução se encontra nos centros de produção, que sustentam a sociedade, e como estes, lenta mas seguramente, tinham-se mudado para as cidades como resultado da industrialização, não havia mais dúvidas sobre o papel do proletariado industrial como classe hegemônica no processo revolucionário. Falar de uma classe hegemônica significa raciocinar na perspectiva de uma aliança de classes, e esta, em termos brasileiros, tinha de abranger, além da classe operária industrial, os trabalhadores do campo e as camadas radicalizadas da pequena burguesia urbana. Falamos de camadas radicalizadas, e não da pequena burguesia, contraditória e dividida, e que também representa uma reserva da burguesia na luta de classes (a justeza dessa análise foi igualmente confirmada em 1964, quando a grande maioria da pequena burguesia aderiu ao golpe militar e o apoiou). A formação dessa aliança revolucionária e, concretamente, a mobilização do potencial revolucionário do campo, o despertar e a organização dos onze milhões de trabalhadores rurais e camponeses de duvidosas posses de terra, na luta de classes no terreno de uma sociedade preponderantemente capitalista-industrial, exigem a presença de uma classe operária que tivesse consciência de seu papel e capacidade de liderança. Isso quer dizer que, nas condições da sociedade brasileira, a hegemonia proletária não se pode limitar a uma liderança ideológica (como foi o caso na China); ela sim implica intervenção e liderança física dos quatro milhões de operários no processo revolucionário. Isso significa também que o partido revolucionário tem de ser um partido operário, e que as vanguardas marxistas-leninistas existentes têm de encontrar o caminho para o proletariado, se quiserem desempenhar o papel que pretendem.

Já assinalamos que a caracterização da revolução brasileira como socialista não significa ainda que as condições já estivessem maduras para pô-la na ordem do dia da luta imediata. Constatar o papel hegemônico do proletariado no processo revolucionário tampouco significa que a classe operária brasileira já estivesse em condições de exercê-lo. Há, porém, uma diferença implícita nas duas colocações. Como a revolução socialista depende do fato de o proletariado exercer realmente o papel hegemônico, e como este não se limita ao ato da revolução, sendo necessário no processo revolucionário em todas as suas fases, o problema fundamental das lutas de classe no país é o da formação dessa classe operária capaz de dar conta da sua missão.

Esse problema fundamental se revelou em todos os momentos da política brasileira que levaram ao golpe militar. Foi confirmado diariamente na política nacional pelo fato de o proletariado não estar exercendo esse papel independente e muito menos hegemônico. Ele atuava como instrumento de facções da classe dominante e estava à mercê da política delas. Trinta anos de reformismo e de política de colaboração de classe do Partido Comunista Brasileiro haviam atrasado o processo histórico que Marx chamava de transformação do proletariado de classe *em si* em classe *para si*, da formação de uma classe operária independente, livre da tutela ideológica e política da burguesia e oposta à sociedade burguesa.

O que significa "classe operária *para si*" em condições latino-americanas?

Historicamente, isto é, até hoje, o nível político mais alto atingido por um proletariado, neste continente, se deu sem dúvida em Cuba. Foi o país onde o proletariado agiu *como classe* mesmo quando a ditadura de Batista destruiu as suas organizações de massa legais, procurando substituí-las por entidades oficiais sob o controle do Estado. A classe operária cubana formou suas organizações clandestinas (os Comitês de Defesa) que continuavam a dirigir a luta nas empresas. O proletariado, que já contava com a experiência da greve geral contra Machado, em 1933, soube conservar e reforçar sua consciência de classe coletiva também sob a repressão de Batista. E foram essa consciência e a oposição ativa ao regime que a guerrilha conseguiu catalisar e que conduziram à greve insurrecional e à revolução socialista. Todavia, e isso explica também a política interna e externa de Cuba nos dias de hoje, a organização proletária em Cuba não chegou a um nível de representação política direta da classe, como os "sovietes" no início da Revolução Russa, ou órgãos semelhantes que outras revoluções produziram. O proletariado cubano entregou o Poder Executivo a uma cúpula revolucionária, que fala em seu nome, e isso explica por que Cuba, até hoje, não se preocupou em adotar uma Constituição socialista.

Atualmente, na América Latina capitalista, o proletariado mais amadurecido como classe é, sem dúvida, o chileno. Trata-se de um proletariado que, embora dominado por partidos reformistas, age como classe. É, em sua imensa maioria, socialista ou comunista, "marxista", levando em conta as limitações do reformismo oficial. Pode flutuar e hesitar entre socialistas, comunistas e agrupamentos menores, mas não dará mais a sua confiança e seu voto aos representantes políticos da burguesia, que é reconhecida como classe antagônica (a não ser que as lideranças reformistas o recomendem, mas mesmo isso já criou dificuldades). Se esse potencial de classe na luta política chilena – como nos casos francês e italiano – não se traduz em ações mais consequentes, isso se deve a circunstâncias políticas e históricas, que não se limitam àquele país.

O proletariado mais agressivo, nos últimos anos, mostrou ser o argentino. Foi na República Argentina, principalmente no interior, que o operário industrial foi às ruas, com as massas parcialmente armadas, para enfrentar a repressão. Os operários de Córdoba deram uma lição prática de luta de classes ao proletariado de toda a América Latina. A consciência do proletariado argentino, todavia, ainda se esconde por baixo de uma ideologia peronista, que se torna um ônus para a formação da classe independente. Existe uma grande discrepância entre o movimento real do proletariado argentino e as formas sob as quais toma consciência de sua luta. A superação dessa discrepância é uma condição para a formação da classe *para si*.

Entre as maiores classes operárias do continente, é provável que a mexicana se encontre num estágio de amadurecimento mais remoto ainda. Tradições históricas particulares – país de maior revolução agrária do continente e que mais tardiamente iniciou o processo de industrialização – atrasaram o processo de formação política do proletariado. A isso se juntou o fato de o Partido Comunista mexicano nunca ter preenchido o papel de um partido do proletariado, e o resultado foi a institucionalização do movimento operário dentro do partido burguês oficial (PRI) nas últimas duas décadas de quase ininterrupta expansão do capitalismo mexicano.

A posição do proletariado brasileiro se situa hoje entre os graus de desenvolvimento do argentino e do mexicano. Rompeu as amarras de uma integração oficial, que no Brasil se deu principalmente por intermédio de um sindicalismo estatal, sob o controle do Ministério do Trabalho, mas não encontrou ainda suas formas de organização próprias, que lhe permitissem travar a luta como classe em escala nacional. Foi a própria ditadura que mais contribuiu para afastar o proletariado dos organismos sindicais oficiais. Sendo o congelamento salarial uma das metas do golpe de Estado, a ditadura tem pouca margem para desenvolver uma demagogia trabalhista. O proletariado compreendeu isso de forma instintiva e resistiu como classe ao golpe. Na medida em que se pôde movimentar como classe depois do golpe – geralmente em escala regional –, manifestou-se contra a ditadura. As greves gerais de Minas e de Osasco no fundo eram greves políticas, apesar de as reivindicações terem-se limitado ao terreno salarial. Não se pode afirmar, todavia, que o proletariado brasileiro já tenha adquirido a sua independência e maioridade. Apesar do desencanto com o trabalhismo e o desgaste das antigas lideranças populistas, o vácuo ainda não foi preenchido pelo surgimento de uma liderança política operária, e isso significa ficar aberta a possibilidade de novas influências burguesas e pequeno-burguesas, estranhas à classe.

Esse atraso da classe operária brasileira se deve antes de tudo ao atraso das suas chamadas "vanguardas", a histórica, representada pelo PCB, mas não menos ao das novas, produto da desintegração do PCB, como veremos em seguida. Mas, para compreender o fenômeno em toda a sua amplitude, temos de fazer um balanço crítico do desenvolvimento objetivo do proletariado brasileiro nos últimos anos.

O caminho do proletariado brasileiro

A atual classe operária brasileira se formou e se desenvolveu durante o Estado Novo – a ditadura bonapartista de Getúlio Vargas –, e nos anos do pós-guerra, nas fases de expansão industrial do país. Ela é produto dessas fases maiores e mais recentes da industrialização, iniciada com a instalação da indústria pesada, primeiro em Volta Redonda, e pouco ou quase nada tem em comum com o jovem proletariado brasileiro da Primeira Guerra Mundial, formado em grande parte por imigrantes de tradição anarquista, bastante combativos para produzir as greves gerais que abalaram São Paulo e Rio de Janeiro, entre 1917 e 1919. A quebra na continuidade do crescimento, no sentido político, a ruptura entre as gerações, foi causada pela repressão do Estado Novo, que destruiu o sindicalismo livre operário e, simultaneamente, inaugurou uma política paternalista de legislação social e de salário mínimo, apoiada num sindicalismo oficial e estatal. Essa situação só foi possível também em virtude da atuação desastrosa do Partido Comunista Brasileiro, que, sob a nova orientação da Comintern e a liderança de Prestes, tinha perdido o caráter de partido operário – a começar pela infeliz tentativa de quartelada em 1935 – e, isolado de sua base de classes, não sobreviveu à clandestinidade do Estado Novo como organização nacional.

Com o partido dividido em grupos regionais e ideológicos e sem atividade no seio do proletariado, acentuaram-se em seu meio a influência e a liderança pequeno-burguesa, à base de apoios "à burguesia progressista" e "antifascista", os quais tiveram continuidade lógica em apoios "às forças progressistas no seio do governo", à "política de industrialização" e ao "esforço de guerra". Isso tudo ainda se deu numa fase de violenta repressão ao movimento operário e enquanto os próprios quadros comunistas estavam sendo presos e torturados.

O resultado dessa situação foi que a jovem classe operária, formada agora em grande parte por migrantes do campo, ficou *durante quase uma década sob a influência unilateral da demagogia governamental*, sem que a esquerda tivesse força material ou ideológica para se opor a isso e quebrar o monopólio burguês.

Com o fim da guerra, a anistia política e a reorganização do PCB em bases legais, essa linha política foi oficializada. Quando a burguesia brasileira, cansada da tutela do Estado Novo, procurou desfazer-se da ditadura e estabelecer uma democracia burguesa, que lhe garantisse uma participação maior e mais direta no exercício do poder, Getúlio Vargas pôde mobilizar massas operárias em sua defesa, alegando que a volta de "políticos" destruiria a legislação trabalhista criada por ele. O PCB não via caminho melhor nessa situação do que apoiar Vargas. Estabeleceu-se a aliança trabalhista-comunista. Prestes aparecia ao lado do ex-ditador nos comícios públicos. "Constituinte com Getúlio", "Getúlio é governo de fato" e outras foram as palavras de ordem que dominavam os comícios-monstros no Rio e em São Paulo, onde o partido reunia massas operárias não menos numerosas do que as mobilizadas pelo ex-ditador.

Apesar da confusão reinante no seio do proletariado e por baixo do trabalhismo reinante, havia uma profunda radicalização das massas. Os salários reais tinham caído durante a ditadura para menos da metade, e o relaxamento da repressão e do clima político geral, em 1945, bastava para que o proletariado se lançasse em ondas de greves de massa inéditas na história do país e que arrastavam as camadas mais atrasadas e getulistas do proletariado. Esse movimento espontâneo da classe operária teria sido a maior oportunidade para um partido revolucionário erradicar o trabalhismo do seu meio e reduzi-lo às suas bases peleguistas. O Partido Comunista, entretanto, consequente com sua nova linha, prestou-se a desempenhar o papel de "bombeiro" para apagar o fogo. O governo exibiu entrevistas filmadas em todos os cinemas do país, nas quais Prestes se pronunciava contra as greves e apelava aos operários a "apertarem o cinto" e a fazerem "sacrifícios patrióticos".

Pela mesma razão, tanto antes como depois da queda final de Vargas, o Partido Comunista Brasileiro negou-se a atacar a estrutura sindical criada pelo Estado Novo nos moldes do sindicalismo italiano dos tempos do fascismo, contentando-se com postos de cúpula nas direções sindicais, em aliança com os velhos pelegos. A estrutura sindical não mudou até os dias de hoje. É evidente que o pós-guerra era decisivo para a formação, ou não formação, de um proletariado independente no Brasil. Não pode ser subestimada a importância do fato de o proletariado brasileiro não conhecer sindicatos operários livres desde 1937 e, praticamente desde aquela época, não ter tido vida sindical. E isso foi, talvez, nas condições brasileiras, o fator mais poderoso de atraso do amadurecimento da classe.

Esse aspecto, todavia, só representou uma face da política de colaboração de classes. Outra fronte foi a completa ausência de propaganda e educação socialista no seio das massas. Não houve nem ao menos uma agitação anticapitalista. Qualquer colocação de classe dos problemas foi evitada sistematicamente, em nome de uma pretensa revolução democrático-burguesa, posteriormente "nacionalista" e "anti-imperialista".

As consequências políticas não se fizeram esperar. A política burguesa do PCB, que se adaptara ao nível do trabalhismo, decepcionou as massas e destruiu sua combatividade. Os apoios eleitorais a políticos burgueses "progressistas", como Adhemar de Barros em São Paulo, o qual poucos meses depois de sua eleição começou uma política de repressão contra a classe operária e os próprios comunistas, desmobilizaram essa política também no terreno eleitoral. A decepção das massas se traduziu em passividade e apoliticismo crescentes. O número dos membros do PCB caiu de 200 mil a 40 mil, entre 1945 e 1947 – última vez que foram publicadas cifras oficiais. E a retificação da linha partidária, tentada com o Manifesto de Agosto (que não passou de uma reação sectária ao oportunismo anterior), não mudou mais a situação geral de declínio do movimento operário.

Uma nova ascensão do movimento de massas iniciou-se em 1957-1958 e inaugurou novo marco no desenvolvimento do proletariado como classe. O movimento começou lentamente, como resultado da intensificação da política inflacionista do governo Kubitschek. O PCB, embora ainda desfrutasse do monopólio "marxista" na classe operária, enfrentou essa nova onda em posição mais fraca do que em 1945. Liquidando a fase sectária do Manifesto de Agosto, procurou adaptar-se a uma situação de semilegalidade, e o fez voltando às posições de colaboração de classe com a burguesia, sob um novo rótulo. Prestes, de volta do esconderijo, inaugurou a política de "apoio à burguesia nacional", e o novo programa do partido foi adaptado a uma pretensa revolução "nacionalista-democrática". Igualmente foi renovada a aliança com o trabalhismo, que tinha revigorado sob a direção de Goulart, herdeiro de Getúlio Vargas.

As contradições de classe no Brasil estavam-se aprofundando. O ritmo de expansão econômica sob o governo Kubitschek só foi possível se sustentar ao preço da intensificação do processo inflacionário, que aumentou não só as contradições no seio das classes dominantes, mas também, fundamentalmente, entre as classes dominantes e o proletariado.

A intranquilidade no meio do proletariado se manifestou primeiro por uma série de greves isoladas e movimentos parciais. O ritmo desta, entretanto, crescia, e em pouco tempo deu lugar às greves gerais. Sob a pressão desse movimento de massas, o governo desistiu de aplicar as leis de repressão da Consolidação Trabalhista, fez concessões e limitou-se a recorrer à corrupção, mediante os recursos do Fundo Sindical. As greves vitoriosas automaticamente foram tratadas como "legais". Não houve mais intervenções nos sindicatos, e as diretorias eleitas foram empossadas.

A política governamental foi novamente facilitada pela aliança trabalhista-comunista, que praticamente apoiou o "desenvolvimentismo" de Kubitschek.

O barômetro da situação de classe do proletariado, nessa primeira fase de nova ascensão, foram as eleições presidenciais de 1960, que revelaram profunda divisão do proletariado brasileiro e o pouco amadurecimento de sua consciência de classe. O voto operário no país se dividiu principalmente entre os dois candidatos burgueses, o "nacionalista" General Lott e o demagogo populista Jânio Quadros. Este já tinha unificado em torno de si quase toda a burguesia brasileira e o capital estrangeiro, contando ainda com a esmagadora maioria dos votos das classes médias, como protesto contra a inflação. O voto operário só foi unânime na eleição do vice-presidente, João Goulart. O atraso do proletariado se manifestou duplamente: primeiro, por ter dado os seus votos a candidatos burgueses, inimigos naturais de sua classe, e, segundo, pelo fato de não ter dado pelo menos o seu voto como uma classe unida e ter-se deixado dividir pela burguesia.

Não restava dúvida de que a consciência de classe tinha regredido, de certo modo, em relação a 1945. Isso se via tanto pela votação dos candidatos apoiados pelos comunistas, como pelo número de comunistas eleitos, que era ridículo em comparação ao pleito de 1945, apesar de o número de eleitores inscritos ter mais do que dobrado. O vácuo criado pela decepção com a política do PCB não foi preenchido pela esquerda. Os votos iam para as diversas facções do trabalhismo populista.

Isso, todavia, só foi a primeira fase. A situação não ficou nesse pé. A renúncia de Jânio e a tentativa de estabelecer a primeira Junta Militar aceleraram rapidamente o progresso de radicalização das massas. Mas radicalização – já havíamos visto isso antes – ainda não significou conscientização. Por enquanto, a luta política se travava ainda sob matizes burgueses. A investidura de Jango como presidente da República tinha como consequência imediata um renascimento das ilusões reformista-populistas, alimentadas pelo PCB. Em seguida, com as decepções em torno da gestão de Jango e o desgaste de Jânio, causado pela sua renúncia, e na medida em que o PCB perdia posições e o controle da situação, foi outro líder burguês, Brizola, ex-governador do Rio Grande do Sul, quem penetrou no proletariado nacional.

A aceleração da inflação aumentou a intranquilidade da classe operária. A desvalorização constante dos salários reais tinha financiado, em grande parte, a expansão industrial. No fim dos anos 1950, a burguesia brasileira, todavia, já tinha chegado à conclusão de que o ritmo inflacionário atingido não lhe ofereceria mais vantagens. De um lado, a desvalorização da moeda não impedia mais a queda da taxa de lucro e não representava mais garantia contra a crise cíclica; de outro, criava um fator de instabilidade social com consequências imprevisíveis. No início, o reajustamento salarial, à base do salário mínimo, dava-se de dois em dois anos. Em seguida, passou a vigorar de ano em ano. Depois da renúncia de Jânio, impôs-se um reajustamento virtual de seis em seis meses, e os operários do Rio de Janeiro e de São Paulo começaram a exigir aumentos periódicos de três em três meses. A política nacional da época girava em grande parte em torno da corrida entre preços e salários.

O PCB se viu obrigado a protestar publicamente contra os "sacrifícios impostos ao povo", mas pela boca dos seus ideólogos partidários defendia a inflação como único recurso de desenvolvimento de um país subdesenvolvido. Na prática, tinha de tomar alguma medida e, assim, convocou greves gerais de apoio ao governo, como a célebre greve a favor do "Gabinete Nacionalista de San Thiago Dantas", na época em que a burguesia tentava a experiência parlamentarista.

O modo como se realizaram as greves gerais também refletia a situação de classe do proletariado. Na Guanabara, por exemplo, em que as tradições proletárias estavam mais diluídas por influências pequeno-burguesas e pela proximidade do foco do peleguismo – o Ministério do Trabalho –, o PCB e seus aliados não confiavam no acatamento da palavra de ordem pelos operários, que não dispunham de organizações de base nas empresas. Os reformistas também não se dispunham a encorajar esse tipo de organização de base, pois o receava como fator de radicalização da luta. Encontraram então um expediente para solucionar o problema: limitaram-se a parar as duas estradas de ferro, a "Central" e a "Leopoldina", e as barcas dos transportes marítimos Rio-Niterói. Como 80% do proletariado tinha de usar esses meios de transporte para chegar aos locais de trabalho, a greve geral estava "declarada" e "cumprida".

Em São Paulo, onde o proletariado era politicamente mais retraído em virtude das decepções do passado, também as chamadas greves políticas (em apoio a políticos burgueses) em geral fracassaram. Mas na greve de reivindicações operárias, de 1962, o proletariado paulista se lembrou de suas tradições de luta, e a parede funcionou nos próprios locais de trabalho, onde organizações de base foram improvisadas na hora.

É preciso levar em conta também que as greves não eram nacionais. Limitavam-se a uns poucos centros industriais maiores. No interior do país, não havia organização. Somente no decorrer das greves e sob a pressão de baixo foi formada a Central Sindical, base da aliança entre PCB e pelegos, mas que não chegou a alterar o nível de organização operária no país.

Foi nessa situação que o proletariado enfrentou a crise política que precedeu ao golpe militar de 1964. Para completar o quadro, é preciso ainda destacar alguns fenômenos.

Primeiro, a penetração de Brizola no meio da classe operária. Para conseguir isso, adaptou a sua linguagem à situação radicalizada. Falava em "classes dominantes" e "explorados" – sem com isso descuidar das suas relações com a burguesia nacional, na medida em que essa ainda lhe dava crédito. A decepção com Jango e a atitude dúbia do PCB fizeram com que ele conseguisse vencer as desconfianças do proletariado industrial e que suas alocuções radiofônicas encontrassem um público crescente. Seus apelos a favor da criação de "Grupos de Onze" encontraram eco nas regiões mais afastadas do país, e células e bases sindicais inteiras do PCB começaram a praticamente ignorar as diretrizes partidárias e se colocaram à disposição de Brizola.

Em segundo lugar, o campo começou a se movimentar em seguida à classe operária e em dependência da cidade. Pouco tempo antes tinha fracassado o intento de organizar as "Ligas Camponesas" em escala nacional. As Ligas só tomaram importância regionalmente, no Nordeste, especificamente nas áreas açucareiras de Pernambuco e Paraíba. No resto do Brasil, não passavam de pequenas ilhas isoladas. Em troca, os primeiros anos da década de 1960 assistiram ao surgimento de sindicatos rurais e à organização de camponeses em bases improvisadas, acompanhados de invasões de terras. O movimento só estava em seu começo, e, como os camponeses não tinham condições de se organizarem nem nacionalmente nem em âmbito regional, ficou a mercê do ritmo das conjunturas da luta de classes nas cidades.

Em terceiro lugar, deu-se no decorrer da crise um processo de decomposição no seio das Forças Armadas. O movimento dos sargentos e aquele ainda mais radical dos marinheiros ameaçavam cindir horizontalmente as Forças Armadas, provocando, de forma espontânea, uma aproximação entre os setores mais combativos do proletariado e os militares rebeldes. Ambas as partes sentiam o que a Política Operária formulou publicamente: "O movimento dos sargentos e dos marinheiros tinha de formar a cobertura armada da classe operária no presente estágio da luta". E, quando houve a confraternização entre metalúrgicos e marinheiros no sindicato de São Cristóvão e a conseguinte adesão dos fuzileiros navais, mandados para prender os marinheiros, estava dado um exemplo histórico de "modelo" da revolução proletária no Brasil.

Foi, evidentemente, uma antecipação de "modelo", que ainda não correspondia às relações de forças existentes e que, além disso, não contava com o elemento do trabalhador rural presente – a não ser indiretamente pela origem social dos marinheiros –, mas que indicava o caminho. A burguesia compreendeu a ameaça e tratou de dar o golpe, antes que o movimento se alastrasse.

Resumindo, os poucos meses antes do desfecho do golpe tinham contribuído mais do que anos anteriores para o amadurecimento objetivo da classe operária. A classe estava em movimento e, por isso mesmo, a situação se mostrava contraditória. As manifestações de certos setores avançados ainda não refletiram a consciência geral da classe, que ainda não ultrapassara o nível do trabalhismo. Isso foi demonstrado pelo comício-monstro em frente à Central do Brasil, convocado pelas três facções que então predominavam: Jango, Brizola e o PCB. Mas, na hora do golpe, quando as ditas correntes estavam em franca debandada e tinham desaparecido, o proletariado foi a única classe urbana que se manteve como classe contra o golpe. Foi uma posição defensiva, mas a classe estava unida – embora sem liderança. A velha, reformista e populista, tinha desaparecido, e a nova, revolucionária, ainda não tinha surgido. E, sem um partido revolucionário, não se completa o processo de transformação da classe *em si* em uma *para si.*

A colocação política depois do golpe

A ditadura militar mudou as condições de luta, mas não alterou o problema fundamental das relações de classe e do processo revolucionário no Brasil.

O problema fundamental continua a ser a formação do proletariado, a conquista de sua independência ideológica e política. A mobilização das massas proletárias sob bandeira própria e sua intervenção ativa na política nacional são o único meio para alterar as relações de classe, que deram lugar à ditadura militar.

A essa conclusão a Política Operária já tinha chegado depois do golpe, e seu primeiro Plano Nacional o declarou nas suas "Teses Tiradentes":

> O traço essencial que caracterizou a política nacional antes do golpe e que possibilitou a instauração da ditadura militar sem uma resistência das massas e dos partidos políticos foi a ausência de um movimento operário independente, capaz de aglomerar em torno de si o campesinato e as camadas radicalizadas da pequena burguesia. O populismo reinante no movimento das massas trabalhadoras, que diluiu as fronteiras de uma política de classe mediante a penetração das concepções e ilusões pequeno-burguesas no proletariado, permitiu que este

ficasse a reboque de uma das frações da classe dominante, que o traiu para evitar um aguçamento das lutas sociais, entregando a proteção da sociedade burguês-latifundiária às Forças Armadas e escolhendo o acerto com o imperialismo norte-americano.*

Isso não significa que nós restringimos o processo revolucionário no Brasil à atuação do proletariado, como os nossos críticos de ontem e hoje gostam de dar a entender. Estava perfeitamente claro para nós que o proletariado isolado não pode, nas condições da estrutura social do Brasil, lançar-se sozinho à luta revolucionária da conquista do poder e da transformação da sociedade. Ele tem os seus aliados naturais em potencial: os trabalhadores do campo e as camadas radicais e proletarizadas da pequena burguesia urbana. Mas qualquer aliança de classe a ser criada se torna ilusória e não passará além das quatro paredes dentro das quais costuma ser gerada enquanto não houver a transformação qualitativa do proletariado que lhe permita de fato exercer o papel de liderança e levar os seus aliados potenciais a uma luta mais consequente. Por isso, as "Teses Tiradentes" constatavam: "A formação dessa classe operária independente continua sendo a tarefa fundamental de qualquer movimento consequente no país [...] é a premissa de qualquer luta revolucionária consequente, seja contra a exploração imperialista, seja contra a opressão da reação interna".

A transformação do proletariado em classe política e independente não pode ser confiada à ação espontânea da história. Esta só cria as condições objetivas. A criação da classe para si pressupõe a atuação consciente e contínua de um agente da história, a vanguarda revolucionária que, na medida em que o processo avança e é acelerado por ela, se transforma em partido político do proletariado. E o partido surge na medida em que a classe operária fornece os quadros para integrá-lo e segue a sua orientação na luta.

> Apesar de depois da derrota de abril, provocada por uma prolongada política reformista e revisionista das esquerdas, todas as condições objetivas para uma conscientização da classe operária estarem dadas, o proletariado dificilmente dará esse passo decisivo sozinho, de força própria. Para a formação da classe operária independente, é necessária a atuação de agitadores e propagandistas revolucionários, que definam para ela os seus interesses, despertem a sua solidariedade de classe e a autoconfiança na sua força, liderem-na nas lutas parciais e indiquem claramente os seus objetivos finais. Essas tarefas só podem ser preenchidas pelas vanguardas marxistas-leninistas existentes, que no decorrer da luta se transformem em partido. O processo da formação da classe operária independente está estreitamente ligado ao surgimento do partido revolucionário da classe operária e o progresso deste reflete o amadurecimento da classe operária. ("Teses Tiradentes")

* *Teses Tiradentes*, 1966. (N. E.)

Foi essa a estratégia com que a Política Operária entrou na luta clandestina contra a ditadura. Ou melhor, foi essa a linha estratégica elaborada, pois uma estratégia na luta de classe só existe na medida em que se formam as forças materiais, os "exércitos" a serem levados para a batalha. Nossa tarefa consistia, e ainda consiste, em criar a força material, o "exército" proletário.

Como organização política, como vanguarda marxista-leninista, a Política Operária subordinou todos os aspectos da luta de classes, o estudantil, o do campo, o da luta armada e sua forma particular de guerra de guerrilha ao objetivo estratégico de mobilização e organização do proletariado industrial. E como toda estratégia é uma questão de economia de recursos disponíveis, concentrou todas as suas forças e quadros:

1. nas indústrias-chave, cujo movimento repercute em toda a classe, e
2. no movimento estudantil, que naquela altura era a grande fonte de quadros revolucionários com a mobilidade exigida pelas condições de clandestinidade e os quais, naquele momento, eram indispensáveis para a organização de vanguardas operárias.

Trabalhamos em dois níveis. Primeiro, penetramos diretamente nas fábricas e nos bairros, formando quadros operários, criando organizações de base e dando o exemplo da atividade revolucionária no seio da classe; segundo, dirigimo-nos à nova esquerda, que estava surgindo depois do golpe de maneira confusa, mediante uma série de lutas internas nas organizações tradicionais, principalmente o PCB. Grande parte da nossa literatura estava destinada a esse fim e concentrava seu peso na importância, na orientação e nas particularidades do trabalho operário. Os resultados se fizeram sentir durante a reorganização da nova esquerda e o estabelecimento de frentes formais e tácitas em fábricas e bairros. Fomos favorecidos nesse sentido pelo começo de um movimento em ascensão da classe operária, em 1966, que atingiu o seu auge em 1968, para recuar novamente perante a repressão do novo golpe.

Nem as greves gerais de Minas nem as de Osasco teriam sido realizadas sem o insistente e concentrado trabalho da Política Operária no seio do proletariado e junto às esquerdas.

O fato de quase toda a nova esquerda ter acompanhado a onda do trabalho operário nos dois anos de relativo ascenso não significa que já se tivesse definido para uma linha proletária de luta de classe. Ao contrário, quando a onda começou a declinar, em fins de 1968, e a atingir em seguida o seu ponto mais baixo, os novos revolucionários escolheram objetivos mais "imediatos", e sua concepção de "luta armada" os fez desertarem do trabalho nas fábricas. A consequência geral foi a liquidação, a destruição e o desaparecimento de grande parte das organizações operárias construídas nos últimos dois anos, com seus núcleos de operários revolucionários, comitês de empresas e redes de distribuição de literatura. Quando o proletariado, no ponto baixo da onda, mais precisou da assistência das vanguardas, ficou abandonado, e mais uma vez se criou uma situação em que a imensa maioria da classe operária ficou submetida a um monopólio da influência governamental.

O "marxismo-leninismo" da maioria da nova esquerda não teve muito fôlego. Mas, para poder dar continuidade à luta, impõe-se o esclarecimento do problema fundamental para a esquerda brasileira: em que consiste a concepção marxista-leninista da luta de classes e da revolução proletária? É necessário voltar às fontes, para ter o critério da medida.

Marx, Lênin e o papel do proletariado

Desde que Marx, na *Miséria da filosofia**, definiu o processo de transformação do proletariado de classe *em si* à classe *para si*, isto é, da transformação de uma classe que existe objetiva e passivamente em uma classe consciente do seu papel na sociedade e que se lança na luta pela sua emancipação, dedicou sua vida e obra à aceleração do processo histórico que considerava premissa para a libertação de toda a humanidade. Não o fez de maneira "obreirista" ou populista, cortejando ou idealizando o proletariado, como tinham feito Proudhon e outros, antes e depois dele. Marx se dispôs a educar a classe operária a fim de dar-lhe consciência do seu papel, procurando transmitir a ela o máximo dos conhecimentos das leis da sociedade e da luta de classes, os quais ele mesmo, em companhia de Engels, descobrira e sistematizara. Por educação, Marx não entendia uma atitude paternalista ou acadêmica, e sim assistência e orientação na luta diária que o operário trava contra o capital, nas lutas parciais e políticas no seio e contra a sociedade burguesa e que servem de escola para a formação de um proletariado com consciência de classe. De certa fase em diante, como instrumento principal dessa luta surgiram os partidos políticos da classe operária, para cuja formação Marx e Engels apelaram por ocasião da liquidação da Primeira Internacional. Esses partidos políticos operários, por sua vez, não eram outra coisa senão a fusão do socialismo científico, do marxismo, com o movimento operário vivo da época. A penetração da teoria revolucionária nas massas tinha-se transformado em força material.

Depois da morte de Marx, Engels continua a obra na mesma direção e no mesmo sentido, assistindo diretamente às vanguardas revolucionárias e aos partidos já criados em uma dúzia de países europeus (e alguns americanos), no empenho de formar o proletariado mundial independente, coveiro do capitalismo. A tarefa dos revolucionários – escreveu ele, e isso era quase um testamento legado aos companheiros de luta – em todos os países modernos (industrializados) consiste em organizar o proletariado em partido político.

Lênin retomou essa herança em circunstâncias particulares. Retomou-a num país que não tinha feito ainda nem a tentativa de revolução burguesa e onde ela

* Ed. bras.: trad. José Paulo Netto, São Paulo, Boitempo, 2017. (N. E.)

ainda estava na ordem do dia; e retomou-a numa época que se destacou pelo início da revolução mundial.

No começo da sua atividade política militante, estabeleceu de imediato a fundação do partido do proletariado da Rússia como problema fundamental e primordial. Vejamos como coloca a questão nas "Tarefas dos sociais-democratas russos".

> O trabalho socialista dos sociais-democratas russos consiste em fazer propaganda das doutrinas do socialismo científico, em difundir entre os operários um conceito justo sobre o atual regime econômico-social, sobre seus fundamentos e seu desenvolvimento, sobre as diferentes classes da sociedade russa, sobre suas relações mútuas, sobre a luta dessas classes entre si, sobre o papel da classe operária nessa luta, sua atitude perante as classes que estão em decadência e perante as que estão em crescimento, sua atitude perante o passado e o futuro do capitalismo, sobre a tarefa histórica da social-democracia internacional e da classe operária russa.
>
> Nosso trabalho, antes de tudo e sobretudo, é dirigido para os operários de fábrica das cidades. A social-democracia russa não deve dispersar suas forças, deve-se concentrar na atividade entre o proletariado industrial, que é mais suscetível a assimilar as ideias social-democratas, é o mais desenvolvido intelectualmente e politicamente, o mais importante pelo seu número e pela sua concentração nos grandes centros políticos do país. Por isso se enganam profundamente os que acusam a social-democracia russa de estreiteza, de tender a fazer caso omisso das massas da população trabalhadora, para atender somente aos operários de fábricas. Ao contrário, a agitação nas camadas avançadas do proletariado é o caminho mais seguro, o único caminho para conseguir também o despertar de todo o proletariado russo.
>
> Ao radical russo parece frequentemente que o social-democrata, em lugar de chamar de um modo direto e imediato os operários avançados à luta política, afirma a necessidade de desenvolver o movimento operário, de organizar a luta de classes do proletariado; parece-lhe que a social-democracia *retrocede* assim do seu democratismo, relega a um segundo plano a luta política. Mas, se há *retrocesso*, somente se pode tratar do retrocesso do qual fala o provérbio francês: "É preciso recuar para saltar melhor".
>
> A um partidário da "Vontade do Povo", o conceito da luta política é equivalente ao conceito da *conjura* política... Mas [os sociais-democratas] sempre acreditaram e continuam a acreditar que essa luta não deve ser realizada por alguns conjurados, e sim por um partido revolucionário, que se apoie no movimento operário. Acham que a luta contra o absolutismo não deve consistir em organizar conjuras, e sim em educar, disciplinar e organizar o proletariado. ("As tarefas dos sociais-democratas russos"*, grifos de Lênin)

Não pretendemos abusar de citações, mas aqui Lênin coloca de maneira sucinta os problemas fundamentais da formação de um proletariado como classe e as tarefas decorrentes de uma vanguarda. É evidente que a questão da concentração de forças

* Ed. bras.: disponível em: <www.marxists.org/portugues/lenin/1897/mes/tarefas.htm>. (N. E.)

não é um *princípio* do marxismo: trata-se de um problema de *relações de forças* e do grau de amadurecimento do proletariado. Questão de princípio são a formação e a organização do proletariado, mas todo movimento tem de saber decidir se o número de quadros disponível é bastante para que a organização se dedique a mais de uma frente e desempenhe de fato um papel na luta de classe.

Que essa concepção de luta deu os resultados desejados nas condições russas já evidenciara a Revolução de 1905, cujos traços marcantes Lênin destaca no seu relato do mesmo nome:

> A peculiaridade da Revolução Russa consiste precisamente em que foi uma revolução *democrático-burguesa*, pelo seu conteúdo social, enquanto que pelos seus meios de luta foi uma revolução *proletária* [...] foi simultaneamente uma revolução proletária, não só por ser o proletariado a sua força dirigente, a vanguarda do movimento, mas também porque o meio especificamente proletário de luta, a greve, foi o meio principal das massas em movimento [...]
> Somente as ondas de greve de massas, que se estendiam por todo o país, despertaram as vastas massas camponesas do seu sono letárgico. A palavra "grevista" adquiriu para os camponeses um sentido completamente novo, chegando a ser algo como rebelde ou revolucionário, conceito que antes se expressava com a palavra "estudante". Mas como o "estudante" pertencia às camadas médias, à gente de "letras", aos "senhores", ficava estranho ao povo. O "grevista", ao contrário, havia saído do povo, figurava entre os explorados.

Não se deve perder de vista que essa situação descrita por Lênin se deu sete anos depois da publicação das "Tarefas", citadas mais acima, quando se tinha dado início ao trabalho sistemático na classe operária, e dois anos depois da fundação do partido, que foi em 1902. Os liberais ainda puderam duvidar da capacidade revolucionária do proletariado russo. O partido era fraco, e os quadros, poucos, mas, como salientou o próprio Lênin:

> Não obstante, o panorama mudou por completo no curso de uns poucos meses. As centenas de sociais-democratas revolucionários se transformaram "prontamente" em milhares, os milhares se converteram em dirigentes de 2 milhões ou 3 milhões de proletários. A luta proletária suscitou uma grande efervescência e, em parte, um movimento revolucionário no seio de uma massa de camponeses de 50 milhões a 100 milhões de pessoas; o movimento camponês repercutiu no Exército e provocou insurreições de soldados, choques armados de uma parte do Exército contra outra. Assim, pois, um país enorme, de 130 milhões de habitantes, se lançou à revolução [...]. ("Sobre a Revolução Russa de 1905"*, grifos de Lênin)

* Ed bras.: "Do informe sobre a Revolução de 1905", em Vladímir Ilitch Lênin, *Sobre os sindicatos* (trad. Armênio Guedes, Zuleika Alambert e Luís Fernando Cardoso, Rio de Janeiro, Vitória, 1961). (N. E.)

Se citamos aqui o exemplo de revolução proletária dado por Lênin, não o fazemos com o intuito de querer substituir a análise dos fatores que caracterizam as lutas de classes no Brasil, nem queremos dizer com isso que a situação na Rússia, em 1905, era semelhante a do Brasil de hoje. Ao lado das particularidades nacionais, sociais, culturais etc. que *toda* revolução apresenta, há ainda a particularidade específica de a Revolução Russa de 1905 ter sido democrático-burguesa, dirigida contra os remanescentes feudais, que se mantinham sob a forma do absolutismo. Mas o que a Rússia já tinha em comum com os países industriais era a existência do proletariado e, consequentemente, o papel que desempenhava nas lutas de classe. Por isso mesmo, podemos citar o caso russo como *exemplo* de colocação do problema. Lênin mostra o *método* marxista aplicado à prática revolucionária.

Podemos escolher outros exemplos: a luta de classes em escala internacional está rica em experiências, positivas e negativas, e todas aquelas colhidas em países capitalistas, nos quais já existe uma contradição fundamental e a polarização de trabalho assalariado e capital, revelam problemas fundamentais semelhantes, causados pela estrutura de classes da sociedade capitalista. Se escolhemos Lênin, de primeira mão, é porque o líder revolucionário russo ainda está, cremos, acima da suspeita de "revisionismo", "pacifismo" etc., porque "teoricamente" ainda representa um critério, um ponto de referência, numa fase de luta que se destaca pela absoluta falta de critérios, sejam teóricos ou práticos.

Mesmo assim, isso não quer dizer que os pontos de vista de Lênin não possam estar superados. O marxismo não é um dogma fossilizado, no qual os "papas" já pensaram todos os problemas para nós, antecipada e definitivamente. Marxismo é, antes de tudo, método e é experiência acumulada e aproveitada. Mas é método materialista dialético. E na medida em que surgem constantemente novas experiências, experiências que contradizem as anteriores, elas devem poder ser digeridas e aproveitadas à base da concepção materialista da sociedade e da dialética da luta de classes.

Acreditamos que isso foi feito no caso da Revolução Chinesa, que foi uma contribuição completamente nova ao marxismo de então. Nos casos da América Latina (inclusive da Revolução Cubana) e especialmente no do Brasil, o aproveitamento crítico dos novos fatores na luta de classes e da própria experiência passada ainda está num modesto início. A discussão sobre os rumos da revolução brasileira não chegou ainda ao nível de um debate entre marxistas-leninistas, de um lado, e não marxistas e não leninistas, de outro.

Olhemos mais de perto e veremos por quê.

3. A teoria e a prática

> Pois sem o povo trabalhador são impotentes
> todos os gêneros de bombas.
> (Vladímir Lênin)

Em que consiste o tão falado papel da classe operária?

Hoje, todo mundo concorda que o proletariado é a classe mais revolucionária da sociedade, a qual cabe a liderança na luta das demais classes oprimidas e exploradas. Como todo o mundo é "marxista-leninista", paga esse tributo teórico à causa, mas...

Geralmente há um "mas" no fim da definição. Não nos referimos aqui aos malabarismos "teóricos" do velho PCB, cuja "prática" bastou para desmoralizar qualquer justificativa por escrito. Se olharmos a nova esquerda, saída das rebeliões internas do PCB e do movimento estudantil, veremos igualmente que a "hegemonia do proletariado" toma as formas mais diversas e duvidosas.

Para a cisão "chinesa", o PCdoB (que, dito de passagem, encara a revolução brasileira como burguês-democrática e continua a propagar "frentes de unidade patrióticas"), a hegemonia da classe operária é ideológica e se manifesta por meio da liderança do partido revolucionário (concretamente, do PCdoB). A revolução, que se realiza mediante a guerra popular, vai do campo para a cidade, e sua força motriz principal são os camponeses brasileiros. Não é preciso um conhecimento particularmente aprofundado para saber que o PCdoB decalca o modelo da Revolução Chinesa para o cenário nacional. Raúl Villa [Eder Sader] já tratou extensamente da esterilidade teórica e prática dessa corrente, mas para não pensar que as coisas tenham mudado no meio-tempo, basta ler o último documento do PCdoB, divulgado pela Agência Sinjua, no qual se reafirma que:

1. a revolução brasileira tem um caráter nacional e democrático;
2. a questão camponesa é o problema-chave da revolução brasileira;
3. portanto, as cidades não podem ser o cenário principal da guerra de libertação do povo brasileiro.

Assim mesmo, nem o PCdoB pode ignorar a existência de um proletariado industrial no Brasil. O papel que lhe atribui, entretanto, na luta prática, é puramente auxiliar:

> Não obstante, isso não significa que as grandes cidades não tenham um importante papel a desempenhar. Nos centros urbanos se encontram três milhões de operários e uma grande camada da pequena burguesia, os quais, junto com os camponeses e assalariados agrícolas, constituem as forças motrizes da revolução. (Retraduzido do espanhol – E. M. [Érico Sachs])

É evidente que não tem nenhum papel de liderança para o proletariado nesse "modelo" de revolução. As grandes cidades têm "importante papel", mas não são o cenário principal. E se a "questão camponesa" é o problema-chave da revolução, o papel do proletariado se reduz, na prática, ao de um simples aliado, no mesmo nível da "grande camada da pequena burguesia" – nas melhores tradições do populismo prestista. Não é por acaso a ausência prática do PCdoB nas lutas operárias contra a ditadura. Estava ausente nas greves de Minas como também na de Osasco. E onde poderia ter estado presente, como na Guanabara em 1968, sabotou a greve dos metalúrgicos da mesma maneira e dentro da mesma linha do velho PCB.

Pela concepção teórica que essa corrente tem da revolução brasileira e pela sua prática política diária, a "hegemonia do proletariado" do PCdoB não passa de um princípio abstrato, de um tributo obrigatório que se paga aos clássicos do marxismo, mas não tem consequência prática alguma.

No extremo oposto da escala das organizações da nova esquerda brasileira, encontramos os grupos e agrupamentos, que surgiram direta ou indiretamente sob o impacto do "debrayismo" adaptado as suas necessidades imediatas. Para tais correntes, independentemente das divergências que as separam entre si, o partido não pode desempenhar o papel "chinês", de representante ideológico do proletariado junto ao "povo", pois negam de antemão o papel do partido político do proletariado nas lutas de classe, substituindo-o, em nome da "luta armada", por uma vanguarda militar, geralmente por "comandos político-militares".

Com essa liquidação das concepções leninistas de luta, negam automaticamente o papel do proletariado no processo revolucionário, pois é justamente por intermédio da formação do partido político revolucionário que o proletariado se constitui como classe independente na sociedade burguesa e se torna capaz de liderar as demais classes e camadas de classe na luta comum.

Tomando o agrupamento que, embora já não seja o mais importante, também influiu decisivamente no sentido ideológico para a formação de grupos análogos, o de Marighella, vemos que o papel da classe operária é tão pouco definido como o foi no caso anterior, do PCdoB. Não encontramos as fórmulas simplistas da "revolução do campo para a cidade...", mas "a cidade é a zona de luta complementar", "a zona rural é a estratégica", e a cidade, "a zona tática". Trata-se evidentemente de uma variante da "guerra popular", mas com uma diferença: o papel do camponês é tão pouco definido quanto o do operário na luta atual. O vácuo é preenchido pela classe média: "Ela constitui atualmente uma das forças mais combativas".

Veremos em seguida que esse "atualmente" não é tão transitório como poderia parecer, e que a classe média "combativa" serve de base para a elaboração de toda uma estratégia. Para compreender melhor o fenômeno, lemos em "Operações e táticas de guerrilhas" (retraduzido do espanhol):

> Os revolucionários não podem atingir seus objetivos a não ser com o apoio das classes capazes de lutar para a conquista do poder. No Brasil, em consequência de condições históricas e do fato da motivação patriótica, essas classes são o proletariado, os camponeses e a classe média. Graças aos seus interesses e a sua posição, seja em relação ao socialismo, seja em relação à libertação nacional, essas classes se opõem aos grandes capitalistas e latifundiários e são inimigos do imperialismo norte-americano. O proletariado é a única classe cujo interesse imediato é o socialismo, mas todas as classes que se opõem às classes dominantes e ao imperialismo são unidas pelo seu interesse pela libertação nacional.

Trata-se de um documento escrito em linguagem "marxista" herdada do PCB. Também no velho partido é obrigatório respeitar a hierarquia "teórica" de proletariado, camponeses e classe média, sem que isso implique consequências práticas que a formulação poderia sugerir. Também no velho PCB se falava da classe média, ignorando as suas contradições internas, procurando um denominador comum entre ela e o proletariado, mas que sempre sacrificava os interesses do proletariado aos da classe média. No presente caso, o proletariado é a única classe cujo interesse "imediato" é o socialismo, mas o objetivo é a "libertação nacional".

O grupo de Marighella foi um dos últimos a fazer a profissão de fé da luta pela revolução socialista. E o fez em seguida ao "Manifesto de Guevara" e sob pressão das próprias bases, descontentes com a não definição que perdurou por muito tempo. Mas o que a profissão de fé significa na luta prática, mostra o citado documento (e todos os demais), é que o socialismo é subordinado a uma pretensa "libertação nacional". Dizemos pretensa porque se trata da ficção de poder libertar o país sem romper o sistema capitalista, sem uma revolução socialista. E essa, justamente, é a ficção própria da classe média, da pequena burguesia. Essa ficção perdura quando e enquanto o proletariado não está sendo preparado, ideológica e organizacionalmente, para se colocar à testa do processo revolucionário. Essa autolimitação se manifesta igualmente no declarado objetivo da revolução brasileira, que consistiria na formação de um "governo popular revolucionário" e igualmente nos diversos "programas de unidade", que não ultrapassam o terreno de uma revolução democrático-burguesa. Mas trata-se de uma revolução democrático-burguesa sem nenhum traço de hegemonia proletária na luta.

Encontramos o tema e a formulação com as mais diversas variações. O ex--Colina, que mais tarde integrou a VAR, colocou-se no mesmo ponto de vista quando defendeu que "a classe média tinha de abrir as portas para a luta proletária". Na prática, essa linha não deve ter dado certo, pois não foi por puro acaso que na greve industrial de Minas não foi possível mobilizar os estudantes para ações de apoio e de solidariedade, e que entre as poucas fábricas que não entraram em greve estavam justamente aquelas "sob controle" do Colina.

No seio das dissidências estudantis do Rio de Janeiro e de São Paulo, as quais posteriormente se juntaram a Marighella, uma das piores acusações lançadas contra inimigos internos e externos era ser "insurrecionalista", que era tido como sinônimo de "revisionista" ou "reformista" e dirigido contra aqueles que viam no levante do proletariado urbano o auge do processo revolucionário. Esses companheiros, que ficaram sinceramente surpreendidos quando descobriram que os leninistas haviam sido "insurreicionalistas", não tinham deixado em nenhum momento das suas atividades políticas de pagar o seu tributo ao papel do "proletariado na revolução brasileira".

É evidente que, por baixo de uma fina capa de "marxismo-leninismo" e por trás das profissões de fé de revolução socialista, abrigam-se as concepções mais diversas de luta de classes. E do mesmo modo como – nas palavras de Marx – não se pode julgar um indivíduo pelo que ele pensa de si mesmo, não podemos julgar as correntes dessa nova esquerda pelas suas profissões de fé.

Entre essas concepções mais diversas há de tudo, menos uma concepção proletária de luta de classes e da revolução. O proletariado entra aqui "em termos", como princípio e álibi. Na melhor das hipóteses, a guerrilha, o "exército popular" ou de "libertação nacional", age em seu nome, toma o poder em seu nome e, pelos planos militares preestabelecidos, exercerá o poder em seu nome.

Essas concepções antimaterialistas e irracionais de luta de classes e da revolução têm evidentemente as suas causas e origens sociais. Não só se alimentam na luta diária da pequena burguesia radical, como as "concepções teóricas" igualmente refletem uma origem social. Mas a irracionalidade pequeno-burguesa não para aqui. Ela encontra a sua continuidade lógica na "estratégia e tática", independente da fraseologia marxista, sob a qual se pretende esconder.

A concepção estratégica

Tomemos o documento de fundação da VAR, em 1968. Começa dizendo que o espectro da luta armada ronda a América Latina. E que os fuzis nas mãos dos explorados e oprimidos estão ameaçando jogar por terra seu domínio secular. É de supor que o documento explicasse melhor por que chegou o momento da luta armada. Mas nada disso acontece. Depois de constatar que o capitalismo nasceu do feudalismo e se transformou posteriormente em imperialismo, e de prestar o seu tributo à revolução socialista e à hegemonia do proletariado, chega à conclusão de que o único caminho é "um longo processo de luta armada, que levará atrás de si massas crescentes e resolutas até a tomada do poder". A forma de luta armada é a guerra de guerrilhas.

O documento não coloca nem a luta armada nem a sua forma específica dentro do contexto da luta de classes no Brasil. Para a VAR, a guerrilha é a luta de classes, é a revolução. A luta armada existe independente de qualquer consideração de conjuntura e é uma consequência do fato de o capitalismo se ter transformado em imperialismo.

Marighella, por sua vez, apelou para a "guerra revolucionária". Declarou essa guerra formalmente em circulares "aos homens das classes dominantes", nas quais se anuncia a instalação de um "imposto compulsivo revolucionário". Sua concepção de guerra revolucionária, ou luta de guerrilha, era mais complexa do que as expostas no documento da VAR. Dividiu a guerra revolucionária em três fases: a da guerrilha urbana, a da rural e a do exército revolucionário de libertação nacional, sendo que a primeira fase era tida como premissa do surgimento das seguintes. Marighella, todavia, só "teorizou" *a posteriori* uma prática imposta pelas circunstâncias. Institucionalizou a guerrilha urbana depois de uma série de tentativas frustradas de guerrilha no campo e, como todos os outros grupos semelhantes, ele se especializou na atividade "preparatória" da segunda fase rural. De resto, a concepção sobre luta armada e guerrilha é idêntica à da VAR. Em 1968, Marighella chegou à conclusão de que:

> A primeira fase da guerrilha revolucionária está em vias de se completar, o que não significa, de maneira alguma, diminuir o ritmo da guerrilha urbana, e da guerra psicológica [...].
> A segunda fase da guerrilha revolucionária é a guerrilha rural. E não surge por casualidade. É fruto de tudo quanto se preparou e realizou anteriormente dentro da lei básica da guerra e segundo o plano estratégico e tático global estabelecido de antemão. E é através da guerrilha que criaremos o exército revolucionário de libertação nacional, o único que tem capacidade para aniquilar as forças militares dos gorilas. ("Sobre a guerrilha rural")*

Em que se baseia esse plano estratégico geral? Em alguma experiência viva de luta de classes na América Latina? Marighella explica:

> O princípio básico da estratégia revolucionária nas condições de uma crise política permanente é desencadear tanto na cidade como no campo um tal volume de ações revolucionárias que o inimigo se vê obrigado a transformar a situação política em uma situação militar. Então, o descontentamento alcançará todas as camadas e os militares serão responsáveis absolutos por todos os abusos. ("Sobre problemas e princípios estratégicos")

Não se pode afirmar que se trate de uma estratégia elaborada à base de experiência das lutas de classe no continente, ou à base de uma análise das relações de classes da sociedade brasileira, a qual procuramos em vão nos documentos – a não ser que se queira tomar como análise a simples constatação de que o povo está

---

* Carlos Marighella, "Alocucação sobre a guerrilha rural", em Edgard Carone, *O movimento operário no Brasil (1964-1984)* (São Paulo, Difel, 1984). (N. E.)

oprimido e descontente. Trata-se de uma estratégia construída à base de premissas subjetivas. Da premissa de ser a ação do revolucionário que cria a situação revolucionária. Com isso, depois de ter liquidado o conceito do partido revolucionário do proletariado como instrumento de formação da classe independente, Marighella abandona um segundo princípio básico do marxismo-leninismo.

Tanto para Marx como para Lênin, os revolucionários não criam as situações revolucionárias e não fazem as revoluções. Esse conhecimento foi uma das premissas para o socialismo se tornar científico. Os revolucionários só podem aproveitar as situações revolucionárias que a própria sociedade produz na medida em que aprendem a discernir as leis sociais que regem a vida da sociedade e transformar essas situações em revolução, na medida em que souberem mobilizar e dirigir a classe revolucionária para preencher o seu papel. Pois revolução significa a substituição do domínio de uma classe por outra classe.

Toda a atividade militante, tanto de Marx como de Lênin, estava marcada pela defesa e aplicação desse conhecimento. Marx, no fim da sua primeira experiência revolucionária de 1848, foi obrigado a enfrentar a facção Willich-Schapper na Liga dos Comunistas, porque esta queria continuar as insurreições a todo custo. Mostrou ele como a situação revolucionária fora provocada pela crise econômica e como a superação dessa crise impedia naquele momento um recrudescimento do movimento revolucionário, que tinha sofrido derrotas militares. A situação mudara, e os revolucionários tinham de se adaptar às condições criadas para poder preparar o proletariado para enfrentar melhor as novas situações revolucionárias que surgiriam inevitavelmente, porque é a própria sociedade que se encarrega de produzi-las. Mas os revolucionários decerto não preencheriam seu papel se insistissem em bater com a cabeça contra a parede. O mesmo problema, em outros termos, Marx enfrentou ainda quase no fim da vida, nas lutas com os adeptos de Bakúnin, cujos conceitos subjetivos de revolução tinham contribuído para a dissolução da Primeira Internacional.

Lênin começou a sua atividade marxista com a luta contra os *naródniki*, os populistas russos, conservadores das tradições da conjura e do terrorismo como armas principais de libertação do povo. E terminou a vida debatendo-se com tendências voluntaristas dentro da própria Internacional Comunista, em que facções e partidos inteiros não se queriam conformar com o fato de a primeira onda da revolução mundial ter passado. E insistiu na mudança das táticas, adequando-as a uma situação não revolucionária, porque se não se preparar o proletariado durante as fases de relativa estabilidade do capitalismo, não se será capaz também de aproveitar a próxima situação revolucionária.

Um dos aspectos fundamentais da estratégia e da tática do marxismo-leninismo é justamente levar em conta a conjuntura revolucionária na elaboração das linhas políticas. E é justamente essa experiência que os quatro primeiros congressos da

Internacional Comunista, com a colaboração direta de Lênin, procuraram sistematizar em escala mundial.

A situação do Brasil em 1968 de maneira nenhuma pode ser considerada como revolucionária. Ao contrário, o país saiu da crise econômica cíclica. Tanto em 1968 como em 1969, a expansão foi ao redor de 9% ao ano. A crise política existente, que levou ao segundo golpe militar de dezembro de 1968, deve-se ao fato de as Forças Armadas precisarem convencer parte da classe dominante quanto à necessidade de continuar a ditadura (e isso implicou seu reforço), apesar do alívio da crise econômica e da retomada da expansão. A oposição burguesa encontrou respaldo na classe média, desiludida com a ditadura. De outro lado, havia um ascenso do movimento da classe operária que, encorajada pela expansão econômica e pela absorção do desemprego industrial dos últimos anos, começou a reagir contra o rebaixamento do nível de vida que sofrera. O campo estava quieto ainda, sem nenhum indício de que o movimento nas cidades já o tivesse atingido. Tudo isso forneceu um terreno propício para a retomada da luta em um nível de consciência mais alto do que antes de 1964. Mas estávamos longe de poder colocar em xeque o sistema social.

Apesar disso, Marighella declarou a guerra revolucionária na cidade e no campo. O resultado foi um confronto direto entre parte da esquerda clandestina e o aparelho de repressão; confronto que se deu absolutamente sem a participação das massas, nem sequer em termos de um apoio protetor – e o resultado dessa luta desigual nas cidades foi o sacrifício da imensa maioria dos quadros que constituíam o "movimento armado".

Até aqui, citamos Marighella como expoente de toda a corrente da luta armada, apesar do fracionamento existente. Embora ele se tenha preocupado mais do que qualquer outro em fundamentar teoricamente a sua posição – fundamentação que com frequência não foi aceita pelos demais –, a prática de todos os grupos da chamada guerrilha urbana foi a mesma. Mas agora temos o direito de perguntar por que justamente Marighella, com seus trinta anos de responsabilidades de liderança no Partido Comunista Brasileiro – e não Lamarca, que vem de um setor completamente diferente –, tomou essa atitude, da qual não podia ignorar que se chocava frontalmente com toda a experiência e ensinamento leninistas. É verdade que, pouco antes do seu assassinato pela polícia paulista, em uma entrevista concedida a Conrad Detrez, na revista *Front*, declarou não ser mais marxista-leninista "ortodoxo". Mas até onde existe aqui um marxismo-leninismo "não ortodoxo"?

Parece ter sido a concepção fundamental e contraditória que teve da revolução brasileira o que melhor explica os equívocos de Marighella. Embora não aceitasse os esquemas e modelos dos nossos "chineses" ortodoxos – esse caminho lhe parecia problemático demais para o Brasil, onde o campesinato tem outras características –, acreditou que a revolução poderia movimentar-se do campo para a cidade. A solução acreditou ele ter encontrado no precedente cubano e, assim, tomou elementos emprestados das duas revoluções para a formação do seu "plano estratégico". O fato é que não aceitou o "foco catalisador" de Che Guevara e se decidiu pelo "exército de libertação". Mas não é toda síntese que é dialética.

O exemplo chinês era importante para o plano dele porque foi justamente na China que a conjuntura revolucionária e os altos e baixos nas lutas de classes não tiveram o mesmo peso que nos países industrializados, e nunca chegaram a provocar uma interrupção na luta armada, uma vez desencadeada. Em primeiro lugar, porque na China, e principalmente no interior do país, o capitalismo era pouco desenvolvido e rudimentar, de maneira que o ciclo econômico pouco influía. Em segundo lugar, porque a própria revolução se tinha tornado agrária. E, em terceiro, mas nem por isso menos importante, porque os comunistas chineses haviam podido estabelecer "regiões libertadas", com administração e governo próprios e podiam, portanto, aguardar em posições fortificadas o recrudescimento da conjuntura revolucionária no país.

Essa perspectiva não se dá para a revolução brasileira, embora hoje se fale muito também sobre um "Vietnã" no Brasil. Esquece-se, todavia, que os camponeses sul-vietnamitas podiam lutar esse tempo todo, porque tinham um *hinterland* no norte e, atrás do norte, tinham a China e a Rússia para aguentar a guerra prolongada. Na América Latina, por enquanto, somente a reação poderia contar com semelhante apoio material para uma luta prolongada em termos de regiões geográficas. Marighella sabia disso e o disse claramente: "Em nenhum momento a guerrilha brasileira deve defender áreas, territórios, regiões ou qualquer base ou posição fixa. Se atuássemos assim, permitiríamos ao inimigo concentrar suas forças em campanhas de cerco e aniquilamento contra posições conhecidas e vulneráveis" ("Sobre problemas e princípios estratégicos").

Essa já é uma experiência da Revolução Cubana. Uma outra conclusão que, todavia, Marighella não quis tirar é que a guerra revolucionária em Cuba, a guerrilha, foi iniciada em um momento de grave crise econômica (e social), em que um entre quatro cubanos estava desempregado, e o país não conseguia vender a maior parte da sua colheita de açúcar, a espinha dorsal da sua economia.

A mesma incongruência se manifesta nas funções que Marighella atribui à guerrilha rural. Para ele, é um núcleo do exército de libertação. Na prática, isso significa que, como na China, a revolução vai do campo para a cidade, que é tomada e libertada. Ele deixa isso claro: "Somente quando as Forças Armadas da reação já estiverem destruídas, e a máquina do Estado militar burguês não puder mais atuar contra as massas, é que deve ser decretada a greve geral na cidade em combinação com a luta guerrilheira, para ser vitoriosa" (idem).

Temos aqui uma interpretação um pouco unilateral da experiência cubana. Quando a guerrilha desceu da serra, as Forças Armadas de Batista não estavam destruídas ainda, apesar de todas as derrotas que sofreram. Ainda perfaziam quinze vezes, pelo menos, o número de guerrilheiros em armas. A máquina do Estado militar burguês, todavia, não pôde agir mais contra as massas porque estas estavam em greve geral insurrecional vitoriosa, o que permitiu à guerrilha entrar em Havana sem dar um tiro. Foi a combinação destes dois fatores, o da guerrilha, que possibilitou a greve nas cidades, e o da vitória dessa greve, permitindo à guerrilha penetrar nas cidades, que representou o traço fundamental da Revolução Cubana. Mas em Cuba não houve "exército de libertação nacional". A guerrilha foi o catalisador de um processo revolucionário, "um pequeno motor que punha em movimento um grande motor", como disse Fidel. E os dois motores se movimentaram na mesma direção.

Como surgirá então o exército de libertação nacional no Brasil? Da mesma maneira como na Revolução Chinesa? Esse caminho Marighella já tinha eliminado parcialmente, quando negou a possibilidade de regiões libertadas. Ele, porém, é mais claro ainda sobre situação do nosso campo:

> Não é provável que das lutas reivindicatórias (dos camponeses) surjam guerrilhas rurais no sentido estratégico. Os camponeses brasileiros têm consciência política limitada, e a tradição das suas lutas não vai além do misticismo ou do banditismo, sendo ainda recente e limitada sua experiência de luta de classes sob a direção do proletariado. (Idem)

Se esses são os fatos que predominam no campo, e nós concordamos que essa é a realidade, como se formará então o exército de libertação nacional, a arma estratégica da revolução? Com os quadros estudantis e de ex-estudantes, vindos das cidades? Isso é uma atitude tão idealista quanto a de lançar esses quadros em um confronto armado com o aparelho de repressão das cidades. Já que Marighella teve a lucidez de ver que o movimento camponês surgiu sob o impacto do proletariado da cidade, suas conclusões deviam ser diferentes.

A população do campo, trabalhadores assalariados, meeiros, posseiros e pequenos camponeses, só se vai movimentar, organizar e intervir nas lutas de classe em escala nacional em torno de um movimento proletário nas cidades, em torno de uma classe operária que defenda os interesses elementares dos seus aliados no campo e os ensine a lutar, dando o exemplo da própria luta. Por isso, no presente momento e por algum tempo, o "problema-chave" não é a "questão camponesa", e sim a situação do proletariado, sem o qual não resolveremos o problema do campo; e a "zona estratégica" é a cidade, onde essa classe operária tem de ser formada e mobilizada.

Por isso, a guerrilha só pode desempenhar no Brasil um papel semelhante ao que desempenhou em Cuba, isto é, de catalisador de um processo revolucionário, cuja principal força motriz é o proletariado industrial. Todavia, preencherá essa função somente dentro da conjuntura revolucionária. No Brasil, no presente momento, não existe situação revolucionária, ou mesmo pré-revolucionária, que lhe permita desempenhar esse papel. O sacrifício, nos últimos dois anos, dos recursos materiais das esquerdas na chamada guerrilha urbana, reduz atualmente mesmo as chances de sobrevivência de um foco guerrilheiro, independente do seu desempenho político.

"Luta armada" como nova versão da "ação direta"

Estreitamente ligado à concepção de Marighella de "guerra revolucionária" contínua e independente da conjuntura econômica e política da sociedade capitalista é o seu conceito de "luta armada". Em "O papel da ação revolucionária na organização", ele explica o que vê de novo na sua estratégia e tática:

> Nas atuais condições do Brasil, existem entre os revolucionários duas concepções distintas de trabalho de massa e de relações com o povo. Uma dessas concepções é a das organizações que partem das reivindicações imediatas e, através dessa atividade, buscam ganhar as massas para a revolução.
> A ditadura militar, em troca, não admite a luta reivindicatória e lança contra ela decretos proibitivos, leis de exceção e, sobretudo, uma potência de fogo crescente e, portanto, não vacila em reprimir com chumbo as manifestações de rua.
> As organizações que restringem suas atividades ao trabalho de massas através da luta reivindicatória e com vistas a sua transformação em luta política terminam reduzidas à impotência frente à superioridade armada do inimigo.
> A outra concepção, acerca do trabalho de massas e das relações com o povo, é a das organizações cuja preocupação fundamental consiste em partir para a luta armada e tem como fim enfrentar a ditadura através de um poder de fogo mesmo pequeno, mas manejado pelos revolucionários e pelos movimentos de massas.
> Ao redor desse poder de fogo, que surge do nada e que vai crescendo pouco a pouco, a massa se aglutina, constrói a sua unidade e marcha até a tomada do poder.

Se na primeira parte da citação Marighella explica por que, nas condições brasileiras, acha impossível (?) realizar o trabalho de agitação, propaganda e organização no seio da classe operária, o qual é o "pão de cada dia" do revolucionário marxista, na segunda ele resume o seu conceito de luta de classes nas novas circunstâncias: é o "poder de fogo" dos revolucionários, o qual "surge do nada", mas que "vai crescendo pouco a pouco" e em torno do qual "a massa se aglutina" até tomar o poder.

Esse conceito de "luta armada" revelou dois pontos capitais fracos. Em primeiro lugar, apesar das reiteradas afirmações de se tratar de uma nova "concepção acerca do trabalho de massas" e que "as massas se aglutinam" em torno desse "potencial de fogo", não há lugar para as "massas" nessa forma de luta, travada por grupos herméticos que pensam *substituir* a ação das massas, que a ditadura militar "não admite".

Em segundo lugar, e isso a experiência de dois anos mostrou para quem não soube aproveitar as lições da história, a massa, longe de se aglutinar em torno do "potencial de fogo", retraiu-se, caiu na passividade, e a "vanguarda político-militar", apesar da aura romântica que conseguiu criar em muitas camadas, está hoje mais isolada do que no início da sua ação. É precisamente a falta de ligação com as massas de trabalhadores e sua falta de atividade política que fizeram, após as primeiras ondas de euforia, com que os grupos armados hoje, em vez de aumentarem o seu "poder de fogo", não pudessem sequer substituir as perdas que sofreram nessa luta desigual.

Dissemos que esse aspecto da questão era novo para aqueles que não souberam aprender com a história das lutas de classes. Pois aquilo que Marighella e os demais grupos apresentaram como algo de "novo" nas condições brasileiras, a "luta armada", não passa de um rótulo novo para um conteúdo antigo, apresentado como "ação direta" pelos anarquistas ou de "terror estimulante" pelos populistas russos.

Que se trata de uma tática terrorista, Marighella não nega. Na mesma obra já citada, assinala: "Sendo nosso caminho o da violência, do radicalismo e do terrorismo (as únicas armas que podem ser opostas eficientemente à violência inumerável da ditadura), os que afluem a nossa organização não vêm enganados, e sim atraídos pela violência que nos caracteriza".

Novo, na experiência brasileira, só era o fato de apresentar essa tática como "marxista-leninista", de querer reduzir a concepção de revolução armada e violenta a táticas terroristas. Dessa maneira, o "dever de cada revolucionário é fazer a revolução", levado às últimas consequências, leva-nos de volta aos tempos de Max Stirner.

Para o marxismo e para o leninismo, *luta armada* sempre foi e continua sendo *luta de classes armada*, e não obra de grupos ou indivíduos, por mais heroicos que se possam revelar. Luta armada significa armar uma classe ou uma facção de classe, mas significa, em todo caso, armar massas de oprimidos.

Marx deixou isso claro em todas as revoluções europeias a que assistiu, especialmente em relação às táticas bakuninistas e blanquistas. Lênin defendeu e fomentou a guerrilha urbana na Revolução Russa de 1905. Mas se tratou de uma situação revolucionária, e a guerrilha urbana servia para preparar o levante do proletariado de São Petersburgo e de Moscou. O que ele entendia por guerrilha urbana era a ação de pequenos grupos de operários armados que saíram das fábricas para dizimar e desmoralizar as forças da repressão.

A luta armada, em termos marxistas, sempre foi e continua sendo inseparável da estratégia geral da revolução, que pode ser desenvolvida levando em conta os fatores materiais da luta de classe, as conjunturas, altas e baixas, do desenvolvimento da sociedade. Isso diz respeito igualmente à forma peculiar de luta armada, o foco guerrilheiro. Isolado do contexto geral da luta de classes, tende a substituir o movimento de massas, em vez de catalisá-lo, e dez anos de experiências latino-americanas assim o demonstram. O fato de nós sabermos que a revolução é um ato violento e que se realiza por intermédio de uma luta armada não quer dizer que ser revolucionário é ter atividade de violência e viver com a arma na mão. Querer que os quadros "*sejam atraídos pela violência que nos caracteriza*" é regredir para uma atitude anarquista primária, é não ter aprendido nada do marxismo-leninismo e ter esquecido o pouco que se sabia.

Traduzido isso para a situação atual do Brasil, significa que não há luta armada no país e não há situação que a justifique do ponto de vista da luta proletária. O que há é a tentativa de substituir a luta de classes por ações armadas de grupos isolados das massas. E seu isolamento das massas é o preço da sua sobrevivência como grupos armados.

Combater a ficção da "luta armada" e reduzi-la às suas verdadeiras proporções de tática terrorista não significa aderir a uma "linha pacífica", como procuram fazer crer os apologistas da dita tática. No Brasil de hoje, o uso da arma na luta diária se impõe e se justifica permanentemente frente à repressão. Mais de uma vez se deram libertações de presos políticos de arma na mão. Expropriações são um recurso legítimo de uma organização clandestina, principalmente depois do AI-5. Igualmente não se discute a validade de sequestros, quando realizados em termos políticos. Isso tudo, entretanto, não passa de atos defensivos de um movimento clandestino frente à repressão e só tem sentido como ações complementares de uma política militante no seio das massas trabalhadoras, e não como substituto desta.

A expropriação é uma questão de relações de forças e de segurança da organização ilegal. Nenhuma organização com uma linha proletária atuante vai-se lançar em atos de expropriação quando estes impedem e desorganizam o trabalho operário ou a forçam a um duelo com a máquina de repressão. O diabo não se cutuca com vara curta. Quando, todavia, a expropriação se mostra praticamente a única atividade de grupos inteiros, e esse é o caso na maioria deles, de fato se torna tática, e tática terrorista. Quando centenas de jovens são lançadas nessa atividade, como sendo a atividade revolucionária, eles próprios começam a acreditar que estão expropriando a burguesia, como caminho da revolução. Quando essa atividade é divulgada, procura-se dar essa crença ao "povo": "Fizemos dos assaltos a bancos uma modalidade popular da ação revolucionária", diz Marighella em "As perspectivas da revolução brasileira".

O resultado foi que, durante dois anos, a grande maioria dos grupos "dispersos e isolados entre si" se lançou a torto e a direito em expropriações de bancos, independente de saber se podia ou não usar esse dinheiro e também dos caminhos incontroláveis que esses recursos tomaram. Ademais, a grande maioria dos pequenos grupos sucumbiu no confronto, e os maiores não escaparam à sangria. Grande parte dos reagrupamentos havidos nos últimos dois anos na nova esquerda foi produto da destruição de grupos inteiros, cujos restos se reuniam sob novo rótulo. Foi esse o caso do Colina, cujos militantes sobreviventes em liberdade tiveram de abandonar Belo Horizonte e, fundindo-se com a antiga VPR, que sofrera perdas semelhantes, fundaram a VAR. Ambas as organizações tinham perdido as suas bases operárias, arrastadas pelas quedas dos seus aparelhos militares. Destino semelhante tinha sofrido uma das organizações mais enraizadas no proletariado de Minas, a Corrente. Tendo uma posição dúbia – trabalhava com a Política Operária nas fábricas, porque Marighella não tinha orientação para o trabalho operário, e colaborava com este no setor militar, uma vez que a Política Operária "subestimava a luta armada" –, toda a organização foi arrastada pelas aventuras armadas. Um fim parecido estava reservado ao PCBR na Guanabara, quando a direção e a espinha dorsal da organização caíram, após a formação de um "comando político-militar" por uma oposição interna. E na própria ALN, de Marighella, as bases operárias que o tinham acompanhado na cisão ficaram em pleno abandono porque não cabiam no esquema de "luta armada" e procuraram outras organizações para uma orientação do trabalho no seio da classe operária.

Não é de admirar que as massas não se tenham "aglutinado". A classe média não aderiu. Na pequena burguesia, sempre dividida, a maioria conservadora não tinha muita compreensão das táticas terroristas que contrariavam seus instintos de propriedade e de segurança. A parte esquerdizante e radicalizada da pequena burguesia mostrou simpatia, e mesmo entusiasmo, no sentido de que, finalmente, *alguém* estava fazendo alguma coisa, mas as suas atividades se limitaram a computar os casos de expropriações e, frente ao terror policial crescente, essa camada recuou.

Reação semelhante, e com os mesmos resultados, atingiu grande parte da classe operária, a oposição natural mais pronunciada contra o regime. Entretanto, a parte mais lúcida do proletariado, aquela que se empenha em organizar a classe e tem consciência dos problemas de luta, não se pode dar por satisfeita. Para ela, não há lugar neste duelo entre "grupos armados" e repressão, a não ser que se separem da classe e se integrem aos grupos militares. Além disso, viu como, nos últimos dois anos, se perderam sistematicamente os seus quadros em virtude da "luta armada", assim como o apoio de organizações inteiras que, bem ou mal, sustentavam as atividades nas fábricas.

Não foi sem motivos que a massa não se "aglutinou". E os quadros dessa "luta armada" já o sentem. Esse sentimento se manifestou nas declarações de alguns dos quarenta presos trocados pelo embaixador alemão, quando da sua chegada à Argélia. Carlos Minc Baumfeld declarou ao *Der Spiegel* que a guerra contra a ditadura mais brutal da América Latina será prolongada, de dez a vinte anos. E isso "*não só por causa da superioridade do inimigo*", mas antes de tudo porque as massas do povo brasileiro se encontram "*num nível muito baixo de consciência política*". Responsáveis por essa situação, segundo o ex-sargento Darci Rodrigues, são em parte as próprias esquerdas, "*que se preocuparam demasiadamente pouco com a consciência das massas*".

E a luta será mais prolongada ainda se as vanguardas marxistas não abandonarem sua posição duvidosa frente à "luta armada" e se decidirem consequentemente por uma linha de luta proletária. Os desvios e as aventuras têm de ser desmascarados e combatidos, e esse é o único caminho para a alternativa revolucionária se impor no Brasil. Silêncio é conivência hoje, como foi antes de 1964, quando combatemos o oportunismo de direita responsável pelas derrotas da classe operária. Devemos a clareza de nossas posições a respeito desse assunto aos inúmeros quadros operários conscientes dos problemas da sua classe e da revolução brasileira; eles estão esperando orientação em escala nacional. Com um heroísmo anônimo, esses anos todos, eles ficaram nos seus postos – nas condições mais adversas – e levaram à frente, com os recursos que tinham à disposição, a obra revolucionária e não deixaram que a flama se extinguisse. Não nutriram as ilusões imediatistas da esquerda "armada" e não tinham as satisfações duvidosas das ações espetaculares que repercutiram na imprensa burguesa. Mas sabiam e continuam sabendo que não só não se liberta um povo de 90 milhões com "ações espetaculares", como também não se transforma uma sociedade dessa maneira. Esses são os fiadores da futura revolução socialista e proletária do Brasil.

E mais uma vez Lênin

Se nós, para encerrarmos este capítulo, evocamos Lênin mais uma vez, não o fazemos para forçar paralelos históricos. Os paralelos se impõem, todavia, por meio da história das lutas de classes da época moderna, na medida em que sucessivos países são absorvidos pela evolução do capitalismo, criando as várias classes que constituem a sociedade burguesa. Essas classes, em condições de estrutura social semelhante, desenvolvem frequentemente reações ideológicas semelhantes. Isso se dá também em relação a uma classe criada pela sociedade burguesa, a qual, falando francês, português, russo ou espanhol, parece traduzir as mesmas ideias de uma língua para outra, embora insista cada vez mais que esteja fazendo uma contribuição nova e original para a solução dos problemas dos seus países. Trata-se da pequena burguesia da sociedade capitalista, também chamada de classe média pelos anglo-saxões, mais pragmáticos. Trata-se do berço da maioria das ideologias dominantes, desde os preconceitos da vida diária até as "ciências sociais" das universidades burguesas. É da pequena burguesia que surgem os ideólogos que dizem ao capitalismo nacional o que fazer para proteger seus interesses autóctones e que dizem ao proletariado o que fazer para proteger os seus "interesses" socialistas. Às vezes são os mesmos ideólogos que se encarregam das duas tarefas. Quanto menos desenvolvido o movimento operário, e quanto mais baixo o nível de sua fusão com o marxismo, mais alta é a voz dos ideólogos da classe média.

Por isso, parece que nós – e não somente nós – estamos agora na fase das doenças infantis, pelas quais outros povos passaram antes de nós. Em todo caso, não se pode negar que estejamos debatendo alguns dos problemas fundamentais e de princípio do socialismo proletário que Lênin já enfrentara em 1902.

Lembremo-nos de que os nossos terroristas fazem questão de reafirmar em todos os seus documentos que a chamada "luta armada" não está em contradição com o trabalho de massas, ao contrário, ela é hoje a única maneira de "aglomerar" massas etc. Marighella pretende apresentar uma tática nova, quando diz, em "O papel da ação revolucionária na organização"*:

> De acordo com esse ponto de vista, o movimento de massas não terá condições de subsistir se não estiver escudado no próprio poder de fogo dos revolucionários. Nossa organização é seguidora dessa concepção revolucionária e por isso não pode ser acusada de subestimar o movimento de massas.

Fato é que os socialistas-revolucionários russos apresentaram argumentos análogos para defender a mesma posição. Não dispomos dos documentos originais deles, mas Lênin deixa pouca dúvida a respeito quando verifica em "Aventureirismo revolucionário"**:

> Os socialistas-revolucionários, ao defender o terror, cuja inutilidade tem sido demonstrada pela experiência do movimento revolucionário russo, declaram que admitem o terror unicamente ligado ao trabalho de massas e que, por isso, não os afetam os argumentos com que os sociais-democratas russos refutavam (e têm refutado extensamente) a conveniência deste método de luta [...].
> Não repetiremos os erros dos terroristas, não nos distrairemos do trabalho entre as massas – asseguram os socialistas-revolucionários –; porém, ao mesmo tempo, recomendam zelosamente ao partido atos como o assassinato de Sipiáguin por Balmáchiev, ainda que todo o mundo saiba e veja muito bem que esse ato não teve – nem poderia ter, pela forma como foi realizado – nenhuma relação com as massas, e que aqueles que o cometeram não confiavam nem contavam com nenhum apoio ou ação concreta da multidão. Os socialistas-revolucionários não percebem, ingenuamente, que sua inclinação para o terror está unida por mais estreitas relações causais ao fato de ter-se encontrado desde o primeiro momento, e de seguir encontrando-se, à margem do movimento operário, sem tratar sequer de se converter no partido de uma classe revolucionária que sustente sua luta de classe.

E se Marighella afirma que a ditadura militar "não admite a luta reivindicativa" e lança contra ela "sobretudo uma potência de fogo crescente e, portanto, não vacila em reprimir com chumbo as manifestações de rua", que, desse modo, o seu caminho é de "violência, do radicalismo e do terrorismo, as únicas armas que podem ser opostas eficientemente à violência inumerável da ditadura [...]", o que distingue

---

* Reproduzido em Daniel Aarão Reis Filho e Jair Ferreira de Sá (orgs.), *Imagens da revolução: documentos políticos das organizações clandestinas de esquerda dos anos 1961 a 1971* (São Paulo, Expressão Popular, 2006). (N. E.)

** Ed. port. em: *O imperialismo e a cisão do socialismo/ Aventureirismo revolucionário* (Lisboa, Minerva, 1975). (N. E.)

ele de um socialista-revolucionário do início do século? Diz Lênin, citando os socialistas-revolucionários:

> Contra a multidão, a autocracia tem os soldados; contra as organizações revolucionárias, a polícia secreta e não secreta; porém, o que poderá salvá-la de indivíduos isolados ou de pequenos círculos que se preparam constantemente para o ataque, inclusive conservando secretas relações entre si e que atacam? Nenhuma força ajudará contra a imunidade à captura. Portanto, nossa tarefa é clara: afastar todo verdugo autoritário da autocracia pelo único meio que a autocracia nos deixou: a morte.*

Mesmo a receita da "dispersão das forças" é recomendado também por Marighella que, no "Apelo ao povo brasileiro"**, aconselha a atacar por todos os lados, com muitos grupos armados e de pequenos efetivos "compartimentados uns dos outros e sem elos de ligação". E essa falta de imaginação dos adeptos da "ação direta" ao longo das décadas de luta de classe tem como consequências problemas que se repetem no seio de classes operárias jovens:

> Exortar ao terror, à organização de atentados contra os ministros por pessoas isoladas e círculos desconhecidos entre si, num momento em que os revolucionários *carecem* de forças e meios *suficientes* para dirigir as massas, que já se põem de pé, significa implicitamente não só interromper o trabalho entre as massas como desorganizá-lo de maneira direta [...]. Os *duelos*, justamente porque não passam de duelos dos Balmáchiev, causam somente uma impressão efêmera de momento e levam afinal inclusive à apatia, à espera passiva do duelo seguinte. (idem, grifos de Lênin)

E que não se diga que, no Brasil, a situação é diferente porque na "nossa" prática terrorista a ênfase é dada a "pequenos grupos", e não à ação isolada de indivíduos. Os pequenos grupos, "compartimentados uns dos outros", e cada um travando a sua própria "luta armada", agem da mesma maneira descoordenada, como os indivíduos agiram, e são tão isolados do movimento de massas como os indivíduos o eram.

Para não deixar dúvidas sobre a posição de princípios de Lênin a respeito do problema, queremos deixar aqui algumas de suas conclusões:

> A social-democracia estará sempre em guarda contra o aventureirismo e denunciará implacavelmente as ilusões que terminam de maneira inevitável no mais completo desengano. Devemos ter presentes que um partido revolucionário é digno desse nome unicamente quando dirige de verdade o movimento de uma classe revolucionária. Devemos ter presente que todo movimento popular adquire formas infinitamente diversas, elabora sem cessar novas formas e abandona as

---

* Idem. (N. E.)

** Carlos Marighella, *Chamamento ao povo brasileiro*, disponível em: <www.marxists.org/portugues/marighella/1968/12/chamamento.htm>. (N. E.)

velhas, criando variações ou novas combinações das formas velhas e novas. E é nosso dever participar de maneira ativa neste processo de elaboração de métodos e meios de luta.

Sem negar em princípio, de maneira alguma, nem a violência nem o terror, exigimos que se trabalhasse na preparação de formas de violência que previssem e assegurassem a participação direta das massas. Não fechamos os olhos ante a dificuldade desta tarefa, porém trabalharemos com firmeza e tenacidade para cumpri-la, sem que nos turvem as objeções de se tratar de "um futuro longínquo e impreciso". Sim, senhores, somos partidários também das futuras formas do movimento, e não somente das passadas. Preferimos o longo e difícil trabalho que tem futuro à "fácil" repetição do que já foi condenado pelo passado.

E o que fazer?

"Mas" – ouvimos objetar os amigos bem-intencionados – "qual é a vossa alternativa de luta armada? Afinal, a luta armada já se tornou um fato consumado no Brasil de hoje".

Não estamos tão convictos de que essa forma de "luta armada" já se tenha tornado "fato consumado" no sentido de uma instituição nas lutas de classe do país. Trata-se de um movimento que tem as suas origens sociais e há condições objetivas que o favorecem – como o declínio do movimento de massas, depois de 1968. Mas, por isso mesmo, representa também uma "onda" que está sujeita a se esgotar. As reservas dos grupos armados ainda vivem do afluxo de quadros que o movimento de massas anterior a 1968 criou, mas, como já vimos, foram forçados a desistir do trabalho político entre as massas, e a condição do seu aperfeiçoamento e de sua segurança depende do seu isolamento conspirativo. Acontece, todavia, que as perdas são inevitáveis no confronto com o aparelho de repressão e o fato de não haver, da parte deles, o mínimo de trabalho de massas necessário – com uma constante triagem de quadros – para substituir as perdas impõe limites físicos a esse modo de "ação direta". Esse fenômeno já está bem sensível nas condições brasileiras.

Em segundo lugar, há os resultados concretos. Quando, após todos os sacrifícios e o heroísmo individual e coletivo dos militantes que se dedicam a esse gênero de combate à ditadura, descobre-se que tudo isso não abalou e não abala a máquina repressiva, nem a administrativa, nem o ritmo de expansão econômica, então chega um momento de desilusão política. Quando se descobre que, para a ditadura, a ação dos grupos armados é uma ocasião propícia para eliminar boa parte do potencial de quadros revolucionários do país e que esse gênero de "luta armada" tem o efeito de alfinetadas contra o elefante, o animal se enfurece, mas não deixa de ser elefante vivo – então chega a hora de esses militantes perguntarem se não se está pagando um preço alto demais para essa experiência. Quando, finalmente, se descobre que, após cada golpe bem-sucedido, a massa, depois da euforia inicial, volta a ser o que era antes, mas não se "aglomera", chega a hora de perguntar se os meios atingiram os fins. E a pergunta será colocada. Quanto mais cedo, menos doloroso será o desfecho. Qual é a nossa alternativa de "luta armada"? É armar massas, é armar classes.

Já salientamos que, para nós, o auge da luta armada é a insurreição dos trabalhadores como ato físico da revolução. E a nossa "estratégia de luta armada" é prepará-la política e militarmente, como na guerra de guerrilhas, quando as condições o possibilitam. Mas, por isso, não limitamos o uso de armas à insurreição e à guerrilha. Quando necessário, uma reunião armada é um ato de defesa natural contra um inimigo que atira – mas ainda não é "luta armada". Uma demonstração de rua armada igualmente ainda não é "tática de luta armada", embora possa transformar-se nisso. Há uma questão de critério na atuação do revolucionário, e esse vai guiá-lo para evitar "cutucar o diabo com vara curta". Queremos somente lembrar que tais formas de proteção e de defesa já estavam presentes na vida política no país. Mesmo depois do AI-5, nossos companheiros realizaram comícios na entrada da Volkswagen, em São Paulo, com cobertura armada para possibilitar a fuga dos operários e uma retirada, em caso de chegada da polícia. Sabemos também que nesse caso, como em anteriores, agiu-se com meios insuficientes, mas a experiência indica o caminho do futuro.

Antes de tudo, porém, queremos deixar claro que "luta armada" não é, para nós, nenhum fetiche para substituir a luta de classes. Para nós, a guerra continua sendo "a continuação da política com outros meios". E o problema é criar as condições políticas para poder passar para o estágio da luta armada, para poder armar a classe.

Quando falamos em criar as condições políticas, referimo-nos às condições que uma vanguarda revolucionária pode criar, isto é, formar e organizar a classe operária, com a sua luta armada sendo a continuação lógica da sua luta política consciente contra o regime. E o próprio regime se encarregará de preparar o terreno para isso.

Não se consegue dar consciência de classe ao proletariado indo às fábricas para convidar os operários a aderir à "luta armada". Isso, na melhor das hipóteses, se consegue com um ou outro operário, desligando-o da classe. Tampouco se consegue organizar o proletariado pela vontade de transformar toda greve em luta armada. Com isso só se consegue dificultar gratuitamente as greves. Formar e organizar o proletariado só é possível mediante um trabalho político, de conscientização, de agitação e propaganda, de lutas diárias e de lutas parciais contra o regime.

Por isso, insistimos: é a formação dessa classe operária, ou pelo menos dos seus setores decisivos, que repercutem na classe toda, a premissa que cria as condições de luta armada. A mobilização do proletariado repercutirá em toda a sociedade brasileira e modificará as relações de forças na luta de classes. Não só se preparará ele mesmo como exército de guerra civil e representará o polo nacional para a organização das massas camponesas, como tal mobilização se fará sentir nas próprias Forças Armadas, em escala muito maior do que em 1964.

Mas, nesse processo, nós temos um papel ativo a preencher e este não consiste em travar uma luta armada mirim e querer provocar uma miniguerra civil, esperando que as massas se "aglomerem". Para ganhar as massas proletárias, é preciso trabalhá-las, conscientizá-las e ensiná-las a lutar.

Afinal, como diz a canção que foi entoada justamente por ir ao encontro das aspirações das massas: "Esperar não é saber, quem sabe faz a hora, não espera acontecer".

4. Proletariado brasileiro e revolução mundial

A herança do passado

Para compreender e julgar a situação criada no Brasil, temos de levar em conta o fato de que a sua esquerda e seu movimento operário não venceram ainda a crise, na qual se está debatendo desde o pós-guerra; pelo menos foi o que se tornou patente com a derrota sofrida em 1964.

Devemos compreender, também, que essa crise não é somente "nossa". Situações semelhantes à do Brasil se encontram em todo o continente, nos mais diversos níveis; e não só no continente, pois a crise afeta igualmente, embora de modo diferente, o proletariado dos países altamente industrializados e lá tem causas ainda mais antigas do que entre nós, que surgimos mais tarde no cenário das lutas de classes proletárias.

Trata-se da crise geral do movimento comunista, que foi fundado e fundamentado teoricamente por Lênin e seus companheiros nos tempos da Terceira Internacional, que não chegou a preencher o papel para a qual estava destinada. Para avaliar o alcance desse fato, temos de ter clareza sobre o que o leninismo significou e continua significando no desenvolvimento do marxismo e do movimento operário militante.

Já mencionamos que toda a atividade política de Marx e Engels consistia em fazer penetrar a sua teoria do socialismo científico no movimento operário da época. O grande instrumento do qual podiam utilizar-se foi a Associação Internacional dos Trabalhadores, a Primeira Internacional. Esta tinha um papel limitado e de fato não sobreviveu ao choque entre os continuadores das velhas seitas utópicas e os marxistas, mas um dos seus resultados mais importantes (embora demorasse a surgir) foi a fundação de partidos políticos da classe operária na maioria dos países industrializados de então. Já assinalamos também que esses partidos representaram o resultado material da fusão do marxismo com o movimento operário da época, causa e efeito da formação de uma classe operária *para si* e que cresceram e se fortaleceram de tal maneira que, em fins do século passado, poderiam pensar em se reunir novamente em uma Internacional. Formaram a Segunda Internacional, que foi a primeira criada à base da doutrina de Marx e Engels.

Essa Segunda Internacional, revolucionária durante a primeira parte da sua existência (como divisor de águas, pode-se tomar, *grosso modo*, o ano de 1905), representava o marxismo, teórico e prático, tal como tinha sido deixado por Marx e Engels. Não demorou, todavia, para que a Segunda Internacional degenerasse por completo como instrumento de lutas revolucionárias e se adaptasse à sociedade burguês-capitalista e nela se integrasse. Como pôde acontecer isso? Principalmente por três razões.

Em primeiro lugar, foi fundada em condições em que a luta proletária ainda se desenvolvia no terreno da sociedade burguesa. Na maioria dos países das seções associadas à Internacional, o problema da revolução burguesa não tinha sido solucionado, e as "repúblicas democráticas" encabeçavam os programas de ação. Mesmo nos países em que esse problema estava superado, como a França, não se podia colocar o problema da revolução socialista, da tomada do poder pela classe operária.

Em segundo lugar, a rápida expansão do marxismo nas últimas décadas do século passado foi acompanhada pelo rebaixamento do seu nível. Rosa Luxemburgo já tinha chamado a atenção para o fato de que o marxismo representa um edifício teórico imenso e uno, mas que toda a geração de militantes só tirava dele o que necessitava para a luta imediata. Lênin, por sua vez, destacava o perigo da penetração de elementos pequeno-burgueses no movimento operário, os quais em vez de assimilar o socialismo científico, traziam consigo as ideologias da pequena burguesia para as fileiras proletárias, e ele considerava esse fenômeno responsável pelo revisionismo. A limitação dos objetivos de luta, em parte imposta pelas condições da sociedade burguesa de então, favorecia, na maioria dos partidos da Segunda Internacional, o desenvolvimento dos fenômenos citados por Lênin e Luxemburgo. O marxismo começou a "limitar-se" aos argumentos necessários à luta pela conquista dos direitos da classe operária dentro da sociedade capitalista e pela democracia política, "enriquecido" frequentemente pelas interpretações dos "aliados" pequeno-burgueses.

Em terceiro lugar, o capitalismo começou a passar por uma mudança qualitativa, conhecida hoje como fase do imperialismo. Essa mudança, lenta e imperceptível no começo, teve para o movimento operário uma série de consequências práticas e teóricas. De início, permitiu às burguesias europeias a elevação do nível de vida das massas trabalhadoras. Esse fenômeno em si não interrompeu o crescimento da classe nem restabeleceu a tutela burguesa sobre ela. A elevação do nível de vida não foi um presente da burguesia; ela foi conquistada em duras lutas de classes, a partir das quais o proletariado expandiu e melhorou as suas formas de organização. A burguesia, porém, podia satisfazer grande parte das reivindicações operárias e neutralizar a combatividade do proletariado. Os objetivos dessa luta se tornaram um "fim em si", processo que foi facilitado pela crescente fraqueza teórica dos partidos da Internacional e que criou as bases materiais do reformismo.

No campo teórico, tornou-se claro para a minoria de esquerda existente na Segunda Internacional, encabeçada por Lênin e Luxemburgo, que o imperialismo e suas consequências tinham de ser interpretados à luz do método. O marxismo "popularizado", reinante na Segunda Internacional, não bastava para isso, e uma das razões do seu fracasso foi a sua incapacidade de enfrentar a nova situação. Mas mesmo o "edifício" teórico que Marx e Engels haviam deixado ao proletariado era insuficiente para enfrentar as novas tarefas. O socialismo científico tinha de ser desenvolvido, e isso só poderia ser feito à base do próprio método materialista e dialético de Marx e Engels. Para poder desenvolvê-lo, antes de tudo, era preciso restabelecer as categorias revolucionárias do marxismo, "esquecidas" nos tempos da Segunda Internacional. Lênin empreendeu essa obra; não foi o único que se dedicou a isso, mas foi quem realizou o trabalho mais completo e mais sistemático. Adaptou o marxismo à fase imperialista do capitalismo.

O que tinha sido inicialmente uma necessidade teórica, logo se tornou uma imposição prática com a Revolução de Outubro na Rússia. Pela primeira vez, um proletariado realizara uma revolução vitoriosa tomando o poder, e isso mudou radicalmente as condições e os objetivos de luta em toda a Europa, não demorando a despertar a Ásia. A época da revolução mundial tinha-se iniciado.

Estava claro para Lênin e seus companheiros, aos quais se juntaram os revolucionários de todos os países, que o proletariado não estava preparado para enfrentar a conjuntura revolucionária em plena expansão nos países mais industrializados. Estava sob o domínio dos partidos da Segunda Internacional que, de reformistas, se transformaram em defensores abertos da sociedade capitalista. O problema fundamental era transmitir ao proletariado europeu as experiências da Revolução Russa e reviver suas próprias tradições revolucionárias. Novamente, na história das lutas de classe, se impunha a fusão de uma teoria revolucionária, o leninismo, com o movimento operário existente. Não se tratava de simples repetição da história. Tratava-se de uma fusão em nível mais alto e que podia aproveitar o que o marxismo revolucionário criara no passado. O instrumento dessa fusão foi a Terceira Internacional, a Internacional Comunista.

A nova Internacional nasceu em bases precárias. O único partido que liderava de fato uma classe operária era o Partido Comunista russo. Havia um segundo, o búlgaro, os chamados "corações estreitos", ala revolucionária da social-democracia búlgara que, havia muitos anos, trabalhava em relações estreitas com os bolcheviques, mas que não pesava muito na escala internacional. Existia a Liga Espartaquista alemã, em torno de Luxemburgo e Liebknecht (que pouco depois foram assassinados), mas que somente em 1921, após a absorção dos socialistas independentes, se tornaria efetivamente um partido dirigindo um setor da classe operária. Os principais partidos, o francês, o italiano etc., formaram-se depois da criação da Internacional em Moscou. Lênin, apesar de ciente dessas fraquezas, havia tido pouca escolha. Fundou a Internacional, assim mesmo para criar uma liderança revolucionária, que pudesse enfrentar as tarefas que a situação revolucionária colocava na ordem do dia. Ele tinha pouco tempo; a tentativa precisava ser feita antes que a onda revolucionária se esgotasse.

A tentativa falhou. Em 1921-1922, Lênin e a liderança da Internacional chegaram à conclusão de que a primeira onda da revolução mundial passara, sem que a ditadura do proletariado se estabelecesse além das fronteiras russas. A tarefa da Internacional era adaptar a sua estratégia e tática à nova situação criada e preparar o proletariado para que pudesse enfrentar a próxima onda revolucionária em melhores condições.

O ponto vulnerável da nova Internacional foi a fraqueza dos partidos que a compuseram. Não tanto a fraqueza numérica em termos de militantes; essa foi superada em muitos países em relativamente pouco tempo, mas a sua fraqueza teórica, agravada pela falta de experiência e tradições próprias. Os partidos comunistas precisavam amadurecer para poder cumprir a sua missão, e essa foi uma das preocupações maiores de Lênin, principalmente depois de 1921, quando era evidente que eles tinham tempo para isso. Significava, todavia, que a Terceira Internacional na realidade ainda não era produto da fusão do leninismo com o movimento operário existente. Na melhor das hipóteses, era um produto incompleto; mas tinha a sua razão de ser como instrumento desse processo em andamento.

O processo de fusão e de amadurecimento dos partidos nacionais não chegou a se consumar. A fraqueza ideológica e material dos partidos criara uma extrema dependência de parte deles em relação ao Partido Comunista da União Soviética, o "partido dirigente", o único que tinha feito uma revolução vitoriosa, e esse fenômeno se acentuou depois da morte de Lênin, em 1924. Não que antes não tenha existido, mas o próprio Lênin procurou superar essa deficiência do órgão internacional. Em uma de suas últimas intervenções, no IV Congresso, Lênin lançou uma advertência que era, ao mesmo tempo, uma autocrítica. Disse que a Internacional tinha adotado demasiadas resoluções "russas", isto é, redigidas em uma linguagem que o proletariado do Ocidente não entendia. A classe operária do Ocidente não podia fazer a revolução imitando a russa, mas criando as suas próprias formas de luta, adaptadas à sua realidade.

Os sucessores de Lênin não tinham essa preocupação. Empenhados em agudas lutas internas, as facções hostis do PCUS se preocupavam antes de tudo em obter dos demais partidos da Internacional apoio contra os seus adversários. Tanto Stálin como Trótski subordinavam os problemas e o futuro do comunismo mundial aos seus interesses de facção. E a fraqueza e a dependência da Internacional, por sua vez, fizeram com que ela forçosamente apoiasse a facção mais forte, a que se identificava com a liderança da União Soviética, para em seguida tornar-se um simples instrumento dela.

O resto de voz e de autodeterminação que a Internacional possuíra ainda nos tempos de Lênin foi perdido na fase das lutas de facções no partido russo. A espinha dorsal da Internacional foi quebrada na Alemanha, com o afastamento de mais de

5 mil quadros, na maioria velhos espartaquistas que, mais tarde, formaram a oposição comunista alemã. O exemplo alemão foi repetido nos principais partidos, nos quais Stálin se apressava em ocupar os cargos com elementos de confiança dele. Apesar disso, mutilada e expurgada, a Internacional ainda era revolucionária. Seu ultraesquerdismo simplório e sua tática do "social-fascismo" causaram a derrota do proletariado alemão, mas seu objetivo de luta ainda era a revolução mundial, e na atuação diária ainda não tinha abandonado os princípios da luta de classes proletária.

A grande reviravolta veio com o VII Congresso da Internacional, com a política da "frente popular", quando Stálin, em função da volta de Dmítrov, descobriu a existência de uma "burguesia progressista" nos países imperialistas do Ocidente, a qual merecia o apoio.

A nova linha foi posta à prova quase que imediatamente depois, na Espanha, onde um proletariado combativo respondera ao golpe militar com uma insurreição, isto é, com um início de revolução. Foi, de fato, a primeira vez, desde os tempos de Lênin, que se criou uma situação revolucionária num país europeu. A Comintern e o Partido Comunista espanhol enfrentaram essa nova situação criada com palavras de ordem inéditas: primeiro ganhar a guerra civil, depois a revolução.

Havia-se formado na Espanha um segundo partido comunista, o Partido Operário de Unidade Marxista (Poum). Era um partido ainda novo, com um ano de existência, aproximadamente. Sua maior fraqueza era ser um partido regional da Catalunha, mas tinha uma visão nítida dos problemas globais da Espanha. Reivindicava, para ganhar a guerra contra Franco:

1. a imediata independência do Marrocos espanhol, onde Franco tinha a sua base;
2. a imediata expropriação das grandes propriedades de terras, para ganhar os camponeses, soldados do exército de Franco; e
3. o estabelecimento de um governo operário, pois somente tal governo poderia travar uma guerra revolucionária, e esta era a única perspectiva para derrotar o fascismo.

O Partido Comunista espanhol não pôde acompanhar esse programa. Era parte da Comintern, e esta já se tinha colocado definitivamente a serviço da política externa soviética – o que é a explicação para a reviravolta do VII Congresso. A política externa soviética visava à aliança com as chamadas "burguesias democráticas" para melhorar a situação internacional da URSS. E, nessas condições, o PCE tinha de formar governos de coalizão com os aliados burgueses espanhóis, os liberais, que nunca teriam aceitado a perda das colônias, ou a simples expropriação das terras e, muito menos, uma guerra revolucionária. Portanto, o objetivo da guerra foi limitado ao restabelecimento da república democrática, a única solução que a estrutura social da Espanha naquele momento não permitia. O desfecho da revolução espanhola é conhecido.

A Internacional morreu de fato na Espanha. A sua dissolução posterior por Stálin, durante a guerra, quando a sua mera existência se tornou um ônus para a política externa soviética, só confirmou um fato consumado. Mas a Espanha não testemunhou somente a degenerescência do stalinismo, que tinha dado início ao "revisionismo moderno", dominante até hoje nos partidos sob influência soviética. O trotskismo passou pela mesma prova de fogo ao enfrentar uma situação revolucionária no Ocidente e falhou do mesmo modo. Se os stalinistas afogaram a energia revolucionária do proletariado espanhol em "frentes populares", os trotskistas atacaram sua vanguarda revolucionária, porque esta não repetia o "esquema" da Revolução de Outubro na Rússia. A esterilidade do trotskismo se tornou evidente na incapacidade de admitir outras situações revolucionárias além daquelas que lhe deram origem. O que não impediu o próprio Trótski de atacar a vanguarda revolucionária com toda fúria do profeta desprezado.

As consequências do novo revisionismo – dessa vez sob rótulo comunista – estavam, porém, para se revelar ainda em toda a sua amplitude. A Guerra Civil Espanhola foi seguida pela Guerra Mundial, e o desfecho desta voltou a criar uma profunda crise no capitalismo europeu e uma situação revolucionária de proporções muito mais vastas do que as do pós-Primeira Guerra, estendendo-se dessa vez sobre largas regiões do mundo. Foi essa a segunda onda da revolução mundial, anunciada e esperada por Lênin, mas a cuja irrupção não mais assistiu. O desfecho dessa segunda onda revolucionária nos países altamente industrializados do continente europeu é igualmente conhecido. A onda da revolução se expandiu na Europa Ocidental, na França, na Itália, mas o problema da revolução socialista nem sequer foi colocado. Na Alemanha Ocidental, a revolução foi sacrificada de antemão à política externa soviética, que pretendia salvar a aliança com as "democracias ocidentais" para os tempos de pós-guerra. O mesmo destino sofreu a Revolução Grega.

Onde se pôde ver com mais clareza o novo papel dos partidos comunistas foi exatamente na Itália e na França. Repetindo a prática dos partidos da Segunda Internacional, no pós-Primeira Guerra, líderes comunistas entraram em governos burgueses, geralmente como ministros de trabalho, neutralizando assim o antagonismo da classe operária. E os operários italianos e franceses, julgando que a presença de ministros comunistas era um passo em direção ao socialismo, tiveram de descobrir posteriormente que a participação dos seus partidos nos governos de coalizão não servira para outra coisa senão para restabelecer o antigo regime e evitar a revolução. Uma vez consolidado o sistema burguês e superada a ameaça revolucionária, a burguesia deu aos seus ministros os pontapés históricos e governou com a democracia cristã. Os ministros comunistas não puderam sequer preencher a função que Stálin lhes havia atribuído: não souberam evitar a Guerra Fria. E o proletariado europeu tinha perdido pela segunda vez a chance de se desfazer do domínio capitalista na Europa. Com uma diferença, aliás. Em 1945, o proletariado europeu era revolucionário.

Tinha-se libertado das ilusões reformistas sobre o caminho democrático-parlamentar, e pensou que seus partidos estavam levando-o para a revolução.

Ouço perguntar os companheiros: "Mas por que levantar agora esse peso de um passado, que, para nós, é história? É tão importante isso frente à situação e aos problemas que estamos enfrentando?".

É importante, sim. E é decisivo para nós compreendermos e digerirmos esse passado, para poder superar as suas consequências. Trata-se, de certo modo, do nosso passado, pois somos parte do movimento comunista internacional. Sentimos as suas consequências no cenário nacional e internacional, que hoje não podem mais ser separados. A crise do movimento revolucionário mundial, que nos envolve em todos os passos de nossas atividades, é consequência direta do fato de não ter sido aproveitada a situação revolucionária do pós-guerra. "Erros" históricos desse gênero não se cometem impunemente, e o preço que pagamos é a presente desarticulação do comunismo mundial, é o fato de as vanguardas revolucionárias nos diversos países, isoladamente, ainda terem de "remar contra a corrente".

Em segundo lugar, temos aí as consequências diretas sobre o jovem movimento operário brasileiro. Não sofremos, no Brasil, uma influência visível nem da Primeira nem da Segunda Internacional. Somos filhos legítimos da Internacional Comunista, que ajudou a formar o PCB com quadros, em sua maioria, egressos do anarquismo. As tradições ainda se fizeram sentir por muito tempo, mas dentro da disciplina da Internacional que foi acatada. Se tomarmos a história do PCB, vemos o reflexo da história da Comintern projetado sobre um país subdesenvolvido. O PCB, fundado em 1922, já durante a situação pós-revolucionária, precisou de alguns anos para se firmar e tomar corpo. Logo em seguida veio o curso ultraesquerdista da Comintern, que encontrou a sua versão nacional sob a forma do "obreirismo" (para a satisfação dos velhos anarquistas). O agravamento do ultraesquerdismo, do "social-fascismo" etc. teve como consequência uma maior acentuação do sectarismo nacional, que ia da dissolução do "bloco operário-camponês" até o abstencionismo na Revolução de 1930, sob o pretexto de se tratar de um conflito "interimperialista". A mudança da Internacional para a linha da "frente popular" e do apoio às burguesias progressistas virou no Brasil "Aliança Nacional Libertadora", que, na prática, abriu as portas do partido aos aliados pequeno-burgueses sob a égide de Prestes. Durante a guerra, setores do partido começaram a apoiar as forças "progressistas e antifascistas" no seio do governo Vargas. As tentativas de Stálin de conservar a aliança com os anglo-saxões no pós-guerra foram apoiadas eficientemente por Luiz Carlos Prestes, quando este apertou a mão do embaixador norte-americano em praça pública, mas o partido descobriu a existência do inimigo principal com o início da Guerra Fria. O "Manifesto de agosto" coincide com os temores do governo soviético de uma próxima Terceira Guerra Mundial, e a volta de Prestes, em 1958, se dá novamente sob o signo da "coexistência pacífica", a ponto de o partido se recusar a participar de manifestações contra a visita de Eisenhower ao Brasil. Todas essas fases, voltas e reviravoltas ajudaram a forjar e deformar o proletariado brasileiro e seus expoentes políticos.

Não podemos, decerto, afirmar que a política mundial não nos afeta "em casa". E não podemos igualmente querer solucionar os nossos problemas ignorando os problemas globais da revolução mundial. O passado pesa, enquanto não for superado, mas só será superado na medida em que aprendermos a experiência.

Para aprender a experiência, é preciso compreender, por exemplo, por que a Internacional Comunista, fundada justamente para combater e superar o reformismo da Segunda Internacional, acabou vinte anos depois, de maneira inglória, como neorreformista, e que partidos inteiros tomaram o mesmo rumo. Claro que há os fatos da subordinação da Internacional à política externa soviética, que foi um dos traços essenciais do stalinismo. Mas as afamadas palavras de Stálin – "Já que essa gente não faz revolução nem em mil anos, que faça alguma coisa para nós pelo dinheiro que recebem" – são expressão de uma situação extrema, de plena degenerescência de um movimento revolucionário. O problema é: como chegaram a ponto de degenerar assim? Como é que, de um estado-maior da revolução mundial, se transformaram em simples instrumento da política externa da União Soviética?

Há um fenômeno novo nas lutas de classes internacionais. Um fenômeno que Lênin já tinha visto, mas que, com todo seu impacto, é produto da época pós-leninista. Trata-se das relações entre os países nos quais o proletariado já tomou o poder e os países capitalistas nos quais o proletariado ainda luta pelo poder. Seus interesses e pontos de vista não coincidem sempre, mesmo quando se trata de dois fatores revolucionários – e aí abstraímos o caos extremo da política soviética durante e depois de Stálin.

Em primeiro lugar, há a tendência de toda revolução vitoriosa de ver a revolução mundial como continuação da própria. Isso é compreensível, pois os revolucionários vitoriosos se inclinam a generalizar sua experiência e as condições de luta que os formaram. O fenômeno tem a sua complementação natural na atitude das novas gerações de revolucionários nos países capitalistas, as quais começam a querer copiar o processo revolucionário vitorioso, que "deu certo". Quando, depois de algum tempo, sacrifícios e desgastes se descobre que as meras cópias e imitações "não deram certo", vemos facilmente a tendência oposta de jogar fora "a experiência revolucionária", que é identificada com o "marxismo-leninismo", começar experiências pragmáticas ou se adaptar ao ambiente dominante, que geralmente é reformista. Não há dúvida de que esse fenômeno facilitou a decadência da Comintern.

Em segundo lugar, há a tendência inerente aos governos revolucionários de identificar suas necessidades e perspectivas com as existentes nos processos revolucionários dos países capitalistas. Tal tendência existiu claramente nos primeiros anos da Rússia revolucionária, quando o problema principal consistia em romper o isolamento da República Soviética e quando "revolução mundial" significava ajuda do proletariado ocidental ao Estado operário. Tal atitude foi responsável pela análise equivocada da situação na Polônia, a qual tinha provocado a marcha a Varsóvia, em 1921, e foi igualmente responsável pelas experiências com o "Outubro Alemão", em 1923, quando todas as facções do partido russo insistiram que a situação na Alemanha estaria "madura".

Esse fenômeno não pertence ao passado. Não há dúvidas de que experiências que os dirigentes cubanos fazem há uma década com o movimento revolucionário no continente devem-se a sua ânsia de romper o isolamento do socialismo cubano no continente, diminuir a sua dependência de ajuda material da União Soviética e vencer os pontos de estrangulamento econômicos e sociais. Os seus constantes apelos à "luta armada", em todas as circunstâncias, refletem, de um lado, a tendência de generalização da própria experiência e, de outro, a procura por soluções "mais rápidas".

A defesa dessas necessidades nacionais da revolução vitoriosa pode ser tentada com métodos aparentemente revolucionários, que não são, contudo, os únicos recursos válidos, como mostram as recentes declarações de Fidel sobre as possibilidades de vitória "pacífica" do socialismo no Chile e as duvidosas interpretações cubanas sobre o caráter do regime militar peruano. Já antes a imprensa cubana tinha revelado uma estranha incompreensão da Greve de Maio na França, país com que manteve relações relativamente boas, pelo menos com o governo de De Gaulle. Em todos esses casos se revelam tendências de subordinação dos interesses da revolução mundial e do proletariado internacional aos nacionais do país socialista.

No caso da China, o mesmo fato se manifesta em um nível diferente. O seu problema não é tanto o rompimento imediato do seu isolamento, para o qual a liderança chinesa encontrou meios de suportá-lo. O problema cardinal da China é o conflito com a União Soviética, que contém muitos elementos de contradição nacionais, de potências, cuja não solução é outra herança do stalinismo. A China está empenhada em projetar esse problema sobre o proletariado mundial, sob a forma de "luta contra o revisionismo". As meias verdades da luta chinesa contra o revisionismo (para a China, Stálin era um revolucionário, e o revisionismo começou com Khruschov) mostram que se trata de uma luta ideológica, manejada com fins limitados – os da política externa. Não se trata de um balanço e de uma crítica do revisionismo, que seria de fato no interesse da revolução mundial, mas da criação de um mito (a da política stalinista revolucionária), que é um obstáculo para o proletariado revolucionário vencer a sua crise.

Inserindo nessa luta "contra o revisionismo" os Estados Unidos e a União Soviética quase no mesmo pé (eles estão unidos para dividir o mundo), essa atitude é fundamentada "teoricamente" na "volta ao capitalismo" do regime soviético e o "social-imperialismo" de Moscou, que lembra perigosamente a "teoria do social-fascismo" da Comintern da década de 1930 e, de fato, trata-se de fundamentar uma linha ultraesquerdista em escala mundial e nas atuais relações internacionais.

Na prática, a liderança chinesa nega hoje a contradição fundamental entre o capitalismo e o socialismo, que determina em última instância – e continua determinando – as relações internacionais e a política mundial, desde o fim da guerra.

Também no caso chinês, temos um outro precedente da subordinação de interesses do proletariado de um país capitalista aos da potência socialista. Temos a experiência da Indonésia, em que um partido comunista de orientação chinesa praticou uma política de colaboração de classes, em função das relações externas da China com a Indonésia. Também nesse caso os resultados são conhecidos.

É evidente que as contradições de interesses, que surgem entre potências socialistas e o proletariado de países capitalistas, não podem ser antagônicas nem fundamentais. A prazo, os interesses são comuns. Trata-se da derrota do capitalismo mundial, uma velha aspiração do proletariado de todos os países e cuja sobrevivência estrangula, em diversos graus, o desenvolvimento da economia e da sociedade em todos os países do mundo socialista. "Solidariedade internacional", porém, não pode mais significar o sacrifício dos interesses do proletariado e da revolução mundial a interesses imediatos de potências socialistas. Solidariedade internacional significa encontrar em todos os momentos de luta um denominador comum entre interesses divergentes, o qual não sacrifique problemas vitais de ambas as partes e que não comprometa os objetivos finais da revolução mundial.

Somos parte da revolução mundial

Hoje enfrentamos novamente a tarefa da fusão da teoria revolucionária com o movimento operário em escala mundial. Novamente não se trata de simples repetição da história. A penetração da teoria revolucionária na massa só é possível quando é constantemente desenvolvida, enriquecida e confrontada com a realidade em mudança. Desde os tempos de Lênin, a sociedade capitalista continuou a se desenvolver, e as lutas de classes não pararam. O campo socialista se expandiu, o movimento revolucionário chegou aos quatro cantos do globo. Vivemos na época da revolução mundial. Se o *Manifesto comunista* ainda falava do "espectro do comunismo" que rondava a Europa, nos tempos de Lênin a teoria já se tinha tornado força material na Europa e na Ásia e hoje se tornou realidade na América.

Há uma série de problemas novos surgidos na época pós-leniniana, os quais têm de ser assimilados dentro do marxismo-leninismo. As relações entre as potências socialistas e o proletariado dos países capitalistas só representam um entre muitos. Outro, fundamental, representa as mudanças qualitativas que o imperialismo sofreu após a Segunda Guerra. Há a tendência de integração dos países imperialistas mais fracos pelos mais fortes. Hoje, as metrópoles não precisam mais de tropas coloniais para dominar o mundo subdesenvolvido. Desapareceram as perspectivas de guerras interimperialistas pela repartição do mundo, frente às ameaças da existência de um campo socialista e da revolução mundial. Todos esses fenômenos caracterizados como "cooperação antagônica" e que determinam as relações das potências imperialistas entre si e entre as potências imperialistas, de um lado, e as burguesias nacionais dos países subdesenvolvidos, de outro, ainda estão à espera de análises mais profundas.

Uma contribuição completamente nova na época pós-leniniana foi a Revolução Chinesa. Não se trata só do fato de a Revolução Chinesa ter mudado radicalmente as relações de forças entre capitalismo e socialismo em escala mundial. Pela primeira vez, uma revolução agrária pôde tomar rumos socialistas, e esse fenômeno criou um impacto inédito entre os povos da Ásia e da África, especialmente.

Outros problemas novos surgiram com a industrialização de vastas regiões da América Latina, onde se criou um tipo de país capitalista-industrial subdesenvolvido, com suas formas de dependência específica da metrópole imperialista. O mesmo fenômeno colocou na ordem do dia a questão da revolução proletária em países de estrutura subdesenvolvida e das formas concretas sob as quais o jovem proletariado conquistará seu papel hegemônico no processo revolucionário.

Um dos problemas fundamentais é o dos rumos que a próxima onda da revolução mundial pode tomar. Criou-se nas últimas décadas a noção da "estratégia periférica" da revolução mundial que, deslocando-se para a periferia do mundo capitalista, travava uma batalha de cerco das metrópoles. A revolução ia do campo à cidade, sendo que as regiões subdesenvolvidas representavam o "campo", e as metrópoles, "as cidades" em escala mundial. Essa concepção, definida pela primeira vez por Bukhárin no Congresso dos Povos Orientais, em 1920, não está mais hoje tão bem fundamentada como parecia há alguns anos. Em primeiro lugar, não há essa "imunidade" do proletariado dos países imperialistas à revolução, como às vezes se pretende fazer crer. Se a classe operária da Europa Ocidental em 1918 ainda teve ilusões democrático-burguesas, em 1945 ela as tinha perdido e se tornou vítima de uma armadilha histórica, pensando que suas lideranças comunistas a levavam para a revolução, com seu posterior reformismo sendo uma reação ao fracasso das esperanças revolucionárias e à reconstrução do capitalismo europeu. O Maio francês revelou a existência de um potencial revolucionário e indicou igualmente – tanto como as lutas na Itália – uma retomada do processo revolucionário em países imperialistas. Em segundo lugar, a onda revolucionária, depois de ter mudado de rumos para o Oriente, atingindo a China, a Coreia e o Vietnã do Norte, declinou da mesma maneira como no Ocidente. Ela estagnou nas Filipinas, na Índia e na Indonésia, do mesmo modo como na Europa. O último impulso dessa segunda onda da revolução mundial alcançou Cuba, mas não chegou mais a atingir o continente americano.

E, finalmente, está no interesse do proletariado mundial que o próximo ciclo da revolução mundial atinja os países industrializados do Ocidente. A vitória da revolução num país da Europa Ocidental colocaria toda a luta de classes em escala mundial em nível mais alto. Teria repercussão inevitável em todo o campo socialista no sentido de uma superação dos fenômenos de degenerescência da ditadura do proletariado, que a União Soviética projetou, de uma ou de outra maneira, sobre essa parte do mundo. Conferiria à revolução mundial um novo centro impulsionador, representado pelo proletariado de um país capitalista desenvolvido, com um potencial industrial correspondente ao seu dispor. Seria o caminho mais curto para o comunismo mundial vencer e superar a sua crise. Pois não esqueçamos que, em última instância, a crise foi provocada pelo fato de a revolução ter parado nas portas do Ocidente, e todas as revoluções se terem realizado em países com um proletariado enfraquecido em diversos graus. Não esqueçamos também que o socialismo é resultado e negação da sociedade capitalista. E, se o imperialismo soube causar uma inversão dos rumos da revolução mundial, no sentido de ter-se iniciado nos países mais atrasados, a história mostra que pagamos um preço por isso. As revoluções em países subdesenvolvidos produzem um "socialismo subdesenvolvido", já disse Paul Baran, e nós seremos maus revolucionários se procurarmos encobrir esse fato. Evidentemente, não podemos esperar que as revoluções se produzam nas condições históricas mais favoráveis, mas as tentativas de transformar os males em virtudes não nos ajudam a vencer a crise.

É nessa situação que se dá a nova fusão do marxismo-leninismo com o movimento operário. Ela acontece num momento de curva baixa da conjuntura revolucionária no mundo, mas o ponto mais baixo da curva parece superado. A relativa estabilidade do mundo capitalista vem chegando novamente a um fim, e suas crises se estão anunciando de maneira inconfundível. Seus primeiros sintomas foram as crises do dólar e do ouro que, nos Estados Unidos, o baluarte do capitalismo mundial, transformaram-se em queda de produção e crescimento de desemprego. A radicalização do proletariado europeu mostrou que ele não se integrou ao "neocapitalismo", e, se sua combatividade ainda não se traduziu em ações reais consequentes, isso se deve ainda à velha liderança reformista a qual tem de se descartar. A sociedade capitalista, entretanto, sempre volta a produzir os seus coveiros.

A nossa fraqueza, na presente situação, é não dispormos de um órgão internacional para uma tarefa que precisa ser vencida em escala internacional. E essa situação, de fato, não pode ser vencida artificialmente. Uma nova Internacional, um novo estado-maior da revolução mundial, só pode surgir como resultado da existência de partidos revolucionários, que liderem realmente a classe operária. O problema consiste hoje na criação desses partidos revolucionários do proletariado em cada país. Soluções artificiais, como a fundação da "Quarta Internacional" por Trótski, não mudaram as relações de forças e se tornaram uma caricatura de qualquer associação internacional do proletariado. A chamada "Quarta", que não chegou a se tornar uma Internacional, criou durante seus trinta anos de existência uma miniatura da Comintern, sustentada por seitas, que se dividiram e subdividiram e, às vezes, se fundiram de novo em lutas internas, que refletiram a sua impotência em intervir nas lutas de classes.

Não menos artificiais, todavia, são as tentativas de criar novos centros da revolução mundial, nos moldes da (e em substituição à) velha Moscou perdida. É artificial, porque a luta do proletariado mundial não pode ser mais dirigida por um centro geográfico. O centro, que faz falta, deve ser criado pelas vanguardas revolucionárias do proletariado mundial. A tentativa de substituir a caída imagem de Stálin pela de Mao Tsé-tung como chefe mundial do comunismo e a prática dos partidos "pró-chineses" são motivadas, em grande parte, pelo desejo de que o prestígio da Revolução Chinesa resolva para eles as dificuldades que encontram de se tornar vanguarda real de um movimento revolucionário. É um velho sonho querer colher sem precisar plantar, mas que esse caminho não é, na realidade, uma solução para nossos problemas é mostrado pela esterilidade dos "partidos chineses", tanto entre nós como na Europa – e isso um quarto de século depois da vitória da Revolução Chinesa e mais de uma década depois de o maoismo ter declarado a sua independência.

O papel da Rússia soviética como centro coordenador da revolução mundial já tinha sido limitado pelas particularidades em que se desenrolaram as suas lutas de classes e sob as quais se deu a sua revolução. O proletariado russo mal conhecia a vida sindical, e os poucos sindicatos existentes não tiveram papel na insurreição operária nem precisavam ser levados em conta como possíveis adversários da revolução. A falta de experiência democrática e de autogestão do proletariado russo, que durante a maior parte da sua existência teve de enfrentar o absolutismo mais primitivo da Europa, dificultou o aproveitamento da experiência da sua vitória pela classe operária do Ocidente. As mesmas causas dificultaram igualmente a compreensão das condições de luta do proletariado ocidental pelos líderes revolucionários russos – fato que se fez sentir com maior peso depois do afastamento de Lênin, mas que já tinha sido responsável pela adoção de resoluções "russas" por parte da Internacional. Mais limitadas ainda são as possibilidades de a Revolução Chinesa figurar como centro "orientador" do proletariado mundial. A experiência de luta operária da revolução agrária chinesa está muito menos desenvolvida do que era a dos bolcheviques para enfrentar os problemas da luta proletária em países mais industrializados. E, ao contrário da liderança revolucionária russa, a qual em grande parte conhecia o Ocidente, convivera com sua classe operária e participara ativamente da luta contra o revisionismo e o reformismo da Segunda Internacional, a liderança revolucionária chinesa, pelas condições em que travou sua luta, foi forçada a um isolamento nacional, que implicava uma ignorância de fato dos problemas de luta de classes nos centros do mundo capitalista e do neorrevisionismo stalinista. Basta comparar as obras de Lênin e as de Mao Tsé-tung para ver a diferença da problemática de luta e de experiências. Experiência viva.

Há mais de vinte anos, ainda em pleno pós-guerra, quando surgiu em diversos países o clamor para a fundação de uma nova Internacional, August Thalheimer, pouco antes do seu falecimento em Cuba, previu que o proletariado internacional iria carecer desse instrumento de luta durante um intervalo de tempo bastante grande. Salientou ele a necessidade de continuar a obra interrompida da fase leninista da Terceira Internacional, e isso só poderia ser feito adaptando os seus princípios gerais à realidade nacional de cada país. O caminho da criação de uma nova Internacional começa pela formação de partidos nacionais.

Há um outro aspecto do problema, para o qual Thalheimer chamou a atenção. Num mundo em que a terça parte da sua população já fez a revolução socialista, é difícil querer formar uma Internacional sem a participação de pelo menos uma parte dos partidos no poder. E a experiência mostra ser conveniente que participem mais de um partido de países socialistas para neutralizar o efeito de dependência dos partidos dos países capitalistas e para evitar que os problemas específicos de uma potência socialista pesem demasiadamente sobre a Internacional.

Essa perspectiva, que precisamos enfrentar, não significa que temos de nos encerrar em nossa realidade nacional e esperar condições favoráveis no resto do mundo para a formação de uma nova Internacional. Não é essa a concepção leninista de luta de classes em escala mundial. Temos de estabelecer e estreitar os vínculos com todas aquelas organizações semelhantes à Política Operária, que estejam dispostas e em condições para uma cooperação regional ou internacional e para uma permuta das experiências de luta. Isso diz respeito, especialmente, às vanguardas revolucionárias que lutam em condições semelhantes às nossas na América Latina, mas não relegam a um segundo plano as ligações com grupos e correntes revolucionárias nos países capitalistas desenvolvidos. Podemos e devemos, inclusive, formalizar essas ligações e criar órgãos de cooperação e de intercâmbio internacional, quando possível. Isso é um caminho para a criação de uma nova Internacional, mas devemos estar cientes de que ainda não é a Internacional nem pode substituí-la.

A colaboração mais efetiva que podemos dar ao movimento comunista internacional é prosseguir e avançar na luta pela formação do partido revolucionário do proletariado brasileiro. Temos consciência do fato de que a luta que travamos no Brasil é parte de uma luta que se desenrola hoje em quase todos os países do mundo capitalista. Fazemos parte dessa vanguarda comunista internacional que continua a obra de Marx e Lênin, que mudou a face do globo e continua a mudá-la.

E, por isso, continuamos marchando, "a certeza na frente e a história na mão", como diz a já citada canção.

O CAMINHO BRASILEIRO PARA O SOCIALISMO*

Theotonio dos Santos

O socialismo é um sistema econômico, social e político de caráter universal. A humanidade caminha para o socialismo, uma forma de produção baseada na propriedade social que tende a superar os antagonismos que hoje dividem as nações entre si e conduzem ao domínio imperialista de umas sobre outras e às guerras locais e mundiais.

Contudo, o processo pelo qual o socialismo se desenvolve em escala mundial passa inevitavelmente por suas bases nacionais herdadas da revolução burguesa, cujos primórdios se encontram no século XVI, quando se iniciou o processo de criação das modernas nações.

Mais complexa se torna ainda essa dialética entre o caráter internacional e nacional do socialismo quando advertimos para o fato de que ele surgiu historicamente nas regiões mais atrasadas do globo, onde ainda não se havia completado a formação das suas bases nacionais. Dessa forma, esses países emergiram para o socialismo e a sociedade moderna ao mesmo tempo que afirmavam sua identidade nacional.

A União Soviética, por exemplo, era um conjunto ainda pouco articulado de grupos nacionais e étnicos sob o domínio do Império Russo. Nesses anos de implantação complexa e difícil de uma economia socialista, foi-se formando uma nova nacionalidade que ainda não se completou totalmente: o homem soviético. Países como a Iugoslávia são produto de um processo de combinação e conciliação de povos e raças distintos em processo de reconhecimento de sua nacionalidade, somente implantada pelo Estado nacional criado pela revolução popular socialista.

* Ver Theotonio dos Santos, "Socialismo e soberania nacional", em *O caminho brasileiro para o socialismo* (Petrópolis, Vozes, 1985), p. 49-56. (N. O.)

Enfim, se continuássemos os exemplos, seria uma sucessão de casos históricos complexos nos quais o processo de formação nacional ficou a cargo dos Estados revolucionários criados depois da Segunda Guerra Mundial. E isso ocorreu não somente nos países que estabeleceram uma economia socialista, como também naqueles que se libertaram da dominação colonial por meio de um regime capitalista de Estado ainda imaturo e contraditório.

Dessa maneira, está em constituição uma nova economia mundial em que convivem distintos Estados socialistas, com projetos econômicos e regimes políticos distintos, com bases de segurança nacional e exércitos próprios, com relações amistosas ou até contraditórias entre si, ligados por pactos intersocialistas (como o Comecon), por acordos bilaterais com os mais diversos países, mas separados também por diferenças de interesses geopolíticos, pela participação em organismos internacionais capitalistas (como o FMI e outros), em movimentos autônomos como o dos não alinhados, em grupos de pressão (como os grupos de 77, a UNCTAD etc.).

Ao mesmo tempo, essas economias socialistas nascentes convivem com uma economia internacional capitalista com a qual estabelecem relações de conjunto ou relações bilaterais de país a país.

É, pois, evidente que o mundo socialista que se vem constituindo como um novo polo dinâmico do sistema planetário é um conjunto plural e complexo de realidades nacionais distintas.

Esse aspecto da constituição do socialismo no nível internacional e nacional é extremamente relevante para os países subdesenvolvidos e dependentes como o Brasil.

Apesar de termos iniciado nossa vida política independente em 1822, constituindo naquela época um Estado nacional cujo perfil territorial e étnico não sofreu transformações radicais, a consistência e a densidade desse Estado nacional vêm sendo questionadas por dois fenômenos opostos, mas complementares entre si.

De um lado, as oligarquias locais e regionais extremamente poderosas foram a base do Estado nacional, impedindo a formação de uma cidadania, uma sociedade civil e uma opinião pública capazes de fundar, controlar e gerir esse Estado.

A grande massa de escravos que persistiu até 1888 e, posteriormente, a massa rural de semiescravos da terra foram literalmente excluídas da vida política nacional até a Revolução de 1930.

Esta, contudo, teve enormes limitações na destruição dessas relações socioeconômicas e políticas no campo e na constituição de uma cidadania urbana suficientemente livre[1].

[1] Uma prova de que não reconhecemos os pobres, negros e índios como "cidadãos" são as reações às eleições a deputado federal do cacique Juruna, as limitações legais e culturais à representatividade

Dessa maneira, a sobrevivência de uma economia pré-capitalista no campo e a enorme concentração de poder dos latifundiários e empresários rurais sempre foram um fator de bloqueio da plena formação de uma nacionalidade que se manifestasse não somente no plano cultural, mas, sobretudo, no plano político.

Por outro lado, a articulação subordinada e dependente de nossa economia no mercado mundial, além de reforçar por meio da modernização e do enriquecimento as oligarquias rurais, gerou um processo de dependência cultural e política que impediu as nossas elites, únicas capazes de exercer uma atividade política nacional, de converter-se na base autêntica de uma nação.

Como vimos anteriormente, o processo de industrialização, intensificado com a Revolução de 1930, não conseguiu superar plenamente essa dependência, pois, nos anos 1950, o capital internacional encampou esse processo criando uma nova forma de dependência neocapitalista que daria origem ao processo de desnacionalização e sujeição cultural e econômica em que se encontra atualmente o país, impedindo a plena constituição estatal e política da nação brasileira.

Dessa forma, a questão nacional continua a ser um dos elementos-chave da dinâmica econômica, social, política e cultural do nosso país. Queiram ou não os cosmopolitas dos mais diversos signos, que não passam de novas manifestações das alienadas elites do passado.

É também um fato definitivo que a profunda identidade nacional de nosso povo só será alcançada com o pleno desenvolvimento da democracia, possibilitando transformar suas experiências, seus anseios e sua ação na base permanente de uma nacionalidade que se realize no plano cultural e político.

É, portanto, extremamente ridículo tratar a relação entre classe e nação como se fossem fenômenos antagônicos. Apesar de a burguesia e o proletariado, gerados no processo de formação do mundo moderno, serem classes de conteúdo universal, sua base de desenvolvimento e afirmação foram as nações nas quais puderam estruturar-se em torno de um Estado nacional, capaz de unificar inclusive o espaço em que se desenvolve o seu antagonismo.

Nos países dependentes, a dominação colonial ou semicolonial converteu-se num fator de desagregação e destruição desse espaço unificador.

A própria organização classista da burguesia e do proletariado depende de sua capacidade de se impor diante do Estado, e, ao mesmo tempo, a debilidade desse Estado o obriga a patrocinar e reforçar a formação dessas classes sem as quais não se sustenta.

---

desses setores e, mais claramente ainda, a recusa de meios policiais e políticos do Rio de Janeiro a chamar os presos em geral (pobres, negros e mulatos) de "cidadãos", em prol do pejorativo termo "elementos". Deve-se acrescentar ainda a exclusão dos analfabetos do direito de votar, que retirava da nossa cidadania grandes massas populares.

Nesse contexto, a luta anti-imperialista e pela hegemonia no processo de articulação da unidade nacional é o próprio cerne da luta de classes.

Por essas e outras razões, as versões infantis do marxismo – que pensam o fenômeno classista fora dessa realidade nacional – nunca encontraram o respaldo dos movimentos populares desses países nem cumpriram nenhum papel político concreto neles.

É claro que o marxismo europeu alude à questão nacional, pois referimo-nos a países nos quais essa questão já estava resolvida, e a classe operária se deixava dominar pela ideologia cosmopolita das burguesias triunfantes e dominantes em nível internacional.

Tanto é assim que, na prática concreta, o proletariado europeu se deixou levar pelo nacionalismo belicista durante as duas guerras mundiais, quando seu internacionalismo foi posto à prova.

No entanto, não seria sem razão que o proletariado italiano, por vir de uma nação que tardou em constituir-se, não deixou de demonstrar uma profunda sensibilidade teórica para esse problema, revelada, entre outros, nas obras de Gramsci e de Togliatti.

No Brasil atual, a questão do socialismo aparece estreitamente ligada à luta contra a dominação colonial das corporações multinacionais sobre nossas economias.

Foram elas que comandaram o conjunto das classes dominantes para impedir o desenvolvimento do movimento popular brasileiro.

Foram elas que desprezaram as experiências históricas de nossa classe operária, desqualificando (pela direita ou pela esquerda) os seus líderes, considerados "pelegos" quando ligados ao poder estatal, ou "sectários", "subversivos" ou "terroristas" quando entravam em choque com o Estado.

Foram elas que apelaram finalmente para a força e a ditadura com o objetivo de impor o reino do grande capital, da "modernização" capitalista impiedosa para com os costumes de nosso povo, da racionalidade autoritária e ditatorial das relações mercantis em todos os planos da existência.

Lutar contra essa ditadura e essa racionalidade sem lutar contra a lógica do desenvolvimento capitalista dependente e contra os interesses internacionais que o sustentam é completamente utópico, provinciano e pueril.

Por isso, a afirmação do nacional é condição inclusive para elevar o movimento popular brasileiro ao nível do movimento anti-imperialista internacional que tem hoje, nos governos e movimentos de libertação nacional do Terceiro Mundo, nos governos socialistas e nos movimentos e partidos democráticos dos países capitalistas, seus principais pontos de sustentação.

Outro elemento dessa cadeia de relações que necessitamos entender é o fato, cada vez mais claro, de que essa afirmação nacional não poderá realizar-se por meio de uma classe capitalista "nacional" cada vez mais associada ao capital internacional e cada vez menos capaz de realizar um desenvolvimento capitalista independente com um real conteúdo popular e democrático.

A revolução democrático-burguesa teve nos séculos XVIII e XIX um profundo conteúdo popular. A luta contra a dominação feudal, contra a servidão e a escravidão na América, contra as oligarquias nas regiões pré-capitalistas asiáticas e africanas, pela democracia política e igualdade jurídica, pela libertação da economia das formas de produção antigas, integrando-as na dinâmica do desenvolvimento tecnológico e científico que gerou o consumo de massas contemporâneo; todas essas transformações, acompanhadas no plano intelectual pela luta contra a irracionalidade e o obscurantismo, foram importantes e decisivas conquistas que a revolução burguesa trouxe para a humanidade no plano mundial.

Contudo, desde o fim do século XIX, com o surgimento do imperialismo como forma de articulação internacional do capitalismo e com a crescente defensiva do capital diante do avanço político e sindical da classe operária, o capitalismo passou à defensiva, convertendo-se num regime econômico-social cada vez mais opressivo e incapaz de resolver as novas questões colocadas pelas nações então emergentes na arena internacional.

As últimas revoluções burguesas capazes de sustentar um processo endógeno de desenvolvimento foram a alemã, a japonesa e, somente em parte, a italiana. Já na Rússia tsarista, a burguesia fracassou e teve que ceder o poder à classe operária e ao campesinato para realizar as transformações sociais que seus homólogos burgueses tinham conseguido realizar na Europa.

Desde o começo do século XX, quando se consolida a fase imperialista da economia mundial e particularmente desde 1917, com a vitória da Revolução Russa, a questão nacional se converte cada vez mais na questão da luta anti-imperialista, que passa progressivamente ao comando dos movimentos populares. Estes, por sua vez, com o desenvolvimento da industrialização do Terceiro Mundo, vão-se arregimentando sob o comando de uma classe operária em processo de organização política independente.

É por isso que, no Brasil, onde esse processo de industrialização alcançou um dos pontos mais elevados do Terceiro Mundo, a definição socialista do movimento anti-imperialista e de afirmação da soberania nacional faz-se cada vez mais clara e necessária.

O socialismo brasileiro tem, pois, raízes muito profundas no nosso movimento popular. Como vimos, ele nasce da necessidade de reorientar o modelo de desenvolvimento econômico imposto ao país pela força e pela hegemonia do grande capital internacional e nacional e que conduziu as massas populares à marginalidade, à pobreza absoluta, aos níveis salariais subumanos, e a economia do país ao endividamento, à alienação maciça de suas riquezas e ao controle pelo capital internacional.

Ao estudar os caminhos dessa reorientação, vimos a necessidade de recorrer a formas hegemônicas de propriedade social e de planejamento econômico que abram caminho para o socialismo. Vimos ainda que, para introduzir essas soluções, faz-se necessário destruir as barreiras impostas pelo grande monopólio, os especuladores, o latifúndio e o consumismo ostensivo das classes dominantes, por meio de reformas estruturais.

Vimos em seguida que a solução dos problemas populares passa por uma reestruturação do sistema produtivo e de serviços, orientando-os para a atenção das necessidades das grandes massas. Vimos ainda que, para alcançar tal fim, é necessária uma redistribuição da renda, hoje concentrada nas mãos de uma minoria de privilegiados.

Neste capítulo, vimos que essas tarefas só podem realizar-se na medida em que o país se liberte do domínio dos interesses internacionais e das elites antinacionais que impedem a unificação nacional e o desenvolvimento de uma cidadania que fundamenta uma verdadeira democracia.

O Brasil só se fará uma nação independente quando as próprias classes populares dirigirem o seu processo econômico, político e cultural.

E, para realizar essa gigantesca tarefa, o povo brasileiro terá que recorrer às políticas de autopromoção das enormes massas de desprivilegiados, desprotegidos e pauperizados; às reformas estruturais que destruam os obstáculos ao pleno desenvolvimento do país; à formação de uma economia planificada baseada na propriedade social; à afirmação da unidade nacional a partir de uma economia voltada para o consumo interno, de uma cultura popular e nacional que abra caminho para as manifestações dessas maiorias nacionais, de um Estado nacional soberano e controlado pelo povo, que deverá ser o sujeito dessas transformações.

Siglas

ABDE: Associação Brasileira de Escritores
Acus: Academia de Ciências da União Soviética
AI-1: Ato Institucional número 1
AI-5: Ato Institucional número 5
ALN: Ação Libertadora Nacional
ANL: Aliança Nacional Libertadora
AP: Ação Popular
APML: Ação Popular Marxista-Leninista
BNDE: Banco Nacional de Desenvolvimento Econômico
BOC: Bloco Operário Camponês
Cacex: Carteira de Comércio Exterior do Banco do Brasil
CC: Comitê Central
CE: Comissão Executiva
Cenimar: Centro de Informações da Marinha
Cepal: Comissão Econômica para a América Latina
Cexim: Carteira de Exportação e Importação
CNOP: Comissão Nacional de Organização Provisória
Colina: Comandos de Libertação Nacional
Comecon: Conselho para Assistência Econômica Mútua
Comintern: Internacional Comunista
Dasp: Departamento Administrativo do Serviço Público
EUA: Estados Unidos da América
FEB: Força Expedicionária Brasileira
FGV: Fundação Getúlio Vargas
FLN: Frente de Libertação Nacional
FMI: Fundo Monetário Internacional
GPP: guerra popular prolongada
GTA: Grupos Táticos Armados
GTE: Grupos Trabalhos Estratégicos
Iapi: Instituto de Aposentadorias e Pensões dos Industriários
Ibesp: Instituto Brasileiro de Economia, Sociologia e Política
IC: Internacional Comunista
IPM: Inquérito Policial Militar
Iseb: Instituto Superior de Estudos Brasileiros
JRA: Japanese Red Army [Exército Vermelho Japonês]
JS: Juventude Socialista
JUC: Juventude Universitária Católica
LSI: Liga Socialista Independente
MAR: Movimento de Ação Revolucionária
MEC: Ministério da Educação e Cultura
MEP: Movimento de Emancipação do Proletariado
MNR: Movimento Nacionalista Revolucionário
MR-8: Movimento Revolucionário 8 de Outubro

MRM: Movimento Revolucionário Marxista
MRT: Movimento Revolucionário Tiradentes
OCML-PO: Organização Comunista Marxista-Leninista – Política Operária
Olas: Organização Latino-Americana de Solidariedade
ONU: Organização das Nações Unidas
Openo: Operação Nordeste
ORM-Polop: Organização Revolucionária Marxista – Política Operária
PCB: Partido Comunista do Brasil (depois, Partido Comunista Brasileiro)
PCBR: Partido Comunista Brasileiro Revolucionário
PCdoB: Partido Comunista do Brasil
PCE: Partido Comunista Espanhol
PCUS: Partido Comunista da União Soviética
POC: Partido Operário Comunista
Polop: Política Operária
Poum: Partido Operário Unificado Marxista [Espanha]
PRI: Partido Revolucionário Institucional
Profintern: Internacional Sindical Vermelha
PSB: Partido Socialista Brasileiro
PTB: Partido Trabalhista Brasileiro
RB: Revista Brasiliense
RCB: Revista Civilização Brasileira
SNI: Serviço Nacional de Informação
Sorex: socialismo realmente existente
Sudene: Superintendência de Desenvolvimento do Nordeste
Sumoc: Superintendência da Moeda e do Crédito
TEN: Teatro Experimental do Negro
TMD: Teoria Marxista da Dependência
TSE: Tribunal Superior Eleitoral
UBE: União Brasileira de Escritores
UJC: União da Juventude Comunista
UNCTAD: United Nations Conference on Trade and Development [Conferência das Nações Unidas sobre Comércio e Desenvolvimento]
UNE: União Nacional dos Estudantes
URSS: União das Repúblicas Socialistas Soviéticas
USC: University of Southern California [Universidade do Sul da Califórnia]
VAR: Vanguarda Armada Revolucionária
VPR: Vanguarda Popular Revolucionária

Índice onomástico

Sobre os autores

Alberto Passos Guimarães (1908-1993) foi um ensaísta alagoano autodidata. Fundou em 1931, com Valdemar Cavalcanti, a revista *Novidade*. Filiado ao PCB, mudou-se para Salvador e depois para o Rio de Janeiro, onde trabalhou no IBGE e na Rede Ferroviária Federal. Participou do projeto e da redação da *Enciclopédia Mirador*.

Ana Montenegro (1915-2006) foi uma jornalista e militante comunista feminista cearense. Nascida Ana Lima Carmo, esteve entre as fundadoras do boletim *Movimento Feminino* e colaborou no *Correio da Manhã* e no *Imprensa Popular*. Bacharel em direito e letras, trabalhou na ONU e em órgãos de direitos humanos durante o exílio. É autora de *Ser ou não ser feminista* (1981) e *Mulheres: participação nas lutas populares* (1985), entre outros.

Astrojildo Pereira (1890-1965) foi um jornalista, escritor e militante político. Foi fundador do Partido Comunista do Brasil e seu primeiro secretário-geral. Com Octávio Brandão, criou em 1925 o jornal *A Classe Operária*. Em 1931, deixou o PCB e voltou-se integralmente à produção intelectual. Crítico literário, publicou um livro sobre Machado de Assis e colaborou com o jornal *Diário de Notícias* e a revista *Diretrizes*.

Caio Prado Júnior (1907-1990) foi um historiador e político paulistano. Oriundo de uma família abastada e influente na vida política e econômica de São Paulo, graduou-se em direito na Faculdade do Largo de São Francisco. Membro do PCB, teve intensa produção intelectual ao longo da vida. É autor do clássico *Formação do Brasil contemporâneo* (1942) e cofundou a editora Brasiliense, em 1943.

Carlos Marighella (1911-1969) foi um escritor, político e guerrilheiro soteropolitano. Durante os anos 1930, abandonou os estudos para militar no PCB, sendo preso duas vezes pela ditadura Vargas. Com a redemocratização, elegeu-se deputado federal em 1946, mas teve o mandato cassado pouco depois. Organizador da luta armada durante a ditadura instaurada em 1964, foi morto a tiros por agentes do Dops em uma emboscada.

Elias Chaves Neto (1898-1981) foi um jornalista, escritor e advogado paulista. Filiado ao PCB, trabalhou em diversos periódicos antes de se tornar redator do jornal *Hoje* e diretor do jornal *Popular* e da *Revista Brasiliense* – nestes últimos, sempre em estreita colaboração com seu primo Caio Prado Júnior. É autor de *Minha vida e as lutas do meu tempo* (1978).

Érico Sachs (1922-1986) foi um jornalista, tradutor e escritor marxista austríaco naturalizado brasileiro. Nascido Eric Czaczkes, imigrou ao Brasil em 1939 e estabeleceu-se no Rio de Janeiro. Filiado ao PSB, passou a ser perseguido pelo regime militar e exilou-se no México e, depois, na Alemanha. De volta ao Brasil em 1980, filiou-se ao PT. É autor de *Marxismo e luta de classes* (1987), entre outros, tendo adotado diversos pseudônimos.

Florestan Fernandes (1920-1995) foi um sociólogo e pesquisador paulistano. De origem modesta, completou os estudos básicos tardiamente e ingressou na FFLCH--USP, onde se formou e, depois, se tornou professor. Seu trabalho teórico buscou fundamentar a sociologia como ciência no Brasil. Foi deputado federal constituinte pelo Partido dos Trabalhadores. Autor de consagrada obra, recebeu o Prêmio Jabuti por *Corpo e alma do Brasil* (1964).

Franklin de Oliveira (1916-2000) foi um jornalista e crítico literário são-luisense. Assinou por doze anos a coluna "Sete Dias" na revista *O Cruzeiro* e depois trabalhou para o *Correio da Manhã*. Nos anos 1960, ocupou cargos no governo gaúcho, mas teve seus direitos políticos cassados com o golpe de 1964. Mais tarde, trabalhou na *Folha de S.Paulo* e em *O Globo*. Foi premiado pela Academia Brasileira de Letras e integrou a Academia Maranhense de Letras.

Leôncio Basbaum (1907-1969) foi um médico recifense. Um dos fundadores da Juventude Comunista, foi membro da comissão central executiva do PCB. Ativo militante comunista, esteve preso diversas vezes e teve de se exilar durante a ditadura militar. Publicou artigos na imprensa e livros como *História sincera da República*, em quatro volumes.

Lívio Xavier (1900-1988) foi um jornalista e tradutor cearense. Fundou a Liga Comunista Internacionalista, ligada à Oposição de Esquerda Internacional, de Trótski. Como tradutor, verteu para o português obras de importantes pensadores, como Hegel, Rosa Luxemburgo, Spinoza e Trótski.

Luciano Martins (1934-2014) foi um sociólogo e diplomata carioca. Professor titular da Uerj e da Unicamp, também lecionou na UnB, na Universidade de Paris X e na Universidade Columbia. Pesquisador da EHESS de Paris, foi embaixador do Brasil em Cuba e assessor especial da Presidência no governo FHC. Por suas atividades acadêmicas, recebeu a Grã-Cruz da Ordem Nacional do Mérito Científico.

Luiz Alberto Moniz Bandeira (1935-2017) foi um cientista político e historiador soteropolitano. Filiado ao PSB, foi um dos fundadores da Polop. Exilou-se no Uruguai durante a ditadura militar e viveu anos na clandestinidade. É autor de vasta obra, incluindo *Formação do império americano* (2005). Especialista em política exterior, foi cônsul honorário do Brasil na Alemanha.

Luiz Carlos Prestes (1898-1990) foi um militar e político porto-alegrense. Rebelde tenentista e líder da Coluna Prestes, foi presidente de honra da Aliança Nacional Libertadora e senador pelo Distrito Federal entre 1946 e 1948, quando teve seu mandato cassado. Marido da revolucionária alemã Olga Benário, dedicou-se integralmente à militância comunista após entrar no PCB e passou boa parte da vida na clandestinidade.

Mário Pedrosa (1900-1981) foi um jornalista e crítico de arte pernambucano, tendo colaborado nos principais periódicos cariocas e paulistas. Ativo militante comunista trotskista, foi um dos fundadores da Liga Comunista Internacionalista. No meio artístico, entre outras funções, dirigiu o Museu de Arte Moderna de São Paulo e foi curador da II Bienal Internacional de Arte da mesma cidade.

Nelson Werneck Sodré (1911-1999) foi um militar e historiador carioca. Jornalista autodidata, publicou textos em diversos periódicos. Trabalhou no Iseb desde a fundação, em 1956, até 1964, quando o golpe militar cassou seus direitos políticos e fechou o órgão. Como militar, alcançou o generalato em 1961, mas não chegou a exercê-lo. É autor de *Formação histórica do Brasil* (1962) e *A história militar do Brasil* (1965), entre outros.

Octávio Brandão (1896-1980), farmacêutico de formação, foi um político e militante alagoano. Oriundo de uma família de latifundiários, começou a militar pela reforma agrária ainda menor de idade. Foi responsável pelas primeiras traduções brasileiras de Marx, Engels e Lênin. Filiou-se ao PCB em 1922 e teve uma vida política entrecortada por períodos de exílio e clandestinidade.

Roberto Sisson (1899-1976), diplomado em direito, foi um militar da Marinha e político carioca. Integrou a revolta tenentista de 1924 e reformou-se por invalidez em 1931, filiando-se ao PSB pouco depois. Participou da formação da Aliança Nacional Libertadora, da qual foi o primeiro secretário-geral. Nos anos seguintes, entre prisões e períodos de exílio, dedicou-se à vida política.

Ruy Mauro Marini (1932-1997) foi um cientista social mineiro. Um dos elaboradores da teoria da dependência, lecionou na Universidade do Chile, na Universidade Autônoma do México e na Universidade de Brasília. Um dos fundadores da Polop, exilou-se no México e no Chile durante o regime militar. É autor de *Dialética da dependência* (2000), entre outros livros.

Theotonio dos Santos (1936-2018) foi um sociólogo, economista e intelectual marxista mineiro. Um dos formuladores da teoria da dependência, é considerado um dos principais nomes da teoria do sistema-mundo. Foi professor de importantes instituições de ensino superior do país, incluindo a UnB e a UFF.

Publicado cinquenta anos após agentes da ditadura militar brasileira assassinarem o político, escritor e militante comunista Carlos Marighella em uma emboscada, este livro foi composto em Minion Pro, corpo 10,5/13,5, e impresso em papel Avena 80 g/m² pela gráfica Lis, para a Boitempo, em agosto de 2019, com tiragem de 2.000 exemplares.